章开沅先生，铜版画，2015，[illegible]

2013年湖北省学术著作出版专项资金资助项目

章开沅文集

章开沅／著

【第七卷】

華中師範大學出版社

新出图证（鄂）字 10 号

图书在版编目（CIP）数据

章开沅文集　第七卷/章开沅著. —武汉：华中师范大学出版社，2015.7
（章开沅文集）
ISBN 978-7-5622-6942-7

Ⅰ.①章…　Ⅱ.①章…　Ⅲ.①章开沅－文集②中国历史－文集
Ⅳ.①K207-53

中国版本图书馆 CIP 数据核字（2015）第 066230 号

章开沅文集　第七卷

责任编辑：王中宝　严定友　　**责任校对**：王　炜
编辑室：学术出版中心　　**封面设计**：甘　英　胡　灿
出版发行：华中师范大学出版社　　**电话**：027—67863220
社址：湖北省武汉市洪山区珞喻路 152 号　　**邮编**：430079
电话：027—67863040（发行部）　027—67861321（邮购）
传真：027—67863291
网址：http://www.ccnupress.com　　**电子信箱**：hscbs@public.wh.hb.cn
印刷：湖北恒泰印务有限公司　　**督印**：章光琼
字数：349 千字　　**印张**：23.5
开本：710mm×1000mm　1/16　　**版次**：2015 年 7 月第 1 版
定价：71.00 元　　**印次**：2015 年 7 月第 1 次印刷

欢迎上网查询、购书

走出老宅

1937 年初冬，摄于芜湖老宅。

章开沅出生在安徽芜湖青弋江边这所老宅内。抗战爆发后，芜湖形势危急，章开沅随父母逃难到四川，离开老宅前在大门口摄影留念。前排右三为章开沅。此行入川八年，从此走出老宅。

求学“金陵”

1947年秋，金陵大学历史系部分师生合影于美籍教师贝德士住宅前。一排左二：王绳祖，二排左三：陈恭禄，二排左四：贝德士，二排右一：章开沅。

昙华林忆旧

2004年6月，章开沅与夫人黄怀玉摄于华师老校区昙华林。这是章开沅夫妇工作多年的地方，章开沅的中国近代史教研室、黄怀玉的世界古代史及中世纪史教研室都在此楼一层。钱基博先生捐建的文物陈列室亦在其侧。

故里寻根

2012年6月，全家湖州留影。章开沅的祖籍是浙江吴兴(今湖州市)菱湖镇荻港村。回湖州寻根问祖是家人多年的愿望。章先生右边是大女儿章明明、女婿董黎、外孙女董昕及其男友于秉彝；章夫人左边是小女儿章雪梅、外孙女陈乐章、女婿陈迎新。

出任院长

1983年底，章开沅被群众推举、国务院任命就任华中师范学院院长。

1984年，与党委书记高原（左）共商校务。

走向世界

1986年3月，章开沅与美国孟菲斯大学校长（前排右）在华中师范大学互签交流协议留影。后排右起：邓宗琦、王庆生、孟菲斯大学外事负责人及王秋来、杨庆德。

组织校友总会

1988年10月，华中师范大学校友总会成立，章开沅致辞。前排右二为老领导刘介愚。

相约桂子山

1995 年 10 月，章开沅与部分弟子合影。1995 年华中师范大学历史研究所举办建所十五周年庆典，海内外弟子纷纷回到母校，相聚一堂，章开沅颇感欣慰。前排左起：乐正、马敏、赵军、章开沅、莫世祥、马小泉、周洪宇；二排左起：宋亚平、郭国灿、桑兵、王杰、张富强、虞和平；后排左起：林济、高钟、郑焱。

为工友祝寿

1986 年冬，章开沅与华中师范大学绿化组姚水印老师傅（右）合影。以姚水印师傅为代表的绿化组几十年勤奋工作，努力创新，为把华师建设成花园式学校立下了汗马功劳。学校领导聘请姚师傅为生物系讲师，并为他隆重庆祝六十大寿。

寄语新生

2004 年 9 月，章开沅为新生作“寄语新同学”讲演后，在党委副书记何祥林陪同下步出会场。近十年来，几乎每年他都要为入学新生作一次演讲。他的演讲成为新生大学阶段的第一堂课。

为“辛亥”立传

1976 年，人民出版社编辑林言椒力邀章开沅出面组织撰写一部多卷本《辛亥革命史》，以填补国内外学术界空白。章开沅先后邀请隗瀛涛、吴雁南、刘望龄、肖致治、王天奖、冯祖贻、林家有等多名学者参与其事，又请林增平共同担纲主编。

1977 年，贵阳会议后，编写组部分成员在游龙宫洞时合影。左起：吴雁南、林增平、隗瀛涛、章开沅。

经过编写组三年的共同努力，120 万字的三卷本《辛亥革命史》终于问世。宋庆龄先生应章开沅之恳请，为此书题写了书名。

两岸盛会

1982 年 4 月，中国大陆代表团出席芝加哥亚洲学会的年会后，部分团员在华盛顿美国国会前合影。左起：章开沅、陈德仁（翻译）、胡绳（领队）、美中友协代表、李宗一。

台湾方面出席的学者有：秦孝仪（领队）、张玉法、李云汉、张忠栋、林明德等。这是新中国成立后两岸史学家第一次坐在一起开会，会场爆满。章开沅与台湾的张玉法被分别指定为答辩人，讨论辛亥革命的性质，争论非常激烈。两人从此成为好友。

反思“辛亥百年”

2011 年 7 月，章开沅在北京国家图书馆演讲。

为南京大屠杀取证

1998年5月，摄于美国耶鲁大学神学院档案馆。此馆藏有1937年12月南京沦陷后南京安全区国际委员会档案全宗，此乃日军侵华、进行南京大屠杀滔天罪行的铁证。章开沅在金陵大学的业师贝德士是该会的创建人之一，而且是最后一任主席。这一批重要历史文献由贝德士带回美国。

会师东京

1997年12月13日，摄于日本东京，右为翻译。世界南京大屠杀研究者云集东京，共同纪念惨案六十周年。章开沅为此会作主题演讲，他列出如山铁证，义正词严地驳斥并谴责日本右翼势力的荒谬言行。

世纪馈赠

2005年12月，章开沅与日本池田大作先生（右）在东京“对话”留影。对话涉及许多方面，主题是强调正确历史观的重要，反对军国主义，促进中日友好，并且共同追求、营造祥和幸福的21世纪。对话录于2010年及2011年先后在日本和中国出版。

教会大学研究

1989 年 6 月，摄于华中师范大学科学会堂。这是中国教会大学史研究的首次国际研讨会，章开沅作为会议主席致开幕词。左为北京大学张寄谦教授，右为英语翻译。

张謇研究

2003 年 4 月，在北京与张謇亲属合影。左起：张绪武夫人、张绪武姐姐张柔武、章开沅、张绪武（张謇嫡孙）、张绪武之儿媳及孙女。这次论坛在北京人民大会堂隆重举行，由章开沅作主题演讲。

受聘“资深教授”

2003年9月10日，章开沅先生被聘为华中师范大学资深教授，左为时任校党委书记丁烈云，右为时任校长马敏。

荣休仪式

2014年4月16日，校长杨宗凯颁发荣誉资深教授证书时留影。

88岁的章开沅因身体欠佳，力不从心，主动请辞资深教授，并放弃与之相关的待遇。

同事留影

2014年4月16日，荣休仪式结束后，章开沅与华中师范大学中国近代史研究所全体同事合影留念。

自　　序

今年正逢米寿，应该盘点一番自己的生平，这套文集的出版就是在集体帮助下的自我盘点。

我从事历史教学与研究整整65年，但这并非出于自己的选择，终生与史学结缘纯属偶然。

1946年9月进入金陵大学就读，原本报的志愿是农业经济系，因为这是金大的王牌专业，卜凯早已成为知名教授，而我此前曾经在教育部办的计政人员专修班读过将近一年的会计专业。没有想到金大的正式录取书却把我拨归历史系，个中情由至今仍百思不得其解。但我也从未申请转系，因为历史系有好几位良师，他们都对我热心教诲，我不好意思说对史学不感兴趣。实际上我的课余时间多半用于研究陀思妥耶夫斯基的《被侮辱与被损害的》，并努力阅读与印第安人相关的文学作品。

我未能完成历史系本科学业，因为1948年11月进入中原解放区参加革命。原想经过短期培训即奔赴前线，最好是当个战地记者，不料却被当时设在开封的中原大学视为理论人才，就留在校部政治研究室中共党史组。是金大历史系肄业的学历害苦了我，我从此再无任何机会上战场杀敌。

1949年6月，我随中原大学南下，在武汉继续从事干部短期培训工作。稍后中原大学分设政治、财经、教育、文艺等学院，我被划归教育学院，仍然从事中共党史与新民主主义论的教学工作。1951年暑假，又随教育学院与已经改制为公立的华中大学合并（以后改名为华中师范学院，后又改名为华中师范大学），并且正式成为历史系教师。最初仍然是教中共党史等政治课，直到1954年才开始担任中国近代史本科教学的主讲老师。

因此，我常说，是革命为我选择了职业，而职业又使我从家族的历史走向中国的历史与世界的历史。我又常自我解嘲：我的职业像包办婚姻，通常应该是先恋爱后结婚，我却是先结婚后恋爱。我是在担任历史课老师以后，才逐渐增长了对于史学研究的兴趣。不过，1956年以前主要还是应付课堂教学。试想，一个只读完大学二年级的肄业生，要独立地为大学本科生，甚至为在职中学历史骨干教师开课，而且经常是每周3门课（历史、政治、教育三个系分头上），总共13个课时，那是多么勉为其难。当时，也没有一部完整的教材可供凭借，范文澜的《中国近代史》只有上册，戴逸的《中国近代史稿》也只有一半，此外则为胡绳的《帝国主义与中国政治》等少量参考书，陈恭禄、蒋廷黻的教材则已作为反动书籍被封存。幸好华师历史系系主任田家农到中央党校学习，胡绳为他们系统讲授中国近代史，有一个较详尽的教学提纲，田家农赶紧为我寄来一份，我就按照这个提纲编写简要讲义，印发给学生参考。当时中央强调“厚今薄古”，课时的分配上中国近代史与中国古代史门当户对，结果是中国古代史为课时不够发愁，而中国近代史却深感课时过多，没有那么多内容可以搪塞。至今回想起来，我仍时有愧疚。幸好1948年我在南京一所私立高中兼任过世界史课程，多少有点教学技巧，所以无论是本科生还是中学在职老师都还愿意听我讲课，这才不断增强继续教学的信心，并且挤出一点时间进行结合教学需要的课题研究。

中国近代史是个年轻的学科，如同当时国内其他年轻同行一样，初期的研究也是赶潮流，热心参加中国近代史分期问题讨论，并且花费很多精力研究太平天国的性质与土地制度。直到1960年以后，才真正把精力转移到辛亥革命研究，特别是张謇研究。1961年10月纪念辛亥革命50周年的全国性学术讨论会在武汉隆重召开，对我的学术生涯来说这是一个重大转折。此前我与外地同行学者交往极少，可以说是僻处乡野，孤陋寡闻。正是通过这次盛会，我不仅聆听了许多著名前辈学者的教诲，并且结识了一批来自北京、上海、广州等地的青年俊彦，我们从此风雨同舟，共同为中国近代史学科的营建奉献终生。

正是在此次会后，华师领导念我多年苦战在教学第一线，从来没有享受过出外进修的优厚待遇，慷慨地给我两年学术休假，让我借此访师问友进一步提高学术水平。当时，北大与近代史研究所对我都很有吸引力，北大是经过侯仁之亲自联络，邵循正满口答应接受；近代史研究所则是由于范文澜曾经挂名当过中原大学校长，刘大年等已把我看作势在必得的“自己人”。但没有想到更为热心的却是曾任华中师院院长的杨东莼，他在征得华师党委同意后，于 1963 年春天正式以全国政协文史资料委员会的名义，把我借调赴京协助征集北洋政府时期资料，而北大与近代史研究所只不过是经常联系单位。

从 1963 年春天到 1964 年 10 月，我名义上是协助征集北洋史料，但实际上这方面可做的事情并非很多，无非偶尔陪同章士钊与其几位北洋时期的同僚漫无边际地闲聊而已，真正有价值的史料还是他们自己过去已经发表的忆述。坦白地说，这一年多时间我主要是研究张謇，利用北京图书馆善本室收藏的《近代史料信札》(即《赵凤昌藏札》) 和此前在南通市市委档案室搜集的《张謇未刊函札》等相关原始文献，对照《张季子九录》、《张謇日记》等已出版书籍，做系统的史料长编与部分笺注工作，然后在此基础上写成 20 多万字的传记初稿，这就是迟至 1986 年才改由中华书局出版的《开拓者的足迹——张謇传稿》一书的原坯。

北京之旅使我大开眼界，我不仅得以充分利用北京图书馆、北京大学与近代史研究所的丰富藏书，而且得以经常向许多学识渊博的师友问难切磋，这将近两年的进修比我读个学位的收获更大，可以说影响了我整个学术生涯。

在朋友圈中，首先要感谢李侃与龚书铎。我刚到北京时，为接待重点“北洋老人”(如曾毓隽、邓汉祥等)，陪同他们住在全国政协临时性招待所 (在中央社会主义学院招待所租用的两层楼)，与北京史学界仍然比较隔绝。只有李侃特别热心，因为此前他已与总编金灿然商定，把我与祁龙威等都列入中华书局的重点扶植青年学者计划。灿然虽然生病住院，仍召我面谈一次，多所垂询并给以鼓励。所以每逢星期天，李侃必邀龚书铎一起来看我，多半是在附近的玉渊潭公园紫竹院品茶、抽烟、神聊，中午就在院中活鱼食堂进餐。当时物价便宜，一餐饭加上二锅头还不到一包中华烟的价钱。那时星期天难得清闲，不谈国家大事，更不谈声色犬马，主要是谈书论学，自得其乐，我从他们那里获取许多学术界的最新消息。大约半年以后，“北洋老人”多已回家，李侃遂按原计划安排我住进中华书局潜心治学撰述。中华书局书库本身就有丰富收藏，有些是还来不及整理出版的大型书稿，如《梁启超年谱长编》，对我写作提供了极大方便。加以当时集中力量校订二十四史，全国史学大家都聚集在公主坟中华书局幽静的原址，作为年轻后辈，请教问难更为方便，其中唐长孺、王仲荦都成为我的忘年之交。正是在中华书局，特别是筹建中国近代社会历史调查委员会期间，我才真正开始融入全国史学界。

李侃豁达大度，急公好义，有古君子风。他明明知道我的张謇传稿在来北京以前已与上海人民出版社签约，但毫不计较，只要求为“历史知识丛书”写一本《武昌起义》就算交差，而且还给以优厚的稿酬。1964 年 10 月，我因撰文评价李秀成惹祸，中宣部通知全国重点批判，中华书局对我的扶植计划亦告夭折。但李侃对我的友情始终如一，就在我回武汉接受批判并且又患黄疸肝炎之际，他仍不断寄来北京上好小米，供我作为中医药丸的添加剂，使我的肝功能迅速恢复正常。

李侃比我参加革命早，原先曾在东北局宣传部任机要工作，以后来北京调入中华书局任近代史编辑室主任，成为金灿然的得力助手，与中宣部的几位老领导关系也比较密切。也正因为如此，“文革”爆发时他就作为中宣部“黑线人物”横遭批斗；我的另一好友戴逸也因《论清官》一文得祸，大字报铺天盖地。华师历史系有一位曾在北京进修的“造反派”教师，看见这些大字报后联想到我与李、戴关系十分密切，认定我是隐藏在桂子山的中宣部“黑线人物”，甚至把我们在紫竹院把酒论学也视为暗授机宜的“黑会”，公开在大会小会发难，借助所谓群众声势逼迫我“彻底交代”。但是，“文革”10 年，我们这些老朋友都是自己做事自己承担，从未牵扯别人以图“立功赎罪”。此所谓道义之交，自有坚守的做人的底线，所以“紫竹院黑会”的爆炸性新闻也就无疾而终。与此相类似的著名编辑还有《新建设》的王庆成、《光明日报》的苏双碧、人民出版社的林言椒，他们都是我推心置腹、放言无忌的密友，我们也都“好汉做事自己担”，从未诿过他人或牵连上级领导。这是我们心知肚明聊以自慰的一点小秘密。遇上这些懂行贴心的好编辑，是我学术生涯的极大幸运。

好不容易熬到1976年，“文革”总算走到尽头。天安门广场人民自发悼念好总理，声讨“四人帮”，尽管被定性为反革命事件，王庆成仍然给我寄来周总理的著名遗像，我挂在床头日夜思念，热泪湿透枕巾。“四人帮”垮台，普天同庆，京师螃蟹涨价畅销，李侃等高阳酒徒更是持螯尽欢。对于我们这一代曾经的“民主青年”来说，“文革”的结束等于第二次解放。中共十一届三中全会以后，我国进入改革开放的新时期，并且自上而下提倡解放思想与实事求是的新学风。学术界与其他各行各业一样，人民备受压抑而又积蓄已久的积极性像埋藏地下的泉水一样突然喷涌而出。这是我一生精力最为旺盛而成果也最为丰硕的时期，1981年继合编的《辛亥革命史》三卷本之后，又陆续出版了《辛亥革命与近代社会》、《开拓者的足迹——张謇传稿》、《离异与回归——传统文化与近代化关系试析》、《辛亥前后史事论丛》等专著，并在国内外重要刊物上发表了许多论文。从1979年秋天开始，我又多次应邀前往美、欧、澳、亚许多国家与地区开会、讲学与访问。1990年—1993年更先后在美国普林斯顿、耶鲁、加州3所大学连续任教与研究共达3年以上，在促进中国近现代史研究，特别是在辛亥革命研究领域的中外学术交流方面，也做了大量有效工作，并且结识了一大批风义之交与良师益友，正所谓“环宇岂无真知己，海外偏留文字缘”。

“文革”前后，我的学术理念、方法、路径与风格发生很大变化。20世纪80年代以来，我在教学与研究工作中非常强调对社会环境、社会群体与社会心态的阐析，也比较注意区域研究（如江浙）与个案研究（如张謇）。有些人以为我可能是接受了美国同行或法国年鉴学派的影响，才发生如此明显变化。其实历史唯物主义本来就很注意对社会环境（特别是经济结构与政治制度）的研究，而我自己对辛亥革命的研究从一开始就以社会运动作为整体对象，并没有局限于单个的人物与事件。日本有的学者认为我是大陆学者中较早也较多把社会学方法引入历史研究的，其实这要感谢已故的老师马长寿教授，他在金大作为历史学家开社会学通选课，自然会在我这个历史系学生身上产生深远影响，所以我对社会学的某些理论、概念与方法早已略有所知。我还要感谢另一位已故老师王绳祖教授，是他在动荡不安的校园为我们开设汤因比史学介绍讲座，使我们对这位大学者的思想体系兴味渐浓。所以，在 20 世纪 80 年代国内引进西方学术新知形成热潮时，我并不感到十分陌生，反而有故人归来之感。

回顾既往，我在多年史学实践中并非简单借用社会学的概念，而是确实形成了自己的风格特点：一是比较注意分析个人、群体与社会环境的互动关系；二是把研究的重点置于个人与阶级的中介——群体之上。其实这两个特点从张謇研究即已开始显现，只不过长期受“左”倾教条主义的束缚，难以自由挥洒而已。我们这一代学人生不逢辰，青少年时代基本上在战乱中度过，特别是我自己竟连大学本科都未读完，因此就学术根基而言，实乃“先天不足，后天失调”。新中国成立以后，政治运动甚多，上山下乡频繁，很多时间都浪费了，连“勤可补拙”都难做到，何况又常以文字得祸，屡遭无妄之灾，自然难以学有大成。尽管由于历史的机缘谬膺学科带头人之选，但自己究竟有多少学术底蕴，内心经常为此惶恐。我从来不敢以“人梯”自喻，因为缺少必要的学术高度，只能为年轻的后辈充当铺路石子，或者是披荆斩棘的前驱。20 世纪 80 年代以后，我很快就从业已成为国际显学的辛亥革命研究先后转入商会研究与中国近代化研究；90 年代以后又把主要精力投入中国教会大学史研究与日本侵华南京大屠杀研究，而最终又从基督宗教研究扩大为东西方文化交流史研究。我从不趋时跟风，但却难免喜新厌旧、浅尝辄止之讥，颇似一个流浪成性的行者，经常漂泊在没有航标的江海。我并不认为这是多大的失误，因为自觉只有这样才能为后继者探索新路，扩展更大的学术空间。但也正因为如此，我的治学从来没有驾轻就熟的轻松，经常是“八十岁学吹鼓手”，必须从头学起，从头做起，永远都在艰难的探索之中。我很高兴，我所开辟的这些领域大多后继有人，而且比我做得更多更好，这就是我们这一代人的最大幸福。

为我这样学无大成的老人出大型文集，内心深感惶恐与歉疚，因为害怕如古人所讥刺的“灾梨祸枣”，流于不必要的资源浪费。但作为学术史而言，一部完整的论著辑录，也许可以供后世的研究者更便于检索。我忽然又想起晚清张维屏的那首诗：“沧桑易使乾坤老，风月难消今古愁。惟有多情是春草，年年新绿满芳洲。”与宇宙乾坤、文化长河相较而言，吾辈普通学人岂不正如一株野草，渺小之至，也平凡之至。春草的多情也无非是自作多情，既无耀目光华，更非国色天香。但小草作为具有生命的植物亦自有其存在的价值。“野火烧不尽，春风吹又生。”小草的生命意志何等刚毅，何等充盈，它用亿万群体的集体苏醒，萌发出漫山遍野的新绿，一片又一片为大地增添了春天的颜色。诗人以春草自喻，既非故作谦抑，更非妄自菲薄，而是对世事对人生已有更深层的领悟，其实也是彻底的自我解脱与更高的精神追求。我常以此诗题赠年轻学人，现在就作为文集自序的结语。

章开沅
甲午仲夏于桂子山麓

目　　录

南京大屠杀的历史见证

从耶鲁到东京：为南京大屠杀取证

南京大屠杀的历史见证[①]

① 该书原由湖北人民出版社 1995 年出版。

缘起（代序）

贝德士博士（Dr. Miner Searle Bates，1897—1978）是我的老师。1946年秋，我进金陵大学历史系本科学习，1948年11月离校前往解放区。在此两年多期间，我曾选修贝德士开的世界通史与俄国史两门课程，也曾听过贝德士夫人讲的美国史。课外，贝德士夫妇有时利用周末，在他们那宁静而温馨的家中，邀请我们这些年轻学生茶叙，说古论今，较比中外，于无拘无束的闲聊中授业解惑，师生关系堪称融洽。

金陵大学历史系是贝德士一手创建的。贝德士教过部颁计划规定的各种必修课程，他以广博的知识和严谨的教学态度赢得了历届学生的尊敬。我的两位业师，王绳祖与陈恭禄，都在自己成名之作的扉页上说明“献给老师与同事贝德士博士”，这正表明众多学生对他的爱戴之情。1946年以后，学运蓬勃发展，从抗议“沈崇事件”到“反美扶日”示威游行，以及其后反对美国帮助蒋介石打内战等等，校园内外弥漫着浓烈的反美情绪。不过，贝德士夫妇与中国同事，与中国学生的相处仍然是融洽的，因为大家并没有把他们看作帝国主义分子，即令是很进步的学运领袖（其中有多位是历史系的同学），对他们也没有多少反感。

不过，我之所以研究贝德士文献，却纯粹出于偶然的机缘。

由于政治局势的急剧变化，1948年冬我离开金陵大学，以后再未见过贝德士，也从未与他有过任何联络，以致逐渐忘记了这位可亲可近的美国老师。直至1987年，在普林斯顿大学历史系教授刘子健（已故）等友人的建议与支持下，我开始着手研究中国教会大学史，贝德士夫妇的影像才偶尔又模糊地浮现于脑际，但并没有萌发任何研究他的想法。次年，我乘应邀赴美开会之便，花了将近一个月的时间，在耶鲁神学院图书馆了解有关亚洲基督教高等教育联合董事会（United Board for Christian Higher Education in Asia，旧译“联合托事部”）历史档案的收藏情况。在此期间，我发现贝德士生前所保存的全部文献竟然收藏在这里，而且其内容之丰富与某些史料之珍贵，对学者具有很大的吸引力。1991 年 7 月，我再次前往耶鲁神学院，花了整整 8 个月时间，将这1 000 余卷历史文献全部检阅一遍，并且复印了许多珍贵史料，也写了一部分阅读笔记。

南京大屠杀是日本军国主义在侵华战争期间最严重的罪行之一，铁证如山，举世公愤。可是，80 年代以来，日本军国主义阴魂不散，力图否认这一灭绝人性的滔天罪行的荒谬言论不断出现，以致多次引起中国、朝鲜、韩国与东南亚诸国人民的强烈抗议。我在美国期间，亦曾参与唐德刚、吴天威、邵子平诸友人发起、创建的对日索赔会等民间团体，进行了一系列揭露日本军国主义无耻谎言的正义工作。这些工作都靠团体成员志愿出钱出力，即使有时募得若干捐款也是专款专用，大多用于出版文字材料，制作电视纪录片、幻灯片，连每次开会的旅费、食宿费都得自己掏腰包，体现了海外华人对祖国的眷恋与奉献。这些工作与相关活动也受到美国社会公众的关注与同情。记得 1991 年的一个冬夜，耶鲁大学中国留学生会放映索赔会提供的电视片《南京大屠杀》，许多学生、学者冒着寒风大雪前来观看。在我演讲之后还进行了空前热烈的讨论，直至深夜才陆续散去。该校历史系著名教授史景迁（Jonathan Spence）得知这一信息后，又利用他那三四百人的正式课堂，将这部电视片重新放映了一次，据说反响也空前强烈。

日本的广大民众与具有正义感的各界精英，也极力支持揭露日本军国主义的历史罪行，因为他们深切感知，侵略战争不仅造成了被侵略国家人民的巨大灾难，也给本国人民带来了严重的损害。我永远不能忘记，1981 年一个深秋的夜晚，日本友人北冈先生邀我在东京浅草一家小酒馆叙旧，其时客人已渐稀少，只有老板娘有一句没一句地与我们攀谈。当旁边的客人知道我来自邻近的中国并鼓掌表示欢迎时，一位老人却带着凝重的面容走过来向我深深鞠躬，语音低沉却铿锵有力地说："请先生归国时务必带回一个前日本士兵永恒的忏悔，他在战争中到过南京、开封等地，并且做过许多对不住中国人民的事情。"我们紧紧握手，正想进一步细谈，却又见老板娘已是泪流满面，凄怆欲绝。原来，1941年她还未度满新婚蜜月，太平洋战争即爆发，她丈夫被紧急征召派往东南亚，从此音信渺然，据说是乘船在海上被盟军飞机炸沉而死。17岁的新娘从此孤身只影，历尽沧桑，总算得以在浅草开一小酒馆聊以谋生。从此以后，我每有机会到东京，总要抽空到浅草旧地重游。友人多以为我癖爱草根文化，其实我无非想重温当年秋夜的那一幕动人情景，虽然再也没有在浅草遇见那位曾经随军到过开封的老人，以及那个17岁即成新寡的老板娘。

我的日本朋友大多是历史学者，特别是侧重于研究中国近现代史的资深学者。他们具有高尚的学术良知，既尊重历史事实，又力求作客观公正的评判。他们当中有些人在战争期间曾经被迫参军侵华，因此至今仍然怀着无限的愧疚，每遇适当时机总要公开表明自己对中国人民的歉意。其中的田中正俊教授还结合自己的亲身经历写了一本《战争·科学·人》，其中译本已由黑龙江人民出版社出版。我深深为作者的精神力量所震撼，他的人格和他的身躯一样都是超乎常人的高大。他们当年都是天真无邪的青年学生，是被迫充当"皇军"炮灰的幸存者，战争责任本不应由他们承担，但历史学家的社会责任感却使愧疚之感像梦魇一样终生缠绕着他们。相比之下，那些千方百计为侵华战争及其责任承担者开脱的政痞文棍，其人格又是何等卑鄙低下！我还有一批在战后成长或出生的日本同行，他们虽然没有战争的亲身经历，但也同样英勇地挺身而出，为抵制文部省对历史教科书的误导、揭露日本法西斯主义侵略罪行进行不懈的斗争。他们有时甚至受到新法西斯分子附有子弹信件的威胁，却没有退缩。我想，这也是由于历史学家社会责任感的驱使。田中正俊在《战争·科学·人》一书的扉页写上"献给中国抗日战士"，我则愿意把这本书献给所有坚持真理和伸张正义的日本史学专家，当然也愿将此书献给众多平凡、善良的日本人民。

有关南京大屠杀的史书出版已多，但这些论著却没有很好地利用贝德士文献（Bates' Papers）。南京沦陷前后，贝德士是南京难民区国际委员会和南京国际救济委员会的发起者与负责人之一，亲眼目睹了南京大屠杀的全过程，而且当时就作了大量的实录与对外报道。可能是由于历史学家的职业习惯，贝德士非常注意收集保存各种文字资料，虽片纸残页，也视如拱璧，加以珍藏。因此，在贝德士文献中可以看到不少官方文书所不及的私人记载，使我们增添对于南京大屠杀更多层面的理解。

1991年12月12日，纪念南京大屠杀受难同胞联合会（Alliance in Memory of Victims of the Nanjing Massacre）在纽约举行集会，我应邀在会上发表简短演说。演说词是："当我们沉痛悼念南京大屠杀的牺牲者时，应该记住一个名字——贝德士，他曾在金陵大学任教30年（1920—1950）。在1937年—1941年期间，他奉命留守南京保护校产。在南京陷入日军烧杀淫掳的大灾难中，他和一小群外国人，以恳求、辩论乃至自己的躯体，在刺刀与牺牲者之间从事难民援救工作，尽管他们的努力常以失败终结。这个小小的外国人团体和他们同样勇敢的中国同事，日以继夜地救死扶伤，把难民聚集于庇护所，借助外国人的援助稍许减轻大屠杀的损害，并且为区内7万难民谋求食物与住处。他们作为一小小的公共群体生活在一起，没有足够的食品与服务。常常一连几个星期得不到他们眷恋的家庭的讯息，丈夫或妻子不知道自己的另一半是死了还是被囚禁。他们几乎与外面的世界隔绝。但是他们仍然留下来了，正如贝德士博士所说，'我同其他人一样明白整个局势的严峻与黑暗，在这里很难找到公理与正义。个人自身的问题早就得到了回答。基督徒努力履行自己的职责，用不着为自己的生命担忧，只会为自己难以满足巨大的需求而感到愧疚。'他们日复一日地前往日本驻南京的大使馆，送交他们的抗议、呼吁和逐日记录日军暴行的表格。贝德士保存的此类大量文献已妥善收藏于耶鲁大学神学院图书馆。这是南京大屠杀的真实记录。血写的历史不可改变！"

我们回忆充满恐怖与罪行的往事，绝不是为了复仇，而是为了寻求真理与伸张正义，同时也是为了汲取历史经验。请允许我引用我的已故老师贝德士博士的一句话作为序言的结语："给全球以和平，给人类以慈悲。"

一　贝德士其人其事

贝德士的英文原名是 Miner Searle Bates。他于 1897 年 5 月 28 日生于美国俄亥俄州的纽瓦克（Newark）。这个纽瓦克与新泽西州的纽瓦克同名，但两者的风貌却有所不同。这是美国中西部一个内地小城镇，居民善良纯朴而略有古风，不像东北部那样经济发达、人烟稠密、现代文明病的征兆更多。

贝德士的父亲 Miner Lee Bates 是一位新教牧师，也是一位人品很好的学者，曾经长期担任本地哈莱姆学院（Hiram College）院长，在当地居民中享有很高声望。小贝德士在父亲的学校读本科，学习勤奋，成绩优良，品行端正，曾多次获得全校演讲比赛奖。20 岁（1916 年）获学士学位，并且得到颇令年轻大学生羡慕的罗兹（Rodes）奖学金，去英国牛津大学攻读历史。

当时欧战炮火正烈，古老的牛津校园不复宁静，大学生们或聚集在啤酒店旁持杯纵谈，或缓步于泰晤士河边交流心曲。他们不一定都了解战争性质，更多考虑的却是社会责任，也夹杂着不少冒险、猎奇之类的浪漫情思，到战场去顿时成为一股不大不小的潮流。

贝德士怀着年轻人的激情，也投入了这一潮流。他虽然不是英国公民，没有服兵役的义务，却也在 1917 年离开牛津大学，作为 YMCA（Young Men's Christian Association，即基督教男青年会）干事前往近东，稍后又正式加入美军服役。贝德士曾经到过印度、美索不达米亚等地，增添了许多社会阅历与生活经验。

欧洲战争结束后，贝德士随即退役，重返牛津攻读。他先是在近代史荣誉研究院完成学士学位，后来又增修政治学与通史两类课程，于1920年获得硕士学位。年轻的贝德士无论在何时何地，都以"好孩子"形象出现，他在牛津大学期间就是品学兼优的学生，曾作为学生代表参加皇室为伊丽莎白公主（即现在的女王）举行的舞会。

1920年夏天，贝德士回到美国，并在7月被联合基督教布道会(United Christian Missionary Society)授予传教士资格并派往中国。贝德士这一代人，是随着基督教内部革新浪潮一起涌进中国的。早在19世纪70年代即已发端的基督教革新运动，在1890年至欧战期间达到高潮，其改革成就之一便是学生海外志愿布道。这一波新潮从麻省迅速遍及全美各州的高等学校，到1914年已有大约6 000个学生作为传教士前往国外，而6年以后贝德士便成为他们的追随者来到中国。

贝德士这一代传教士教育家（missionary educator）与他们的前辈有所不同，他们虽然也有出生于基督教家庭、学校的背景，也有并不逊色于先驱的宗教虔诚，但他们大多在来华以前已受过良好的高等教育，并且具有某些方面的专业特长，基本上是属于学者型的传教士群。无论是从视野的开阔，还是从知识的广博来说，他们都远胜于早期来华的那些美国中西部乡下孤陋寡闻的前辈。他们大多倾向于进步主义(progressivism)，强调社会福音（social gospel），关心人们物质的改善与社会的进步，特别是关心所在地的社会革新。在开明的现代派(modernism)与守旧的基要派（fundamentalism）的激烈争执中①，他们显然倾向于或归属于前者。

---

① 现代主义最初是19世纪末20世纪初流行于中欧、西欧天主教中的一种神学思潮，倾向于利用现代科学知识对《圣经》和传统教义进行新的诠释，曾受到教皇利奥十三世的谴责。本书提到的现代主义则是20世纪基督教（新教）中流行的一种神学，主张对《圣经》作不带成见的批判性研究，其后又引发了自由主义神学与社会福音等新思潮。

基要主义是西方（特别是美国）基督教中的保守神学家为反对现代主义而提倡的一种神学思潮，他们主张恪守传统教义，《圣经》本文正确无误，不容许作任何神学以外的解释。1909年以后，这些美国守旧的神学家连续编印了12本小册子，总称《基本要道》(*The Fundamentals*)，广泛散发给各国教会，因此以基要主义得名。基要主义与现代主义的争论，在中国基督教各教会中也有所反映。

贝德士于1920年夏秋之间到达南京，他遗留的文献没有这方面的记载，我们只能借助他一位亲密的同事在10多年后的回忆，为读者提供若干零星印象。这位同事说：

1918年7月一个炎热的上午，我们清早来到横滨岩屋旅馆时，餐厅只坐着一位客人——一个仪态庄重的年轻人正等候早餐。我们刚从山岳胜地轻井泽过来，我们赴日传教团的几位朋友正在等待一位客人——一位牛津大学的青年学生。他随基督教青年会在美索不达米亚进行战时服务，途经此地回国，准备入美军服役。我们打赌说这就是那位青年，便上前攀谈，果然是他。我们就这样遇见了贝德士，后来他与我们一家在中国共同生活达三年之久。……随后，我们从他的谈话中得知，他在牛津期间刻苦攻读，为做学问，到过欧洲大陆、近东、印度等地。他一直都是省下每一文钱来买书。结果，他来到我们这儿的时候（指贝德士1920年到达南京——引者），我们必须为他腾出两个房间，一间住人，一间装书。及至他所有的书在我们南京寓所三楼的小房间拆包后，就连他日常需要的起码陈设也无处安放了。可以肯定，他是那时在南京的外国人中私人藏书最多的一位。①

来华头一年，他在金陵大学华言科（Nanking Language School）学习中文，贝德士这个中文名字大概就是在这儿取的。也就在这儿，他认识了一位黑眼睛的加拿大姑娘莉丽娅·罗宾斯（Lilliath Robbins），她也是在美国完成学业后，前来金陵女子文理学院任教。他俩一见钟情，随即于1923年结婚。贝德士在来华的第二年即正式任教，并且在随后的三年里，利用业余时间读完了三整年的必修中文课程。贝德士起初在政治历史系任教并兼主任，以后改任历史系主任并开设该系许多主干课程，对历史系的创建与发展作出了很大贡献。他还与李小缘等中国学者一起，协同创办中国文化

---

① Maude Taylor Sarvis, Bates of Nanking. 打印本，原刊载于1942年的 *The International Committee of YMCA*。

研究所并添购了大量文史典籍、报刊。同时，他还先后在金陵女子文理学院、国立中央大学、政治大学等校兼课。南京早期的岁月是比较平静的，他教学认真，学生也非常勤奋，教学相长，其乐融融。此外，他还在基督教高等教育委员会（The Christian Council for Higher Education）、太平洋关系研究所（The Institute of Pacific Relation）等机构担任职务，并经常在课余撰写国际评论。

但是，贝德士来华不久，非基督教运动即弥漫全国。1924 年以后，这一运动与国民革命、北伐战争汇合而更趋激烈。南京地区的传教士对这一运动挑战性的严重后果似乎估计不足。贝德士的同事卜凯（金大农经系教授）的太太，以后成为诺贝尔文学奖获得者的著名作家赛珍珠（Pearl S. Buck），当年曾有平实的叙述："1926 年秋天，我们已经悬念国民革命军何时将到达南京。他们从广州启程的北伐已经取得成功，并且在扬子江边的武汉努力营建自己的中心，准备继续进军下游。我们之中那些在牯岭避暑的成员，被卷入自湖南和汉口汹涌而至的难民潮流——人们害怕战争与被围困的威胁，于是逃进安全口岸。我们渴望得到国民革命的消息，急于了解他们是真正的爱国理想主义，还是又一茬黩武主义，很难弄清全部实情。有的报告说他们献身于自己的目标，希望解放工人阶级，根除年深日久的性别、阶级、民族之间的不平等。随之而来的流言则说他们仇视宗教，特别憎恶外国人控制的学校与医院，已经出现若干排外事件，最糟糕的是俄国激进派已出现于他们之中。……正是在这样等待与困惑的心境下，我们栖身家中，并且开始了学校、医院与宣道方面的秋季工作。"① 紧接着她便详细描述了 1927 年 3 月 24 日以后南京的骚乱情况：在反帝情绪驱使下，部分已进城的国民革命军与下层群众焚烧、抢劫外国教堂、学校，乃至伤害外籍人士。颇受推重的金陵大学副校长文怀恩（Williams，J. E.）在住宅被劫时身亡，教会学校除金女大外

① Pearl S. Buck，Nanking Station Report，1926—1927. 打印稿，收于 Bates' Papers，RG10，B20，F308。

几乎无一幸免于洗劫，外籍传教士家中乃至随身携带的财物全被抢走[1]。贝德士被一群士兵拘捕，双手缚于背后，几乎被胡乱开枪的士兵击毙，幸亏得到红卍字会的援救才幸免于难[2]。由于英舰炮击南京使局势更加恶化，外籍人员被迫全部撤退，先到上海，继而分为三路：一部分回本国，一部分去日本，一部分到朝鲜。贝德士偕妻携子，先到上海，继往日本，不过他是在事件平息后最先获准回到金陵大学的少数外籍学者之一。

回校后，他一如既往，努力教学，直至抗战爆发。其间曾短期返美深造，1934 年—1935 年以洛克菲勒学者身份在哈佛大学学习日文与俄文，1935 年在耶鲁大学完成题为《公元前 221—88 年的中国历史》的毕业论文，并取得博士学位。1936 年—1941 年期间，他曾 7 次访问日本，代表基督教教会并利用当地资料，研究亚洲现状、日本社会状况及其政府政策动向。从贝德士遗稿中可以看出，他是较清醒也是较早向国际社会发出日本军国主义必将推进大规模侵略战争的少数美国学者之一。

抗日战争爆发后，金陵大学西迁成都。当时还滞留日本的贝德士奉学校当局之命，历尽艰难穿过日军战线返回南京，以副校长名义全面负责留守校产，并勉为其难地办了一所农业专科学校。在南京沦陷前后，他起先是南京国际难民区委员会（Nanking International Safty Zone Committee）的发起人与组织者之一，随后是南京国际救济委员会（Nanking International Relief Committee）的成员与主席。从 1937 年冬到 1941 年，他为保护中国难民和揭露日军暴行做了大量工作。

由于日美关系日渐恶化，美国教会董事会和国务院都敦促在华美国人员撤离远东。贝德士的夫人和孩子于 1940 年 12 月离华，他本人则坚持到 1941 年夏天。随后他被安排在纽约协和神学院与哥伦比亚大学任客座研究

① Pearl S. Buck, Nanking Station Report, 1926—1927. 打印稿，收于 Bates' Papers, RG10, B20, F308。

② Bates of Nanking p. 4. 红卍字会与红十字会为不同机构。

员，但实际上却是为国际布道会（International Missionary Council）和北美海外布道会（The Foreign Missions Conference of North America）做有关中国、日本和东亚的咨询工作。1942 年—1944 年担任战俘国际交换工作。

抗战胜利以后，他又奉命回南京负责接收校产（太平洋战争期间被日伪学校占据），并参与筹备复校工作。1946 年 9 月，金陵大学在南京原址如期开学，其中也包含了贝德士的一份辛劳。他保护了金大的校产，连续好多年的过分劳累却严重损害了个人的健康，贝德士自复校以后即长期处于病痛和疲惫之中。但他仍一如往昔，竭尽全力从事教学工作和各项社会活动。特别应该提到，1946 年 7 月 29 日，贝德士出席东京国际军事法庭作证，以无可辩驳的确凿事实论证日军南京大屠杀的滔天罪行，并且冷静而又机智地一一回答战犯辩护律师提出的各种刁难问题，把罪责坐实于当时南京地区日军的最高指挥官。贝德士的多年劳绩赢得了金陵大学广大师生的普遍尊敬，1948 年 11 月 12 日，金大隆重举行 60 周年校庆，贝德士被推选代表全体教职员在大会上致贺词，这可以看作全校师生给他应有的荣誉。在校庆纪念册上还特别表彰说："当（民国）26 年本大学西迁后，贝德士、史迈士、林查理三教授等特发起组织国际救济委员会，联合留京中西籍教职员及友邦热心人士，从事救济难民工作，将本大学校舍、宿舍、住宅、农场悉供难民栖止，并设立粥厂及补习学校，以资教养。当时首都难民获免敌军侮辱屠戮，得以全活者至众。国民政府嘉其茂绩，特予明令各授襟绶景星勋章，以示褒奖。本大学校舍，亦赖贝德士教授等努力维护，得免破坏。"①

但事情很快便出现了巨大的转折，1949 年夏天，贝德士亲眼看到中国翻天覆地的变化，也看到金大校园内一系列急剧的变革。他曾对教会

① 参见《金陵大学 60 周年校庆纪念册》。国民政府授勋是在 1938 年夏天。1939 年 1 月 23 日南京美国大使馆曾函告贝德士："1938 年 6 月 30 日中国国民政府秘密训令，授予您襟绶景星勋章。此项勋章现已送至使馆，希尽早来使馆出席授勋招待会。您当可同意，此事不宜为外界广泛知晓。"此件收于 Bates' Papers，RG10，B4，F67。

大学的继续存在与发展仍然寄于若干希望，但朝鲜战争的爆发与中美关系的急转直下却使这点希望日趋渺茫。教会大学面临的严峻挑战远远超过 1927 年的非基督教运动，而他的年龄、身体、精力则已远逊于 23 年以前的年轻贝德士。他在 1948 年前后即已与纽约协和神学院（Union Theological Seminary，New York）院长不断联络，终于在 1950 年离开曾经工作于斯 30 年的金陵大学。他是在金大唯一被“礼送”而不是被驱逐的美籍教师，历史系教师曾为他举行小小的话别茶会，气氛多少显得有点悲凉[①]。

美国本来是贝德士的故土，但现在对于他又是一个比较陌生的环境，他与他的祖国需要有一个相互重新认同的漫长过程。他和那些 1950 年前后从中国回到美国的传教士教育家们，形成了一个小小的特殊社会群体。他们是地地道道的美国人，但他们相互间却常常自称“我们中国人”（We Chinese)，有时还不无乡土气息地自称“我们南京人”（We Nankinese)，他们似乎有一种永远难以解脱的中国心结。当时，他们的处境并不美妙，在中国他们是背着“帝国主义分子”甚至“间谍分子”的恶名被“礼送”或公开驱逐出境；而回到美国以后他们又往往被麦卡锡主义者视为来自中国的可疑“赤色分子”。但他们多数人始终无怨无悔，把数十年奉献给异国的艰苦生活看作一生中最值得回忆的美好岁月。贝德士在纽约协和神学院担任的主要是教会史和世界宗教等课程，他把自己教学与研究的领域侧重于东亚，并且热心参加邻近的哥伦比亚大学东亚研究中心有关中国问题的学术活动[②]。他仍然关心中国，关心在中国发生的各种新变化，他只想了解而很少公开评判。他以基督教的宽容对待那些在“三自爱国”运动中

---

① 贝德士一直不知道，金大历史系原系主任王绳祖教授，只因在话别会上说了一句“希望你将来有机会再来金大”，就被某些人理解为幻想帝国主义卷土重来，并多次受到批判。这件事是绳祖师生前聊天时告诉我的。

② 贝德士与哥伦比亚大学著名中国近现代史学者韦慕廷教授（Martin Wilbur）私交甚笃，经常交换学术见解。他还以渊博的中国历史、社会知识，认真答复每一封来自青年学者向他求教的信件，包括审阅各类有关中国的论文。现今许多美国著名中国史研究者，在青年时期都曾得到贝德士的热情指点。这些来往信件保存于贝德士文献，数量甚大。

抨击他的中国友人，即使对若干明显的不实之词也不作任何公开的辩驳①。有一段时间，他非常关心非洲教会学校的发展，有可能是想在非洲实现过去在中国的未竟之愿。1965年退休以后，他又以余生全部精力投入《基督徒在华60年，1890—1950》的繁重撰写工作。他徜徉于史料的海洋，仿佛又回到了中国，回到了熟悉的校园、友人、往事中间。这不仅是学术的追求，也是他最后的精神寄托。

但他终于未能完成这一巨著。他的一位挚友和老同事说："贝德士教授出乎意料地死于1978年10月。我负责清理他在神学院4楼塞满书籍的研究室。他的手稿——旧的、修改的和新的——塞满档案柜的好几个抽屉。有许多较小的盒子装着经过他仔细注释过的文献、笔记与摘录。好几个纸箱装着已经分类的文献。桌上堆放着他最近写的手稿，置于纸张上的是半截铅笔，好像是表示'出去走走，马上就回来'。"② 在这些遗物中，有一张保存得很好的照片，那是1947年秋天他与我们十几个历史系学生在南京玄武湖畔的合影。他穿的还是那套旧西装，于诚朴中显出几分慈祥；我们几个男同学则是一色长袍，这是陈裕光校长当年常用的服装，或许可以看作金陵大学非正式的"校服"。这张照片引起我很多联想，或许在他生命终结之前，贝德士还想念着当年金陵大学的校园、同事与那些风华正茂的学生……

① 20世纪50年代初，曾有人把"三自爱国"运动期间有关刊物寄给贝德士，他除在报道上注明某些控诉与事实不符外，未见有任何其他表示。这些信件亦见贝德士文献。

② Cynthia Mclean（中文名孟沁恬），*Gleanings—from the Manuscripts of M. S. Bates*, N. Y., 1984, p. 1. 在贝德士的遗物中，还可以发现20世纪60年代以后他所写的一些有关中国的时论，尽管他对共产党的宗教政策持不同见解，但却一直主张中美恢复正常邦交。这类文章有：《不能忘记中国》(China cannot be Ignored, 1960)，《中国太大不能遗忘》(China is just too Large to Ignore, 1967)，《中国依然存在》(China is still There, 1968) 等。

二　贝德士文献简介

贝德士死后，其生前保存的全部文献，经其亲属同意，由耶鲁大学神学院图书馆保存。神学院图书馆坐落于纽黑文（New Haven）景色街（Prospect Street）409号神学院内。古木参天，芳草如茵，白色的欧式建筑带有浓厚的宗教色彩，馆中图书文献收藏丰富，颇多珍贵典籍、报刊与手稿，是宗教史、教会史研究者的必至之处。为了通盘检阅贝德士文献，我于1991年7月至1992年3月，在神学院古老的宿舍中整整住了9个月，除外出讲学、开会外，几乎每个工作日都从早到晚泡在图书馆幽深的专藏室（Special Collection）内。

专藏室的丰富收藏，对我最有吸引力的是其中两大部分：一是前面已经提到过的亚洲基督教高等教育联合董事会的历史全档，它已由该会在纽约河岸街（Riverside Drive）475号总部全部搬运移交给耶鲁神学院图书馆，其主体部分为前13所中国基督教教会创办的大学档案全宗，这对于我们研究中国教会大学史是最宝贵的资料；二是1949年前长期在中国工作的一批美国传教士，他们在生前或死后把自己所保存的全部文献捐送给耶鲁神学院图书馆，统称为中国文献项目（China Records Project，Miscellaneous Personal Papers Collection）[①]，贝德士文献就是其中的一种。与其他美国大学图书馆一样，该馆正式工作人员编制很少，大多靠学生“打工”作为补充；神学院不同之处是有些学生志愿利用课余时间做“义工”，不领取

① 中国文献项目是一个很大的收藏计划，开始于20世纪60年代末，包括300多位长期在华工作的美国传教士遗留的各种文献，时间从1834年到1978年总共250盒（这个数字不包括贝德士文献及其他专档）。

任何报酬而工作却非常认真。耶鲁神学院图书馆专藏室档案文献收藏量之精且多堪称宝库，但正式负责管理的只有一个馆员——玛莎·斯莱莉（Martha L. Smalley）。她有一个经常来上班的助手，我们通常称之为琼（Joan），琼当时并非正式职员，而且还利用业余时间攻读硕士学位。玛莎受过良好的专业训练，在那儿已工作了十多年。她不仅把档案文献管理得井井有条，而且还为各种档案编写了许多本索引。这些索引一般都包括人物（或单位）大事年表（Chronology）、档案全宗概述、分类档案目录等三部分，读者查阅非常方便。

在玛莎和琼的热心协助下，我总算把卷帙浩繁的贝德士文献从头到尾检阅了一遍，她们还夸奖我是能够这样做的第一人。

贝德士文献经整理收藏后总共有131盒（Box），1 162卷（Folder，即一纸夹，数量多少不等）。其中，第一类是信札，共10盒，从1920年至1978年，包括三部分：①家信；②在华期间通信（1920—1950）；③回美国以后的通信（1950—1978）。第二类是有关中国的札记与资料，共69盒，为贝德士文献中所占比重最大者，主要是他为撰写《基督徒在中国的60年，1890—1950》准备的大量素材。其中有些是他复印的相关报刊、专著或会议文件的某些部分，有些则是他自己写的读书笔记或史料摘录，还有许多不太规范的索引卡片。第三类是他撰写《基督徒在中国的60年，1890—1950》的部分草稿，共10盒，约3 000页。包括好几稿详尽的全书纲目、纲领性的“解题”草稿（topical drafts）以及修改多次的若干章节的正文草稿等。这是一部预期巨著的很不完整的毛坯，但可以供后继的近代中国基督教史研究者作为向导之用。第四类是有关中国著名基督徒的资料，共5盒，与他撰写上述巨著也有密切关系。其中除复印资料与草稿、笔记外，还包括五易其稿的人物名单（最后写为50多人），以及作为通信征集相关人物资料的结果——27位中国基督徒的小传。第五类是与中国无直接关联的其他札记与资料，共19盒，反映出贝德士好学不倦，博览群书，并且对世界各国的历史与现状有着广泛的兴趣。第六类是贝德士自己已经发表的文章，共9盒，分5个部分：①论文、小册子、文件；②书评；③从中国寄出的报告、备忘录；④布道词（Sermons）、演讲词、访问记；

⑤与主要工作有关的杂件。这些作品大多都与中国的宗教与政治局势有关，其中与抗战期间南京状况有关者可能使研究者更感兴趣。第七类是教学资料（The Course Related Materials），共 4 盒，包括他在协和神学院开设教会史、基督教伦理与实践神学等课程的相关提纲、手稿，还有他领导高级宗教研究计划（The Program of Advanced Religious Studies）的有关资料。第八类是私人项目和言行实录（Personal Items and Memorabilia），共 5 卷，包括贝德士自己保存的言行实录与传记资料，通讯地址簿、卡，日记与记事本（备忘录），出生证，服役证，乃至病历，护照，军事通行证（南京沦陷期间），身份证明，与家庭有关的资料，学校笔记本等，还有许多照片与世界各地的明信片。他在 1947 年秋与我们的合影就是在这一类第 129 盒中发现的，记得当时在场的玛莎和琼简直惊喜若狂，她们从未想到自己精心管理的档案中竟然还有来自“红色中国”的学者早年的照片。

与南京大屠杀直接有关的资料，集中保存于第 4 盒之第 52、59、63、65、67 卷，第 102 盒之第 861—871 卷，第 126 盒之 1 137 卷。

第 52 卷主要是贝德士与友人及家人在 1938 年的一些通信。

第 59 卷集中收藏的是 1931 年—1939 年与南京日本大使馆之间的来往信函及附件，还有 1938 年与上海日本总领事馆之间的来往信函及附件，特别是前一部分大多与揭露、谴责日军暴行有关。

第 63 卷较有价值者，为 1937 年—1938 年与金陵大学创建者会（Board of Founders）之间的信函、1938 年与上海全国基督教会之间的信函、与南京国际救济委员会有关的信件（1941 年）。

第 65 卷为与《曼彻斯特卫报》著名记者田伯烈（H. J. Timperley）之间的通信，其中有些内容特别具有参考价值。

第 67 卷收有与南京美国大使馆之间的来往信函，时间为 1938 年—1940 年，其中若干件亦与南京大屠杀有关。

第 861—871 卷主要是贝德士收藏的各种有关南京沦陷后情况的文献资料，其中以 863—869 卷价值较高。

第 1 137 卷是贝德士认为对自己有纪念意义的杂件，时间为 1921 年—1948 年，其中有贝德士 1946 年出席东京远东军事法庭作证记录的副本，还有对此次审判的报道，如《另一个纽伦堡》(The Other Nuremberg) 等。

正如耶鲁神学院图书馆的玛莎所言：“贝德士是一个有关他自己的生活与工作的信件、报告、文章的潜心收藏者。”(Bates was a faithful collector of letters, reports, and writings relating to his own life and work.) 他保存数量如此巨大的资料，不完全都是为了撰写学术著作，很多倒是出于某种个人兴趣与癖好。不过毕竟是有历史学家的眼光，他保存的文献绝大部分都具有史料价值，而上述那15卷便成为日军南京大屠杀的历史见证，也是最好的实录。

早在1938年初，刚刚卸任的国民政府教育部部长王世杰即已注意到贝德士对日军暴行揭露的工作。他1月10日的日记曾有如此记述：“金陵大学美国教授Bates，曾在首都（指南京——引者）目击去年12月13日日军入城后抢劫私家物品，大批枪杀解除武装之我方军士及难民，并搜挟少年妇女于一处而强奸。该教授曾将目击情形，以书面分送各中外人士，但未署名。”2月14日的日记又称：“今日由汉口渡江赴武昌，去华中大学之餐约。席间，该校代理校长黄溥，具述留在南京之美国教授Bates，最近托美国军舰带出之信息。据B.氏1月10日函称，日军入南京后，其强奸、掳掠与残杀无武器人民之惨状，有非外间所能梦想者。全南京城内，日军强奸妇女之案件，德国人估计在2万件以上。即仅就金陵大学校舍而言，难民之逃避该校中者约3万余人，强奸案当在8 000起以上。有11岁幼女与53岁老妇，亦未能幸免者。至于校内房屋及商店，殆无一家未被抢劫者；劫后往往以化学药物纵火焚烧。此种强奸行为，往往于白昼行之，并往往由军官领导为之！业经放弃武器与军服之华兵，以及一般难民，被日军任意枪杀者，触目皆是。外国人之留在南京者，亦多受侮辱与劫掠，各国使馆俱被劫掠（B.氏函件已由该校给予一份）。”① 王氏所得到的是贝德

---

①《王世杰日记》第1册，台北“中研院”近代史研究所，1990年，第163、178—179页。最先注意此事的是台北旅美学者吴相湘先生，他在给纽约吴章铨（任职于联合国，对日索赔会同仁，曾从我处复印贝德士文献中有关南京大屠杀部分）的信中引用了王氏日记，并且指出：“由此可知，当时中国政府是由Bates信件始知（原文如此）南京大屠杀事，故Bates文件，见得有副本，其重要性可知矣。”

士在1938于1月10日托美国军舰带出的信件复印本，其原稿即收在贝德士文献第52卷，可见，贝德士当年所作的日军暴行实录已经发挥了作用。

与贝德士合作向外界揭露日军南京大屠杀的还有其他一些外国人士。多年以后，贝德士曾回忆说："有些人道主义的英、美新闻记者，如田伯烈（H. J. Timperley，澳大利亚人，代表《曼彻斯特卫报》和《基督教科学箴言报》）和窦奠安（Tilman Durdin，亦译作杜丁，《纽约时报》），试图利用大众传媒进一步及时帮助安全区，希望日军在公众注目下能有某种程度的克制。接连数周，安全区委员会（稍后是救济委员会）的秘书几乎每天都准备着打印有关严重骚扰与罪行的报告，私人送到金陵大学隔壁的日本领事馆，和我们获准允许接触的唯一机关（似指美国使馆——引者）。日本友人稍后告诉我，这些报告都已可靠地交给外务省。田伯烈以后把这些报告连同某些私人报告结集在伦敦出版，书名为《战争意味什么？日军在华暴行》(*What War Means, the Japanese Terror in China*)，我认为此书纽约版的书名则略去前6个字。燕京大学政治学教授徐淑希则冠以《南京安全区文件》(*Documents of the Nanking Safety Zone*)、《日军战争行为文摘》(*A Digest of Japanese War Conduct*)，《日军战争行为文摘新编》(*A New Digest of Japanese War Conduct*）等书名。南京国际委员会1938年、1939年、1940年的年度报告业已出版，还有关于（南京）经济与就业情况的调查报告。如有需要，我能指认哪些项目是我起草的。"[①]

贝德士回忆中的窦奠安，1992年秋天我在加州大学圣地亚哥校园(UCSD) 历史系任客座教授时，曾有幸结识并成为朋友。这是因为经过学校国际中心（International Center，简称IC，相当于我国高校的外办，而活动范围更为拓展）的介绍，他的太太成为我太太的义务家庭英文教师。

---

① Bates' Papers，RG10，B10，F192. 田伯烈的书，1937年夏天，国民政府国防部编译室曾译成中文，书名《日军暴行纪实》，或《外人目睹中之日军暴行》。窦奠安当时发布的新闻，据日本学者洞富雄查阅《纽约时报》确认，已分别刊登于1937年12月18日、24日和1938年1月9日，其中12月24日一篇题为《美国传教士叙述的南京恐怖统治》（American Missionaries Discribe Nanking Reign of Terror)。

窦奠安夫妇虽已 80 多岁高龄，但身体都很健康，而且思路敏捷、语言风趣，对中国充满眷恋之情。窦奠安太太常说："我是徐州人，是在徐州生的。"有时则干脆说："我们都是中国人。"他们对在南京与贝德士若干往事的回忆，增进了我对这段史实的理解。当然，上面征引的贝德士回忆是很不完整的，仅就新闻、出版角度着眼，当时与他在南京沦陷期间密切共事并留有大批文字或图像实录的，还有费吴生（George Fitch）、马吉(John Magee)、史迈士（Lewis S. C. Smythe）等。我在纽约纪念南京大屠杀的一次集会上曾见到马吉的儿子马大卫（David Magee），索赔会制作的南京大屠杀影视片，其中有一部分资料为马吉在现场冒着生命危险偷拍的，就是由大卫慷慨提供的。这些人的名字，在下面的史实陈述中还将一再提到。

三 “南京安全区国际委员会”与“南京国际救济委员会”

南京安全区是仿照上海南市难民区的先例举办的。

1937 年“8·13”上海事变后，战火延烧到昆山、嘉定、太仓等县，大批难民涌入上海公共租界和法租界，最多时达到 70 多万人。租界无法容纳，大批难民遂流落聚集在南市一带，风餐露宿，饥病交加，问题极为严重。于是，由上海国际红十字会发起，征得中日交战双方同意，在南市划定难民区，南以方浜路为界，东、西、北三面均以民国路为界，东端为小东门，西端为方浜桥，约占南市旧城厢三分之一。南市难民区在难民的收容、安置、管理、救济、治安等方面做了一些尚有成效的工作。其中最重要的一个角色名叫饶家驹（R. P. Jacjuinot），时人称之为饶神甫，他身兼震旦大学教授、华洋义赈会会长、上海国际红十字会副主席、南市难民区监察委员会主席等要职①。以后南京难民区设立时，他又曾起穿针引线作用。

上海沦陷以后，日军继续西进。11 月 8 日，日军分两路直逼南京：一路尾随中国军队左翼部队沿沪宁线推进，一路则循太湖南岸向湖州集结，目的在于截断中国军队退路。中国政府决定固守南京，力阻敌军西进，但战事节节失利。到 11 月底，日军攻占广德，完成对南京东南至西南面的包围。12 月 1 日，日军又攻占江阴要塞，南京第一道防线遂完全

---

① 参见罗义俊：《南市难民区述略》，《抗日风云录》（下），上海人民出版社，1985 年，第 172—183 页。

暴露在敌军之前。也就在12月1日，日本大本营下达第8号命令，要求华中方面军“在海军协同下，进攻敌国首都南京”①。妄图借此瓦解中国军队士气，一举威迫蒋介石政府屈服求和。中国军队顽强抵抗，不断重创敌军，但本身也伤亡惨重。南京卫戍司令长官唐生智遂于12月8日下令第一线守军退守复廓、城垣阵地，集中兵力死守南京。敌军于12月9日全面合围并猛攻南京，从11日起又集中兵力猛攻雨花台和中华门。到12日傍晚，紫金山和各个城门均被日军攻占，唐生智奉蒋介石指示，下令所有守军突围撤退，南京全城顿时陷于极端混乱之中。12月13日，日军正式进入南京古城。

南京难民区成立于南京沦陷以前。对此，时任金陵大学校董会董事长的杭立武曾有较完整的回忆：

> 民国二十六年冬，国军在与日本敌军奋战三个月之后，由津浦路撤退到南京附近。政府则已西迁。南京城内四分之三的居民与大部分的外国侨民，或已离京，或正准备离京。此时自前线退下来的国军大批涌到，市内一片混乱，首都危在旦夕。在此之前不久，我阅报得知，上海有一位饶神父，在上海设立难民区，救助了许多妇女和儿童，当时我担任管理中英庚款董事会总干事，同时也是金大校董会董事长，我觉得日本即将进攻南京，鉴于情势危急，特邀集在各教会学校服务的美国友人和少数英、德商业人士约20人，共商应变方法。决定援照上海难民区的先例，成立一个国际救济机构，定名为南京安全区国际委员会（International Committee of Nanking Safety Zone），划金陵大学、金陵女子文理学院、鼓楼、山西路住宅区直到新街口一带为安全区，收容无家可归的难民。此安全区亦称“难民区”。安全区范围划定后，乃委托上海饶神父在上海征得日军司令的同意。后来饶神父答复我，说日本司令答：“我们知道这件事了。”并且接受了地

① 《现代史资料9·中日战争2》，东京，美铃书房，1978年，第216页。命令译文用胡德坤：《中日战争史（1931—1945）》，武汉大学出版社，1988年，第168页。

图。在进入南京城的日本兵身上，曾发现这种地图，是有难民区。

"南京难民区"委员，为美籍史密斯（Lewis S. C. Smythe，中文名应为史迈士）、梅奇（John Magee，即马吉）、毕戈琳（J. V. Pickering）、斐志（M. S. Bates，即贝德士）、米尔士（W. P. Mills）、德利谟（C. S. Trimmer）、李格斯（Charles Riggs），英籍福娄（P. H. Maaro Faure）、希尔滋（P. R. Sields）、麦寇（Ivor Mackay）、里恩（J. Lean），德籍拉比（John H. D. Rabe，中文名应为拉贝）、潘亭（G. Schutze Pantin）、史波林（Edward Spering）与丹麦籍的汉森（J. M. Hanson）共15人，公推德人拉贝为委员会主席，美人史密斯（应为史迈士——引者）为秘书。我与费吴生（George Fitch）分任安全区主任与副主任。旋因我奉命护送故宫博物院文物西赴重庆，难民区主任遂由副主任费吴生代理。当时首都卫戍总司令唐生智，应允将安全区内的军事机构迁出，撤除高射炮阵地，以确保安全区的中立。市长马超俊离京前夕，将市政府及一切物资以及450名警察全部移交安全区。张群并提供私宅供我做办公室之用。12月10日起，难民纷纷涌入安全区，各处很快就已住满，只好征用最高法院及侨委会的房屋。①

杭立武的回忆比较强调国民党高级官员的作为，实际上他们正忙于撤离南京，而且很快就离开南京。安全区以及以后难民救济工作的主要策划者、组织者及承担者，却是贝德士、史迈士、费吴生、马吉等少数外国教授、传教士，还有许多与他们一起从事此项工作的中国教会人士。这一点，在贝德士文献保存的各种资料中可以看得很清楚。

抗战爆发之初，贝德士正在日本度假，并曾作为教会代表参加在日本轻井泽举办的一次基督教传教士联谊会（Conference of the Fellowship of Christian Missionaries, Karuizawa）。他在会上发表题为"了解中国"的长篇演说，比较客观公正地介绍了中国各方面的情况，并且诚恳地呼吁日本人民应该与中国人民和平相处。他说：

---

① 《杭立武先生访问记录》，台北"中研院"近代史研究所，1991年，第23—24页。

大约15年以来，我曾有责任与方便的条件，在中国的若干大学、各种报刊和基督教教堂，鼓励人民正确了解日本的历史、文化和日本人民当前的问题。在这些努力过程中，我已经知道在你们和某些卓越的日本人当中，哪些朋友可以经过任何将要到来的国际紧急事件，立即成为我的兄弟与姐妹。因此，带着基督徒的相互依存与责任感，今晚我试图为中日基督徒社区之间脆弱而又珍贵的联结增添一根纽带。为了基督教的至善（the highest christian good），我祈求智慧、信仰与勇气以利用这个机会。持续不断的内省，促使我要把你们心中今天中国的景象更加清晰化与深刻化，这是一个危险的冲突丛集的趋势。除非日本（军队）表现出远远高于西方国家在欧战时确立的准则，你们的邻居中国甚至会在你们的中心被持续敌视诽谤的力量严重丑化。我们寻求强有力的真理与爱来反对最危险的敌人。

如果不仅蛮横的要求随同持续战争出现，而且中国放弃所有的反对或抵抗，热诚“握手”言和，人类的本性将不堪承受这种重负。如果这种政策无可改变，毁灭性的战争和成倍增加的灾难与仇恨，将使祸殃延伸于中日两国的未来。①

贝德士的呼吁虽然在听众中引起某种程度的共鸣，但这些善良基督徒毕竟无力阻止日本侵略战争的推进步伐。贝德士随即奉学校之命，经由上海返回南京，成为学校西迁后留守金大校产的主要负责人。

根据现有文献，我们还弄不清楚他接受此项重任时的心情如何，但从他以后的实际表现可以看出，他是以高度的责任感执行护校职责的②。而且，他并没有把自己的职责仅仅局限于保护金大校产，当数十万南京难民面临日军野兽般的残害时，他又心甘情愿地全力投入难民救援工作。

---

① Bates' Papers，RG10，B103，F804.

② 根据现有文献可知，贝德士是接受金大当局护校任务于前，学校董事会追认于后。1938年4月2日，伊文思（C. A. Evans）致贝德士函，通知说：“金大创始人会于1938年3月16日开会，决定授予贝德士全权保护校产。1938年1月13日，金大董事会在上海开会，选举贝德士为副校长，并深信他的经验与熟知局势堪当重任。”

关于贝德士和这一个小小的外国人群体在南京沦陷前后的心情、活动与感受，我在耶鲁神学院图书馆专藏室发现的最早而又最为详尽的记载，是费吴生夫妇（Mr. & Mrs. G. A. Fitch）在1937年圣诞节前夕写的一封密信。

信的开头说：

我要叙述的不是一个愉快的故事，实际上是很不愉快令人不忍卒读的故事。这个故事有难以想象的太多罪恶与恐怖，这是一伙具有无可比拟的兽性的下流盗匪残害他人的故事，他们将这一切暴行放肆地施之于和平的、亲善而守法的人民。即令这个故事只有极少数人知道，我觉得也必须讲出来。只有讲出来，我才能安宁，是不幸还是有幸，我就是那极少数人之一，他们有责任讲出这个故事。它很不完整，因为它仅仅是整体的一部分，只有上帝知道，何时它才能结束。我祈祷它早点了结——但我担心它将延续数月，不仅在这儿而且还包括中国其他地区。我深信这在现代历史上是没有先例的。

现在是圣诞节前夕。我先从12月10日讲起。在短短两周里，我们在南京经历了围城、华军败退和日军进城。往日的南京曾是我们引为骄傲的美丽城市，依然有着法律与秩序，今天则是一座废弃的，充满仇杀、洗劫而大部分被焚毁的城市。完全无政府状态已有10天——这是人间地狱。

我的生命在任何时间都面临严重危险，淫欲疯狂并且喝醉了的士兵，强奸妇女以后走出屋外。谁也不能确知自己命运如何，当他发现刺刀对准自己的胸膛，或是手枪对准自己的头，就明白自己被掌握在某个有心要干掉自己的人手中。日本人不喜欢我们不顾要求外人离去的劝告而继续留在这里。他们不需要旁观者。但是我们还得留在这里，当他们抢走赤贫者最后一点财物——最后一枚铜板、最后一点卧具（已是寒冬季节）、黄包车夫的车的时候；当数以千计解除武装的士兵向你寻求庇护所，连同数百无辜平民从你眼前被拉走枪毙或用以练习刺杀，而你曾听到枪杀他们的枪声的时候；当成千妇女跪在你的面前歇斯底里哭泣，恳求你把她们从野兽蹂躏下解救出来的时候；当你的国旗多次被扯下践踏而你站在一边无能为力，而你自己的家也被洗劫的时候；然后你眼睁睁看着你定居并热爱的城市，你曾为之奉献青春年华的学校，被有计划地、成片成片地焚毁——这是一座我从未想到的地狱，绝无仅有的地狱。

我们经常问自己："这将继续多久?"我们日复一日被日本当局告知，一切将迅速好转，"我们将作最大努力"，但是每天却比前一天更糟。我们已得到通知，一个两万人的新师团正在到达。他们是否也将通过抢劫、杀戮和奸淫来攫取自己的"苛捐"？这里已经没有多少剩下的财物可供抢劫，因为这个城市几乎已被抢得精光。①

法西斯的灭绝人性，正好激发了人类天性的怜悯，也激发了基督教信仰中的爱心，这群美国传教士不仅在围城中留下来，而且在这些腥风血雨的日日夜夜，为数十万中国难民的生存与安全，奋不顾身地奉献了自己的全部精力。作为一个基督教和平主义者，贝德士曾在一封信中这样表明自己的心迹："对日本朋友，对日本民族生活和文化中的优秀品质，我仍旧衷心地欣赏，对他们当中有人遭受苦难和死亡，我也很关注，我希望他们的子女前途美好。我始终是个基督教和平主义者。严酷的经历使我确信，拯救人类不能靠枪炮，也不能靠各民族所崇拜的偶像，只能靠对人类大家庭全体成员真正的关心。要从目前这种野蛮状态中摆脱出来，下一步得通过国际合作。我和其他人一样切肤般地感受到整个局势的残酷和黑暗，在这种情况下，寻找正义是很难的。个人自身问题早就有了答案：履行职责就不必担心自己的生命，而只会为自己不能满足巨大需求而深感愧疚。"②这些善良的人们，几乎是抱着"知其不可为而为之"的心理，在这座人间地狱中勉力支撑着并不安全的"安全区"与难民营。

---

① Bates' Papers, RG11, B9, F202. 原信收于 Associated Boards Consolidated General File, Mr. and Mrs. G. A. Fitch 1937—1944. 此信已收入田伯烈的《外人目睹中之日军暴行》，由于中文版译文不甚确切，本书根据原信稿重新翻译。下同。

② Maude Taylor Sarvis, Bates in Nanking. 打印本，原刊载于 1942 年的 *The International Committee of YMCA*, p. 5。

南京安全区的筹建在11月底，其经过大体如杭立武所忆述。不过他所提到的那几位曾经略有支持的国民党高级官员（包括他自己），很快即撤离南京，真正苦心支持安全区及其以后国际救济委员会工作的，还是这一个小小的外国人群体及一批处境更为困难的中国基督教徒。

安全区国际委员会的主席是德国商人拉贝（John H. D. Rabe）。拉贝的身份较复杂，既是商人又是国社党员，但他对中国难民的救援工作却是全力投入的。1937年12月24日，德国驻华大使馆留守南京办事处政务秘书罗森给德国外交部的报告，曾对他有所介绍："留在南京的外国人发起了一个运动，要按照上海争夺南市地区时所采取的成功做法，在南京也建立一个平民安全区。由此成立了一个委员会，它选举西门子中国公司驻南京的代表约翰·D. 拉贝先生为主席。拉贝先生把一切个人利益和顾虑搁置一边，投身于这种人道主义工作，甚至给元首和帝国总理打了一个电报(拉贝先生是国社党南京小组组长)，试图以此让日本人同意他的计划。委员会的美国和英国成员对此表示欢迎，并对德国表示感谢和赞赏。"① 根据贝德士等在这一期间的通信、报告，可知上述资料大体可信。贝德士等选拉贝任主席，当然有利用德国为日本盟国这一国籍背景的用意，但拉贝并非挂名主席，他确确实实做了一些援救难民的工作，我们不能因为他是国社党员而将之一笔抹杀。不过，从总体工作而言，金大社会系教授史迈士和贝德士却是国际委员会的枢纽人物，这不仅因为他们极为热心而又活动力强，同时也因为金大与金女大是安全区收容难民最多的校园，而作为发起人之一的杭立武又是金大校董会董事长。

安全区筹委会最初的报告原稿就是由贝德士保存的。全文是："兹因鉴于南京及附近地带不免受战事之影响，旅京丹麦及德、英、美侨民特组织国际委员会，谨向中日双方当局建议设立安全区域，为平民避难之所。本委员会担任向中国当局取得确实保证，即于安全区域设立后，该区域内不得有任何军事设备或机关，军事性之交通一概停止。除佩有手枪之警士

---

① 转引自《德国档案馆中有关侵华日军南京大屠杀的档案资料》，《抗日战争研究》1991年第2期。

外，一切武装官员或兵士亦不得在该区域内经过或住居。本委员会并担任随时监察以上保证之满意执行。本委员会谨建议以下述地带为安全区域，为平民避难处所，该地带在本京（原文如此）西部，迄今日本飞机来□（此字模糊不清）袭击时所力避轰炸者。该地带之界址如下：东面以中山北段，自新街口迄山西路广场为界；北面以由山西路广场沿西康路（即新住宅区之西南界路）为界；西面以由西康路向南至与汉口路交界处（此交界处即新住宅区之西南界路），更向东南或直线至上海路与汗（原文如此，应为汉）口路交界处为界；南面以由汗（应为汉）中路与上海路交界处，至原起点之新街口为界。本委员会担任以白旗或其他双方同意之标记，将各处界地明白划定；并建议俟布置妥当，即向双方通知该安全区正式设立日期。本委员会恳切希望日本当局，为人道观念而顾全遵守此建议之安全区。此区域纯为平民避难之所，倘能对平民优加保护，实系双方荣誉之中（原文如此）。本委员会兹特切恳日本当局迅予考虑答复，俾立即向中国当局接洽，并筹备一切。本委员会企望对于此项请求有圆满之善意考虑。南京难民安全区国际筹备（原文如此）。”此件为白纸行书，文气老练而略有疏漏、重叠，书法遒劲而又随意挥洒，很有可能即为杭立武在会间草拟手书之初稿。

与此件并存的还有南京难民区国际委员会12月8日正式发出的《告南京市民书》，内容如下：“在不久以前，上海战争的时候，国际委员会曾经向中日双方当局建议，在南市一部分的地方设立一个平民安全区。这个区域为双方所赞同的。中国当局允许中国军队不进入指定的区域。这个区域既然没有驻兵，日方也就赞同不再攻打那个地方了。这个协定为双方所遵守的。在那个区域以外的南市各地方，虽然有恐怖和毁灭的事，然而这个难民区域却是被救了，而且又救了整千整万人的生命。现在南京的国际委员会也为本城作了同样的建议，这个区域的界址开在下面：……（略去，因与上文完全相同——引者）这个区域的边界都用了旗帜作记号。在旗帜上有一个红十字，红十字以外再有一个红圆圈，并在旗上写了‘难民区’三字。为着要使上述的区域为平民成为一个安全地点，卫戍司令长官曾允许在本区域以内所有的兵士和军事设备一概从速撤出，并且允许以后军人一律不进本区。日本一方面说：‘对于规定之区域颇难担负不轰炸之责。’在另一方面又说：‘凡无军事设备，无工事建筑，不驻兵，及不为军事利用之地点，日本军队决无意轰炸，此乃自然之理。’看到以上中日两方面的允诺，我们希望所指定的区域内为平民谋真正的安全。然而在战争的时候，对于任何人的安全自然不能担保的。无论何人也不应当思想以为进了这个区域，就可以完全保险平安。我们相信，倘然中日双方都能遵守他们的允诺，这个区域以内的人民，当然比他处的人民平安得多啦，因此，市民可以请进来吧！”[①] 告市民书其所以声明难民区内没有安全的绝对的保证，是鉴于11月中旬上海沦陷后，日军立即违背诺言，公然进入难民区大肆骚扰，汉奸政权大道市政府及南市自治委员会也随之而入，连南市难民区总办事处与租界联系的电话线都曾被剪断[②]。但是，南京这些见义勇为的中外人士，不愿放弃任何一线希望，毅然把数十万难民的安全责任承担在自己肩上。在战争中，一方面是侵略者及其走狗的兽性表露无遗，但另一方面，在大多数善良人民当中，也会流溢出人类美好的天性与情操。

在中国的土地上，由外国人出面组织国际委员会并划定区域负责难民管理工作，尽管曾征得交战双方军事当局的承诺，但毕竟涉及中国主权问题。以前，上海市政府就南市难民区的设立，曾对这个问题作过澄清。在难民区筹建之始，上海市政府即明确提出：(一) 不与日方洽商；(二) 此系国际难民救济性质，绝非变相的租界，任何外邦不得干涉中国领土主权；(三) 外邦不得派兵驻扎，亦不需外邦武装保卫，该区域治安由我方警察负责；(四) 不订任何协定。11月8日上海市政府的布告再次强调声明：南市难民区“系国际一种难民救济性质，绝不损害我方丝毫领土主权，所有该区内治安维持，仍由我方派警员负责”[③]。南京难民区大体上遵循南市难民区模式，即纯属国际难民救济性质，绝不损害中国领土主权。

---

① 两件均收于 Bates' Papers，RG10，B102，F871。

② 罗义俊：《南市难民区述略》，《抗日风云录》(下)，上海人民出版社，1985年，第182—183页。

③ 罗义俊：《南市难民区述略》，《抗日风云录》(下)，上海人民出版社，1985年，第176页。

根据当年德国驻华使馆官员罗森给本国外交部的报告："原来委员会是要让交战双方同意建立安全区的想法，然后让中国当局去实际执行这个计划。但是，由于可以做这方面工作的中国人缺乏勇气，他们宁愿逃往汉口而不留在首都，所以委员会最后不得不自己管理安全区，以致拉贝先生实际上扮演了市长的角色。"① 说拉贝扮演市长角色自然过于夸大，但预定留守难民区的中国官员确有其人，那就是德语说得很好且与德侨关系密切的南京警察局局长王固盘（音译，原文是 Wang Ku-pan）。罗森与英、美使馆同事曾向蒋介石建议，即使南京被占领，保留包括警察在内的南京文职市政管理机构也是有益的。蒋政府曾有意让王固盘负责此项工作，但王竟拒绝接受，并因此被解职。不过，国际委员会主观上始终把自己界定为"难民救济"性质，所以在实际上并未构成对中国主权的损害。

上述费吴生的同一封信，可以使我们知道，安全区从一开始就是在南京市政府支持下建立的。他说："12 月 1 日，马市长（即马超俊）对我们设立安全区的建议给予正式的回应，并提供警察 450 人，3 万担（2 000 吨）大米，1 万袋面粉，若干食盐，还答应给 10 万元现金，实际收到 8 万元。唐将军（唐生智），正如前曾告知，他负责首都防务，在极其艰难条件下密切配合，从安全区内撤除军队与防空设施，维持良好秩序直至 12 日日军进城。"② 由于这些国际友人始终尊重中国的领土主权，把自己的各项活动限定在"难民救济"范围之内，同时也由于中国处于同盟国阵营并分享了反法西斯战争的胜利，所以安全区的设立与持续存在，并未构成对中国主权的损害。

12 月 10 日，大批难民如同潮水般涌入安全区。费吴生回忆说：

> 我们已经把学校房屋塞满……金陵大学和其他学校，现在只有启用最高法院、法学院和外侨房屋，打开他们锁上的门并且派出我们自己的警卫。紫金山外可以看到两只日本飞艇，可能是用以为炮兵导

---

① 《德国驻华大使馆留守南京办事处政务秘书罗森给德国外交部的报告》（1937 年 12 月 24 日），《德国档案馆中有关侵华日军南京大屠杀的档案资料》，《抗日战争研究》1991 年第 2 期。

② Bates' Papers, RG11, B9, F202.

射。猛烈的炮火轰击南面城墙，炮弹落进城内。第二天早晨几枚炮弹正好落在安全区与城南之间，在圣经教师训练学校（The Bible Teachers' Training School）和福昌旅馆（Foo Chong Hotel）附近打死约40人。我们的翻译，一个德国人施佩林先生（Mr. Sperling），在后者即他居住的地方受轻伤。美国炮舰“帕内伊”（Panay）开进长江，但在它离开以前，我得到我们使馆帕斯登（Paxton）的电话，告诉我南京最后收到的两件海军电报（最后一座城门已经关闭，我们已失去登上炮舰的权利）。当然，他是从城外打电话进来的，这是韦尔伯（Wilbur）和波恩吞（Boynton）带来的信息。……

我们现在形成一个27人组成的社区——18个美国人，5个德国人，1个英国人，1个澳洲人和2个俄国人。城外江面“帕内伊”舰上有两个使馆剩余人员帕克森和艾契逊（Atcheson）和另外6个人。美孚和亚细亚石油公司的机动船上有更多的人，这是一艘准备做水上旅馆的废船，载有包括德国大使馆罗森先生在内的大约20个外国人和400多个中国人，还有其他的船只。我们不知道他们中间会死多少人，不过任何人要回家都必须花费很多时间。他们将见到的是什么样子的南京？

12日星期天，我作为难民区主任在办公室忙碌终日。我们正在利用张群将军，现任外交部长的住宅充当总部，所以很便于联络而且有一个全城最好的防空洞。过去两天飞机经常光临，不过现在没有人注意它们，而轰炸曾经是很可怕的。城墙已被破坏，南城部分损坏尤大。没有人知道中国伤亡如何，想必数量极大。日方说攻占南京时他们自己损失40 000人。普遍的骚乱从今天午后开始。（中国）士兵从南面涌出城外，有许多经过安全区，但他们行为良好，很守秩序。唐将军请求我们协助安排与日军休战，施佩林先生答应打白旗送信——但已为时太晚。他（指唐生智——引者）于当晚逃走，很快传出消息全城已陷入混乱。当他们出城走向下关和江边时已造成恐慌。好几里路上随地抛弃着步枪、弹药、皮带、军装、车辆——各种各样军事辎重弃置路上。

车辆挤压、倾翻、燃烧；城门那里有更多车辆挤坏、燃烧——一次可怕的燔祭（holocaust）——死尸堆积逾英尺。城门紧闭，极端恐怖的士兵爬上城墙，用绳索、绑腿和皮带，或者是把衣服撕成布条，把自己垂下城外，许多人跌死。但江上的情景或许最令人伤心，有一队大帆船，显然难以承载大群意欲逃向江北的人群，超载的船只倾覆、沉没，数千人淹死。还有好几千人试图用江边木材制筏，结果也遭到同样命运。另外数千人得以逃离，但其中许多人可能会遇到日机的轰炸。

有三个团的一小群残余官兵，渡过长江上游3里的三汊河（音译，San Chiao Ho），企图投降正在从那个方向到来的日军，但由于人数过多而被即时处决，似乎只有一个人活着跑回来。他恰好是我一个朋友的兄弟，次日早晨出现在我的办公室，并讲述了这个故事。……

我们在南京曾度过的愉快、平静、有秩序的时光就此结束，而在这里我们曾经期望更好的未来。由于日军已经进城，随之而来的便是恐怖、破坏与死亡。12月13日上午11点，安全区首次得到有关他们（进城）的报告。我与委员会两位同事开车去会见他们，正好在安全区南面进口遇见一个小分队。他们未显露敌意，尽管稍候片刻就枪杀了20个由于害怕他们而慌忙逃走的难民。似乎自从1932年在上海已形成一条通例，凡逃跑者必被击毙或刺杀。

与此同时，我们赶忙在总部帮助中国士兵解除武装，他们已无法逃走，只有到难民区寻求庇护。我们向他们保证，只要放弃武器，日军将予以宽宥。但这是一个无法生效的诺言。以后的事实表明，他们即令是战死，也胜过被抓去枪毙、刀砍或供刺杀练习。

当天仍有若干炮击，但很少落在安全区。上午我们曾在院中发现若干榴霰弹碎片。一块碎片正好穿过威尔逊医生（Dr. Wilson）的手术室，当时他正在做手术，幸未受伤；还有一颗炮弹穿过金陵大学新建的一幢宿舍，亦未造成伤亡。交通部被焚毁，那是全南京最美的、有装修精致的大厅的建筑，但不知道是由于炮击或是溃散士兵纵火。

14日星期二，日军大举进城——坦克、炮兵、步兵、卡车。恐怖的统治开始了，在接连而来的10天里，残酷和凶暴与日俱增。他们是中国首都，可恶的蒋介石政府所在地的征服者，他们奉命可以为所欲为。飞机散发的传单遍布全城，宣称日本人是中国人绝无仅有的真朋友并将保护善良民众，当然这无非是空话连篇。为了显示他们的“真诚”，他们任意强奸、劫掠与屠杀。成群的人被拉去，我们原以为是充当劳工——但他们再无音信，不知存亡。一位（日军）大校带着属员来到我的办公室，花了一个小时打听“6 000个已解除武装的士兵”在哪里。那天来了4批日军，试图开走我们的车辆。在同一时间，他们在别处偷走我们3辆车。在宋宅，他们扯掉美国国旗并抛弃于地，打破一扇窗户以便跑走，所有这一切，都完成于他们到汤普逊博士（Dr. Thompson）家的5分钟之内。他们策划偷卡车——已经到手2辆——这是两位美国人大部分时间用以运输米、煤的必需工具。他们与这些日本偷车贼周旋的经验，本身就是很有趣的故事。在大学医院（即鼓楼医院——引者），他们取走护士的手表与自来水笔。

《纽约时报》的窦奠安（Durdin）那天开车去上海，虽然我们无人相信他会顺利到达。我赶紧写封信托他带走，但他到句容（音译，Enyung，注音似有误，应为宁沪沿线一小市镇——引者）就被迫折回了。《芝加哥新闻》（*Chicago News*）的斯梯尔（Steele）打算出城到江边，报道一艘日本驱逐舰刚刚到达。一位日军尉官告知他“帕内依”沉没的消息，但语焉不详，也没谈到其他沉没船只。在他们千方百计设法帮我们出走之余，最后只给我们留下一截绳索，我们可以用以从城墙上垂下到达江边——这是千真万确的事实，帕内依炸沉了而我们依然安全。

拉贝先生，我们的主席，西门子中国公司经理，和我们的秘书长史迈士先生，访问日军司令部，希望会见司令官请其制止难以容忍的无序行为，但他们必须等到明天，因为司令官还未进城。他们的拜访毫无所获。

我在星期三（15日）开车绕行我的房子周围，它正好在安全区外，看看是否一切无恙。昨天门户还是完整的，今天侧门已被破坏，南门也开着。我没有时间进去检查，只有拜托一位刚搬到街对面似乎还较友善的少佐顺便照看，承蒙他答应了。一位海军参谋等着我，他深切关怀“帕内依”的损失，但也未能提供详情。海军愿意派一艘驱逐舰到上海，把所有美国社区愿去的成员送走，并且可以代发纯属私事的电报。他似乎对我写的信太简略而有所失望，我写道：“韦尔伯(Wilbur)，上海青年会国际委员会：在南京的全体外国人平安无事，请转告有关团体。”当然我告诉他，除几位新闻记者外，我们剩下的人全愿留在南京时，他也感到失望。

我开车送他回船——他还得步行40里——行至一半路程我们即被一个日军少佐阻止，他告诉我们，市民不允许再往北走，因为他们继续搜捕若干中国士兵，而这是很危险的。当时我们是靠近国防部，这里显然正在继续处决数百解除武装的士兵和许多无辜平民，这才是不许我们继续前进的真实原因，所以濑田舰的关口先生只有步行其余路程。但下午我打了这位阴郁的少校一个马虎眼，在归途我驶向下关。我被阻止于城门，但与我一道的路透社的斯密司和斯梯尔还留在驱逐舰上，最后我们还是得以通过。我已经描述过城门的情况——我们确实是在成片尸体上开车通过。情景难以形容。我永远难忘这段旅程。

在“捷蒂”(Jetty)号我们发现《纽约时报》的窦萸安和派拉蒙电影公司(Paramount)的阿尔特·门孔(Art Menkon)早已来了，我刚和他们去过西北的山西和西安，由于他们要继续旅行，我只有答应窦萸安把他的车开回美国大使馆。日本大使馆的冈村先生刚从上海到达，他也在这儿并且告诉我们帕内依和美孚邮船上的伤亡名单，所以我把他带进城。但我们在城门再次被阻止，这次卫兵坚决不让我们进城。不允许任何外国人进南京，即令我刚才从这里出去也于事无补。甚至连冈村先生的恳求也无效果——大使馆管不了日本军队。我们只有等候冈村开一部车去国防部并送来一张特别通行证。花费了一个半小时，但我有一份11月(号)《读者文摘》，这是我得自外界的最后一份邮件，有了它时间就过得快些。但城门一带恶臭熏天——到处是大嚼尸体的野狗。

当晚我们职员开会时有消息传来，日军将离我们总部很近的一个难民营1 300人全部抓去枪毙。我们知道其中有一些是以前的士兵，但拉贝在那天下午曾经得到一个日本军官保全他们性命的许诺。现在一切都很清楚，他们即将被处决。人们被排成行列，并用绳索捆绑成大约百人一群，由士兵持刺刀监视；那些人戴的帽子被粗暴地撕毁丢在地下，凭借汽车前灯的灯光，我们看见他们走向自己的末日。从整个队伍中听不到一声耳语，我们的心如同铅块。那4个跋山涉水来自广东的士兵，昨天勉强地把武器交给我，我不知道，这里有没有他们？或者是那个来自北方的满身绷带的中士，当他决定自己命运时仍然用混浊的眼光寻求着我？我是多么愚蠢，告诉他们日本人会保全他们的生命。我们曾经真诚地希望他们在日军许诺下继续活下去，至少当日军到达时秩序会有某种程度重建。我们很难想到，我们将亲眼目睹当代无与伦比的残暴与野蛮。因为更恶劣的日子继续到来。

由于日本人继续偷我们的卡车与轿车，交通问题在16日变得严重起来。我前往美国使馆，中国职员仍然留在那儿，借了艾奇逊（Atcheson）的车让弥尔去运煤，因为我们大的难民集中营和3处大的米饭厨房都需要煤和米。我们现在有25个难民营，其中分别安置200至1.2万人。仅金陵大学校园一处就将近3万人，金女大专门收容妇女儿童，人数从3 000激增至9 000，后者连广场都塞满了。我们曾设想人均住处为16平方英尺，但实际上远远比这更为拥挤。由于当时没有一处是安全的，我们企图把最安全的区域放在金女大，其次则是金陵大学。华群小姐（Miss Vautrin）、戴籁三夫人（Mrs. Twinan）和陈太太勇敢地全力保护妇女。

从那天早晨开始就有关于强奸的报告。一百多妇女被士兵抓走，其中7人是从金大图书馆抓走，比这多无数倍的妇女是在她们家中被强暴。数百人在街上寻找安全处所。午餐时，房屋副总管李格斯（Riggs）哭着进来。日本人把法学院和最高法院抢空了，特别是抓去的人生死未卜。难民区50名警员也被一并抓走。李格斯曾经抗议，但被士兵粗暴回报，并且两次被一个军官殴打。向难民索取金钱，把能找到的任何财物从他们身上取走，甚至连他们最后一点卧具也不放过。下午4点钟职员开会，我们能听到附近成群处决的枪声。对于我们来说，这是恐怖的一天；而对于可怜的难民来说，则是惨不堪言的一天。我利用到卜凯教授（Prof. Buck）家（我和其他6个人住在那里）吃午饭时，匆匆去我自己的房屋看了几分钟。两面美国国旗仍然飘扬，使馆的布告依旧贴在门上，但侧门被毁，门户洞开。房内一片狼藉。每个抽屉、衣柜、箱子都被打开，锁都扭掉了。阁楼上垃圾成堆。我不能停下来检查哪些东西被拿走，但是多数卧具、衣服、食物都不见了。一条挑花桌布被撕掉镶边，这是王正廷博士的礼物，还有一张沉重的橡木餐桌被敲坏。

美联社（Associated Press）的叶兹·麦丹尼尔（Yates Mcdaniel），我们的最后一位报人，也于下午乘另一艘驱逐舰前往上海。我托他带走另一封短信，但愿能送到。

12月17日星期五，屠杀、抢劫、强奸继续横行。粗略估计至少有成千妇女在昨天被强暴。有一个可怜的女人被强奸37次。另一妇女有5个月的婴儿，在日军强奸母亲时婴儿被残酷闷死，因为他啼哭。抵抗就意味着挨刺刀。医院迅速塞满日军残忍和兽性的牺牲品。波伯·威尔逊（Bob. Wilson），我们唯一的医生，手肿了还得工作到夜深。维持人们生计的黄包车、家畜、猪、驴子被抢走。我们的米饭厨房和米店也受到骚扰。我们只有关闭后者。

晚饭后我送贝德士去金陵大学，麦卡伦（McCallum）去鼓楼医院，他们在那里过夜；然后送米尔斯（Mills）和史迈士去金女大，因为我们每夜都派人去那儿值班。在金女大门口我们被似乎是搜索队的士兵拦住。我们面对着刺刀被粗暴地从车上拉出来，我的车钥匙被拿走，排成一行被搜身以求发现武器，帽子被丢掉，电筒对着我们的脸，检查护照并诘问来此目的。我们的对面是华群小姐、戴籁三夫人、陈太太和一群跪在地上的难民妇女。有个能说点法语（同我差不多）的中士坚称这儿有中国士兵藏匿。我则保证除了大约50位本校职工以外，这里别无任何其他男人。他不相信并说如发现其他外人则将统统予以枪毙。他要求我们（包括女士们）全部离开，当华群小姐拒绝时，立即被粗暴地推进汽车。接着他改变了主意，女士们可以留下，而我们必须离开。我们试图留下一个人，但仍未获准。我们在撤离之前在那儿站了一个多小时。次日我们得知，那帮匪徒从学校绑走12个姑娘。

18日星期六，马利恩（Marion）婚礼之日。住处离安全区仅一条街且常与我们一起进餐的李格斯，在早餐时报告，昨天当他和我们共进晚餐时，有两个妇女在他的住处被日军强奸，其中一人是我们青年会干事王丁（音译，Wang Ding）的表妹。威尔逊报告，有个5岁男孩在被刺刀戳伤5次后被送进医院，有一刀刺穿他的下腹；一个男人被刺刀捅伤18处，一个妇女的脸被砍伤17处，腿上也有几处受伤。下午有四五百惊恐的妇女涌进我们总部，只有在露天过夜。

19日星期天，一个骚乱至极的日子。几处大火延烧，由少数士兵发端而更多是得到（上级）许可。好几处美国国旗被撕破丢在地上。美国学校横遭践踏，看门者说如果他再干下去就可能被杀死。贴在美国和其他外国房产的日本使馆布告，日本士兵对之不屑一顾，有时故意撕掉。有些房屋一天被闯进5至10次，穷苦人民被洗劫，妇女被奸淫。有些人无缘无故被残酷处死。有一个区我们的7人卫生小队（Sanitation Squads），6个遭到杀害，第7个逃走了。今天薄暮，我们有两个人跑到白拉第博士（Dr. Brady）家（他离开了），赶走两个可能是强奸犯（的人），并且把这里的所有妇女都转移到金陵大学。斯佩林整天都忙于这类事情，我也曾到我们使馆的道格拉斯·金铿斯（Douglas Jenkins）家，国旗仍在，但他的家仆死在停车房。另一仆人死在床下，两人都是惨死。房内混乱不堪。街上仍有许多尸体，我们所能看到的全是平民。红卍字会愿意掩埋他们，但该会的卡车被偷了，用于送尸体火葬的工具和若干佩戴会徽的工人都被弄走了。

史迈士和我携带载有55个新增暴行案例（均经证实）的表册再次拜访日本大使馆，并且告诉米塞尔（Messers）、田中和福井先生今天情况更为恶化。他们保证将“尽最大努力”，并希望事情将“迅速”

好转，但十分显然他们对军方的影响很小乃至全无，而军事当局对士兵毫无约束。我们还被告知，最近有17个宪兵到达，他们将协助恢复秩序。用17个人来应付一支约有5万人的极端邪恶的罪犯大军！不过我们仍然喜欢日本使馆这三个人。他们或许真的在尽最大努力。但当他们请我帮忙提供一部轿车和一个修理工人时，我不禁哑然失笑，因为这个要求恰好是在许多车辆已被偷走以后。我本想劝他们不如去找自己的军事当局，但结果还是带他们到美国使馆，为他们借了大使和其他两个职员的车，稍后又为他们派去我们修车的俄国工人。

12月20日星期一，汪达尔人行为（Vandalism，意为肆意破坏文化）和各种暴行完全无约束地继续。市区正整片整片被系统地焚毁。下午5时史迈士与我开车出去。整条太平路在燃烧，这是市内最重要的商业区。我们在火花溅射和燃烧的木材中行驶。往南可以看见在商店里纵火，更远一点则是他们把掳获物品装上卡车。青年会（它也起火）附近地区显然刚在一个多小时以前烧掉。周围的建筑物似乎尚未殃及。我们无心观看，所以飞快前驶。夜间我通过窗户看见14起大火，其中几起覆盖相当大的地区。

我们在这所房屋中的一群人，起草了一封致上海美国总领事馆的信，要求立即派外交代表到这里来，因为情势已极为紧急，然后请日本大使馆将此信以海军电报发出。不用说，此信根本未曾发出。

12月21日。下午两点半钟，我们14个人拜访了田中，递交一封22个外国人全体签名的信，抗议焚烧城市与持续混乱。拉贝为他的房子担忧，因为对面街道的建筑物在燃烧。有400多难民露宿在他的花园里。食物问题日趋严重——金陵大学有些难民因饥饿而骚动。我们的煤很快就要完了，李格斯正在找更多的煤。日本人封锁一切煤、米供应。士兵今天越墙进入我们这里，乘我们外出试图偷车，另有一次几乎把宋尼（Sone）的车偷走。拉贝今天通过田中接到德国大使馆罗森的信，说他在停泊于下关的“蜜蜂号”舰上，但未能获准上岸，并且打听德国财产状况。拉贝回答说，使馆和他自己的两处房屋幸免劫掠，两部车也依然存在（南京有50多位德国侨民）。

12月22日。今天早晨5点钟，一小群人在我们附近纵火。大约有100次枪声。金陵大学晚间被闯进两次，门卫被刺刀拦截，门被捅开。最近受命在这一带值勤的日本宪兵睡大觉。新的日本宪兵队负责人打电话来，答应在元旦恢复秩序。他们又要求借轿车和卡车。（我）与施佩林去离总部东南1/4里，一个泥潭中有50具尸体。全部是老百姓，双手绑在背后，有一个人的头被完全砍掉。难道是他们（指日军——引者）练习刺杀？回来吃午饭的途中，停车帮助青年会一位书记的父亲，他正被一个酒醉日兵以刺刀威胁，可怜的母亲吓疯了。在坐下来之前又得与两个同事把乔和丹尼斯家中的日本兵赶走，他们正准备在那里强奸妇女。看到这些士兵翻越装有倒钩铁丝的围墙，我们只有嗤之以鼻。贝德士和李格斯没有吃完午饭就得把周围房屋中的日兵赶走，其中有几个是喝醉了。刚到办公室，施佩林和克勒格尔（Kroeger）就给我和拉贝打来呼救电话，他们遇到酒醉日兵以刺刀严重威胁。幸好有日本使馆的田中和某位将军同时赶来，将军狠狠打了日本兵两记耳光，但我不认为他会受到更重于此的处分。我们从未听说违纪事件受过任何重罚。如果一个士兵被军官或宪兵抓住，他得到的无非是不要再犯的温和劝告。晚饭后我与李格斯步行回家——就在我们到达以前，一个54岁的妇女在她家被奸污。如果听任妇女让命运摆布，这自然是很冷酷，但我们也确实难以花费全部时间去保护她们。位于下关的电厂的吴工程师，给我们带来不幸的消息，曾经勇敢地坚持电厂工作至最后一天的54个职工中的45人，避难于江边一家英国工厂——国际出口公司（International Export Company），已被当作国营事业职工抓去枪毙——其实电厂并非如此。日本官员每天来到我的办公室，要求提供能够启动涡轮发电的技工。告诉日本人是你们自己的军队杀死绝大多数电工，这使我得到一点点快感。

12月23日星期四。宋尼是今天横遭暴力之一人。在斯坦尼·斯密司（Stanley Smith）家，他发现一个军官和士兵正在扯掉美国国旗，强迫住在这里的难民离开，宣称必须利用这里作为登记中心，他（指宋尼——引者）必定经历一段很不好过的时间，最后被迫签字答应把这座房屋借给他们使用两个星期。宋尼也不是一个能忍耐的人，他向日本使馆抗议，终于使士兵撤走。

从我们设在农业骨干训练学校（the Rural Leaders Training School）的难民营里抓走并处决了70人。没有任何章法——士兵可以抓走任何他们认为可疑的人。手掌上的老茧足以证明一个人是士兵，这就是枪毙的正当理由。黄包车夫、木匠和其他劳工经常被捕。中午有一个人被送到总部，头烧得焦黑，眼睛和耳朵没有了，鼻子残缺不全，形象可怖。我开车送他去医院，几小时以后他就死了。他是被捆在一起的几百人中的一个，汽油泼在他们身上而后点火。他可能是靠人群外边，汽油只淋到头上。不久又送来一个与他类似而烧伤更甚的受难者，很快也死了。第一个人身上无伤口（指刺伤或枪伤之类——引者），而第二个人有。再往后我看到第三个头、臂烧伤，死在我家附近路边的受难者，正好在鼓楼对面。显然他死前曾拼命挣扎。难以置信的残忍！

24日星期五。美国使馆唐先生报告，住在使馆的中国职员及其亲属，昨晚全部被一军官及其部属抢劫；帕斯登（Paxton）办公室的门被戳破，从停车场偷走两部轿车，今晨又偷走两部。稍后我不无幸灾乐祸地告诉田中，昨天答应借给他的门孔的轿车正好是被偷的一部。良民登记今天开始。军方说安全区内仍有20 000士兵，他们必须清除这些"魔鬼"。我怀疑这里是否还有100个士兵。不管如何，更多的无辜者将蒙难，而大家都要为此担惊受怕。中国自治政府委员会（the Chinese Self Governing Committee，汉奸组织）前天应田中邀请组成，也许不无小补，但间谍早已在这里活动。我抓住一个，为使他免遭毒打，把他关在地下室，稍后又交给中国警察。他们将如何处理他？绞死他？——但我劝他们谨慎从事。今天日本人不断干扰我们；抓走我们更多的卫生队，还有大学校门的警卫，而他们经常想得到我们的卡车。他们查封了我们一处煤站，但李格斯终于说服他们开放了。

圣诞前夕。克勒格尔、施佩林、特林纳医生与我们共进晚餐——一次有烤猪和甜土豆的盛宴。拉贝不敢离开他的房子，因为日本士兵一天要几次越墙而入。他总是让他们按进来的方式出去而不是通过大门，如果他们有人拒绝，他把纳粹臂章出示在他们面前，并且指点纳粹徽志，德国的至高无上之物，问他们是否知道它的意义。经常如此工作。稍后他在晚上参加我们（宴会），并且送我们每人一本皮革封面的西门子记事簿。我们唱圣诞歌曲，威尔逊弹琴。

圣诞节。美好的一天，天气同样晴好，情况也有所好转。街上行人颇多，很有一些售货的小摊。但午餐时，正当我们与作为客人的华群小姐、巴纳尔小姐、白兰契·吴小姐、白珍珠（Miss Pearl Bromley）小姐一齐品尝烤鹅时，我们必须回应3个求援电话，并且从芳威廉（Fenn）和其他中国教师住宅以及蚕桑系把日本兵赶走。这一天，农业骨干训练学校的美国国旗被扯下，今天晚间和昨晚，7个士兵在圣经教师训练学校（the Bible Teachers Traning School）过夜并强奸妇女；几乎就在我们邻近，在我们赶往救援之前，一个12岁女孩已被3个士兵奸污，另一个受害者是13岁。还有更多的刺刀伤害事件，威尔逊报告仅在医院就有240个案例，3/4是日军占领南京以来滥施暴行所致。在金陵大学开始“良民”登记。人们被告知，如有任何以前的军人，必须站出来，加入劳工队即可保全性命。他们被成群抓走。有两三个人受伤后装死得以逃出，来到医院告诉我们可怕的故事。一群人面对行刑队，只有个别人带伤逃出，或是整天躺在同胞尸体中并以之作掩蔽，直到晚间才走向医院或朋友家。就日本佬而言，这是他们小小的粗心大意。

12月27日。日军占领的第3周开始了，日清汽船会社的商船从上海开来以示庆祝。4个公司（指轮船公司——引者）代表来到我的办公室，许诺船上即将提供正常服务。有一群女士参加招待会，并作参观市容的短途旅行。她们送给若干儿童一点甜食，似乎自我陶醉，同时也为日本的大胜庆贺，当然她们听不到任何真实情况，我想，外在世界同样也无从得知。士兵仍然全无约束，军方与使馆不相互合作。军方甚至拒不承认使馆授意成立的自治委员会，其成员被蓄意轻视，并被告知系被征服民众，不要指望可得任何优惠。我们关于骚扰、暴行的报表与日俱增，但毫无反响。今天又有数起：两周以前日兵抓走一个13岁男孩，以铁棒殴打又以刺刀猛戳，因为他们不满意这孩子的服务。昨夜一个日本军官带两个士兵乘车来到金陵大学，在蚕桑系强奸3个妇女并带走其中一人。BTTS（圣经教师训练学校）被闯进多次，老百姓被抢劫，20个妇女被强奸。医院总管被抓走，尽管鲍尔小姐抗议。城内继续燃烧，今天城南两所教会学校被焚，两家德国餐馆起士林（Kiesling）和巴德尔（Baders）也被焚。但（日本）使馆警卫负责人高谷打电话来，现在许诺保护所有外国人房产，并与施佩林一起着手查看德国财产。我私下认为，他的许诺似乎超过其职权范围。所有申报表册送交日本当局都毫无实效，南京数百处外国产业几乎全都被他们的士兵抢劫过，轿车也被偷走。我几乎忘记叙述，昨天史迈士和我访问英国大使馆，它位于远离安全区的城市西北部分。所有11辆轿车全被士兵抢走，还有2辆卡车，幸好仆役处境尚佳。每条街道都可以看到废弃车辆——偷走以后跑坏了。它们的轮胎、蓄电池和其他有用的部件被拿走，车辆通常是翻倒放在那儿。

今天有一线光明，邝富灼博士（Dr. Fong Soo）的信经过日本使馆由日清汽船会社的商船送到——这是三四周来我们收到的第一封信。他想知道我们的难民工作是否需要基金，为了回应我们通过国际扶轮社（Rotary International）发出的呼吁，已提供一笔现金。这就是富灼，完全、彻底！我们确实需要基金——许多，许多。它像梦魇一样老是缠着我，但我们从哪里得到它？

12月28日。我们所害怕的坏天气。阴雨连绵接着下雪。可怜的难民住在茅屋里，许多只是稍为比狗棚大一点，多数棚里都无防雨设施，将度过一段难熬的时间。很快就泥泞不堪。幸好在此前有一段理想的天气。多数难民由于拥挤和无法保持清洁而处于悲惨境地。我们难民营的管理者及其助手都是义工（志愿劳动者，volunteer workers），在整个维持秩序、提供膳食医药等方面都能恪尽职责。但我们怎样才能维持这些难民营？何时这些难民才能获准回自己的家？——多少人还有自己的房屋？到什么时候才能恢复秩序？

今天我第一次去青年会学校。它离我的住处不远。每件东西都被翻倒，许多物理实验仪器被故意毁坏。体育场躺着一条死牛，有一半尸体被野狗吃掉。贴在门上的使馆布告被撕毁。

12月29日。今天天气稍好，运气不坏。“良民”登记在继续，效率极低，人们不知道何时、到何处去报到。又抓走一些所谓“以前的士兵”。妇女与老人前来跪下并哭泣，恳求我们帮助他们找回丈夫和儿子。有极少数案件我们处理成功，但军方憎恶我们的干预。中国红十字会代表从下关带来信息，江边大约有20 000难民。他们要求进入难民区，但我们这里已经太拥挤。无论如何，日本人不许这样做，也不许我们到城外提供援助。他们（难民）只有自求多福。

终于在各个使馆设置警卫。但何以不在两周以前设置？我们的家仍无保护，少数设于难民营的警卫不仅无助于事，而且还是讨厌的人。他们向难民索取燃料、食品、床铺和其他东西。

12月30日。今天我访问青年会16个仆役，工资付到下月15号，并通知他们另谋他职。这是一项艰巨任务。其中有些人曾共事多年，人品极好，忠诚可信。汪丁和我曾想一旦恢复秩序就在旧校舍开始做点事情，但我们的成员留下的已很少，加以目前在南京很难找到新的赞助者。汪丁出色地履行房屋助理总管的职责，难民营监督Y. S. 张也干得不错，同时我们的工友全部尽到自己应有的责任。

下午我访问日本使馆时，他们正在指示60个中国人怎样庆祝元旦，其中大多是我们难民营的管理员。“五色旗”（南京伪政府的“国旗”）取代国民政府旗帜，要赶制一千幅“五色旗”和一千条日本国旗以庆贺新年。超过千人规模的难民营必须派20人出席，较小的难民营出10人。元旦凌晨一时鼓楼将升起“五色旗”，那里将有“适当的”演说与音乐（按节目单进行）——自然，将拍摄快乐的人群挥舞旗帜欢迎新统治者的电影。与此同时，城市仍在继续焚烧，3个12—13岁的女孩被强奸或被抢走。施佩林忙于从总部临时空出来的房屋中把日本兵赶出来。当日军“追逐逃犯”等等时，在蚕桑系（金大一部分，美国财产）周围划一条警戒线。

12月31日，相对平静的一天。第一次没有晚间暴行报告。日本人忙于准备过年。宣布有两天休假。我们很担心，这意味着将有更多喝醉的士兵。难民被劝告留在室内。拉贝邀请我们到他家赴宴，并且为我们点亮了圣诞树，每人得到一张有营徽的贺年卡——营徽是一个内有红十字的圆圈——上面有南京外国人社区所有22个人的签名。他还讲述自己在南非经历的某些故事以款待我们。在他的墙上悬挂着若干他狩猎的辉煌胜利品。

新年前夕。对家庭和亲人的思恋萦绕于心。我将不惜一切以求一封“家”信。我得到妻子的最后一封信，日期是10月28日，正当她将从横滨出发；玛丽安（费吴生的女儿——引者）信的日期是同一天，恰好是在她与妈妈登上“胡佛总统号”之前，阿尔柏特与艾迪斯（是费吴生的另外两个孩子——引者）的信更早一点。我曾在11月下旬从西安返回的飞机上见过金普顿（Kempton），我猜想他仍然在长沙。显然我们还要继续练习忍耐，因为日本使馆告诉我们，还要过好几周这里的邮政服务才能恢复正常。他们还告诉我们，至少还要过一个月，我们才能获准离开本市去访问上海。

记述这些恐怖行为的故事似乎是没有意图的。现在是1月11日，局势有所改善，但仍然没有一天无暴行，有些简直是暴乱。随着美国使馆3位代表在6日到来，英、德使馆代表各3人于9日到来，我们感到局势进一步好转，安全略有保证。但就在昨晚我开车外出时，4起新的火灾刚刚开始，并且看见日本兵又在一家商店点燃第5起大火。自12月19日以来，几乎每天都有日军纵火。克勒格尔曾从东门溜出去，他告诉我们，他所到过的城郊20里以内的乡村都被焚烧，看不见一个活着的中国人乃至家畜。

我们终于通过无线电与外面的世界接触，这真是大福气；因为上个星期天我接通家人的电话，我们现在有电了。幸运的是我们贮存的蜡烛与煤油恰好用完。我们委员会总部稍早数日有电。当时似乎只有日本人可以用电，所以我们没有宣传此事。我们曾经看到上海一家日文报纸几篇文章和东京《每日新闻》的两篇文章，它们告诉我们，甚至早在12月28日，商店迅速开张，贸易恢复正常，日本人与我们合作为可怜的难民提供食物，市区已经根除中国抢劫者，和平与秩序笼罩全城。这是日本自从战争开始以来向国外不断散发的典型谎言之一。

我写这个报告毫无复仇之意。战争是残酷的，特别是征服的战争。根据我此次的经验，还有1932年上海战争的经验，我觉得日本军队毫无基督教理想主义的背景，现在已变成一种残酷的破坏力量，不仅威胁东方，而且也将在某一天威胁西方，世界应该知道已经发生的真实情况。我们现在必须应付的局势究竟怎样，我愿让比我更有才能的心灵去判断。

故事也有光明的一面，这就是我们中国和外国朋友在服务中显现的崇高精神，以及我们在共同事业中分享的亲密友谊。由于难民们曾无数次表现出对我们努力工作的肯定，我们的心经常感到温暖，而且与他们的苦难相比，我们的损失与不便就无足轻重了。我们委员会中3位德国朋友赢得了赞赏与好感。他们曾是力量的高层次（指其德国国籍与纳粹背景——引者）——如果没有他们，我不知道我们的工作怎样才能坚持下去。

未来如何？近期的未来决不会是光明的，但中国人有一种不可征服的忍受痛苦的素质和耐力，还有许多其他的优良品德，最终必将赢得胜利。无论如何，我将永远是快乐的，因为我已与他们一起奉献。

G. A. Fitch（签名）

细心的读者不难发现，信的开头标明日期是1937年圣诞节前夕，可是信中逐日记事却一直延续到12月31日。我想其原因是，本想在圣诞节发出的信，由于日军造成的障碍而未能及时发出，所以在其以后6天又继续逐日记事，直到1937年的年终。不知道这封信究竟于何时得以发出，但从信的首页上端注有“1938年2月18日收于纽约”字样可知，其间必有一段艰难曲折的历程。

信件的文字朴实无华，有时简略得似不通顺，只有联系前后文字及战时背景才能勉强读懂。我的翻译力求忠实于原文，一般不作文字的修饰，以体现写信者处境的艰难与窘迫。写信者与本书主人公贝德士一样，也是基督教和平主义者，他们一般不作政治的评判，只是从基督徒的爱心出发，同情受难者而尽自己的努力抵拒邪恶，尽管他们的力量是那么微小。写信者既无复仇之心，又无表功之意，他们只想让外在世界了解南京的实况，促使国际舆论谴责日本军国主义的残暴兽行，呼吁各方面力量支持援救难民工作。他们毫无能够发出此信的把握，只是在惊险、疲惫之余，以极为简略而平实的文字，逐日客观地记下他们所见所闻和亲身经历的事情，这些文字体现了人性与兽性之间的强烈反差，洋溢着震撼心灵的精神力量。对于当时的和今天的日本军国主义的谎言制造者们来说，这封长信成了揭露日军南京大屠杀的铁证之一。

信中对南京难民区国际委员会中三位德国朋友颇多赞许，从贝德士收藏的有关文献来看，这种评价并无溢美之处。尽管作为国际委员会主席的拉贝是纳粹成员，但他却巧妙地利用这种身份来震慑日本士兵，或多或少保护了一批中国难民，战争时期的人际关系就有这么错综复杂，不是简单的敌我两分所能涵盖一切。

我们还可以参看一下拉贝在 1938 年 1 月 14 日给西门子公司上海理事会的信。全文如下：

上海理事会：

关于 1938 年 1 月 3 日 W. 迈尔主任先生（迈尔是上海理事会的负责人——引者）的电报。

我特此证实您的上述电报业已收到。您的电报是今天我经德国大使馆收到的。您提出的我应当到汉口去的报告已为时太晚。收到您的电报时，德国人已启程前往汉口。另外，我认为，在困难的时候不遗弃我的中国雇员韩先生及其家属是我的责任。他们都是到我们这里避难的。

根据您电报中的询问我现在告诉您，我已担任这里成立的组建难民区国际委员会主席。这一难民区已成为中国20万平民最后的避难场所。建立这一难民区的组织工作绝非易事，因为我们没有得到日本方面对建立这一难民区的任何认可，另外军界要人（中国人）及其参谋部至今，也就是在他们逃离南京前仍然在难民区。我们的真正困难是在轰炸之后，也就是在日本人进入南京之后。日本军事当局似乎已失去对其军队的指挥权。日本军队进城后抢劫数周之久，约2万名妇女和姑娘被强奸，数千无辜平民（包括发电厂43名工人）被野蛮杀害(用机枪屠杀成为人道处死的方式之一)。他们还毫无顾忌地侵犯外国人的住房。德国60幢房屋有40幢遭受不同程度抢劫，4幢全部被烧毁。这座城市约1/3被日本人焚毁。纵火行为仍在继续。这座城市已没有商店，不是遭受打砸就是遭受抢劫。城里遭枪杀和误杀的尸体到处可见。这些人的尸体不允许我们安葬（什么原因我们不清楚），在我住处约50米处自12月13日以来就在一个竹床上捆绑着一个中国士兵的尸体。难民区的许多池塘都漂有被枪杀的中国人的尸体，有的池塘尸体最多达50具。

由于我们建立了施粥厂，所以涌入我们难民区的20万城市居民可以吃到我们委员会提供的稀饭。我们还建立了稻米和面粉配给点，等等。现在日本人下了一道命令，叫我们关闭粮食配给点，因为新成立的自治政府委员会打算接受难民营的工作，并迫使难民离开难民区返回自己原来住所。正如前面所述，难民区之外完整无损的房子所剩无几，所以难民不知去向，更何况他们见到日本人就胆战心惊。日本兵总是杀气腾腾在街上走来走去。我们委员会试图同日本人和日本人扶持的新政府取得谅解，起码保证难民食品供应。另外，如果日本人和新政府接替我们委员会的工作，我们当然没有任何意见，而且越快越好。只要这座城市秩序恢复正常，当局允许我离开南京，我将到您那里去。目前有关我离开的申请都遭到拒绝。

为此我特请求允许我在难民委员会解散前留在这里，因为实际上许多人的命运取决于少数欧洲人的去留。12月12日夜间以来，仅在我的住房和花园就滞留600多名最贫困阶层的难民，他们不想让残酷的日本兵污辱和杀害。多数人至今仍住在花园的草棚里，靠每天发给他们的救济粮生活。我们委员会总共管理25个难民营，约7万人，其中5万人不得不靠我们提供食品，因为这些人一无所有。您可能对这里的主要情况很难形成概念。日本人在占领这座城市前数日之久的轰炸和彻底扫荡犹如一场灾难。日军占领南京后给我们造成更大困难。我们大家都不清楚，我们怎么会安然无恙地活到现在。

我请求不要发表这封信，因为这样做可能使我们委员会遇到灾难性的后果。

顺致

问候

约翰·拉贝①

德国驻华使馆政治秘书罗森等给德国外交部的报告，也多次提及拉贝等3人在南京的活动，摘录如下：

日本军队放的大火在日军占领一个多月之后，至今还在燃烧，凌辱和强奸妇女和幼女的行为仍在继续。日军在南京这方面的所作所为，为自己竖立了耻辱的纪念碑。仅在所谓安全区，德国人、美国人及其中国雇员就发现数百起被野蛮强奸的不容反驳的证据。这个安全区基本上被拉贝委员会保留下来未受损害（按：此语不确——引者）。这个委员会向日本当局所发的一系列信件确实包括令人震惊的材料。……现在我想说明的是，外国人包括国社党拉贝、克勒格尔和施佩林诸先生都曾当场抓获正在干伤天害理事情的日本军人，并挺身而出解救这些受害者。②

……

一位逃到拉贝先生住所避难的24岁姑娘，回到其叔叔家取食品时在那里被奸污了。

上星期日，1月20日，在去教堂的路上，有一些人恳求拉贝先生

① 《德国西门子中国公司驻南京代表、德国国社党南京小组长、南京沦陷后担任难民区国际委员会主席的约翰·D. 拉贝给上海理事会主任W. 迈尔的信》，《抗日战争研究》1991年第2期。

② 1938年1月15日罗森给德国外交部的报告，《抗日战争研究》1991年第2期。

帮忙对付一个醉汉。这个醉汉将一名妇女拖到司法部附近一间空房，在棺材上强奸她。拉贝先生赶走了这个士兵。……

在这种情况下，许多难民说，他们宁愿在保护区里立即被杀而不愿“在家”继续受折磨，这是可以理解的。[①]

德国驻汉口大使馆的官员沙尔芬贝格的报告说：

约翰·拉贝主持的委员会包括美国人做了非常了不起的工作，他们把外侨转移到一家医院。可以毫不夸张地说，他们拯救了近万人的性命。……由于日本人的态度，新的市政管理机构（指伪政府——引者）也未开始工作。新市政管理机构应接替拉贝委员会和其他组织的工作。目前拉贝委员会实际上在行使市政管理机构的职能。管理机构的一位新成员，知名的拍卖商梅杰胆量十足，他对日本人说：如果你们反对我，最好现在就把我杀死。[②]

还有英国路透社记者史密斯，也“高度赞赏留在南京的德国人拉贝、克勒格尔和施佩林，为博爱和照料中国难民而做的工作。他称赞说，他们不顾自身的安危拯救了许多人的生命”[③]。

在贝德士文献中，特别是在他自己的手稿中，却很少提到他本人在南京大屠杀期间所进行的救济难民工作。贝德士是一个很谦逊的人，他只是默默地做自己认为应该做的工作，而从未想到别人如何评价自己。正如他的老朋友 M. O. 威廉博士，在清理贝德士遗存文献后所发出的感慨：“他是南京安全区组成与运作的领导者之一，使数以万计的中国人得到庇护。他坚持留在南京，有时出现在上海，那里也急需他的信息与磋商。他关于日本人在南京贩毒的报告——直接提交日方当局，同时提交上海报纸——不仅是翔实的研究著作，而且是战时的勇敢行动。但是很可惜，在我们面前的这些草稿中，当时的历史创造者之一，极少提到那些足以透露他曾组织

① 1938 年 2 月 1 日罗森给德国外交部的报告，《抗日战争研究》1991 年第 2 期。
② 《沙尔芬贝格的报告》，《抗日战争研究》1991 年第 2 期。
③ 《使馆特芬特曼给德国外交部的报告》，《抗日战争研究》1991 年第 2 期。

群众的事实。这里应加一个脚注，贝德士自己和他的工作将成为一个研究与写作的有意义的领域。”①

幸好，在他遗存的大量信稿中，我找到1938年3月3日他给田伯烈（《曼彻斯特卫报》驻华记者）的一封信，里面多少透露了若干他当时的活动。内容如下：

你一定收到通过贝德士夫人发出的有关大屠杀的电报，说明我们根据你1月17日来信的建议所作的选择。我们知道，你已经看过波恩吞（Boynton）有关南京的文件，并打算“作进一步研究”。这是我和史迈士、米尔士所能安排的第一次秘密会议的成果。外界很难体谅我们现在所干的事情，因为对这方面的要求是多种多样的。

这里是我们的若干想法。为了让远地公众了解已经和正在进行的战争的残酷，最好是超越市区范围以增强效果。在整个南京变得异常以后，外地的人很容易感觉——这个地方集中了政治的憎恶，时常有人发生意外，如此等等。而如果在一个时期，从上海、松江、苏州、无锡、湖州、杭州都传出类似的故事，整个效果将更有力度与可信。如果你到一个城市，主要以我们的文件为基础而作出估量，就会为个人与团体的复仇心倍增而感到不安。这些文件大多来自作为秘书的史迈士，作为副主席的米尔士（在拉贝离去以后他成为真正的主席），而我则是金陵大学最勤奋的通讯员。我不知道你是否了解，日本军方甚至外交官现在对（我们）委员会是多么仇恨。他们不断迫使自治政府（指汉奸政权——引者）禁止我们与任何企业、事业单位联络。（这就有趣地戳穿了他们要求我们“合作”的荒谬范式，实际上我们尽可能与自治政府委员会合作，只要他们敢于冒险为自己狡辩或者干脆向日本人扯谎。）（日本）使馆主要官员正式指认我为“反日”；并且急不可待地问别人我是否有“精神病”——他们真是可笑。后一个称号（指“精神病”），是我在有天下午，由于拒绝他的“容忍”的范

① *Gleanings—from the Manuscripts of M. S. Bates*, N. Y. 1984, p. 116.

式（指所谓“合作”——引者）而获得的，军方正在尽全力改善局势，因此就没有什么好抱怨的了①。他认为我一定是激动或害怕，因为我坚持无秩序和危险的事实。这里某些外国人小群体经常恳求我（还去找史迈士和米尔士）——费吴生在这里时也一样——完全停止报道、抗议和非直接的公之于众（指对日军暴行——引者），以免所有外国传教士都被赶出南京。这仅仅是建议，为了某种原因此间必须谨慎从事。费和我曾被（日本）大使正式传询，他“保护”我们，至少是为了一封给艾礼逊（Allison）的无线电报（所有这些都放在你的帽子底下，因为我确实不知道他的意义）。通常广泛发行于上海与华东的宣传机构——《新申报》（*Sin Sun Pao*），曾制造一系列谎言以攻击金陵大学。我真想以武器固守，但又不能因任何方式判断错误而危害学校的未来与教会利益。我简单地为自己辩护，因为我的案件比他人更属“私人性质”，但是国际委员会无日不受某些日本人的窥伺。我附寄一项《朝日新闻》的译文，这清晰地表明了他们的整个立场，并非侧重叙述这个特殊事例。请你仔细领会其排他性的含意，这意味着他们在这里所做的一切，不会因重视真理去加以改正，正如你所已知甚深。

同时，我们这里的同事倾向于认为，日本的报道与国际委员会的报道是完全不同的，它无从给以裨益。似乎可以认为前者眼下更为重要。无疑你可以为苏杭地区安排某些接触，这将使你得到此间的信息。史迈士的整个“案件表报”（指日军暴行——引者）已达 460 件，很快你就可以在上海收到正式的文本。我们能够对此作若干补充，详尽讲述你需要的信息。芜湖的消息可以通过布朗博士（Dr. Brown）、盖尔先生（Mr. Gale）和其他人士得到。我认为扬州，还有镇江也是这样。

关于安全区，米尔士想写一本小书，大约 100 页。不过他和我们

① “军方……”这句话是日本使馆负责人说的，贝德士对此并非同意。

都无法保证，文件的完全公开不至于给本地区需要的救济工作带来危害，也不致妨害外国人将来在汉口服务（指难民救济工作——引者）的可能性。我也曾想写一篇有关“国际和解”（international conciliation）的文章（或你建议的某种其他媒体），这或可使西方人考虑整个即将来到的战争幸存者问题时增强信心。这种经验无法搬用，但它可以鼓励其他的人在特殊处境下捕捉可能性。此间未曾谈及对你的禁止，而只是打听你的会议。确实，主要趋向有利于你采用我们提供的任何事实，深信你的目的、方法与经验，对你如何去做更感兴趣。你对1月16日浩恩伯克（Hornbeck）的信感到兴趣并加以采用，别人可能会提醒你注意其中小的错误①。马吉是美国人。可惜城内没有英国人，直至你们那谨慎而压抑的外交官到来。我们赞赏布劳恩（Brune）、杰弗雷(Jeffrey)的优良品质和多次对我们的帮助。在布劳恩回国期间，威廉可能是杰弗雷的助手。附寄艾立逊为大使索取的若干经济材料。它们提供破坏和停产的概况。本周在自治政府委员会小心翼翼的掩盖下，开展了两项调查计划。史迈士与我们的中国同事调查农业方面，我则着手大量调查以说明城内情况。②

当然，这封信主要是向田伯烈提出若干有关向外报告南京大屠杀的建议，希望他注意搜集与揭露日军在南京以外地区的暴行事例，以说明南京大屠杀绝非孤立事件。同时也透露自己和国际委员会其他成员是在日本军方强大压力下开展工作的，有时还得承受来自少数宁愿“苟安性命于乱世”的外国人士的阻力。信中所谓“日本的报道与国际委员会的报道完全不同”，是指日方对外宣传完全是掩盖暴行与美化侵略，而国际委员会所提供的各项揭露日军滔天罪行的文字资料，都是经过反复核对的确凿事实。也正因为如此，贝德士才被日本侵略者极端憎恶，甚至被直指为“反日”和“精神病”，他们还通过其御用报纸编造谎言对他加以攻击。

---

① 指田伯烈所引用的信件，把马吉误为英国人。

② 这两项调查的目的都在于说明日军暴行在城乡所造成多方面的严重损害，其调查报告以后陆续发表，本书将有专章加以介绍。

贝德士还保存有1938年1月10日写的一封信稿，其中稍为具体地谈到他在国际委员会的工作情况。全文如下：

国际委员会的帮助很得力，其事迹堪称奇迹。3个德国人干得很出色。为了同他们保持伙伴关系，我几乎愿意佩带纳粹徽章①。1个丹麦人和3个英国人在初始阶段提供了大量帮助，可是在中国人（政府）从南京撤退之前，这几个人就被他们的公司和政府调走了。这样，大部分工作就落在美国传教士身上，由于医院里挤满了枪伤和刀伤的伤员，他们都投入抢救伤员的紧张工作而无暇顾及其他。自然，我们有些人承担了各种职责，也有职责观念。从一开始，就有相当数量的中国人帮忙与合作，而且大部分琐事不得不由中国人或通过中国人去做。但有时如果没有一个在紧要时刻能勇敢面对枪炮的外国人在场，便什么事也行不通，哪怕是运一车大米。我们冒过一些巨大风险，受过一些沉重打击（既有实在的也有比喻的），但还是侥幸取得远远超过目前形势所能允许的许多成绩。对发生的每件事，我们都注意，都过问。我们提供食宿、进行谈判、提出抗议和采取保护措施等，此外还阻止了许多抢劫案的发生，劝阻和吓退了许多小群士兵的强奸和蓄谋强奸。难怪一个日本使馆官员对我们说，（日本）将军们对他们不得不在中立的观察员（Neutral Observers，指国际委员会成员——引者）的注视下完成其占领而感到愤慨，他们声称（纯然出于无知）在世界历史上从未有过这种情况。

有时候我们完全失败了，但成功的百分比也很大，足以证明付出相当大的努力是应该的。我们必须承认，虽然某些方面的关系还远远不尽如人意，但由于日本大使馆为缓和日本军方和外国利益之间的冲突作出了努力，领事馆警察（数量甚少，并非尽皆善良）比较合乎礼仪，加上这项事业的主要人物一直是发起“反对共产主义第三国际协定”的德国人，和本国船只遭到（日军）野蛮攻击后需要安抚的美国

---

① 这是夸赞拉贝等人的诙谐语言，不可简单理解。贝德士一贯主张宗教自由与政教分离，与纳粹主义是对立的。——引者

人，我们获益匪浅。由于大量财产案件和国旗（撕毁）问题，日本人两度拒绝我们转达美国（使馆）官员返回（南京）的温和要求。虽然本周情况有所改善，我们与乡村和江边还是隔绝的，只有美国海军有机会通过美国使馆进行范围有限的信息联系。

大约从 12 月 1 日起就没有邮件了，以前的邮件也大都在途中耽搁。昨夜我们室内的电灯是特别给安排的（我们有 7 个美国人，其中有人与电厂员工有私人关系），日本人枪杀了电厂 54 名技术人员中的 43 人，诬指他们是中国政府的雇员，还有飞机轰炸、大炮轰击和枪弹射击，公共设施恢复之极为缓慢是可想而知的。然而工作人员及其家属的安全缺乏保障是主要的绊脚石。自来水得靠电泵抽取，不过在城市地势低的地方开始有了涓涓细流。至于电话或者公共汽车，即或是人力车，也都别做梦了。我们安全区的面积大约是两平方英里，还没有完全形成。在这个集中区内我们没有发生过值得重视的火灾，除了日本兵的犯罪和暴行以外，基本上没有其他犯罪和暴行。直到本星期，日本兵又转向安全区外门户洞开的房屋大肆劫掠——特别是抢夺燃料，没有武装警察。

有 3 万难民住在金大校舍各处。管理的问题很令人担心，哪怕是维持很低的生活标准。我们当中金大的正式教职员和工友寥寥无几，但他们大多数工作非常出色。志愿帮忙的人很多，由国际委员会把他们迅即聚集在一起，他们前来的动机相当不纯。现在我需要谈到告密以及日本人恫吓和收买特务的问题。我本人此刻就遇到 3 个以上此类麻烦，我开始怀疑他们是否想使我或金大陷入绝境。例如，过去 3 天中发生两件事使我对金大附中遭受损失的报告自相矛盾，于是（他们）认为我撒谎和欺骗日本人，对我表示轻蔑，从而攻击我和这个庞大难民营的另一位负责人。另一件事是，一位人格高尚的翻译，不屈服于他们的威胁，拒绝离开附中难民营去为他们工作，就被他们像绑赴刑场一样抓走，我试图打听他的情况，结果被别人猛地推进可怕的宪兵办公处的大门。恰巧那个办公处的宪兵昨夜从金大一所房子抓走一批妇女并残暴奸污。他们从事此项罪行时，用刺刀对着我们一个叫 R 的人，他不该碰巧在那个时候去那个地方。当奋力为那些可怜而又特能忍耐与令人好感的人们做点什么时，你就能领略我们日常生活的滋味了。

南京的真正宪兵只有17人，而同时则有5万多士兵放任自流，一连几天我们见不到一个宪兵。最终，发给一些士兵以专用的臂章，权充宪兵，这意味着他们自己作恶而可得到特别保护，不至于被当作普通人对待。我们见过有些人强奸时被军官发现并责骂，然后又毫无约束地被放走了。还有的人抢劫后只向军官行个礼便了事。有一次他们夜间开摩托车来金大抢劫，实际上是军官亲自指挥干的。他们把我们的门卫逼靠墙壁，强奸了3个难民妇女，还将其中一个人带走（另一个是12岁女孩）。

L（Lilliath的简写，即贝德士的妻子）完全有理由认为我在“帕内伊”号上死了或受伤了，因为我仍在南京的消息还没有传到她那里，而东京的各种报纸则暗示所有外国人都被带上了这条船。经历48个小时悲痛之后，她在一份报纸上看到，日本人进入南京之后不久，一对笨汉打听到我的下落。为了回答她的朋友们的感谢，这家报纸于17号匆忙派遣几名记者和一名摄影师前往（日本人13号进城，“帕内伊”号12号沉没，慢慢传出爆炸声）。元旦那天，他们有人给我带来一张照片和一封信，日本使馆恪尽职守，当然已经读过此信。这样我俩就免得长时间相互担心。虽然她曾通过各种途径和媒介给我写过许多信，拍过许多电报，可是自从11月8号，除了这封信，我别的什么也没有收到。12月17号，她预计元月的第一周到上海，此外我再没有获知其他消息。也许通过新来的炮舰最近拍发的一份无线电报，可以得到来自上海的一些消息。

可是他们不允许我出南京城，而即使交通工具对她是开放的，她也不会获准出上海往西走。我们不知道这种状况将持续多久。中国人非常害怕把这些美国人或所有外国人赶出南京，迄今为止，他们似乎更害怕我们走，而不害怕我们留下。同时，我设法与大使馆工作人员、一些半官方日本人，甚至一些不那么凶暴和奸诈的警察和士兵保持友好关系。但是事情进展很困难，到今天已经4个星期了。只要我们事先知道，炮击和轰炸几乎不再让我们感到不安了。前途未卜。……

附言：写这封信不是为了激发对日本人民的仇恨，这一点几乎不用说明。如果事实说明了一个现代军队——一个用欺骗的宣传掩盖其罪行的军队——的种种野蛮行径，那就让事实说话吧。在我看来，重要之处在于这一征服战争带来的无限苦难。这种苦难由于放纵和愚蠢而倍增，使未来长久陷于黑暗。①

在国际委员会有关文件中，偶尔也可以了解到贝德士在那些灾难岁月中的点滴日常工作情况。例如，1938年3月20日华言学校收容所的报告(中文)内称："窃职所于昨日下午三时半之间，忽有日兵一名，身着军服，腰挂刺刀，闯进职所院内。适有常州逃难来京难民女子吴荷元，年19岁，在井边提水，被该日军睹见，强行拖入所内2号职员住宅后厨房内，强行奸淫。其时适值美国人贝德士先生来所参观难民情形，恰值该日兵奸毕欲行，在北楼后门口与贝德士相遇。贝德士问其进来做什么，而日军拔出刺刀示威。经贝德士询明情形，觅同被奸女子，欲同其理喻之际，而该日兵则乘机乘自行车逃去。"②

关于贝德士的工作情况，本书后面各章均将有所叙述。这里介绍一位默默的奉献者马吉，他在南京国际红十字会主持了大量的救济工作，另一特殊贡献是现场拍摄了一套日军暴行的影片。1938年2月10日罗森给德国外交部的报告对此事曾有简略叙述："日本人在南京的恐怖统治已达无以复加的程度。在此期间，美国主教派(应为圣公会——引者)教会布道团成员、使馆顾问约翰·马吉拍摄了影片。这部影片是日本人所犯残暴罪行有说服力的见证。约翰·马吉已在南京呆了25年。马吉先生曾努力关照呆在德国顾问处的中国难民。我想请你对他的名字严格保

---

① Bates' Papers, RG10, B4, F52. 这封信实际上是贝德士1938年1月10日函的后半部分，所以田伯烈在收入其著作时便把两部分合在一起了。

② Bates' Papers, RG10, B102, F871.

密。他比布道团的多数同仁更关心德国使馆的事务，因为他死去的姐姐是一位奥地利外交官的妻子。表明他无私意图和纯正愿望的典型事例，是他对他的影片没有采取商业性的办法处理，他向大使馆提供了一部拷贝，我们只需向上海柯达公司支付印片费。这部拷贝将通过安全途径送往外交部。……随拷贝附上各个剪接图像的英文解说词，解说词和影片本身都是一部令人震惊的时代文献。”①

马吉（John Gillespie Magee，1884—1953）出生于匹兹堡一个律师家庭。1906年入马萨诸塞州的神学院学习，1912年—1940年一直在中国传教布道。南京沦陷前后，他是南京国际红十字会主席，也是国际救济委员会最热心的成员之一。他是一个熟练的摄影者，利用一架16毫米的摄影机，在金陵大学医院和其他地方拍摄了许多日军残害平民的影片。影片当然是通过窗口偷拍的。大约是在1938年下旬，费吴生冒着极大危险把胶片的第一部分偷带到上海冲洗加印，经过编辑并加标题后一共制作了4部正片拷贝。罗森报告中提到的即其中一部，其余的由马吉与费吴生分别保存。

时隔53年，1990年12月17日，日本《京都新闻》发现上述罗森报告，以大字标题刊出，影响颇为广泛。但罗森送给德国政府的这部影片却从来没有被发现，因此有些不愿承认侵华战争罪行的日本人蔑称之为“鬼片”。就在这个时候，对日索赔同胞联合会（The Chinese Alliance of Memorial and Justice）在《纽约时报》刊登征集南京大屠杀有关资料的公告，引起了费吴生的女儿爱迪斯（Edith Fitch）的注意，她为联合会提供了她父亲保存的影片拷贝和回忆录。接着马吉的儿子大卫，一位退休的银行家，又在他家地下室找到他父亲保存的一部正片。据大卫回忆，他第一次看这部片子是1938年随父亲到伦敦休假时，此后这部影片一直保存在家里。大卫把这部影片及与南京大屠杀有关的10本照片慷慨捐献给联合会。此后联合会在美国各地放映的就是这部影片的剪辑，并且应《每日放送》、《京都新闻》的要求，提供了费吴生藏片的拷贝。日本各大电视台都在黄

① 《罗森给德国外交部的报告》，《抗日战争研究》1991年第2期。

金时间反复播放这部纪实影片。估计有 3 千万日本人阅读了有关新闻报道或收看了有关新闻节目，多少增进了对于南京大屠杀的了解。香港电视广播公司（TVB）则在 1991 年 10 月和 12 月向大约 30 万激愤的华人与英国观众放映了马吉家藏的影片①。“鬼片”重现人世的故事，使我们深感进一步发掘、公布有关南京大屠杀各种资料的迫切需要，应该尽量发挥这些历史实录、实证的应有作用。

在贝德士文献中还保存有一份铅印的《南京国际救济委员会的报告，1937 年 11 月—1939 年 4 月》，这份文件从总体上比较详细地叙述了该会在这段期间的全部工作。全书共分 13 章，还有两个附录。现将目录摘记如下：

Ⅰ. 房屋与难民营。安全区的进程。不同类型的难民营。难民营的组织机构。项目的缩减与结束。

Ⅱ. 食物。第一时期。第二时期。

Ⅲ. 现金救济。

Ⅳ. 以工代赈（work relief）。

Ⅴ. 衣服与卧具。

Ⅵ. 小额贷款。

Ⅶ. 乡民救济。

Ⅷ. 医疗服务与私人援助。

Ⅸ. 纵览。

Ⅹ. 行政机构。概况。职员。如何运作。

Ⅺ. 简要财务报告。

Ⅻ. 捐献与协作。

ⅩⅢ. 展望。

附录 A. 查账员关于财务收支账目的报告。

---

① 有关马吉拍摄南京大屠杀的材料，主要参考邵子平：《约翰·马吉拍摄的南京大屠杀纪录片》，《抗日战争研究》1992 年第 4 期。邵子平在联合国人事厅任职甚久，是对日索赔同胞联合会的总干事，也是我的老朋友。1991 年联合会请王彼得（Peter Wang）以上述影片制作了一部电视片《马吉的见证》(*Magee's Testment*)，此片已在亚洲、美洲的 15 个大城市放映。

附录B.委员会的成员与职员。

通过目录，大体上可以了解国际委员会做了哪些方面的工作及其作风之严谨。由于现在本书的主要目的是揭露日军暴行及其损害，所以不拟对此报告的各章作进一步介绍，只将其带提要性的序言译叙如下：

准备这份南京国际救济委员会报告，主要是作为对中国和海外的慷慨捐献者的微薄而必要的回报；同时也是为救济工作者、研究战争和福利的学生、密切关心今日中国或特别是南京的人们提供信息。必须做的新工作是完整的记录与报告；在此期间委员会成员与干部的再三变化增加了宏观估量的难度。进一步推迟似乎是不必要的，尽管那样做可以使报告有所改进。正如南京委员会所有的努力一样，这项工作也是一种合作。不过现任主席（即贝德士——引者）必须对此报告的现状负责。

这份报告纯属是对已做工作的说明，附带对影响救济进程的各种条件作必要的叙述。整个米袋的故事（指食物救济——引者），是南京一地数十万人悲剧的合成物。没有具体叙述殴打与负伤，甚至几十人的死亡，其中包括那些赤手空拳、默默无言地为委员会工作的人们。除非是这些事件影响了工作计划乃至财务账目。救济的人性价值无从入账，对于心灵救济的必要服务也是如此，这是令人失望的。

南京委员会不想作竞争性的吁求，只是报告它在战争灾难严峻环境中所做的工作。任何现金捐献请用挂号邮寄中国南京天津路4号，南京国际救济委员会司库A. N. 史德蔚博士（Dr. A. N. Steward）；或者寄往建立在其他国家的救济中国难民总委员会。……

当安全区开始建立时，国际委员会希望它的职责不久即可解除，只要全城战争结束难民即可迅速返家。但这个希望注定要幻灭。经过近4个月之久，条件才逐渐改善到可以让多数难民回家。鼓励所有可以回家的人都这样做，到5月底已有可能关闭委员会管理的全部难民营。当时，委员会总部也从宁海路5号（那是德国使馆慷慨出借的）搬到天津路4号，这是金陵大学校园内的一座建筑。此后，它一直是委员会总部所在地。

1938年夏、秋的工作项目。在此期间，工作的范围较前扩展甚少，这一方面是由于难民营的关闭，另一方面是条件有所改善，人们在夏天比冬天易于度过。尽管如此，这一时期仍有相当数量米、麦的配给，这是在本地红十字会与本会联合安排下进行的。此项事业经费由本委员会划拨，但不用支付红十字会代表的薪水，他们在联合委员会中担任部分督导工作。国际委员会继续在小范围内努力进行工赈、现金救济和对生产企业提供小额贷款。

1938年夏秋之间第二桩值得注意的工作，是完成了经委员会授权的两项调查。一项是南京地区的战争损害，另一项是考察南京邻近数县的农业状况。调查的目的也在于说明民众的情况，他们的财物损失和经济恢复的前景。调查结果将为广大公众提供大量信息，同时也非常有助于国际委员会在其后的冬、春继续坚持难民救济工作。

1938年—1939年冬、春的难民救济工作。好不容易制订计划并使冬季工作上路，12月初由于与国际委员会有联络的6个人突然被捕（他们原来曾经是国际委员会的职员），工作一度受阻。在上述6人中，有一人是我们的助理司库，他很快就被释放，但其余的人被囚禁达4个多月。虽然（委员会）经常谋求释放他们，但也无济于事。这些人的突然被捕，恰好是在冬季项目工作开始的时候，自然会引起我们工作人员的不安，其结果是救济工作的行政机构瘫痪一个月，以致整个冬季的工作受到损害并被迫推迟，受累最甚的还是城中最贫苦的民众。当迫害委员会成员的手段流产后，他们于是以某些“聪明的忠告”来限制。

到（1939年）1月初，其他职员显然已不再有突然被捕的危险，同时也可期望委员会的工作不再受干扰。工作恢复并抓紧进行，直到4月底全部完成。为了使委员会的工作更容易为中国民众与日本当局了解，我们增加了委员会的成员。委员会一直由中立国人士组成，现在则增补了一个中国人和一个日本人。新成员系由委员会自己选定，并无其他方面的建议，他们是民间人士，没有官员背景。因此，委员会的非官方和纯慈善性质得以保持。

委员会的冬季工作业已结束，其中主要是食物分配，大批卧具与衣服也发放出去，还有一定数量的现金救济、工赈和小额贷款的提供。这些事务的规模与质量将在以下诸章说明。①

事实上，到1939年与1940年之交，国际委员会的工作就基本上结束了。

时隔50多年，我们在全国政协文史资料研究委员会编辑出版的回忆录中，依然可以看到若干中国人对当年难民区及国际委员会工作状况的观感。

一篇是蒋公谷写的《陷京三月记》②。作者当时任第三战区第一救护总队科长，南京沦陷前三日逃入美国使馆避难，因此与国际委员会成员有所接触。现摘录其日记数则如下：

(12月）11日，一般未曾离京的民众，都纷纷向难民区搬迁。难民区的范围为中山路以西，广州路以北，山西路以南，西侧靠近城脚，所谓新住宅区，大概都包括在内了。

16日，今天是沦陷后第四日，听说敌人暴行益发狂肆，情形愈来愈恶劣了。难民区的住宅，敌人日必进出七八次，劫掠复劫掠，后来的如搜劫不到什么物品，便将箱笼捣毁。……难民区的周围，自13日起，每天都被敌人恣意的放火焚烧，今天望见南城一带，有七八处在燃烧中。夜间，火光照耀得如同白昼，一缕缕的红光中夹杂着房屋折断塌倒的那种烨爆声，心为之裂。

27日，几日来，敌人的暴行，仍然有增无减，总有七八处冲天的火光在周围燃烧着；掳妇女，白昼宣淫，竟是司空见惯；到了晚上，逾墙穿穴，形同窃贼。像诸如此类的污劣行为，据闻向国际救济委员

① Bates' Papers, RG10, B102, F866.

② 蒋公谷：《陷京三月记》，台北“中央图书馆”馆藏。

会报告的，日必有数十起。

28日，（美）使馆自前几天，屡被人抢劫，经国际委员会及美侨向敌方提出抗议后，敌方派中岛部队宪兵4人来守卫，各房间都来看过一次，遇到有妇女的，就嬉皮笑脸的进去坐坐，还要讨香烟吸。进出都被限制，反而不方便起来。一到晚上，他们还不是同样的跑出去做那抢劫奸掳的勾当。……据云，此次留京的外侨救我们的难民，万分地努力，功德匪浅！司法院收容所，被敌人硬捕去上千无抵抗的弟兄，都被敌人弄死，外侨们认为这是国际救济委员会的失败，深自引责。美侨李格斯，且曾因此痛哭一次。

1938年1月17日，下午又随处长赴史寓（即施佩林家——引者），送去各人家信一封。史极诚恳的接受，允代为转出。自南京失陷后，他努力地维护我们的难民，终日奔走着驱止敌人的兽行，故国际救济委员会内人，都称他“会的堡垒”，实在是很确当的美誉。

2月15日，下午侯××坐汽车来访，驾车的是美侨李格斯，是最努力维护难民的生佛。难民区内各收容所施粥所（所）需的米煤，必须要由区外搬运来的，若没有李格斯押车，往往被乱扣去，故李总是穿着破衣服日夜不息地奔走。与处长乘便搭他的车开往外去一看，出新街口，经太平路，夫子庙，转中山路，沿途房舍，百不存一。屋已烧成灰烬，而它的两壁，却依然高耸着，这可见敌人纵火的情形，确是挨户来的。行人除敌兵外，绝对看不到另外的人，一片荒凉凄惨的景象，令我们不忍再看。

2月17日，（为上级起草长篇报告，拟托史波林［即施佩林］送走，以下为摘录与难民区有关部分）……综计敌军入城后烧杀奸掠，书不尽记，而吾难民在水深火热中之可以求保护，稍得慰藉者，惟国际委员会是赖。在宁之德、美友邦人士，咸抱大无畏精神，不避艰危，尽瘁从事。在金大、金女大收容所服务之外侨，无分昼夜，轮流守护，金陵女子大学内美国人魏小姐每对于敌人之来劫奸难女者，常跪哭求赦；负责纠察组之德人史排（波）林先生，周巡察护，遇敌暴行，力竭声嘶，誓与周旋。此外在京外侨无一不努力救护吾民，与敌人争执，因之受辱被创者时有所闻，而吾二十万难民得以获救，否则恐无孑遗矣。即最近自傀儡式之自治会成立后，被难民众，仍向国际委员会哭诉敌人暴行者，日必四五十起。据闻均详为记录转播全球，是以国际舆论沸然。而敌方亦自感应付棘手，视国际委员会为眼中钉，乃多方为难，刻意阻挠，务使难民区解散而后快。但外侨绝不为动，且更努力，此等精神，人天共钦，不仅吾难民奉为万家生佛已也。

另外一篇是侯楷写的《难民区历劫记》[①]。作者当时任南京电话局“留守工程团”工程师，因城陷时来不及撤退，只有进入难民区。以下为此文的摘录：

当时南京城内的一些外国人，他们组织了一个国际机构，叫作国际委员会，其范围是南京的新住宅区，即山西路西段，中山路西侧，汉中路北边的一块地区。地区内包括了金陵大学、金陵女子大学，及新住宅区内的许多房屋。那些房屋多数已无人居住，有些只有个别看守房屋的人。因此，城内的老百姓，纷纷扶老携幼，进入难民区，找到空房就进去住。我们10人只好也进入难民区。

由金陵大学和金陵女子大学办的难民收容所是南京规模最大的了，收容了数千人（实数尤多——引者），由美籍教师和美籍牧师主办。那时美国和日本仍有外交关系，日本兵很不尊重他们，但也不敢妄加迫害。[②]

---

① 载于《南京保卫战》，中国文史出版社，1987年，第282—288页。

②《南京保卫战》，中国文史出版社，1987年，第282—284页。

但事实上也并非“不敢妄加迫害”，只不过是还不敢公然杀死美、英等中立国侨民而已。下面摘录沙溯因《如此江南》一文引述从南京逃出的难民口述片断：“南京冬瓜市金陵女子文理学院，那谁都知道是绮丽得像皇宫，清幽得如仙境一般的地方。在首都沦陷之后，这里却不再是弦歌诵习的福地，而变成了许（多）锋镝余生的妇女的避难所。说到这儿，我们应该感谢那一班留在南京的英、美籍的大学教授，他们专划金陵女子文理学院为青年妇女收容所（在这所里专收 30 岁以下的妇女）。他们已经预计到敌军的野蛮，想用第三国以及教会的关系，尽量来保护我们的妇女。在这个所内，大约收容了三千多人。某日晚忽然来了几十个敌军，毫无掩饰地说要在这里选择三百名妇女去劳军，当下就有外籍教授数人，出面拒绝，敌军悍然不顾。外籍教授虽然异常愤怒，但是一边是全副武装，人数又多，一边是赤手空拳，仅仅几个人，强弱众寡，非常悬殊，在这种场合之下，除了任其所为，丝毫没有办法。其时有一位美籍女教师，大家都称为华小姐的（即华群——引者），看了这种情形，义愤填膺，她以人类的同情心和宗教的精神，不惜跪在地下用热烈而诚恳的态度，向那些兽兵请求。但是我们知道，要想野兽放松它爪中的羔羊，除了用武力而外，决不会有武（成）功的希望的。结果，是三百我妇女被卡车装走，而华小姐遭了一顿蛮横的拳脚。”①

有一位佚名作者，曾在难民区目睹日军暴行，也特别指出：“国际难民区救济委员会是值得称赞的。难民区不过二方里，而居留的有 25 万多人之多，……其中 10 万以上的人差不多身无半文全依靠救济会度日。管理方面当然并不容易。……后来丹麦人和英国人受他们政府的命令离开了，只剩下 3 个德国人、1 个丹麦人、9 个美国人（不确——引者）。尤其是 9 个美国人处境困难，倍受凌辱，更值得我人敬佩与感谢。他们设法给难民粮食，维持秩序，也曾冒了不少险，阻止了不少次的劫掠、屠杀与污辱女子

---

① 原载于《经世》第 29 期，转引自《侵华日军南京大屠杀档案》，江苏古籍出版社，1987 年，第 686 页。

的事件。这里没有暴动，没有火警，没有任何犯罪的案子，除了倭兵的捣乱，除了他们种种的不法行为。”①

当年中央通讯社还有一组材料涉及国际委员会在粮食接济方面的工作，摘录如下：“各难民最初移进难民区时，大多数均能自带米粮前往，故于最初数周内，食粮毫不成问题。至较贫困者，每日则前往粥厂领粥充饥。旋又有八千担米运到，定价每斗 9 角，每担 9 元，规定每人先买一斗，已存米者，暂停购置，故食粮供给情形甚为充裕。乃近日因米粮来源困难，供给发生问题，后经与敌交涉，敌竟不准食物运入南京。南京国际救济委员会所储食粮，仅敷发数日之用，因难民区内难民至少尚有 15 万人，每日（需）粮米一千包。该委员会百般设法向南京、上海及其它各处采办食物，皆因敌方阻挠，未能成功。不宁唯是，敌方并禁止在难民区内出售或运送大米，敌方此举，显欲使该委员会工作失去效用。现敌虽允许难民赴区外购米，但距售米地点甚远，往返极为困难。即一般略有资产者，前往购米，多半于途中被敌劫夺。”②

只要将上述若干中国当事人的文字记载，与国际委员会成员或相关外国人士当时的报告相对照，就可以判断这些报告的可信度如何。同时也可以增进我们的理解，国际委员会是在一种多么艰险的环境中工作，他们面临的是多么凶恶残暴的敌人。他们的救济工作虽然常告失败，但他们对中国难民的这片深厚爱心及其奉献精神，毕竟是值得尊重与铭记的。

---

① 原载于《半月文摘》1938 年 5 月，第 2 卷第 6 期，题目是《地狱中的南京》。

② 转引自《侵华日军南京大屠杀档案》，江苏古籍出版社，1987 年，第 643 页。

四　南京大屠杀的实录

自20世纪80年代中期以来，有关南京大屠杀的各种档案、回忆录和报刊记载发布已多，但贝德士文献收藏的有关文件，仍有很高的参考价值。

我在贝德士文献中找到有关日军暴行的记述，是贝德士作为金陵大学应变委员会主席（The Chairman of the Emergency Committee of the University of Nanking），从1937年12月16日到27日的一组信件副本。这份副本是用以同时报告纽约亚洲基督教高等教育联合董事会的。

副本最上端是给联合会董事会的电报正文："校园收容了三万难民。此项服务自13日以来，是在日军无耻的杀戮、奸淫、抢劫等恐怖暴行中顽强坚持的。然后无纪律行为逐渐有所减少，但仍持续不断。本月7日以来学校受到中等程度损失。日本人答应给多数居民部分补偿（虚伪诺言，全未兑现——引者）。（美国）国旗6次被撕下。职工非常失望。伤害危险难以言说。金陵（Ginling，指金女大——引者）报告可作参照。医院（指鼓楼医院——引者）服务无与伦比。难民需要管理。残破的城市。转致印第安那泡尼斯（Indianapolis，贝德士所属基督教会总部所在地——引者）。"电报文字一般简要，但这封电报的文字几乎不相连缀，且有几处打字错误，可见起草时之惶急焦虑。

接着是一个简短的说明，全文如下：

> 尽管焦虑不安，中国军队并未在任何时候造成伤害。（除掉农村，那里几乎被烧光了）①。

---

① 指南京保卫战战况紧急时，中国军队放火烧掉城外农村房舍，以加强南京城的防御。此为奉上级命令的防务需要，并非无纪律行为。

学校损失接近本地货币 10 000 元（截至 1938 年 1 月 7 日）。饲养动物（供农学院及生物系实验用——引者）损失最大。日军士兵寻找妇女和抢劫时，用枪托刺刀把许多门窗捅破。附中厨房设备一扫而光。几处房屋的大量家具杂物也被抢走。炮弹落在新宿舍和史德蔚家，未造成重大破坏。（日军在 13 日下午猛烈炮击东区和西区，估计约一小时，也有一枚炮弹落于牯庐［Kuloo，音译］教堂。）

我们的损失更多地在于难民撤离以后，需要对学校房屋作大量的修复（当太平之日到来之时），特别是图书馆、新宿舍、新科学馆和部分教职员住宅。

在学校外籍教职员中，丹尼尔损失最重，我其次，威尔逊、李格斯、冯、白拉第也有损失。其他的人少有触及，虽然所有房屋都有日本人进出 1—30 次。许多物品多次被推翻或拿走，所以我们在仔细检查以后已无话可说。丹尼尔损失甚多，特别是卧具、地毯、自行车，某些中国教职员的损失也重，有些是亲友放在他们房中的财物。许多主要匮乏之物被拿走了：食物、卧具、寒衣、钱财、手表、自行车。日本人对于他们的损失不屑一顾。

我们冒着很大危险多次赶走日本人，但更为繁重、持久的其他任务对于我们已是难以承受的重担。

M. S. B（贝德士姓名的简写）

以上说明似较琐细，但可以使我们进一步了解贝德士当年生活与工作的具体氛围，以及他作为主要负责人心理上承受的压力之沉重。

以下是贝德士 1937 年致南京日本使馆信件副本的正文，开头注有 Not for Publication（不得出版）字样，显然是出于安全的考虑，不想因此过早激怒日军，使难民区遭到更大损失。同时他还对副本格式有所解释："每个新的日期代表一封分开的信，但誊写时连接在一起以节省篇幅。"贝德士保留老辈清教徒节俭的美德，他的手稿很少留天头地脚，连纸张两侧的空白（甚至行间空白）也填得满满的，在战火横飞、危机四伏的岁月仍然旧习难改。当然，这样密密麻麻、错综复杂的文稿，也使我在整理其遗存文献时吃尽了苦头。下面是这组给日本驻南京大使馆信件的原文。

12月16日

我非正式地提请您注意有关邻近贵使馆的大学财产的公共安全与秩序问题。我们全都听到日本官方的正式声明，皇军不愿伤害普通公民，我们希望任何经贵方授权的政府不难恢复和平生活。但现时平民的痛苦与恐怖甚为严重。下述案件就发生在贵馆近邻的金大校园，其他许多案件发生在我们的医院与附中，以及附近的农业骨干培训学校。

(1) 12月14日——士兵撕毁美国国旗和张贴在农经系（小桃源）大门上的（美国）使馆布告，抓走教师与助手，而且不等找来钥匙就打开几座门。

(2) 12月15日——在上述地点士兵数次前来，从收容于此的难民身上抢走现金与其他物品，也抢走女人。

(3) 12月15日——在我们的新图书馆，收容1 500平民。其中有4个妇女在校园被强奸，3人被抢走，再未回来；一人被抢走，但在邻近贵馆处被日本宪兵释放，士兵此类行动，给这些家庭及其邻里乃至这一城区带来莫大的痛苦与恐怖。今天上午我接到报告，在难民区其他地方有百余起类似暴行。那些案件目前不属于我的工作范围，我之所以提到，无非是说明作为贵馆近邻金大的问题，乃是日军抢劫、奸淫给平民造成巨大灾难之一例。

我们急切期望军队恢复纪律。现在恐怖是如此登峰造极，老百姓甚至不敢出来谋求食物，已不可能再有正常的生活与工作。我们恳求阁下安排在官员直接指导下的例行适当检查，以免成群游荡的士兵每天进入同一地点上10次，并且从平民那里抢走所有的食物与金钱。其次，为了日本军队和日本帝国的名誉，为了日本当局与中国平民之间的良好关系，也为了你们思念的自己的妻子、姐妹和女儿，我们呼吁你们保护南京的数十万家庭以避免士兵的暴行。

中国军队的溃败，给日本军队一个赢得（中国）平民信任的机会，但不幸这一机会已由于拖延与所发生的一切而失去，无论对于人类公益或道德而言都是如此。

12 月 16 日

请允许我对今天上午给您的信的第（2）项略加补充。

在我校农经系（小桃源）被奸污超过 30 人，这是昨晚大批日军不断前来所为。我已全部核查此事，确知报告事项的准确。

城市这一部分的情况确实极为悲惨。我们深信你们对军事当局已有足够的表示，同时也表现出有足够的同情心。对于数万平民而言，保全性命乃是当务之急。

金陵大学位于安全区，直接受该区的环境与存在问题的影响。某些（日本）官员曾经表示友好与了解安全区工作的宗旨。其他的人表现得冷酷与猜疑。请他们弄清楚（安全区）国际委员会从开办到现在所做的一切。每个办公室、房屋和行动，每天都是敞开门户接受检查。委员会将为正常局势的恢复及其不再有人道主义的救济而被解除感到欢欣鼓舞。我们仅仅是尽最大的努力，在极其困难的条件下，为那些被战争从家中赶出来而仍生活在极端恐怖中的人们，提供住处和食物。

12 月 17 日

在您们和您们自己的邻人的室内都可以一目了然，恐怖与残酷的统治仍在继续。

（1）昨夜士兵不断来到我们收容大批难民的图书馆，以刺刀强索钱财、手表和妇女。人们已无钱财和手表，由于过去两天已被抢过多次，这些士兵打破窗户并且粗暴地推搡他们。我们有位职员在这种情况下被刺刀戳伤。

（2）在图书馆，一如在这一城区其他地方，昨夜有多名妇女被士兵奸污。

(3) 士兵殴打我们的门卫，因为他没有为士兵准备姑娘以供蹂躏。

(4) 昨夜我们几所挂有美国国旗和张贴使馆布告的美国人住宅，被附近游荡的士兵闯入，有些被闯入数次。这些住宅包括我们三位美国同事正在居住的房屋。我们郑重请求您们作一比较，这些行动只是发生在南京大量居民家里的小小事例，而贵国政府官员的通告则声称关切中国的公共福祉以及保护外国财产。

我们不愿强调私人事务，提出另外两个事例，目的仅在于说明无约束的士兵狂野放纵的程度。昨天我们一位美国同事被一个干坏事的军官殴打，晚间我和另一美国同事被一喝醉了的持枪士兵从床上拖起来。

这封信并非要求对大学给以特别保护，而是强调作为您们的近邻，对于所有和平居民的灾祸已经异常危急。

我们相信日本军队有力量与效率来维持正常的举止，给沦陷区人民一个在秩序良好环境下工作与生活的机会。

12 月 18 日

由于士兵们的暴虐与抢劫，到处仍然是悲惨与恐怖。超过 17 000 人，多数是妇女与儿童，现正住在我们校园，渴望安全保障。他们继续大批涌进，因为别处情况比这里更为恶劣。不过我必须将过去 24 小时这“相对良好”处境的记录送交给您们。

(1) 乾河沿金大附中。一个恐惧至极的儿童被刺刀戳死，另一个重伤垂死。8 个妇女被强奸。我们的几位同事，试图为这些可怜的人送点食物并加以照料，被士兵们无缘无故殴打。士兵不分昼夜，多次爬过围墙。三天来，许多人无法睡眠，出现一种歇斯底里的恐惧。如果这种恐惧与失望导致对士兵强暴妇女的抗拒，将要造成毁灭性的屠杀，而您们的当局将为此承担责任。美国国旗被（日本）士兵无故撕毁。

(2) 胡家菜园 11 号农具商店有两个妇女被强奸。

(3) 庆应矾（音译，Chin Yin Chich 似为洞银巷之误）养蚕室两个妇女被强奸。

(4) 汉口路11号住有我们两个美国同事的教员宿舍，一个妇女被强奸。

(5) 农业经济系（小桃源）多次惨遭蹂躏，妇女全部逃走。今天上午我到此处查看，6个（日本）士兵向我逼近，其中一人不断手扣扳机以手枪对着我，而我无非是客气地问他曾否在这里发现任何问题。

上述明白无误的事实，还不包括普通老百姓的悲惨境遇，浪荡的成群士兵往往一天10次，一夜6次向他们索取妇女和抢劫钱财。他们强烈要求立即（加重号是原来有的——引者）加强约束。

获悉贵馆代表宣称，昨夜在这些房屋门口安排有宪兵（在其他难民聚集较多地点亦然）。但（我们）看不到任何一个警卫。由于士兵到处爬墙，少数警卫无济于事，除非是整体纪律恢复良好。秋山支队司令部设立于前何应钦公馆，给周围造成特殊灾难，可能直至你们的士兵被约束为止。如果将军有此意愿，司令部本来可以成为安全的象征。

此间和全城民众由于饥饿而绝望，因为士兵抢走他们的食品与钱财；另外许多人挨冻生病，因为士兵拿走他们的衣服与被褥。日本当局如何处理此事？每条街道都有带泪与悲伤的传说，哪里有日军，哪里的人和房屋就无安全可言。诚然这并非日本政治家所愿如此，所有南京居民都渴望日本人有所改进。

我深信，如果您们之中有一位得便与我一道前往某些恐怖与痛苦尚在继续的地区，这将比您们老是呆在屋内好一些。由于应付7个士兵的例行公事，他们称之为“检查”，实际上是寻找可以在晚上抓走的女人，因此这封信的书写曾被阻挠。

昨晚我睡在这里，并将继续如此，期望多少能给无助的妇女和儿童以若干支援。其他从事此项人道工作的外国人和我自己都曾受到你们士兵的恐吓，而其反应则是完全明确的。

此信纯属善意并与礼仪相符，但所反映的某些引起不愉快而令人失望的事实，则是我们自日军进城5天以来的亲身经历。亟待解救之道。

您可信赖的，

金陵大学应变委员会主席

12月21日（致福田先生）

根据您今天上午的要求，陈述下列事实，其中大多为我与您会见后所亲眼目睹，其余则为有关民众向我报告并经我缜密调查。

（1）今天下午士兵从我们图书馆抓走7个人，其中包括我们自己的职员。没有指称他们犯罪或者是士兵（中国），抓去只是强迫充当劳工，此举完全无视您们的布告。

（2）在邻近你们使馆进口的陀条巷（T'ou T'iao Hsiang，音译，或系“头条”之笔误）4号，下午有一妇女被两个士兵奸污。难道这就意味着有少数卫兵正在恢复秩序？

（3）正当我今天与您在使馆晤谈时，我自己的房屋第4次被劫掠。本校其他7所房屋亦于今日遭劫，还有一些房屋数次被闯入。

（4）大群士兵在军官指挥下有计划地放火，使数千民众无家可归并失去恢复正常生活与工作的希望。他们（指日兵——引者）全日继续如此干，一如既往之所为。

（5）双龙巷大学（鼓楼）医院大门今天被打坏，尽管上面贴有贵馆布告。在医院其他地方，有些士兵正在盗窃，一个美国人及时阻止此种丑行。

（6）我亲自掌握今天下午5起士兵抢走食物与卧具的案例，通常需要难民作为劫掠物品的搬运者。

（7）在安乐里我们的教会学校，我回复红十字会急救站一个电话，感谢他们为3个晚间被索取妇女、钱财的日兵打伤的难民治疗。有一个妇女昨晚在那所房屋的楼上被强奸。当我进去的时候，两个士兵正在洗劫此处。从事医务工作而且人品很好的人士说，昨晚高家桥

(Kao Chia Chiu，音译) 58号，妇女被奸污者两人。……

(8) 昨天美国小学（五台山）的美国国旗再次被士兵扯落并践踏。士兵威吓工役及其他人说，如果有谁再升此旗则立即处死。

我感到昨晚被奸污与伤害者略少于前晚。但抢劫、非法闯入和可怕的焚烧仍在继续，一如既往，甚至比过去更糟。国际委员会两个成员驱车数里，也看不到一个宪兵。他们（指宪兵——引者）毫无效率。

如果（日本）将军们意欲毁灭民众房屋并抢走他们最后一点衣物钱财，那么坦白说明比以虚假的恢复秩序的希望欺骗他们（指难民——引者）和我们好得多。

12月22日

据报告，少数地方昨晚和今晨的情况略有改善。但可耻的恶行仍在继续，一如所陈下列事项：

(1) 今晨将近5时，金大图书馆的7个男人突然被抓走。士兵破门而入，尽管有宪兵目睹一切。下午以前，士兵横暴之至，没有任何人敢给以警告。稍后士兵又来抓走另一个男人。昨天从此地抓走的7个人，其中包括我们的职员，自此毫无音信。如此恐怖与危险，已不可能找到承担日常事务的工人。

(2) 昨晚10时，4个士兵乘摩托车来到大学校门。一个士兵用刺刀阻止看门人去找（日本）领事馆警察。今天上午10时以前，士兵进入校园5次，撕毁宪兵通知。

(3) 今晨士兵继续进入校园宿舍抢劫，包括美国人住房。

(4) 我和我的3个同事，今天上午分别到几条街道办事，没有看到一个宪兵。我们知道有宪兵，但为数极少且过于宽容，所以很难维持纪律。

(5) 用卡车有计划地抢劫，继之以焚烧。这就使得无家可归、贫困失业的民众与日俱增。

(6) 昨夜7个士兵进入圣经教师训练学校（BTTS）寻找并奸污

妇女。

(7) 据报告,(日本)士兵公然在宪兵注视下进入几处难民营搜索妇女与金钱。

(8) 昨夜金大农经系(小桃源)被士兵骚扰,损毁大量门户。两天以前钥匙已被士兵拿去,他们抓走工役至今未放。

(9) 今天上午,士兵一如往常多次闯入金大蚕桑系。其中一人喝醉,抓了 3 个难民搬酒,到处偷窃,在难民群中抢劫并开枪 3 次。

(10) 想必您会对一位可靠的邮局职员的陈述感到兴趣,大量信件已被游荡的士兵拆开,不知道有多大损失。这些信件,既有国内的也有国外的,在作战前的日子里未曾寄出,为安全计保存于邮政总局(齐望之、钱祥录,Ch'i Wang Chieh,Chien Kyang Lu,音译,似为上述邮局职员姓名)。

上述案件仅属我亲眼目睹或亲自核查之事例。表明并未真正加强纪律。许多难民早已被抢走全部钱财、手表,被士兵殴打,特别是在晚间,因为他们已无法满足其同样的要求。

12 月 25 日

我已极力保留两天不给您增添麻烦。然而,每天都发生许多事端,今天更胜于寻常。新的无纪律的游荡士兵和军官,到处偷盗,奸污和拉走妇女。若干事例如下:

(1) 就在此刻,士兵强行闯入校园,并抢走一辆原用以供应难民大米的卡车。(2) 在我们大学的蚕桑系,强奸或绑架妇女的案件,平均每天有 10 起以上。(3) 我们的住宅区日夜继续被士兵闯入,污辱妇女,偷走任何他们想要的东西。美国人现在正住着的宿舍亦复如此。(4) 士兵经常撕毁贵方警察张贴的告示。(5) 今天上午我们一位美国同事遭(日本)军官殴击,后者突然向他扑来并愤怒地试图扯掉贵馆提供的臂章(指保护中立国救济难民工作人员的标记——引者)。(6) 前面未曾提到的其他建筑物,每天也被士兵闯入数次,他们无视贵馆布告，搜索妇女并抢劫。(7) 虽然这些骚扰由士兵造成，但我们没有任何保护，也没有派遣宪兵到我们的近处。

12 月 27 日（致日本使馆官员）

从一周多时间以前开始，你们曾向我们提供许诺，在几天之内通过调换部队以重整纪律，增加宪兵等等。然而可耻的混乱仍在继续，我们未能发现认真的努力加以制止。请允许我仅就邻近贵馆的校区略举数例，尚未包括校园的其他部分：

(1) 昨天下午，在我们农业骨干培训学校（阴阳营）与上海路，一个士兵割断（旗杆）绳索，取走美国国旗。

(2) 昨夜 11 至 12 时之间，3 个日本军人乘一辆摩托车来到金大正门，自称系司令部派来检查。他们强行阻止门卫报警，并且抓住他，随即发现并强奸 3 个妇女，其中一个仅 11 岁，另一个被他们带走。

(3) 游荡士兵继续抓男人为他们服劳役，导致更多恐惧与非必要的不便，例如，昨天一个士兵坚持要从医院带走一个工人；我们的仆役与门卫有数人被拉走。

(4) 我们的宿舍，每天有士兵进入，搜索妇女、食物与其他物品。例如，今晨一小时内就有两处房屋被闯进。

(5) 从圣经教师培训学校索取妇女。涧银巷（Chien Ying Hsiang，音译），此地被贵方士兵严重骚扰已久，我记得您许诺给以特别保护——但是并无宪兵在这里出现。昨天有三四成群的士兵，他们 7 次来抢衣服、食物和钱财，而这些难民早已被抢得所剩无几。他们强奸了 7 个妇女，包括一个 12 岁的女孩。晚间大群士兵，从 12 个到 14 个，4 次前来，共强奸 20 个妇女。

所有民众的生活充满痛苦与恐怖，全由（日本）士兵造成。您们的官员许诺给民众以保护，但您们的士兵每天前来严重伤害数百难民。有少数警察在若干地点提供帮助，我们感谢他们。但这并未带来和平与秩序。常常是仅限于把士兵的恶行引向那些没有警察值勤的邻近房屋。

难道日本皇军全不顾及其名誉？难道日本军官不想履行其决不伤害平民的诺言？

就在我写这封信的时候，一个士兵从我们一位教员的住宅带走一个妇女，并且举枪阻止一个美国人进去。这就是秩序？

许多难民现在很想回家，但他们又不敢回，因为强奸、抢劫和抓走男人，每天每夜都在持续。只有大力增强维持秩序的力量，用更多警察与货真价实的惩罚，否则很难有任何成效。少数地方略有改善，但在两周军事恐怖主义（army terrorism）之后丑行依然如故。现在需要比许诺更多的东西。

顺致带有敬意的忧虑与渴望。[①]

这些信件文字朴实无华，简略得有时难以连贯，错字漏字常见，可见写信时心情之急迫与处境之艰难，但完全是陈述确凿的事实，使暴虐而狡诈的日本军国主义无所遁其形。间有对罪行的批评，于礼仪中略露锋芒，显示出强大的道义力量。当然，日军未曾在教会大学校园内公开杀戮难民，但他们却可以把大批难民从校园内抓走，然后残酷地加以杀害。下面有一份《金陵大学登记后果注解》[②]，日期是 12 月 26 日，可能是作为信件附录或单独的备忘录之作。全文如下：

登记在金陵大学校园内开始了。除这里为数略少的难民外，（日本）当局把住在新图书馆内的两千多人也加入进来。被集中在斯威泽堂（Swazey Hall）下面网球场的总共约 3 000 人，其中有 200 到 300 人

① Bates' Papers, RG10, B102, F865.

② 此件已收入《外人目睹中之日军暴行》，田伯烈说明：“去年十二月下旬，日本当局宣示对于集中在金陵大学的难民三万余人，要进行登记。所有南京的居民，均须经过登记。该校一位教授（即贝德士——引者）根据 12 月 31 日所拟的草稿，以及 1 月 3 日所留记录，于 1 月 25 日写成下面的报告。”由此可见，12 月 26 日写成的“注解”，是报告最原始的稿件，但基本内容与正式报告没有差别。

听了半小时训话之后便站出来了。这篇讲话的大意是："凡当过兵或服过强制性劳役的（指军队夫役之类——引者）都站到后面去。如果你们这样自动站出来，可以保全你们性命，并且给以工作。否则一经检查发现，就要枪毙你们。"在日本军官的指示下，中国人（指翻译——引者）重复了这些话。这些中国人希望他们的人民中有尽可能多的人免遭像当过兵的或被诬告为当过兵的那些人所遭过的厄运。日本人的这些话，不仅被金陵大学许多职工听到，而且也被福田先生、田中先生（日本使馆官员——引者）和我本人明白无误听到了。有些中国人认为，站出来的某些人是由于恐惧或对"强制性劳役"这个名词有所误解，可以肯定，他们很多并未当过兵。

将近下午5点钟，这二三百人被宪兵分两批带走。第二天早上有一个身有5处刺刀伤口的人来到金大医院。此人一再声明自己是曾住在图书馆大楼的一个难民，但是他没有到网球场集合。他在街上被抓住，加入确实是从网球场出来的一群人之中。那天傍晚（不知是在牯庐寺以西还是附近），大约有130个日本兵用刺刀捅死了500个类似的俘虏中的大多数。这个受害者（指前来就医的伤员——引者）恢复知觉后发现日本人走了，就在夜间设法爬回来了。

27日上午又有一个人被带到我这里。他说前天傍晚被带走的200—300人大多被杀死了。他是从死亡中逃出来的30—40人中的一个。他想要我给他和一两个同伴在当时还在继续进行的登记中帮帮忙。但我这时正被宪兵包围，只有将实际情况明确告诉他：当时当地的登记只限于妇女，此刻最好不要再谈这件事。后来我3次设法与他或他的同伴联系，可是没有得到回音。另外也有传言说，那些被带走的人已遭杀害，可那些说法似乎都不具体。我后来与一个逃出来的人谈过，证实了上述说法。

这一天和第二天（即27日和28日），我听到并核实了一些间接的而显然是详尽的报告。这些报告说，被带走的一部分人，被5个一组和10个一组捆绑起来，命令他们一组一组地从一个大屋子的第一个房间走进另一个生了一团大火的房间或庭院。当每一组人向前走时，他们的呻吟和哭泣能够被剩下的人听见。但是没有枪声。原有的60人当中剩下的约20人，在绝望中冲垮后面的一堵围墙，通过邻近一所房屋逃走。从金陵大学带走的那群人，据说有一部分由于住在附近的教士们的恳求而得救了（这组报道都清楚地说明是在五台山附近）。26日接近傍晚时，M. R. 就听到过类似的消息，可这消息来得早了些，不可能是出自一件事。报道上的这样混乱和复杂真是令人沮丧，可每天都有其他紧迫的任务和问题需要处理，虽然几次试图对这些情况进一步了解，但毫无结果。

今天（31日）有两个住在附近的人前来向一个可靠的助理求援，并对他讲述了他们的经历。助理提出，如果我想了解，他可以带他们到我这里来，以证实某些情况。其中一人承认他从前当过兵，这种坦率使人断定他诚实可信。他们二人说，从金大带走的200至300人被分成不同的组，他俩起先被带到五台山。然后被带到汉西门外的运河堤，一挺机枪在那里向他们扫射。他们倒下了，其中一人受了伤。他们躺在死者身上，沾满了死者的鲜血。这些情况在我后来亲自的采访中完全得到了证实。①

这次屠杀，在日军南京大屠杀中不过是千千万万件罪行之一，而且规模也不算最大。如在草鞋峡集体屠杀已缴械官兵三千余人，在汉中门、汉西门集体屠杀解除武装之军警与平民两千余人，在中华门、花神庙集体屠杀八千人左右，在燕子矶集体屠杀五万人以上等等②。但这份材料不仅说明了日军的凶狠狡诈，完全不讲信义，而且也说明贝德士作为历史学家的诚实。它的开头注明是12月26日，实际上是断断续续一直写到12月31日，经过多番调查核实，然后再作出最终结论。即此一例也可以看出贝德士文献有关南京大屠杀记录的高度可信性。

材料中提到的“登记”，是指登记领取“良民证”。据当事人回忆：“在南京沦陷的半个月后（时间不确切——引者），另一个大的灾难又降临

① Bates' Papers, RG10, B102, F865.

② 参见《侵华日军南京大屠杀档案》，江苏古籍出版社，1987年，第54—136页。

了，这就是领取良民证。日本人规定，每一个人都要到指定的地点领取良民证。大部分指定的地点是在难民收容所里。领证的人先排成队，然后逐一进行检查询问。检查的方法是逐个的看头上额面上有无戴军帽的痕迹，再看看手上肩上有无老茧等，有时还要来回走路给他们看，只要被认为有可疑之处的，一律被带走，不知去向。”① 所谓“不知去向”，即意味着大多被屠杀。不过金陵大学难民营在登记过程中被抓走处决的二三百人，似乎并未经过看额头、查手茧之类查验，而是干脆用集体欺骗的办法一次解决。这就是贝德士要加以反复核实并写成备忘录的缘由。作为金陵大学应变委员会的主席，同时又是南京难民区国际委员会主要负责人，他不能不对于发生在自己面前的丑恶兽行感到愤慨，尽管在文字上并没有使用多少情绪化的词句。当然，贝德士在起草这份备忘录时的心情是极其复杂而痛苦的。他说：“每天有几千难民送来登记。为了他们的安全，我们对在这幕悲剧中占各种重要地位的日本军官和士兵，必须笑脸相迎，谦恭有礼，接连许多天，这简直是一种酷刑。我们觉得，我们已成为杀死那 200 多人的从犯，应该向他们可怜的家人负责，如果那些家人也在附近苦海中的话。”②

在此前后，贝德士还和他的同事通过各种渠道，向全世界揭露日本侵略军在南京的无耻暴行，下面择录几封密信。

其中一封是贝德士写于 1938 年 1 月 10 日，节录如下：

亲爱的朋友们：

这是在强奸、刺刀刺戳和毫无忌惮的枪杀之间仓促写下的简短笔记，准备通过自日军进入南京局势变化以来所能利用的第一艘外国船只——一艘为“帕内伊”号从事打捞工作的美国海军拖船——将它们

① 《南京保卫战》，中国文史出版社，1987 年，第 285 页。

② 田伯烈所收正式报告，记事延至 1938 年 1 月 7 日，比这个最初的草稿多 7 天。其结束语称：“在目前环境下，我有两种特殊关切的事情：第一是日军用完全不顾信义的手段，使难民葬送他们的性命；第二是我们的财产、全体人员和难民，与这种滔天罪恶的各阶段，均有苦痛的密切关系。关于那一次屠杀，在方法上、地点上以及时间上，全部证据非常充足，其它几次同样有许多难民一去而不复返，但我们只有简单的报告。据各方面的情形推测，那一天从校内拖出去的难民，大多数是在一个晚上处死的，其中有若干人则并入由它处移来的待决的受难者。”

送出去。上海的朋友们将从总领事那里得到这些笔记，并将设法把它们从一艘不受检查的外国船只上送走。

新年以来，拥挤的安全区内的形势已经缓和多了，这主要是由于大批主力部队的撤离。“恢复纪律”时有时无，连宪兵也强奸、劫掠与玩忽职守。由于人事变换或行动摇摆，局势随时可能出现新的变化。这里没有可以看得出来的政策，外国外交官终于（在本星期）被允许重新入城，这似乎表明一种需要稳定的愿望。

一万多手无寸铁的民众被残酷地杀害。大多数我所信赖的朋友认为远远不止这个数字。被杀害的是一些放下武器或被俘投降的士兵；还有包括许多妇女儿童的普通民众，也被肆无忌惮地枪杀和刺死，就连他们是士兵这一借口也不需要了。能干的德国同事（指国际委员会拉贝等——引者）估计强奸案例有2万起。我想不会少于8 000起，也许还要更多。仅在金陵大学房产范围内——包括我们一些教职员宿舍和现在由美国人居住的房子——我得知详细情况的就有100多例，可以确信的大约有300例。人们很难想象这种痛苦与恐怖。小至11岁的女孩和老到53岁的妇女横遭奸污。在神学院里面，17个士兵在光天化日之下轮奸一个妇女。事实上约三分之一此类案件发生在白天。

城里差不多每一栋房屋，包括美、英、德国使馆或大使馆邸，还有比重甚大的所有外侨财产，都遭日本士兵反复抢劫。各种车辆、食物、衣服、被褥、钱币、钟表、一些地毯和绘画、各种贵重物品，都是他们猎取的主要目标。抢劫仍在继续进行，特别是在安全区以外的地方。除了国际委员会的米店和一个军事商店外，南京别无其他商店。大多数商店起先是人人都可以闯入行窃，继而被一伙一伙日本兵带着卡车，往往是在军官指挥下，有计划地洗劫一空，然后再遭焚毁。我们现在每天仍可看到几处起火。许多住宅区也被蓄意烧毁了。我们弄到了日本兵纵火用的化学剂片的几个样品，并已调查了这一过程的各个方面。

难民大都被抢走钱财，连微薄的衣物、被褥和食品，也至少部分遭到抢劫。这种行为极其残酷，结果在第一周或开头十天，人人脸上都露出绝望的神色。这个城市的工作和生活前景是可想而知的：商店和机器完蛋了，至今还没有银行和通讯系统，几个重要街区被焚毁，其余的一切都遭到劫掠，剩下的是面临饥寒交迫的人们。这里大约有25万人，差不多全呆在安全区，足足有10万人完全依靠国际委员会提供食宿。其他的人则靠剩下来的一点点米勉强糊口。日本供应部门出于金融和政治上的原因，正开始发放少量的从中国政府相当多的供应物资中没收来的大米，但当兵的烧毁了不少储备物资。更料想不到的是，当我向日本官员问起邮政时，他们答道："没有计划。"[①]

如果说，上述贝德士的记载大多局限于校园之内，那么作为国际委员会秘书长的史迈士的记录则颇能覆盖整个南京城区。我在贝德士文献中发现的经史迈士签发送交日本使馆的有关报告共三份。

第一份，从案例1到案例34：

案例1

12月14日，一个原88师的年轻士兵到此求医，其左臂被刺刀严重戳伤。

案例2

12月16日，一个原18师士兵前来，他所属第3团业已投降缴械，但日本人决心杀死他们，他的两个伙伴被杀死，他装死，头负轻伤跑出来。

案例3

12月16日，一个原41师中国士兵前来求助，他在10天以前肩部负伤，一直未得医疗。

案例4

12月17日，一个原运输部队士兵前来，于12月13日被刺刀戳伤左臂。

---

① Bates' Papers，RG10，B4，F52. 这封信极为重要，除田伯烈收入《外人目睹中之日军暴行》一书外，其复印本已流传到尚未被日军占领的许多地区，如王世杰之得到此复印本，即在华中大学教育学院院长黄溥教授宴会之际。此处译文系根据原信稿重译。

案例 5

12 月 18 日，一个中国伤兵被带来，他告诉我们下列故事，他是南京模范师士兵，12 月 13 日他和另外 8 个士兵投降日军，被俘 3 日，没饭吃也没水喝。然后他们与另外大约 200 个士兵和平民，被迫步行到城外紫金山附近，在那里被排成 3 个长长的行列用机枪扫射。这个士兵假装被击中倒下，射击停止后又装死。于是日本兵在所有死尸身上泼洒某种酸性液体，然后点火焚烧，这个士兵的腿也被泼有这种液体。暴行进行时已近薄暮，当日本人结束这一切时天已昏黑，所以这个士兵乘黑爬开并来到这里。至今伤处未愈，这是酸液造成极为疼痛并难以治疗的创伤。

案例 6

12 月 19 日，原 87 师一个士兵负伤两处来此。

案例 7

12 月 23 日，一个年轻士兵负伤两处前来求医，一处伤很严重(颅骨破裂)，他告诉我们下列故事。他原是 87 师一个连长的传令兵，12 月 13 日战事进行时，他发现自己单独呆在太平门附近的无人地区，突然遇到日军。他投降了，保管的文件被没收。一个士兵用佩剑刺他的头部和颈部数次，他失去知觉倒下。恢复知觉后，发现自己是孤零零地并且还能走路。藏匿 10 天以后，乘黑夜来到这里。

案例 8

12 月 24 日，一个原粤军 106 师士兵来此，颈部和肩部被刺刀戳伤。

案例 9

12 月 16 日，一个中国农民来了，问我们是否可以到 5 公里外他的村庄。我们去了，发现一个青年农民的头几乎被砍掉，我们给以初步医药处理，并把他送到这里以便护理。他的家属告知经过。12 月 13 日，他和家人来到我们的难民营要求庇护。两天以后，他和其他一些人回本村取粮，碰上几个日本士兵正在搜寻中国士兵。他们硬说这个青年农民是士兵，所以应该处死，他们本想用刀劈下他的脑袋，但他的外衣领子高而且厚，稍许承受了刀劈的力量，日本人丢下他让他自行死去。这个青年农民于1938年元旦死亡。

案例10

(1938年) 1月2日，一个46岁中国妇女由其丈夫送来，他告知经过如下。他与妻子有两个儿子，一个16岁，一个11岁，家在靠近南京公路汉桥（Hang Chow，音译）的村庄。12月10日，丈夫和长子被日军抓走充当夫役，妻子和幼子留在家中。12月12日夜晚，4个日本兵来到她家，醉醺醺地找年轻女人，由于未能找到而大发雷霆，枪杀她的幼子，刺刀戳伤她的左腿靠近膝部，骨头被破坏，然后士兵放火烧她的房屋。她总算逃出火焰，露宿数天无法移动，直至她的丈夫独自回来，大儿子不知道在什么地方。丈夫无法帮助她，得不到任何医疗。大约在元旦那天，听说可以在我们这里得到援助，她的丈夫就求得其他几个农民帮忙把她抬到这里。但此时伤口已严重感染，我们爱莫能助，她于1月19日死亡。

案例11

1月3日，中国士兵来了，两个原属87师，一个原属58师，两人受伤。他们告知经过。12月15日他们被日军俘虏，他们和其他数百俘虏被排列在南京下关江边用机枪处决，这三个人逃脱枪弹并且装死，晚间爬走并且发现一个堑壕并保存几枚手榴弹。元旦那天，3个日本兵走进他们的堑壕，发现自己已入陷阱。他们抛出手榴弹，炸死两个日本兵，然后逃跑，终于到达这里。

案例12

1月7日，两个中国农民，父与子来此求助，两人头部都多处遭受剑伤。他们陈述经过如下。他们一直呆在我们的难民营，在他们回村庄取粮的头天晚上，碰见几个中国土匪想抢他们的粮食，由于想保卫粮食受到土匪以剑攻击。（此例与日军无直接关系，为保持文件原貌，仍录于此。——引者）

案例15（原文如此，缺13和14——引者）

1月10日，来了一个中国老农，肩部与右手被刺刀戳伤。他说，当天清晨许多日本兵到他的村庄索取猪、鸡，他告诉他们已被抢劫一空，于是一个日兵从他背后开了一枪，击毙另一站在他后面的农民。

案例 16

1 月 10 日，一个年轻中国妇女来此。她说，当在房后劳作时，听见“日本人来了”的喊声，她连忙逃避，但被一个日本兵看见，并开了一枪，一枚子弹击伤她的手。

案例 17

1 月 14 日，一个中国老农前来求助。他说明经过，当天早晨几个日本兵来到他家要花姑娘，他为他们提供酒、烟，他们接受了。但他无法找到姑娘，而日兵仍然坚持索要；他跪下说明实在找不到，于是日兵开始射击，两枚子弹击中，一枚穿过肺部，一枚穿过生殖器。

案例 18

1 月 14 日，一个五六岁小孩被送来，他的父亲说明原委。日本兵到他们村里抢掠食物，由于抓不住鸡，便用手榴弹炸鸡，一枚手榴弹在这个儿童附近爆炸，使他全身严重炸伤，炸掉一只眼睛，等等。由于伤势严重，感染恶化，我决定用摩托车把他带到南京中山门。我们被禁止进城，我恳求卫兵替我把孩子送进医院，仍遭拒绝，只有遵命离开。但我仍不死心，绕城行至太平门，快速行经岗哨，未受阻拦，终于来到美国大学医院，威尔逊医生为孩子治疗。

案例 19

1 月 14 日，一个农民与上述儿童在同一时间、同一地点被击伤左手。

案例 20

1 月 15 日，一个中国青年头部负伤，来此求助。他说 12 日他在公路上走路时被日本兵抓住，命令他找花姑娘，由于找不到，被日兵打伤。

案例 22（原文如此，缺 21——引者）

1 月 15 日，来了一个农村孩子，由于耳聋，他写下经过。他在行经田野时被击中，一枚子弹穿过左臂，或许是由于公路上的日本兵曾喝止他。

案例 23

1 月 16 日，一个中国农民左臂弹伤，大约是在 1 月 12 日被抢劫。

案例 26（原文如此，缺 24、25——引者）

1 月 20 日，一个中国商人前来。他说，今天早晨，两个日本兵到他家寻找妇女未获，用刺刀戳伤他的脸部数处。

案例 28（原文如此，缺 27——引者）

1 月 21 日，送来一个中国农民。他说，1 月 13 日他从我们的难民营回家取米，在离村约 3 英里处突然被日兵无理枪击，一枚子弹从臀部上方贯穿全身，伤及生殖器，无法行走，他在向难民营的路上爬了几天几夜，在极其悲惨的情况下被寻找他的亲戚发现，脚趾、膝盖和双手的皮肉残破露骨，显然是由于在冻硬的土地上爬行（过久）。

案例 29

1 月 23 日，一个中国农民前来求助并告知经过。1 月 22 日下午，几个日本兵到他家强索煤油未获，便命他搬集大量柴草置于屋内，还要他自己点火。整个房屋烧垮，日兵旁观大笑，离开前以刺刀捅穿他的面部，敲落几枚牙齿，割伤脸、唇。

案例 30

1 月 24 日，一个中国难民手部负伤来此。昨天几个日本兵到他家索取鸡子，他作手势表示没有，日本兵便用手枪向他射击。

案例 31

1 月 25 日，几个日本兵于 1 月 23 日乘船循江上岸，寻找年轻妇女，在一家室内发现一个 65 岁老妇，由于在她家找不到年轻姑娘，离开前开枪向她射击，一枚子弹（碎片）布满右踝。有人曾为她初步治疗，据说是一个原中国海军水手，第二天被送来这里。

案例 33（原文如此，缺 32——引者）

1 月 26 日，送来一个 64 岁中国老农。他在（1937 年）12 月 16 日被日本兵击伤右腿，骨头完全折断。

案例 34

1 月 27 日，一个年轻中国农民被送来，他一直住在我们的难民营，昨天他回村取粮，不知何故受到日军攻击，用刀砍他，头、臂、手和身体左侧受重伤。

（原稿为英文打字，最后有整理者手书：这是我亲自处理的若干案件，巴遂柏尔格（Basuiberg）1938年2月3日。——引者）

第二份，从案例144至154，上有标题“日本士兵在难民区不轨案例”，史迈士签发时间是1937年12月26日。案例之前是史迈士给日本使馆官员的公函。原文如下：

南京，日本帝国大使馆，

亲爱的先生：

送上案例137至154。我们高兴地报告，案例逐渐减少而情况明显好转。但改善局势仍需努力。

有3个地方晚间曾遇麻烦：（1）过去4个晚上，圣经教师培训学校难民营，有7个日本士兵前来强奸女孩，昨晚甚至在那里过夜；（2）汉口路小学难民营；（3）五台山小学难民营。

费吴生先生和我今天下午就此事访问贵馆，并要求在上述三地设置宪兵，至少维持几夜，以便求得安宁。

感谢阁下为改善难民区状况而作的持续努力。

史迈士（签字）

附件：

案例144

12月23日，日本兵继续抢劫民众，一个酒醉士兵击伤一个难民头部，还强奸了一个妇女。日本兵3次或4次前来抓走妇女。（五台山小学难民营）

案例145

12月23日，晚间8点15分，7个日本兵抢走4个姑娘。12月24日，上午9时日本兵前来三次，每次有3或4人，骚扰民众；下午2时抢走衣服、金钱和什物。（圣经教师培训学校难民营）

案例 146

12 月 23 日，下午 3 时两个日本兵来到汉口（路）小学难民营，搜索财物随后又强奸了营内职员黄小姐。迅速报告日本特勤宪兵处。他们派宪兵抓到已离去的士兵，所以又把这个姑娘（指黄小姐——引者）带到他的办公室作为目击者。当晚，其他日本兵前来强奸了黄太太的女儿。大约是晚间 7 时，3 个日本兵强奸了两个年轻姑娘，其中一个只有 13 岁。（程大承[①]，汉口路小学难民营负责人）

案例 147

12 月 24 日，4 个日本兵从怡和路 6 号马先生管理的急救站抓走 12 个夫役。

案例 148

12 月 25 日，7 个日本士兵晚间来到圣经教员培训学校难民营过夜。上午 9 时来了 4 个日本兵，下午 2 时来了 3 个日本兵，拿走衣物与钱。他们强奸两个妇女，其中一个仅 12 岁。

案例 149

12 月 25 日，上午 10 时国际委员会李格斯先生在汉中路被检查站的一个官员拦住，殴打并掌颊。（李格斯）

案例 150

12 月 25 日，两个日本兵从金大商店院内抢走两条水牛。地点：胡家菜园 11 号。（李格斯）

案例 151

12 月 22 日，两个日本兵在金大蚕桑系强奸一个 13 岁女孩，其母企图拦阻时被打伤。另一 28 岁妇女也被强奸。23 日凌晨 4 时，日本兵抢走两个女孩，但碰见宪兵，两个日兵逃走。（H. K. 吴，警察分局局长）

案例 152

12 月 25 日，下午 3 时有几个日本兵拿走两个大型救火抽水机引

---

① Cheng Ta Chen，音译，应是该难民营负责人，且作为案例证人。

擎的轮子。安全区消防队有4台引擎（车辆）和12台抽水机，在过去12天里几乎全部被日本兵拿走。剩下的抽水机不是损坏便是缺轮子，只有一台可用。（Y. H. 杨，警察局负责人）

案例153

12月25日，日本军官和两个士兵从牯岭新村抓走15岁的李小姐。（C. Y. 徐）

案例154

12月26日，3个日本兵于下午4时在陈家峡（音译，Chen Chia Shiai）6号强奸了一个13岁女孩。（王）

刘易斯·S. C. 史迈士（签名）

第3份，是案例220至案例308，前面附有1938年1月29日难民区集体签名呈送给国际委员会的信，节录如下：

最近我们接到自治政府委员会的通知，指令我们登记回家。有些难民遵命登记和回家，希望平安度日。不料难民回家时，看见日兵三五成群，来往于小的街巷，搜捉妇女。这些士兵晚间闯入民房，肆意奸淫掳掠。稍不遂意，即以刺刀捅死或戳伤居民。都奇阁（Tu Chih Kou，音译）的天明澡堂现被抢劫，一个顾客被杀死。今天下雪，一个难民在街上被剥去衣服。面对如此惨无人道之行径，我们怎能回家？现在我们听说，难民营必须在2月2日以前解散。

威念贵委员会所做之伟大工作，我们现在恳求您们将我们所录案例转交日本军事当局，请对其军队严加约束，庶几吾等可以回家平安度日。

难民区难民（集体签字）

（原注：译自中文）

以下是现状记录，记录时间是1938年2月1日。

说明：下述案例限于1月28日通令难民必须归家以后，多数与试图归家者相关。

案例 220

1 月 30 日，约下午 5 时，一个日本兵来到金大附中寻找女人。一个工作人员劝他走开。他从附近房屋抓走一个妇女，但宪兵来了，并将他逮住。此宪兵又招来另一宪兵相助，把这个士兵抓走。（贝德士）

案例 221

1 月 31 日，上午 11 时，水西门难民营一个 24 岁妇女回家（广州路 46 号），为与她同屋的叔叔准备午饭。一个日本兵尾随而入，以刺刀威胁并强奸她。（拉贝）

案例 222

1 月 30 日，有一家人遵命从蚕桑系搬回二条巷家中，当晚 3 个日本兵毁坏屋后篱笆，绕屋而行并且敲打前门。由于未得许可，他们便破门而入，命令男主人起床，自称是“巡查队”。一个持长刀，一个持步枪，另一个徒手。他们细心解释说，居户无需害怕，他们不会伤害平民，并让男主人重新睡觉。他们在这里搜索钱财，那个持长刀的兵强奸一个 12 岁女孩，另外两人强奸一个老妇。日本兵到子夜始离去。这家人只有在 31 日重回难民营。（李格斯）

案例 223

2 月 1 日，今晨 6 时半，当贝德士博士离开金大时，一群妇女迎候并诉说她们不能回家。在其他案件中，有个妇女因为害怕被辱被盗，昨天在难民营关闭时，带两个女儿去西华门回家。当晚日本兵来了并要强奸两个女孩。女孩反抗，士兵用刺刀将她们捅死。这个妇女说，回家是无益的，回家被杀与在难民营被杀一样。2 月 4 日，日本兵要把他们（难民）赶走。（贝德士）

案例 224

1 月 30 日，约在下午 5 时，宋尼先生被数百妇女迎候，她们恳求说不愿在 2 月 4 日回家，回家被杀与在难民营被杀、被抢、被强奸一样。“你们救我们不能半途而废，现在要我们回家有什么用，除非是把我们救到底。”一个 62 岁老妇回到靠近汉西门的家，夜间日本兵来了要强奸她。她说自己太老了，于是士兵用木棍插入。不过

她终于生还。(宋尼)

案例 225

1月29日，有个妇女家住黄鹂巷30号，她回去了，但家中再次遭抢劫，(日兵)以刺刀威胁强要花姑娘。

案例 226

1月30日，两个回到储梭巷(Tsu So Hsiang，音译)2号的女孩，于上午11时被两个日本兵强奸。

案例 227

2月1日，下午约两点半，一个小孩跑来向福斯特先生(Mr. Forster)和我报告，日本兵在邻近我们的外侨公寓隔壁追逐妇女。我们跑去，获准进入一个中国家庭。他们指着卧室紧关着的门，我们敲门未听见反应，便撞开门并发现两个日本兵在室内。一个斜靠在床上，一个坐在床边，床上还有一个女孩(蜷缩)在他们与墙壁之间。一个士兵立即跳起来，取走他的皮带和手枪，穿过墙洞跑走。另一个士兵皮带丢失，裤子掉下来，又醉得很厉害，所以不能迅速离开，我们只有帮他从墙洞走出去。他在路上想(与我们)握手。福斯特先生跑在前面去找宪兵，我则跟在这个士兵的后面。我们把他交给位于上海路口与中山路交接处的两个哨兵。人们告诉我们，在我们到达以前，这个女孩已被奸污了。

案例 228

1月29日，一个42岁妇女回到通济门。到家时被日本兵拉到一间空房强奸。现在她住在(金大)蚕桑系。

案例 229

1月31日，一个30岁妇女回到门里(Men Li.音译)家中，一个日本兵来了，并向她要花姑娘。

案例 230

1月29日，一个22岁妇女回来了，她的丈夫几天前被日本兵用刺刀杀死。她于1月29日回到陕北路2号家中，被日本兵强奸3次。

案例 231

1月30日，一个45岁妇女回到南门家中，4个日本兵到她家，抢劫并要花姑娘。结果他们拿走她的良民证，并且打她。

案例 232

陈王氏，28 岁，1 月 29 日回家，途中她与另一妇女被 3 个日本兵拦住要她们跟着走。尽管她们跪下求饶，还是被推进一家店铺。陈太太被强奸 3 次。

案例 233

1 月 23 日，张王氏回家，年龄 37 岁，被日本兵强奸 3 次。

案例 234

1 月 31 日，倪冯氏，17 岁，回家后在塘边洗米，被（日本兵）拖到桑田强奸。

案例 235

1 月 30 日，姚家贞小姐，16 岁，随她的母亲到鼓楼医院找人。在鼓楼附近被两个日本兵拉到广场强奸。

案例 236

1 月 30 日，许秦氏，36 岁，与丈夫及邻人回家在太平巷被两个日本兵拖到一间小屋里强奸。

案例 237

1 月 30 日，江刘氏，27 岁，与公公回家。1 月 31 日来了两个日本兵，幸好没有发现她。

案例 238

1 月 28 日，韦陈氏，45 岁，与邻居回家行至太平门附近，被几个日本兵拖走，幸好有个善良的士兵解救了她。但她的邻居还是被强奸。

案例 239

1 月 28 日，高式伟，24 岁，在特务机关服劳役数日，日本兵抢走他的 5 块钱和良民证。

案例 240

周陈氏，36 岁，1 月 30 日回到通济门附近家中，被两个日本兵强奸。

案例 241

秦王氏，22 岁，1 月 23 日被日本兵抓走，一直未回难民营。

案例 242

皮吴氏，27 岁，1 月 28 日回家，被两个日本兵强奸。

案例 243

1 月 28 日，刘应氏，42 岁，回到门东（Men Tung，音译，应是其家地址——引者），几个日本兵于半夜前来要花姑娘。

案例 244

1 月 29 日，陈马氏，35 岁，回家，在北门桥被（日本兵）强奸。

案例 245

1 月 28 日，张魏氏，20 岁，回家被两个士兵强奸。

案例 246

1 月 28 日，许朱氏，32 岁，回家，日本兵强奸她，并偷走其丈夫的衣服。

案例 247

秦范氏，36 岁，回家途中，靠近通济门，此处已被焚毁，两个日本兵强奸她。

案例 248

1 月 29 日，姚王氏，34 岁，回家后被两个日本兵强奸。

案例 249

1 月 29 日，蔡家英（括号内注为 Mrs. 疑误——引者），13 岁，由妈妈陪同回到麻台寺（MaT'ai Chieh，音译）家中，被两个日本士兵强奸。

案例 250

1 月 30 日，朱张氏，40 岁，归家被两个日本兵强奸（西安新桥）。

案例 251

1 月 29 日，吴殷氏，19 岁，生育一个婴儿刚 4 天就被一个士兵奸污。

案例 252

朱姚氏，46 岁，1 月 29 日回家，被士兵拦住要花姑娘。

案例 253

1 月 25 日，王张氏，45 岁，家在新桥，丈夫被日本兵刺死，自己被强奸。

案例 254

1 月 31 日，晚上两个日本兵来找一个住在天飞巷的黄包车夫，要他帮着找女人。他随他们走到陆士全湾（Loh Sze Chuan Wan，音译），随即告诉他们无法找到，于是日本兵就打他。

案例 255

一个妇女名潘陆氏，46 岁，从蚕桑系回到国府路西边家中，日本兵来到她家要花姑娘，她已回到难民营。

案例 256

1 月 30 日，一个女孩在回国府路她家时，被两个日本兵拉进空房强奸。她已回难民营。

案例 257

1 月 30 日，一个 44 岁妇女回到大忠桥她家，被日本兵拖进空房强奸。她已回蚕桑系。

案例 258

1 月 30 日，一个男人回到沈家乡家中，日本兵来要花姑娘，所以他又回到难民区。

案例 259

1 月 29 日，许陈氏，42 岁，回到莫余合湾家中，被两个日本兵强奸。

案例 260

1 月 30 日，欧台氏，看到自治会告示后回饮马乡她家，还带着两个女儿，被 3 个日本兵拦住，抢走她仅有的三块二毛钱。她已回难民营。

案例 261

1 月 28 日，丁李氏，回到西华乡家中时，碰上日本兵正在强迫她的 70 岁老母亲找花姑娘，她只有回难民营。

案例 262

1 月 28 日，苏毛臣家住神州路 171 号，在回家路上，被日本兵抢走 42 元，只给他留下 3 角钱。他的家已被焚。

案例 263

1月29日，许陆氏，64岁，回到国府路247号家中，昨天上午有6个日本兵来到她家搜索，取走（原文如此——引者）。

案例 264

2月1日，晚间11时，3个日本兵来到南京神学院，爬过院墙，把一个女孩抓进草棚，但她跑走并呼救。整个难民营惊醒，一起跑出来呼救。日本兵又爬墙而出，开车走了。（宋尼）

案例 265

1月31日，李王氏报告：自1月28日以来，日本兵连续数天到合采门（Hou Tsai Men，音译）我家。地主刘文龙的太太由于拒绝找花姑娘，被他们打伤。我躲进壕沟，幸得逃避。请让我们留在难民营吧。

案例 266

1月29日，周必成，男性，是日军在老米仓强奸中国妇女与女孩的目击者。她们聚集在那里是由于日本兵说，她们可以用鸡、鸭调换米、面，这是一个肮脏的诡计。

案例 267

1月31日，看见自治会布告后，马成仁全家人回家，但又回到难民营，因为日本兵每天都来搜索钱财和女人。

案例 268

1月31日，寇吴氏，住在安平街陈仓巷13号，回去取大米，被日本兵强奸并抢劫。她已跑回难民营。

案例 269

1月30日，水西门易顺店店主姚先生，回到他的店铺，遇见一个日本士兵强迫他给钱。姚先生是个善良的人。稍后这个士兵又要其邻居带路找姚，而姚已逃回难民营。

案例 270

1月27日，杨春林的兄弟杨春怀和他们的母亲杨何氏，家住玉华路80号，开一茶店。听说母亲与兄弟被日本兵杀死，杨春林赶回探视，行至中华门遇见日本兵，被抢走全部钱财。

案例 271

1月29日，刘宏台先生回到小王府园30号家中，清理私人物件，日本兵破门而入要花姑娘，刘先生说“没有”，日本兵于是抓住他并抢走2.40元。

案例 272

1月29日，司文素先生回到大怀府巷24号家中。几个日本兵闯入要花姑娘，他说“没有”，日本兵于是抢走6块钱、一斗米，并用刺刀划破他的衣服，幸好没有受伤。

案例 273

1月31日，三门宫天主堂后街13号郝宅，日本兵经常进来搜索并要花姑娘。

案例 274

1月28日，白下路10号陈宅，日本兵来找花姑娘，他的女儿躲在地板下面，但他本人被抢走200多块钱。

案例 275

1月30日，山西路大风巷6号，一个难民回家。上午来了4个日本兵，要强奸一个14岁女孩。她的双亲苦苦哀求，侥幸免遭强暴。

案例 276

1月30日，上海路46号，两个日本兵跑进来强奸一个寡妇，并在宪兵来到之前跑走了。

案例 277

1月30日，慈悲社2号明宅，下午1时半来了3个日本兵，把男人赶走，强奸同屋（女人）。他们恳求把难民回家时间推迟。

案例 278

1月30日，登采桥30号，3个日本兵进屋，在搜索男人之后，强奸了我的姑妈，她产后才一个半月。

案例 279

1月31日，同仁街18号，上午有个日本兵抢走全部刚买的蔬菜。

案例 280

1月29日，一个女难民回家探视，到家不久即有日本兵进来，她躲在柴草堆里，经过邻居的哀求，日本兵离开了，三四小时后又来了4个士兵搜查此地，幸好未发现。她留下地址：朝天宫西街47号。

案例281

1月28日，大纱帽巷1号，熊姓，3个日本兵来此，抢走所有衣物，强奸一个少女，一言不合便乱开枪。该少女已到金女大难民营。

案例282

1月29日，在赖桥一家当铺对面，一个约20岁的少女被强拉进小巷。

案例283

天津街384号，周寡妇，50多岁，被强奸，现仍被迫留着做饭。2月1日报告。

案例284

1月29号，下午6时，冬瓜街8号，日本兵来要花姑娘。

案例285

1月30日，仓华甫，家住堂子街仓公桥22号，遵从自治会命令回家（原文此处缺漏——引者）。

案例286

1月30日，一个日本兵来到汉口路132号要花姑娘，听说没有便大发雷霆，幸好无人受伤。

案例287

1月29日，晚8时，5个日本兵（3个穿制服，两个便服）来到侧柏寺（Tze Pei Hse，音译）11号，他们以刺刀对着马娘子胸部，威迫她跟他们走，还把刺刀架在她丈夫头上，对她的姐夫也如此，不过未能得逞。

案例288

1月30日，一个日本兵下午7时来到上海路115号，手持手枪抢走12元。

案例289

1月30日，上午，莫愁路13号杨宅，4个日本兵闯入，搜索每一个角落。这里住着一个老妇。当他们发现一张少女（杨的女儿）照片时，便向老妇要这个女孩。一个否定的回答使他们激怒，但老妇人的镇静化险为夷。

案例 290

1月30日，上午11时，朝天宫黄鹂巷19号，金陵女子大学中一个难民的女孩回家探视，突然来了4个日本兵，轮奸了这个十一二岁的小姑娘。

案例 291

1月31日，上午冬瓜市有几个日本兵闯进一个家庭，为了邪恶目的试图抓走两个女孩。有人向宪兵报警，当宪兵来时这些日本兵早已跑掉。

案例 292

1月30日，五台山庆胜有两个女孩于晚间被抓走。

案例 293

1月28日，晚间有两个日本兵来到江苏路找花姑娘。未能找到。他们刺伤一个60岁老人的左肩。

案例 294

1月29日，晚上，3个日本兵在老百姓家里强奸一个妇女。

案例 295

1月29日，晚上，3个日本兵在珠江路一个老百姓家里强奸一个妇女。

案例 296

1月29日，晚上，3个日本兵在古林寺一家强奸一个20岁妇女。

案例 297

1月29日，晚上，阴阳营71号（1）有个妇女被日本兵强奸。

案例 298

1月29日，晚上，日本兵来到阴阳营43、44、45、46号，抢钱和奸淫。在44号，4个日本兵强奸一个妇女，并殴打她的丈夫。

案例 299

1月30日，上午，思乡桥太平医院，日本兵把一个妇女拖到门口，就地杀死了。

案例 300

1 月 31 日，广州路有两个日本兵强奸一个妇女。

案例 301

1 月 31 日，彩霞街一家杂货店隔壁小巷内，一个 60 多岁老妇和一个 12 岁小女孩同时被强奸。

案例 302

1 月 31 日，鼓楼，二条巷，一个 12 岁女孩被强奸。

案例 303

1 月 31 日，思乡桥有个 60 多岁老妇，先是被奸污，后来日本兵又用刺刀戳进她的阴道致（其）死。

案例 304

1 月 31 日，有个老人原在金大难民营施粥厂工作，现在红十字会服务，家住下关。28 日他向亲戚处借得行李想回下关住处。当他走到中山北路和陕北路十字路口时，行李被日本兵抢走。

案例 305

1 月 30 日，难民李王氏和李响儿回到新桥家中，被搜查 10 次，被殴打五六次，（日本兵）向他们要花姑娘。

案例 306

1 月 28 日，上午有个日本兵来到维庆里，直上 2 楼打开房门，目的在找女人。由于未找到便走了。

案例 307

最近在陕北路火车站，有个 60 多岁老妇人被强奸 10 多次。

案例 308

2 月 1 日，卢家路 21 号，中午有两个日本兵进来，不怀好意地搜索每个角落。住户跑到隔壁 23 号，求一个外国人帮助他们赶走这些日本兵。

说明：此表并非完全。（所写）1 月 28 日以前发生的案件有遗漏，但仍能表明一般情况。这是我们填报的最长的案例表格。以前的报表是在（1937）12 月 19 日制作的，案例 16—70，那个表不仅包括 12 月

16日到12月19日的案件，而且还有13日晚间和其他6天的案件。上面的报表89个案例主要发生在3天，1月29日、30日和31日。

没有写明报告案件的中国人的姓名，因为我们有一个这样的（中国）工作人员被杀死，另一个受到严重威胁。不过这些案例都是来自我们的正规工作人员，他们都报了自己的姓名，而且案件经过多次核实。①

对于上述三份案例应该有所说明：1. 第一份案例（即1—34），由巴遂伯尔格处理与整理，显然是史迈士正式签发报表所依据材料之一部分，所以其编号间有错落。2. 正因如此，其时间与编号与第2、3两份正式签发报表亦非同一顺序，如巴氏案例之第34系发生于1938年1月27日，而史迈士签发报表之案例144则发生于1937年12月23日。3. 无论是巴氏案例还是史迈士报表，一般都没有署明举报的中国人姓名（外国人则不然），主要是为了保护他们，以免他们遭到日军报复迫害（已有先例）。但所有这些材料，一如贝德士所整理的材料，都"经过多次核实"，其可信度很高。只有事发地址及受害人姓名，因外籍人士只能用英文拼音记录，而受害者或举报者又大多操南京方言，因此常常含糊不清，难以准确查明（因事隔近60年,早已时过境迁），但这在当时极端艰险的条件下是难以避免的，并非是工作上的粗疏失误。

国际委员会的正式报告所收案例，田伯烈《外人目睹中之日军暴行》作为附录所收者，编号从1至444，时间从1937年12月14日至1938年2月7日，但田氏已说明有所选择，并未全收。而且"这些报告仅以难民区内的事态为限，其它各处的暴行，在这整个期间，就非外侨的目光所能触及了"。再就是徐淑希于1939年编印发行的《南京安全区档案》（英文版），所收国际委员会案例编号亦有444号，时间至1938年2月19日，可与田氏所收案例及本书根据原始的记录所译述者相互对照参考。徐氏所收案例，亦有编号顺序与时间顺序不相一致的问题（即编号在后而时间在前，或编号在前而时间在后）。其原因田伯烈已有说明："为便利读者起见，这些报告均按照其发生时间的先后重加编列，但原来的号码则予以保留。"

① Bates' Papers, RG10, B102, F864.

其用心自然是在于求实存真，便于将来条件许可时有心的读者便于按原编号查对原件。由此也可以看出，贝德士文献所保存的这些原始记录，其价值是何等重要。

类似材料或更为原始的举报文字，在贝德士文献中还有一些，为避免重复，就不再一一列举了。底下，读者将可看到贝德士稍迟些时候，即分别于 1938 年 4 月 12 日与 11 月 29 日发出的两封信。这两封信，对日军蹂躏下的南京，也有较为具体如实的陈述。

第一封是贝德士 1938 年 4 月 12 日从上海发出的信，全文如下：

亲爱的朋友：

这封信是在上海写的。经过长期努力，我终于拿到一张为期 10 天的军事通行证，是作为国际救济委员会和其他团体的代表，同时也有家庭的原因。并非想吓唬你们，我只是希望进一步为你们提供信息，便于你们准备可能出现的夏季震撼。提出的问题不一定能获致强烈的反应，但我们必须面对这一可能性。

这里正积极准备在英国和美国出版 H. J. 田伯烈先生写的一本书，作者是《曼彻斯特卫报》有经验的记者，书名可能是《日军在华暴行》(*The Japanese Terror in China*)。田伯烈先生是一位品格高尚的新闻工作者，他与北平、上海的基督教领导人长期保持密切关系。他保存着得自此间救济团体的陈述中国战争实况的大量文献。这些资料是以公正而具有建设性的方式公布的。

尽管不能对这项工作承担法律责任，但从一开始我便与它联成一体，曾经参与商讨计划及其发展，也曾校阅全部文稿。此外，此书还利用了我在（1937 年）12 月 15 日起草的一份报告，那是为当时留在南京的许多新闻记者准备的。附件包括许多（1937 年）12 月间我给日本使馆的信件。其中也有我在 1 月 10 日陈述过去数周南京陷于普遍恐怖状况的信。给日本使馆的信我虽未署名，但南京和上海（即使不包括东京）的日本官员心里都很清楚，这些文件是出自我的手笔。史迈士博士由于曾在国际委员会秘书处发出的各种报告和案例上签名，多少也受牵累。

这本书未受地域限制，包括中国其他城市与地区的可靠统计资料。不过南京事件在其中占特别重要位置，因为在这个城市集中了残暴，因此，日本当局将有可能特别憎恨南京这个小小的外国传教士群体，尤其是我。费吴生先生由于其日记被引用，马吉先生由于他的几张照片被刊载，都将严重受牵累。

我们早先曾赞同这本书循此方式出版，期望我们提供的材料可以说明事实真相，但不希望出现可以指认的单位。然而田伯烈先生和他在上海的顾问愈来愈倾向于采用全部资料或从中选择一大部分。他们需要第一手材料的直接性与权威性，同时又受到作为他们出版代理人的伦敦、纽约朋友们紧迫催促。我们对整个工作进程全无所知。但所有传教士都关心南京的资料，而且有相当一部分上海教会领导人认为这是正确的并希望尽早出版。

我们感到以积极的方式揭露暴行真相乃是一种道德义务，只有我们或者与我们一道工作的人们才能做到如此，其他的人只能通过间接方式或半商业方式才能逐渐自由地接触这些资料。一方面，这样或许可以减少日本人对我们攻击的强度，同时也可以促使我们寻求中国民众体验的宏观的与心地善良的估量。我无需讨论所有与此相涉的原则与问题，你可以自己想象或思索。

有可能出现针对外国传教士个人或团体的报复，我们不认为此类行动必然出现，或许它的可能性也不存在。过去一年我们所曾预言的大多数可怕之事并未出现。在积极方面，我们确实希望在战争持续的中国其他地区日军的举措会受到不同的约束。此外，中国自由地区的人民，东方的人民，世界其他地方的人民，有权知道这个有时代经验的意义突显的篇章。这本书将译成好几种文字，其所有收益将交给国际难民基金。

很抱歉把这封信写得太长，但这或许有益于你考虑其他出版问题时胜于目前。此外，如果我们之中某些人遇到严重困难时，你将理解我们就此问题所提供的背景和观点。我不相信怯弱会有所改善我们在世界上所面对的一切。让我们去履行我们自己认定的责任，以善良的心去做并且同样地承担其后果。

你的挚友

M.S.贝德士

附言：这本书预定6月由高兰兹（Gollancz）在伦敦出版；稍后在美国刊行，出版商我尚未得知。[①]

1938年11月29日，贝德士在去马德拉斯参加国际会议途经香港时，也曾给友人写过一封信。全文如下：

亲爱的朋友们：

你们大多数只收到我于一年以前与今年1月10日写的一些信，此后再也未得我信。这个报告将经由中国快船送到旧金山，此时我正在前往参加12月13日—30日举行的国际传教士大会的途中。在印度再逗留两周以后，我将回上海，大约（1939年）1月29日到达；只要得到必需的军事通行证，我将立即回到南京。

南京罪恶的灾难终于真相大白，虽然很少人了解它的全部意义。田伯烈的书——《战争意味什么？日军在华暴行》（*What War Means，the Japanese Terror in China*）是一本很直率的作品。不幸的是有些人在现今世界的邪恶面前畏缩了，不愿相信他们所谓的"凶恶故事"（atrocity stories）。为了和平与进步事业的首要工作，是真诚地面对现实。然后说明事实，拟订计划，率先行动——根据新的事实需要去缓解。某个朋友采取一种立场，于是抹杀或摭取若干事实为其立场辩护，这就使他们都流于虚幻。

我们对南京平民被杀数字的最后统计是1.2万人，十分之九与军事行动无关，其中包括许多女人、儿童与老人。这个数字意味着现时尚在城内的每4个家庭就有1人被杀。我们有来自居民家庭的报告，由于害怕报复而有应付与隐瞒，这个报告估计每5个家庭有1人被杀、

---

① Bates' Papers，RG10，B4，F52.

受伤或抓走未归。3万以上业已抛弃武器的军事俘虏被残杀，大多是捆缚成行在江边被机枪扫射而死。数千妇女被奸污。(早先提出8 000人是很谨慎的数字，也是所有目击者中最保守的说法。)

城外的房屋曾被中国军队由于加强城防而纵火焚烧，城内的房屋及屋内财物在撤退时则丝毫未曾触动，但在日军进城一周后，他们连续焚烧6周，烧毁数千处建筑物（超过4 000个街道房号）。这些全部属于普通平民，他们已到“自由”区，没有人曾咒骂政府与党（指汉奸伪政权及其御用政党——引者）。全城有24%的建筑物被焚毁。此外有63%被洗劫，起初是士兵抢走几乎所有民众未被焚毁的家具、钱财、衣服乃至食物。上述数字是国际救济委员会的调查结果（已以《南京地区战争损害》为题出版），他们调查了城内4万家，并且对其中1/10的人作了详细询问。这种损害行为是可耻的，因为仅2%是由军事行动造成的。

可怕的伤害并不限于南京城内。我们训练有素的社会学家史迈士博士指导的调查发现在广大乡村有40%农家房屋被焚，农具与家畜损失近半，每7家有1人被杀。对农村的残暴破坏仍然时有时无地持续着，不过是在特定的地区，通常是由于愤怒的农民攻击抓走他们妻女的巡逻小队，或是由于本地居民处于游击队与日本兵索取粮草、夫役的相互冲突之间。

你能想象如此没有自卫能力的民众在长期恐怖与危险中的生活状况吗？当一个日本兵出现于街头，或是门上有一声敲击，或是可耻的警察局雇佣者的一个假报告，立即意味着大祸临头和可怜的财物丧失殆尽。三个星期情况愈来愈糟，但还不到6月就逐渐缓和，生命与肢体较有合理的保障。仍然任意没收土地和房屋，南京超过20%的实际财产被军队夺取，被他们各种名号的奴仆，被3 000日本平民和302家尚未设立的日本商店，强占了逃脱焚烧的南京城内最好的房屋。我不知道有任何一起是属于商业性转手，就我所熟知的大量事例而言，在广大占领区只付给数千人每家5元作为补偿。这就是（日本）外交官们在午餐演说中讲过的“经济合作”。一方是提供资源与劳力，另一方手持武器，凭借以暴力获得的名义上的投资，加以控制并攫取利润。根据我们的经验，从电厂到街边商店和私人房产，做法大体如此。阿提拉纯然是一个外来者①。

这样的政治不是我们的业务，我们只是关心我们城内民众的生命与公益。为救济难民工作了一年，从6月开始特别注重调查经济状况（损失与破坏、谷物、乡村情况、燃料、衣被、就业），我获知大量令人不寒而栗的事实，即普通民众无缘无故受害如此之深。从（去年）冬天直到（今年）5月，我参与国际委员会的一般工作，并奉命照料金陵大学的校产及人员，校园内在同一时间接受了3万难民，直到今年春天仍保持1.5万的平均数。

秋天，我们（金大）努力在不同地点开办了一所略具规模的小学，一个青年农民培训班，几个为初中程度失学儿童补习语文、数学的班，还为扫盲做了一些工作。由于人手与经费的限制，还有今春“维新政府”（Reformed Government，指汉奸政权——引者）必须向其主子显示“新教育”的某些成果，我们遂不敢贸然扩大或放弃（尽管市政系统已经瘫痪，而教会学校仅向部分儿童与应受某些职业培训的青年开放）。

但我主要还是从事救济工作，大多数日子里承担着混杂的职责。去年12月国际委员会为25万人提供住所（相对的安全），包括住在25个难民营的7万人。直到5月，对于后者大多还需要提供食物，尽管人数随着秩序的恢复而逐渐减少。至今已花费34.5万元（中国货币），主要用于食物（汇价是3.40元换1美元，现在已超过6∶1）。现金救济、难民营管理、工赈项目、衣服、医疗卫生和对启动贸易和生产的小额信贷，成为援助的其他主要方式。

现在手头还有将近18.5万元现金和食物可以用于冬季工作，面对的是一群毫无公私积蓄的人们。表面上好像钱很多，但就以贬值的中国

---

① 原文是“Attila was a simple greenhorn.”阿提拉是433（?）年—453年期间的匈奴王，世称上帝之鞭，这里暗喻日本侵略者的强取豪夺。

货币计算，仅南京城内可怜的贫民，每人也摊不到一块钱。只够他们两周食粮所需，或者只能为他们每人买一件最廉价的棉衣。委员会的大部分物资来自原南京市府提供的大米与现金，还有5月间国民政府难民委员会提供的资助；美国许多团体，一个英国难民基金会，一群中国银行家和其他移居上海的南京老居民，也有相当的贡献。委员会对救济申请保持严密的调查，所有账目均经过上海著名会计师的审核。

这个毫无保留的账目，在一定程度上显示了国际委员会的职责范围与困难。这个为救济难民而奋斗的罗曼史，实在值得付出生命、鲜血、入狱与眼泪；这个德国纳粹、英国生意人和我们美国传教士合作的故事，已经超越了我们国家的本分；在我们群体内还有一部分是回教徒、佛教徒与天主教徒；应紧急召集而来的许多中国职员显示了优秀素质……所有这些，都需要你们现在的服务扩大空间与增强技巧。

南京人口现已增至40万（相较于难民区时期的25万和战前的100万）。最近增加的大部分是来自乡间的难民，其中有些人原来是从城里逃难到农村，但现在已是身无分文。农民、小商人和某些日常用品的生产者已经努力重谋生计。但我们至今仍然很难说明半数民众何以为生，正在作职业和收入方面的专门调查以期有所判明。

有大量普通劳工从事军需与交通服务，还有满足士兵各种需要的不正当行业。我早已不愿谴责一个苦力，他替祖国的敌人服务只是为了养活自己的孩子，或是一个姑娘为了免于饥饿而做任何事情，只要他们不给别人带来太多直接的伤害（譬如参与武装劫掠或贩卖海洛因、吗啡等）。因为大量舒舒服服的道德难以抵御生活本身的基本需要，战争早已给我们带来数以百万计的经济与社会的破坏。我们现在偶尔可以看到官方报纸载的规模很大的公开妓院的广告；一个全新的厚颜无耻的少女群，例如餐馆女侍，对于南京是（处世）态度的彻底“革命”。

南京城内的美国和平主义者，其生活也是严峻的。他们连续数日目睹成百架（日本）轰炸机群飞过，有些（飞机）带有美国（军事）装备，而且几乎全部（飞机）灌满美国汽油；在江上连绵的（日本）

军舰是用美国汽油驱动的；公路上数以百计的（日本）军用卡车也是通用公司和其他美国厂家制造的。他们在美国的和平主义者友人正受到谴责，为了害怕法西斯国家不高兴，（美国）断然反对通过国际合作走向世界政府蹒跚的第一步，反对取消与侵略者的经济伙伴关系，从而使世界上的弱国横遭蹂躏。难道善意对于他人还有什么胜于强权的实际意义？富国应该为大家的公益作经济调节，而不应以武装的贪婪掠夺他们弱势的邻居。

这不完全是一封私人或圣诞节的信。我们在奋斗中舍去周围的一切，包括家庭生活在内。今年1月，莉丽娅（Lilliath，贝德士的妻子）把包比（Bobby，Robert的昵称，贝德士的次子）从日本带回来，留在上海进美国学校直至6月，然后她回野尻湖与孩子们度过一个正常的暑假。4月，我为救济事务乘军用船只到上海工作10天，才得以与家人团聚。8月，我利用访问日本期间的各种机会与日本的及其他国家的老朋友们交换信息。9月底，莉丽娅与包比回到上海、南京，我们在自己的房子里享用家宴，因为我们的损失还不算惨重。幸好留在南京的6个外国儿童之一，大卫·麦卡伦，也是个男孩，刚10岁，读5年级。所以他和包比办起“麦克湾学院”（Mac Bay Academy，戏称，指两个孩子只能在家中读书——引者），聘用了两位母亲，一位中国教师，两只小狗，一对来自新加坡的草莓莺（strawberry finches，只有蜂鸟那么大），还有偶尔兼课的严厉的爸爸们。

同时，摩敦（Morton，贝德士的长子——引者）幸运地进入神户加拿大学院（对他非常殷勤），虽然有许多担心，我们还是把他留下，明年可以读完7—8年级混合班。在8月挑起俄国战争和9月捷克危机发生时，我们的信念与判断都承受了极大的压力。但上海或南京的形势毕竟比神户更容易恶化，我们常常只有以此自慰。我将利用这个机会单独写另一封圣诞节的信，叙述我对莉丽娅的赞赏，她在战争带来家庭离散的情况下，给予我亲密的合作。她巧妙地玩这个游戏，而这对我来说就是莫大的帮助。春季，她为金陵大学和南京救济委员会驻上海临时办事处做了大量的跑腿与办公室工作。

还有许多事情急需叙述，但这封信已经够重了。我想就中国最近战争总体形势补充一个简要概括，附带一封关于南京毒品问题的公开信。过去一年半，没能从传统信仰善良的天佑中给解析的心灵留下许多回忆，在残酷与贪婪分裂世界的巨潮中，我难以发现上帝的指点。但人性的价值，人的生命需要和耶稣显示的景象，从未变得黯淡。在极端危险中手无寸铁地为人们的生命战斗，当知道自己随时都可能被未曾注意的力量所毁灭而仍捍卫真理与人道——这是一种精神的激励与震撼。如果我们解除作为时间的奴隶状态，这样的生命可能是永恒的。这是一种新的自由感觉，在（上帝）给予的光明的指引下勇往直前赢得可能到来的一切。即使生命现在结束，它依然具有价值，仿佛是为他人的养育与机会所进行的投资，其价值之贵重永远不会消失。迄今为止，一个公开的紧急战斗的进程，一个化解狭隘宗派意识的企望，已经赢得了持续。但是，一个意欲报复的宪兵，一个心胸狭窄的密报材料的读者，就能粗暴地毁掉一个人的终身事业。

"给全球以和平，给人类以慈悲。"（Peace on earth，good will to men.）但是，我们前面的和平能成为慈悲的和平吗？每个性灵的观念似乎都不可抗拒地被置于严峻形势接受考验，但我知道它不会错位与扭曲。"不要被邪恶征服。"(Be not overcome of evil.）这是直入心扉的召唤。"以善胜恶。"（Overcome evil with good.）需要比大多数人所能见到的更强有力的"善"，但这无疑是工作的正确途径。所以我们这个圣诞节必将如此去做。按常识判断似乎没有多大希望，但有大量的爱，即使在毫无希望的粗暴与令人沮丧的地方也可发现。

M. S. 贝德士[①]

这封信可以看作贝德士与国际委员会一年半难民救济工作的总结，同时也是对日军南京大屠杀及其他暴行的血泪控诉。而且，我们也可以看到，作为一个正直的基督教和平主义者，贝德士对其本国政府纵容乃至支持日本侵华战争的各种行为，进行了坦率而尖锐的批评。

---

① Bates' Papers，RG10，B4，F52.

五　毒品、慰安妇及其他

贝德士在1938年11月29日的信函中还有一个附件，题为“关于南京毒品问题的公开信”（Open Letter on the Narcotic Problem in Nanking）。贝德士对日本侵略者操纵的毒品贸易，几乎与对南京大屠杀一样深恶痛绝，因为屠杀是有形地断然地残杀生命，毒品则是无形地缓渐地残杀生命，而其对民族、社会的危害比屠杀有过之而无不及。

这个附件全文如下：

（送交某些日本友人，并刊载于上海各英文报纸。略去零售网络与征税）。

致日本与中国关心南京地区民众公益的各界人士：

作为一个长期关注民众进步与福利的南京老居民，我有幸获悉，本周“维新政府立法院”有所运作，可望修改毒品供应政策。请允许我借此机会诉求确认这一正在运行的巨大邪恶，品德高尚的人士应立即努力求得改革整个系统，而不只是小小的调整。

在过去数月的不同时期，我曾经告诉日本友人和从外地来南京的客人，毒品问题已极严重。他们有些人说从未获悉此事并要求提供信息。

我开始加强了解，鉴于最近一个月的急速增长，深信热心公益的人士应该立即关心此事，以期把城内及邻近地区民众从日益严重的伤害中挽救出来。

情况提供的来源如下：

a. 我与相关友人的直接观察。

b. 督办公署（Tupan's Office，管理南京地区的伪政权——引者）关于建立鸦片管理局（the Opium Suppression Bureau）的条例；鸦片供应机构与零售店细则；关于烟馆贩卖与特别执照的临时规定；本地烟民申请登记表（贴有当天鸦片印花税票）。

c. 通过私人接触获悉的商人与官员的陈述。

关于南京毒品问题的公开信

Ⅰ. 形势急剧恶化

现在的一代人从来不知道鸦片在南京的大量供应与消费，以及它以吸引穷人与愚氓的方式公开出售。

特别是过去 5 年，由于政府长期认真坚持禁止此种贸易，加上过去 30 年教育的努力，鸦片的使用量甚为微小，海洛因则毫无所知。

但 1938 年的变化带来了“邪恶的革命”（an evil revolution），现今市政当局或受其庇护的人们肆无忌惮地贩卖鸦片。数以万计的民众上瘾，包括儿童和许多男女青年。数千人从事这种行当。在统治当局压力下，出现了沉溺吸毒的新的一代人。某些官员公开吸毒，声名狼藉。财政收入来源于人们身体与心灵的毁坏。

公开的注册烟户在街上张贴广告，吹嘘他们的产品可以使吸食者增进健康与活力；一家官方报纸引诱市民进入暗室（指烟馆——引者）。

Ⅱ. 贸易性质

A. 鸦片

1. 公开系统。

为了行政目的，整个南京市（包括下关）分为 5 个区。每区估计有一个土膏行（Opium Supply Establishment，T'u Kao Hang），每天获准出售 750 盎司。实际上鸦片管理局可以把鸦片直接交给下属代理商，我们对此即将有所说明。

根据规定，每区有 5 个零售店（T'u Kao Tien，亦称土膏店）。它们大致按营业额分三级缴税，每夸脱（quarter）分别交纳 4 200 元、2 840 元或 1 420 元，每区预定设立 10 家吸烟店（“休息所”），其中

40 多家于 11 月 15 日开业。

它们根据使用烟灯数纳税；9 盏灯交 150 元，6 盏灯交 100 元，3 盏灯交 50 元。不过在这个报告起草时，政府规定已改为允许这 5 个行政区各设 10 家土膏行和 30 家烟馆（“休息所”）。我注意到有好几家在 11 月 19 日开张。一位朋友根据我的要求，花了一天工夫在城内南半部查清了 52 家土膏行与烟馆的名称及地址。

2. 调查公开系统。

鸦片管理局隶属于督办公署市财政局。最近警察的压力和罚款，对于麻醉剂比鸦片还要重些。管理局的规则与细则，意在把全部私人的交易与消费都纳入税收网络。

据含糊然而善良的说法，似乎有一个戒烟机构；但更多的是约束系统内不轨行为的措施，以保守这个“公开”企业必要的秘密。社会上广泛认为，鸦片管理局奉命发给旅馆和妓院执照，甚至是私人执照（限于 7 天，不过倒是发得很慷慨），包括婚、丧和其他社会礼仪活动。

3. 私人交易，鸦片供给来源。价格，营业额。

查阅官方档案，人们可能认为南京只有 75 家（现在是 200 家）土膏行贩卖鸦片。但不要忘记还有为数众多的各种名称和各种规模的旅馆、妓院，加上私人家庭设置的烟灯，有执照的和无执照的，都在履行超越家庭的职责。我家附近一个小小地区，并非市区人口稠密的地方，就发现有 14 个明显的交易与销售中心。

在过去几天，一家日本和韩国的慰安妇机构就买进 80 箱鸦片。公家系统一个重要的贩卖者说，两周以前日本代理人运来 200 多箱伊朗鸦片；而这船货似乎与鸦片管理局有某种关系，因此可以不受留难。有足够证据表明，鸦片的主要供应来自大连，经过上海。

在相关官员控制下的每日销售，原则上限制为 6 000 盎司。不少销售是在附近乡村进行，实际销售总额必然高于法定限额。不过，就算 6 000 盎司每天批发价也有 6.6 万元，或是每月 220 万元。

B. 海洛因

正如鸦片贸易一样，海洛因也具有令人恐惧的破坏性。海洛因销售总额新的进展也笼罩在邪恶之中，可能与（上述）货币额大体相当，或许超过与此相涉的人数。

海洛因更方便吸食，而且只要极少量就可生效。普遍认为，按现时价格，一个中等有烟瘾的人，每天要吸食 5 角到 1 元的廉价鸦片，而吸海洛因只需 3—4 角钱（官方烟馆烟土和烟灯的特殊价格从 2 角到 5 元不等，视土膏的规模、质量与款式而定）。

有个合理的估计，现时约有 5 万人吸海洛因，相当于 1/8 南京人口，有些估计更高于此。海洛因贸易纯属私营，广泛散布于零售小贩，由代理人通过亲友关系掌握。有位朋友知道 72 个销售点。

据普遍反映，日军特务部门与海洛因“半组织”(semi-organized) 贸易关系密切并加以保护。一位有相当地位的代理人说，特务部门曾有记录，以南京为中心这一地区的每月贸易额约为 300 万元。

有充分的材料证明，此项赢利贸易大部分归日本公司经营，它们表面上经营罐头食品或医药，但在后来经销海洛因。

C. 结论

人们不能想象还有较此为甚的短见与利欲熏心，即利用战争时期一个相对良好的社会的瓦解，把饥饿、疾病和失望引向只能是通往毁灭的歧途。在大多数情况下，开始吸用海洛因是由于受骗或不了解其真实性质。

廉价供应广泛的需要，利用广告促进其吸用，通过扩大销售谋取公私暴利，这是一种既愚蠢又不人道的贪婪的政策。无论是中国还是日本的未来利益，难道需要一大群烟民，短命而孱弱，生活懒散而道德堕落？这就是今天由鸦片管理局和形形色色海洛因商人造成的在南京不断增多的那种人们。

这是对“维新政府”及其支持者的人格与政治才能的严峻考验。没有任何真正的中国人会信任或帮助一个在他眼前破坏社会的政府。反过来说，如果新政府需要民众中的善良分子支持，作为示范的第一步就是立即阻止毒品泛滥。

上述这些话不是对于那些大抵都知道自己干了些什么的官员的盛气凌人的劝告，只不过是强调原先对日本和中国朋友的诉求，他们还没有察觉这个问题的紧迫性，希望他们能够立即发挥积极的影响。

所有受过教育的人乃至某些文盲，都能辨别什么是谎言和什么是真实的政策。现今的伪善只能增加善良民众对此项贸易的厌恶。

正当大批新领执照的烟馆开张，并且宣传2角、4角各种优惠时，谋求特别税收（甚至包括家内吸食者）的规定出笼了，伪装正经地宣布："凡吸食鸦片而因疾病或年长无从戒绝者必须登记。"

设立公共烟馆是由于怜悯穷苦劳工的艰辛，官方文件不止一次表述此意。再就是廉价与方便出售，维护民众以免受私人营业（它们未经相关部门核准）剥削。三就是出于人道考虑，使民众免于被更猛烈的毒品缠绕终身而无所逃避。总之，这意味着海洛因已遍布各条街道，甚至在儿童中间（但海洛因的利润则流入另外一帮人的荷包）。

最后，请想一想，这种政策难道符合中国人和日本人的合法经济利益？它每月至少要从这个地区业已非常贫困的民众那里拿走500万元，削弱了他们对于正当商品的购买力以及他们从事各种正当生产的劳动力。

确实，人们将改变其现实判断，这个地区中日合作的第一位的和最伟大的成就乃是毒害普通民众。难道"远东持久和平"就是一盏烟灯致命的梦？(Is "Lasting Peace in the Far East" the deadly dream of an opium den?)

如果我作为一个外国的客人和朋友说话不当，请允许中国人和日本人为从事有益工作的普通民众的福祉作更有效的进言。但千万别浪费唾液与墨水去宣称鸦片管理局的宗旨已被误解。

M. S. 贝德士

1938年11月22日南京[1]

① Bates' Papers, RG10, B4, F52.

贝德士的这封公开信在海内外引起广泛反响。上海的好几家中英文报纸都曾经摘要发布。在贝德士文献中，我曾发现贝德士的友人从上海寄给他的两份剪报，一份剪自1940年1月19日《新晚报》，另一份报名模糊，难以辨认，但寄赠者注明也是同一天出版。这两家报纸分别以“南京几成烟土世界”与“黑化之南京——三分之一居民成鸦片吸食者”的显著标题，揭露了日本人在南京地区从事的毒品贸易。两报的消息来源都是《大陆报》的报道，《大陆报》的消息来源则是《大美晚报》主笔高尔德访问南京返沪后在《中国评论周报》上发表的文章。如《新晚报》的报道说：“高氏继引贝资博士（即贝德士——引者）之言曰，三分之一至四分之一之南京华人，已成鸦片之吸食者。高氏称渠于南京，唯一引其注意华人经营之事业，即零售或批发之鸦片店，此项贸易，在‘寓禁于征’之名义下，实为必不可缺收入之一。”

贝德士仗义执言的种种作为激怒了日本侵略者。在贝德士文献中保存着一份他与日本驻南京领事会谈的备忘录，颇能反映这种紧张关系。备忘录是贝德士事后追记的，标题是“田中领事与贝德士的对话，1938年3月31日”，全文如下：

> 大约是下午4点钟，田中先生要我到日本总领事馆，福斯特(Forster)先生也被邀请，但当时找不到他，于是田中先生要我将所得信息转告他。下面叙述田中所讲的话，只能尽记忆所及。……田中先生对于我们乘火车去上海并回来的申请，经过长期搁置以后终于给予了（军方的）答复。
>
> 上海军事当局经由广田上校答复，给予许可乘4月3日从南京出发的N. K. K. L轮船到上海旅行。但军方要求总领事提醒我们在上海必须谨言慎行。有些外国人早些时曾去过上海，但他们的行为不能令人满意。如果我们的行为令人不满，那就将难以回到南京。
>
> （贝德士问）：他们（指日本军方）在哪些方面表示不满？
>
> （田中答）：他们谈到军事事务，他们说的有些事污辱了日本军队，实际上就是宣传反对日本。

（贝德士问）：我想了解什么叫作“宣传”，虽然我的旅行纯粹是私人性质和正当业务。我知道（他们提到的）外国人是费吴生、斯特林，或许还有其他的人，曾带有特别的资料上了火车，但并未承担污辱日本军队的挑战。在美国和英国，我们可以自由谈论不同的事实与见解，但禁止蓄意以错误的方式侮辱私人或政府，特别是作虚假的陈述。如果我的亲属与朋友想了解南京情况，问我在这里发生过这样或那样的事情，或者问我在家中或在工作的大学发生过什么事情，难道军方会禁止我回答这些问题吗？

（田中答）：你必须非常小心。南京发生过某些案件，我想你是知道的。但现在情况已经改善了，秩序完全恢复，不应该再谈那些事端。

（贝德士问）：情况应让大家充分了解，因为这将影响其他的后来人，因为我还需要与自己的政府、官员讨论这些事情。难道这种安排意味着，一个外国人到上海必须承受军方的威胁，即他们可能阻止他返回。

（田中答）：不是威胁，无非是劝告你必须非常小心。

（贝德士问）：我需要弄清程序。承蒙上海军方的好意，我们领到去上海和回来的通行证。可是如果他们不满意我们的行为呢？或许我们只领去上海的通行证，并且必须再向日本当局申请回来的通行证？

（田中答）：说到底，只要行为令人满意，这次安排包括回程许可。主要的麻烦是向新闻记者发表谈话，或者是谈到的事情可能被报纸公布，那么军方将认为是污辱军队。请留下你在上海的住址和停留时间，并请转告福斯特先生也这样做。

（双方的态度和语气全都是友好的。）①

根据贝德士的介绍，田中领事在当时日本外交官中还算是比较温和的，对于留在南京从事难民救济工作的这批外国人多少曾流露若干同情。但就从他所委婉转达的这些话中，也可以看出日本军方的态度是严峻的，已经对这些西洋人流露出不满情绪。正如 1938 年 3 月 3 日贝德士给田伯烈

---

① Bates' Papers，RG10，B103，F874.

信中所曾说，日本人正式指认他“反日”，甚至是“神经病”，并且迫使自治政府禁止各企业、事业单位与国际委员会合作，上海的一些敌伪御用报纸也制造了一系列谎言攻击贝德士与金陵大学。

到 1939 年，由于贝德士曾到上海向中外人士介绍南京毒品贸易真相，新闻媒体且有多处报道，日本军方对贝德士等更加反感。这年 12 月 7 日，美国驻上海总领事馆帕克斯登（L. Hall Paxton）领事正式给贝德士一封信。信中说：“根据日本总领事的要求，寄上他于 11 月 29 日给我来信的副本，他在信中对您在上海英文报纸上发表的‘南京毒品贸易’报告提出正式抗议。”日本总领事给帕克斯登的信全文如下：

<u>秘　　件</u>

日本总领事馆

南京

1939 年 11 月 29 日

亲爱的帕克斯登领事：

我敦促您严重关注《南京毒品贸易》一文，发表于 11 月 28 日 *The China Press* 和其他上海报纸，作者 M. S. 贝德士是一个美国传教士。

此时想必您已注意到这篇文章，深信您会完全同意我的看法，贝德士关于这一主题的报告，至少是极不准确而且严重夸张的。同时，如果分析这个报告的全部内容及其通盘用心，人们只能得到一个结论，即作者撰写并发表此文旨在一并诬蔑日本当局与中国政府（指汉奸政府——引者）。

在贝德士博士发表这类文章时，曾向您的前任 O. E. 克纳伯先生进言，如果贝德士博士意欲真诚地帮助当地居民杜绝此种恶习，而不是利用这个报告作为恶意宣传的资料，其正常程序应该是首先向负责官员呈交他的改革计划或忠告，如果这样，我向您保证，日本当局必将尽最大努力以履行其职责，因为严禁鸦片与毒品贸易系日本政府的一贯政策。但深为遗憾，贝德士博士并未采取这个正当程序，发表其报告时甚至没有探究其可信性，本来他可以轻而易举地如此做；甚至连不负责任的新闻记者在发表此类文章时也会这样处理，何况贝德士博士的文章还包含对于其友邦政府官员如此严重的指控。

正如您所深知，南京及其附近地区我们两国人民之间日益增进的友好关系，必将被此类轻率举动严重干扰——就贝德士博士而言，即令不是居心叵测，也会引起有关当局的反感，并将构成一种印象，仿佛在中国的所有美国传教士都持有类似态度。

我衷心希望您对上述情况给以重视，愿您能运用您的影响纠正这种情况，并防止这种不愉快事件再次发生。

忠诚于您的，

T. Hori（签字）[1]

根据已有文献，帕克斯登对贝德士等人是持同情态度的，尽管由于外交官身份不便公开支持，但还是为难民救济工作提供了某些力所能及的帮助。所以，他只是例行公事把日本总领事这封怒气冲天的信的副本转寄给贝德士，却未附加片言只语施加自己的“影响”（如同日本总领事所要求者）。贝德士和他的伙伴们也未屈服于日本当局的威吓，而是继续做他们认为应该做的事情。

贝德士等为了充分揭露日本侵略者毒害中国民众的险恶用心，还在南京以外地区作过广泛调查。下面有一份他所珍藏的调查报告，从文笔及涉及地区来看，很可能是《曼彻斯特卫报》驻华记者田伯烈为他提供的。虽然涉及时间早于南京沦陷甚多，但可以帮助我们了解南京毒品贸易并不是孤立的。与日本总领事声言日本政府一贯严禁鸦片与其他毒品贸易相反，他们在中国各地都是一贯推行鸦片与其他毒品贸易。所以也将这份报告全文刊载于下：

毒　品

1936 年 3 月从中国回到伦敦，在随后的十五个月中我收到外国观

① Bates' Papers, RG10, B4, F67.

察家、医务人员、新闻记者和传教士等寄来的各种各样的报道，说中国毒品情况变得越来越严重。中国的市长和地方行政官无法阻止日本和朝鲜商人出售各种毒品，因为这些商人受到治外法权的保护。同样的案件，对中国毒品商贩要严厉处罚，可对日本公民却管不着。在日内瓦专门宣传之后，或者是由于一些热心公益的日本人提出抗议的结果，领事当局间或进行突击搜查。有一次，这样的搜查导致30人被捕，但是别的商贩很快便取而代之了。日本驻天津总领事川越茂先生答应我，他将在他的管辖范围之内对这类商贩进行管制。结果下令在某一城市进行突击搜查。可是搜查还未进行，消息早已传到毒品商那里去了，他们组织得很周密的协会向他们中的大多数人发出警告，叫他们一周左右不要营业。警告是用公用电话发出的，将几种信息交给中国话务员，叫他一俟订户的电话号码有空就立即发送出去。几个月的监禁或流放并不证明有什么威胁，如果是在离边界只有几英里而容易回来的地方，情况更是如此。他们回来后便制订新的吸引毒品顾客的计划。鸦片对中国人来说已经不是什么新鲜事了，他们知道如何对付它的效力，但海洛因和吗啡都是新玩意儿，而且效力更大，其作用极其神速，一针吗啡就可以导致上瘾。一个人可以从一支香烟中吸上几口海洛因而不知道他正在被诱骗染上一种确实致命的恶习。一角钱（三美分或一便士半）可以买一包海洛因。

1936年这类商贩在乡村集市设立“诊所”，登广告宣传它们治疗肺结核和其他疾病的技术。它们出售的药品总是千篇一律，不是海洛因就是吗啡。乡下人不知道他们自己身上发生了什么，当药物的效力消失后，感到比任何时候都难受，于是到诊所求医。诊所告诉他们必须坚持这种治疗。这些毒品贩子有组织地渗透了全中国和香港地区。

1936年初，南京政府通过一个法律，规定每个有毒瘾的人在随后的十二个月内到规定的某个或另一个治疗中心报到接受治疗，并规定过了这个时期，任何人被发现吸毒就将处以死刑。这个时期做了许多治疗工作，那些不自动前来就诊的人被抓来在监禁的条件下予以治疗，其余的接受住院治疗。无论是在乡下还是在城市，全部费用都由他们所在的地区支付。

天津 天津有一个市立医院专用于这项工作，另一个市立医院保留部分房屋作同样的用途。慈善机构和私人医院也给有毒瘾的人进行治疗。我在一个这样的医院里看到一个患者的病历及其在治疗前和治疗后的照片。那里保存着患者家属寄来的感谢信，其中有一封提到了“女神医”，上面有村庄长者的签名盖章。来自农村地区的患者，5个中约有4个吸海洛因或吗啡，一个抽鸦片；每30个患者中有一个妇女。

1937年8月3日维持和平委员会成立后，南京禁毒法被宣布不再适用于天津地区。吸毒的习惯重新肆虐。反麻醉剂医院的工作被停止了。在老日本租界有一条街，50%的房子是毒品馆。不许它们向日本人出卖毒品，但对外国人或中国人，则不论男女在街上走过时，它们可以公开向他们推销这些货物。可是，当我参观这条街时，表面上却看不到什么交易，那些店铺头一天就被暂时关闭了，据说日本人所雇苦力的部分工资是用毒品支付的，但我还未能获得这方面的证据。

北平 我在北平用了一上午的时间参观毒品馆，那里有很多毒品馆（我正要买一张标有各种商店位置的本城区地图）。日本人不准再做这种买卖了，他们的毒品店现在交给朝鲜人照管。这些商店受到日本人的保护，但是中国警察一发现中国毒品商贩就要将他逮捕，对他处以极刑。当我们出现在那里的时候，一个中国毒品贩子显得非常的害怕。他那鬼鬼祟祟的表情和所有朝鲜商贩的坦然自信之间的差距是非常明显的。我的同伴——一个美国新闻记者——说得一口流利的中国话，他告诉这些商贩说我是个有毒瘾的俄国人，途经那里到山海关去。我们想买多少就可以买多少。我们在一个毒品馆呆了十分钟。我们在那里了解到最好等级的海洛因是来自大连，每英两售价18美元。这个价格相当于天津海洛因的二倍半。一些小男孩在寻找顾客，他们亲切地引着我们沿着小巷走。一个中年淫媒人把我们带到一所妓院，在那里我们买到了海洛因，那里的人告诉我们，许多毒品商贩现已离开北平随军队走了，但他们的位置很快就被别人所填补。这所妓院不仅供应天津牌子的海洛因，而且还提供大连来的更昂贵的海洛因。我们来到一所属于一个在天津也拥有一家旅馆的俄国歌舞餐馆经理的旅馆。虽然这里惯常出售毒品，但我们无法进去，因为他已经到太关（Tai Guan，音译）发展生意去了，住在他的旅馆里用他的名义保护自己的两个零售海洛因的日本人也不在家。在北平，最使我烦恼的是日本人开的那些小诊所，它们灯光灿烂，非常诱人，其中一所显示出红十字。大多数小诊所都使用灯光照亮的街标，以便把过路的人从大道引向它们开在小巷里的门面。夜间有许多人力车在外面等候。它们在报纸上刊登可以治疗各种疾病的广告。许多诊所的程序似乎是：由一个不合格的医生或药剂师给每个进诊所的人作一次草率的检查，登记他患有某种疾病，然后他想买多少海洛因或吗啡就让他买多少。晚上，妓女也来这里续办她们的许可证。直到几个月以前，哈德门(Hatamen)街一些有名的日本药店还是主要的毒品零售中心，从那时起在大街上开毒品馆成为非法，也许这就是现在诊所迅速兴起的原因。我们也到过那个经常从热河弄来鸦片出售的外国式大旅馆，这一家大旅馆的日本主人有五辆卡车经常用于这一目的。

上周（1938 年 2 月的第 3 周），300 个有毒瘾的人从市治疗中心释放出来，这个中心就关闭了。这里再也找不到诊所了。这个城市训练有素的观察者证明：日本人经常以半现金、半毒品的方式支付其中国仆人或商店雇工的工资。

昌黎 上周我再次访问了河北昌黎。1935 年 3 月我曾在那里作过一次详细的调查。那里有自尊的居民，有一个热心公益的市长，有一所建立了很久的一流教会学校、医院、健康中心和农业中心。自从日本人夺走满洲以来，包括山海关、滦县和秦皇岛在内的这一整个地区受到了为数越来越多的毒品贩子的侵入，但是任何其他城市没有如此良好的抵拒这种罪恶的条件。这些商贩在城内找不到一个愿意把商店出租给他们的人。他们只得把自己安置在城墙外的棚屋里。当然，他们对市长提出的停止反社会活动，关闭当铺、赌窟、妓院和戏院的要求置之不理。所有这些活动和场所都诱使这里的人民养成吸毒的习惯。他们只是回答说，他们是日本公民并继续做他们想做的一切。然而，市长的权力可以伸展到他们可能雇佣的中国人身上。市长的警察终于抓到了一个这样的人，没收了他所携带的毒品，并将他关进监狱。第二天，市长在自己的办公室被一伙武装暴徒俘虏，他们要求市长交付 2 500 美元毒品价款，并释放那个被抓的中国雇工。市长不得不自己掏腰包付款之后，才获释放。

有一次，日本人进行了一次由领事馆执行的突击搜查。但是，尽管这样，毒品商贩的人数还是越来越多。过了一个时期，另一种非法的、赚钱的生意吸引了他们的注意力。因为昌黎离海岸只有 10 英里，它成了一个方便的走私中心。1 500 辆注过册的双轮运货马（牛）车经常用于海岸与昌黎火车站之间的运输。贮存在那里的棉、油和其他货物非常值钱，所以于 1936 年在车站上方一个凸起的台地上架起一座机枪来加以保护。这一年，这个铁路公司收到仅仅属于一个公司的走私货物运费就有 30 万元。

我高兴地看到昌黎人民仍然能够把毒品商贩拒之于城墙外。商贩们在那里继续做他们的买卖，没有受到抑制，不过有许多跟着军队走了。我有一组 1936 年拍摄的照片。它们显示出各种各样的商店和我 1935 年见到的那个令人不愉快的戏院，以及毒品贩子骑马出发巡回做生意的情况。1936 年介绍的一张新图片是靠城墙建造的一系列商店和窝棚。有两张南城墙及其东南隅的照片，拍的是一排窝棚和商店（约 300 码长），这是过去一两年里建立起来的。每隔一家有一个医院，病人可以在那里买到任何数量的毒品。

有一位西方旅游者访问了华北的一个村庄。他惊异而高兴地发现那里有一个约 20 个朝鲜人的基督教教会。做过礼拜之后，他以友好的方式和这个不知底细的社团谈话，问他们为什么来到那里。他们的回答是："啊，我们是被派遣来的。"基督教徒的好奇心使他发现，这 20 人中有 5 人从事毒品贩卖。他们作为基督教徒怎么会参与这种买卖呢？他们告诉他："这就是指派给我们的工作。"

除了毒品贸易以外，贝德士还注意到慰安妇问题，在他遗存的文献中有一份新闻发布稿，大标题是“妓院是‘东亚新秩序’的政治工具”(Brothels are Political Tools in the New Order in East Asia)，副标题是“皇军在被占领的首都大街上肆意行恶”（The Imperial Army Flaunts Its Vices on the Main Boulevard of the Conquered Capital)。

标题下面是一张海报，海报下面注有“译自上面官方同意之海报的照片”字样。海报内容如下：支那美人，兵站指定慰安所第四日支亲善馆，由此循河边前行 600 米。

新闻稿全文为：“海报照片代表装点南京街道之一种信号模式。这种特殊招贴有两大张展示于中山北路，离‘圆环’不远。经调查属实，它正对着一所规模很大的女子学校，也靠近宪兵司令部。南京居民常常回想，在国民政府治理下这里是不允许有伤风化的淫秽展示的，市政当局严禁各种恶行。现在他们正在了解日本首相宣言的意义，他的国家‘必须尽最大努力把中国提升到日本的文化水准’。

甚至连海报的语言都是中日淫秽的混合物，令每个有教养的中国人作呕，同时又是对于受过某些教育的普通日本人的冒犯。南京那些正派家庭所想到的由日本军队促进的这种‘友好关系’，最好别印出来。

沦陷区居民知道，日军离开邪恶即无法存在，而且愈加增多。但他们希望应该多少考虑一下对于年青一代心灵的影响，以及一个过去习惯于礼仪的社会的市容。”①

慰安妇问题当然与鸦片、毒品贸易问题一样，并非局限于南京一个地区。据日本川田泰代《日本军队与慰安妇》一书记载，早在 1931 年九一八事变日军占领东北以后，即已出现这种世界各国军队中罕见的特异现象。长春、奉天、牡丹江、大连、旅顺、赤峰、洮南等地，都有军队慰安妇的出现，不过早期的慰安妇大多来自日本、朝鲜。1937 年七七事变日军侵占华北以后，中国妇女被胁持充当慰安妇者逐渐增多。据朱未央《铁蹄下故都妇女的哀啼》一文记载：“宣武门内六部口有人民俱乐部的成立，想起

① Bates' Papers, RG10, B102, F871.

来这是进步的组织吧，那里有我们几百个姐妹，'快乐'的生活着，只有他们的皇军可以自由出入，去一次两角钱，但平均每人每日可以赚到十数元!"[①] 每次两角，平均每人每日可赚十数元，这就意味着一个慰安妇平均每天要接待"客人"50 人次以上，其受蹂躏的悲惨程度可想而知。而且美其名曰"人民俱乐部"，与南京的所谓"日支亲善馆"异曲同工，充分表现出日本军国主义者凶残而狡诈的卑劣本性。

日军侵占中国南部以后，这类机构建立更为普遍，而且比较统一地被称为慰安所（初期有"俱乐部"、"娱乐所"、"行乐所"、"安乐所"等各种名称)。1938 年 2 月 27 日，《大公报》曾载有《上海的地狱——敌寇的行乐所》一文，内称："追抵沪虹口，该日兵官即导至北四川路横浜桥相近某银行旧址日兵'行乐所'一游。陆某（昆山小教堂牧师）不知此行乐所如何内容，追入内，毛发悚然。盖该屋各层，设有极暖之水汀，其最低一层，有日兵在苏锡、昆山、浦东各地所掳之我国良家妇女，自 17 岁至 30 岁者，约数百人，皆一丝不挂，面有愁容，而日兵则川流不息其间，任意选择性的满足。如任何女子有不从者，皮鞭立至，陆某睹状，亟思退出，忽有一女子猛曳其臂而不放，大呼救命，视之则彼之邻妇王某。彼结婚未数月，而被劫至此地狱。陆某恐累及己，促此妇勿声张，但已为旁日人所见，立以皮鞭猛挞。陆某系基督教徒，大不忍，立跪下求彼识之日本兵官救此妇出。该日兵官忽发慈悲心，允陆携此妇出。事后此妇告人，自被掳入内，每日至少遭十次以上之蹂躏。被掳女子入内后大多自愿绝食，不数日即毙命，而隔日即有新掳来者补充。又据谓，此所谓'行乐所'二层楼，有同样命运之妇女，为自 30 岁至 40 岁者数百；至三层楼以上之情形，则不得而知。"[②] 这大体上可以反映一般慰安所的内部情况。

---

① 原载《半月文摘》1939 年 2 月 15 日，第 3 卷第 4 期，转引自稣实：《日本侵略者强迫中国妇女作日军慰安妇实录》，《抗日战争研究》1992 年第 4 期。我最近还收到美国汤美如女士对朝鲜慰安妇宋神道（现住日本大阪）的访问录，其对南京一带"慰安所"情况亦有具体回忆。

② 转引自稣实：《日本侵略者强迫中国妇女作日军慰安妇实录》，《抗日战争研究》1992 年第 4 期。

关于日军在南京所设慰安所，也有许多文字记载。如日本伊东圭一在《慰安妇与军队》一书中指出："日本军突入中国心脏之南京城，在此地发生南京大屠杀。此后上海的日本军司令部开设慰安所。""我所住过的南京附近，日本、朝鲜、中国三家慰安所，日本女性都在豪华的酒廊，以军官为服务对象。"① 还有林娜《血泪话金陵》一文也有记载："在（南京）城中设立17个慰安所，到外面强迫美貌女同胞作日人的牺牲品。在这个所谓的慰安所中，不知道有几万同胞被蹂躏牺牲了。"② 这些陈述虽然未尽准确，但至少可以有助于我们理解贝德士上述新闻稿的历史背景及其实际内涵，同时也可进一步驳斥战犯谷寿夫之流所谓"设立慰安所，系向当地长官（指汉奸政权）商量，并征求慰安妇之同意"等谎言。

1947年南京审判军事法庭，在审判南京大屠杀主犯——日军第六师团长谷寿夫时，也将慰安妇问题列为战罪并加以惩处。检察官陈光虞在庭上公诉说："该被告来华作战，固系奉行国策，执行命令。其阴谋侵略及发动侵略战争，均系违反国际条约，破坏国际和平之行为。其在我国作战期间，肆意抢劫及破坏财产，对于平民作有计划之屠杀与强奸，强迫妇女入慰安所，以及强奸之后加以杀害，拉夫之余予以屠戮，与夫集体屠杀，杀后焚尸等暴行，应构成战争罪及违反人道罪。（其）在南京造成旷古未有之浩劫，穷凶极恶，举世公愤，并应科以极刑，以维正义与和平。"③ 这是历史对侵略者的严正判决。

在此期间，贝德士为了维护正义，还对日本侵略者及汉奸政权方面的伪善宣传进行批驳。下面是他撰写的一份揭露日方宣传虚伪性的简要报告，全文如下：

日本人在反映重大事件方面的宣传

日本人利用各种各样的解释，试图为他们的侵华行为辩护。大部

---

① 转引自稣实：《日本侵略者强迫中国妇女作日军慰安妇实录》，《抗日战争研究》1992年第4期。

② 原载于《宇宙风》1938年第71期，转引自稣实：《日本侵略者强迫中国妇女作日本慰安妇实录》，《抗日战争研究》1992年第4期。

③《侵华日军南京大屠杀档案》，江苏古籍出版社，1987年，第592页。

分解释可以粗略地归纳在下列三个标题下。现在已经有充分的机会通过实际发生的事情的记录来检验其真诚性或真实性。

Ⅰ.他们对亚洲其他民族的神圣使命。

这一类型的宣传主要是筹划给他们国内的人看的。根据这类宣传，不但天皇是太阳女神的后裔，而且整个日本民族，特别是日本军队，也同样具有这种半神圣的出身。这就使他们具有一种种族优越感和传播其文化的神圣使命。他们必须把像中国民族这样的一些被压迫民族从其腐化无能的官吏手中或西方的剥削下解放出来，并给他们带来日本统治的有益影响。只有这样才能给东亚带来和平。日本军队并不是对中国人民作战，日军对他们只怀有最利他主义的目的，而且是对他们的邪恶的政府作战，为了使人民可以享受将要随之而来的幸福，必须推翻这个政府，并给它以适当的惩罚。（这一段文字是日本的伪善宣传——引者）

自从日本人无缘无故地发动侵略以来，已经过去 7 个月了。他们的军队所到之处，都留下彻底破坏和一派混乱的迹象。为蓄意制造恐怖，日本军队对平民百姓进行残酷无情的屠杀和空中轰炸，而由于无情的新闻封锁，那些更为令人发指的行径永远也不会为世人知晓。最有可靠根据的事实是，在日本部队前进时，估计在上海—南京地区至少有 30 万平民已被杀害。在南京，大规模屠杀平民和经允许予以保护而自动放下武器的士兵，肆意奸淫从小女孩至 50 多岁的妇女，恣意劫掠财物和焚烧房屋，以及疯狂破坏文化、艺术等的野兽般的暴行，在现代史上绝无仅有。由于新闻记者和其他外国人在这个城市的出现，日军进城后几个星期以来的毫无控制的野蛮行为被部分地公布出来了。然而，除北京—天津地区和青岛之外，他们所到的其他任何地方，基本上都同样是一片骚乱。在为了一点小事就要受到残忍的暴力威胁的情况下，甚至这两个北方城市也经常有以非暴力的恐吓手段诈骗财物的事件发生。在那个省的其他地方，在山西、内蒙和长江流域，目击者报道了类似的屠杀平民、强奸妇女、劫掠财物和烧毁房屋等情况。但是由于害怕报复，他们不敢用自己的姓名。许多日本官员像任何中国官吏一样贪婪地贪污受贿，而他们却口口声声说他们是在把人民从这些官吏手中解救出来。上海外国租界周围地区被划分为若干防区，外国商人已经发现，为了取得货物的运输权或恢复贸易所必需的其他特权，必须找到适当的日本企业家，由企业家与有关将领协商并同他瓜分议定的"回扣"。类似的做法在日军各级军官中都很普遍。日本军事占领区总是推销鸦片的衍生制品，而日本官员予以极力保护，并毫无疑问地从中分享利润。正在要求日本人为之作出这么多牺牲的"神圣战争"原来是一种被弄得花哨而庸俗的景象，把人的强烈感情和卑鄙自私动机的最卑劣之处揭露出来了。（这一段文字是贝德士的驳斥——引者）

Ⅱ.（此处标题和原文，复印本漏掉了一部分，从下面的文字可以看出，这一段主要是批判日方宣传的"日中提携"、"共存共荣"——引者）

……不仅是为了给国内的居民以影响，而且主要也许是为了那些因自己缺乏对现代或西方的了解而受到障碍感到不满的中老年中国人。它为他们提供了重新开始发挥自己特长的可喜前景。但是它的显著的自相矛盾是很可笑的，这项要求之所以为人听从，因为伴随它而来的是武力，因为从战舰到轰炸机和刺刀等这一整套都是从西方抄袭来的。使用的制服和策略也是从西方搬来的。那些希望扩大其贸易的商人和制造商也是这样，他们从头到脚穿着西式服装，使用西式盥洗室和所有其他设施，制造和出售西方货物的廉价仿制品。官员们住在各港口城市最昂贵的英国或法国旅馆里，甚至他们最近的一些恶习败行也是从西方学来的。值得注意的是，他们有日益增长的酗酒倾向。这个似是而非的论点后面所隐藏的真实动机是，他们想要阻止中国的现代化，使他们对这个国家的军事统治和经济剥削不致受到阻碍。

Ⅲ.镇压共产主义。

这类游说几乎完全是想利用那些认为布尔什维主义这个鬼怪仍然可以有效地用魔法召唤出来的西方国家的偏见。正如历史上的实证所检验的那样，他们的全部论据都是最诡诈的。遭到他们如此疯狂谴责的现在的蒋介石政府，曾以最大的努力着手其把有组织的、好战的共产主义从中国消灭的计划。在这个新政府关键性的形成时期的前8年中，这个计划得到了始终不懈的坚持，结果政府军取得了完全的支配地位。在这一整个时期，日本人从来没有给这场耗尽气力的斗争提供丝毫援助。恰恰相反，他们竭尽所能地阻碍这个反共政府：他们煽动南方和北方的不满，夺取领土或国家收入，始终竭力延续中国政治上的分裂和软弱状态。他们确曾企图胁迫中国签订一个“反共条约”，但其条件是任何自尊的民族都无法接受的。它实际上就是在这个稍加粉饰的委婉语言掩盖下改头换面的臭名昭著的“二十一条”。蒋介石因为在有其他更具威胁的危险时，在一个无益的、比较不重要的问题上浪费时间和国家资源而经常受到批评。西方国家偶尔提供了一些援助，但是日本却袖手旁观，直到1931年9月，当蒋介石政府拼命地与难以对付的红军交战，中国遭到历史上灾害性最大的洪水之患，而西方国家为别的问题所困扰的时候，它获得垂涎已久的夺取满洲的机会。在随后几年里，日本夺走了热河省；不断地骚扰华北，建立臭名昭著的冀东政权作为它以后得以实现其迫使北方五省采取脱离主义行动的企图的先声；在华北海岸线上煽动和保护大批的走私活动；力图阻止西方国家提供贷款或供给军火；在华南和华北继续玩弄阴谋诡计和恫吓手段。总之，尽管蒋介石政府坚持与共产主义作斗争，日本还是不遗余力地去削弱这个政府，当时的情况是，即使既无共产主义，也无日本侵略，该政府也面临着各种巨大的固有的内部问题。但是对日本帝国主义的忿恨和对可怕后果认识的日益增长，在唤醒中国共产党人的意识方面产生了奇特的效果。使他们认识到，他们首先都是中国人，应该重建从前的友谊，对他们来说，建立一个“联合阵线”去对付共同的危险远比坚持政治思想上的分歧重要。

让共产主义保护共产主义，就可以把它吸收到中国的民族生活中去，或者成为一个小政党，或者对各种社会化的改革施加影响。照现在的样子，它将越来越为抗日提供感情激励和有效方法。根据日本官方的声明，在他们占领期间“满洲无共产主义危险”。出自同样来源的引语却揭露了这一危险在增长，并越来越有必要作出巨大的努力去抑制其影响。现在日本军方相当乐观地盼望在十年之内建立“绥靖满洲国”。朝鲜的情况也基本如此，在那里也像在满洲一样，这种“毒害”（指共产主义——引者）主要是从日本自己那里传来的。在日本占领华北的过去几个月中，情况很快就变成了这样。离开大城市和铁路沿线的走廊地带，到处都有混乱的无政府状态，在共产党人的领导下被慢慢地重新组织起来进行游击战争。同样的情况无疑将会在更南边的被占领区相继出现。因此，日本统治与共产主义之间有着紧密的联系。要找出原因也不难，共产主义是由于那些比较不受一般法规制约的人，无法忍受压迫而产生出来的一种社会反抗形式。它对普通民众有一种特殊的吸引力，在那些民主主义理想和实践尚未普及的国家尤其如此。它有简明的信条、非常具体的纲领和由于经常运用而臻于完善的方法。它含有使被置于日本军事统治的暴政之下的亚洲大陆各地区获得解救的希望。能真正防止布尔什维主义的唯一办法，是实现它计划要实现的那些社会和经济方面的改良；应用民主原则使民众感到他们自己拥有政治上的真正平等；放弃专横的武力；通过税制改革废除贫困，废除高利率、高地租等；发展公民自由和个人人权。在外来的日本军事统治下的任何地区都没有取得任何这类进步的希望。这种形式的专制主义只会引起更加令人难熬的贫困和更加使人痛苦的不满，以及随之而来的非常自然地进行使用共产主义术语和方法的革命活动。西方不熟悉实际情况的读者应谨防日本人关于中国共产主义的断言。国民政府权势管辖的地区根本没有共产主义，也没有采取任何苏维埃政府的特有政策。日本是在东亚——日本国内及其军事独裁政治所控制的地方——散布共产主义的真正根源。正像人的躯体形成一个清除自己身上毒害其生命的有害成分的过程一样，共产主义可以看作清除政治躯体上的恶性感染的自然疗法。

（日本只有一次确实证实了自己是一个“远东反共堡垒”的说法，但根本不是在中国而是在西伯利亚东部。时间是前一次大战后的动乱年代，真正的目的当然是控制海参崴与贝加尔湖之间的广大地区。它获得了其他几个国家的同情和援助，耗费了大量的钱财，但在经过四年的徒劳之后撤回去了。为这篇文章而引用的这个不光彩的插曲的意义在于，失败的主要原因是那个地区的人民——决非有突出的共产主义倾向——在日本军队及其作为傀儡扶植起来的俄国冒险家的统治下，时刻处于水深火热之中，所以他们准备迎接一个可以使他们的国家从这些人手中摆脱出来的共产主义政权或其他任何政权。）

对待日本宣传的最好办法不是辩论赞成或反对它，而是用容易确定的事实的记录去检验它。他们不断侵略中国的真正动机是尊荣和利益，主要是利益——帝国主义的征服和商业上的剥削。正如他们在坦率发言时所说的那样，为了实现这些目标，他们必须摧毁日益增长的中国军事力量，阻止中国工业发展，消灭外国，特别是英国的影响。这三个目的也可以通过由日本高级指挥部计划和执行的大事记录进行检验。近卫文麿（Prince Konoye）吹牛时把它总结为一切恐怖手段和毁灭性暴行的目的在于“把中国人民打得屈膝投降，在于摧毁他们的抵抗意志”。[①]

从这篇文章可以看出，作为基督教和平主义者而且来自美国的贝德士，尽管在世界观与政治理念上与共产主义是对立的，他对共产主义的理解也很难说准确，但他对中国的国共之争的陈述毕竟是比较客观的，对国共合作联合抗日持赞同态度，对共产党在敌后开展游击战争予以基本肯定，对日本军国主义借“反共”宣传以掩盖其侵华罪行则予以揭露与谴责，至少在这一时期他的爱憎是异常分明的。这种强烈的对日本军国主义的憎恶，使他对太平洋战争爆发前美国对日本的姑息乃至支持政策极为反感，正如前面他的一些信件曾表述的。甚至若干年以后，日本军国主义已经全然失败，他对远东军事法庭有关日本主要战犯的最后判决持有若干保留意见，其根源亦在于此。

贝德士对为虎作伥的汉奸政府也极为憎恶，对其伪善宣传也作过某些揭示与驳斥。1940 年 4 月 13 日，《中国评论周报》（*The China Weekly*

① Bates' Papers，RG10，B103，F876. 此处译文是李定坤教授提供的，作者略有文字更动。

Review)发表他的一篇文章，题为《谭良礼谈傀儡如何炮制》（T'ang Leang-Li Tells How Puppets Are Made)，全文如下：

作为汪精卫得力助手（lefthand man）的谭良礼文采流溢，显然凌驾于H. G. 威尔士之上——甚至根据已故埃得加·华莱士的记载——这就是难于及时评论它们（指谭良礼的文章——引者）的原因。所以，我们抱歉地注意到，一本在汪记国民政府成立前出版的书现时已引起特别兴趣。为了对这位中国最为多产的作家努力表示适当的歉疚，我们在此对它给以特别关注。

谭良礼的作品的主题现在特别有趣，对于《中国评论周报》的美国读者尤其如此，因为刊登于中国新闻社（China News Agency）出版的日报的许多报告的作者，是南京汪伪政府宣传部的新任副部长。中国新闻社负责提供的反美宣传，最近数周出现于汪精卫的各个机构。最近《评论》也刊载了对于这些报告的佐证资料，特别是作为罗斯福总统的特使，萨莫尔·威尔士，最近去欧洲各国首都执行其主要任务，促使许多欧洲政府拒绝承认汪精卫政府。

谭（良礼）的父母虽然是中国人，但他本人却是荷兰国籍。他先在爪哇一所英语学校读书，然后到德国和奥地利求学，不过未得到博士学位。他攻读经济学并在读过书的地方学会极端崇拜希特勒和纳粹。无疑他想把这一套引进南京。谭有35岁，长期为汪精卫从事英语宣传。他曾是一个公司的股东与经理，但该公司在几月前已破产。实际上他的经费全部来自汪精卫当权的国民政府，著作则由商务印书馆出版。

其中一册的题目是《“满洲国”傀儡政府》(引号是谭博士加的)，为中国联合出版社（the China United Press）出版的《今日中国》丛书之一种。我们全然可以说，这是现今南京“政府”宣传部副部长一本有价值的作品。该书如此有价值，我们相信谭博士一定会把其初版本送给他的所有日本朋友。

就版本学而言，此书用纸昂贵，印刷精良，这使人想起几年前给谭博士提出的一个幽默建议。当时，在他的若干著作中，在汪精卫参加蒋介石政府以前出版的书，似乎（加重号是贝德士自己加的——引者）与其后出版的书自相冲突。这种文雅的争论（指前后两种著作自相矛盾——引者），最好是用一种肯定能在一年之内化为灰尘的纸张印刷。当然，我们很高兴，谭博士从未接受这个建议，因为如果他曾接受，我们现在就不会有这份乐趣——虽然略为过时——把《"满洲国"傀儡政府》推荐给那些对日本人制造小丑艺术感兴趣的人们。

这本书详尽地描述了满洲如何被大日本（Dai Nippon）所征服，这里列出若干章的标题："建立满洲国傀儡政府"，"人民对傀儡政权的反抗"，"日本人主盟亚细亚?"，"满洲国——自由的珍品?"。

在第一章开头一段，我们可以读到，满洲国是由"一小撮堕落的满洲人和汉奸为了残羹剩汤而背祖忘宗"造成的。第2页则引证了朝鲜人信赖日本人并完全屈服之后的命运——暗示满洲国面临类似的未来。[①]

这篇短评嬉笑怒骂，文笔犀利，迥然不同于贝德士一贯平实醇厚的文风，表明作者内心深处对汪精卫、谭良礼之流的鄙视与憎恶。文章没有直接骂谭良礼，而是引用了谭良礼骂伪满政府的话——"为了残羹剩汤而背祖忘宗"(Sold their national inheritance for a mess of pottage)；文章也没有直接预言南京伪政权的命运，而是引用了谭良礼以朝鲜命运作为伪满洲国未来的暗喻。用文学家的语言来说，真是"呼之欲出"，"跃然纸上"！

此外，贝德士还为美国情报委员会（American Information Committee）关于日本文化侵略的问卷作了许多实地调查，因与上述揭露日伪宣传之卑劣性有关，也附录于下：

美国情报委员会（American Information Committee）

关于日本文化侵略的问卷

基本问题：

日本人是在怎样进行改变中国人民的思想、忠诚和爱好的？

---

① Bates' Papers, RG10, B103, F876.

他们的目的是什么？采取什么样的方法？得到什么样的结果？

所需资料的类型：

各种摘要是有用的。

各种具体情况的描写和各种具体事例的叙述甚至更有价值。

如有可能，请注明日期。

具体问题：

1. 日本人及其主张的最明显的迹象（触目的事情）是什么？

例如：布告板、商店、啤酒厅、日本人民。

2. 为镇压有“危险思想”的人做了些什么？

例如：各种限制、各种形式的检查和恫吓、间谍网、保甲制度。

3. 报纸（或其他发行量大的刊物）对当前的各种问题说了些什么？

如有可能，请引用报纸杂志上的标题、口号、社论的题目或摘录。

人们对这种报纸的一般看法是怎样的？

4. 日本人在用什么方法控制教育并把它作为达到他们目的的工具？

注意：组织（机构）参观或检查、日语、演说、教科书。

和战前相比，学校的数量和质量如何？

5. 对宗教和哲学做了些什么？

注意：对基督教、佛教和传统哲学的反对、控制、复兴或重新解释。

6. 日本人对人民的娱乐活动施加了什么影响？

7. 请描述集会、游行、示威、典礼、海报、传单、无线电广播、青年运动、秘密会社等任何一方面的重大事件或发展。

8. 日本人试图使人接受的主要思想是什么？人民对他们这些尝试作出了什么反应？

9. 有没有迹象表明相当数量的人民在智力、审美和道德等方面的恶化？

能作为有价值的解说性材料的特殊引语

1. 海报上的话语和描写、口号、歌曲。

目前在使用的——这一年中任何时候在使用的。

2. 摘要、摘录、日本人或傀儡政府散发的印刷品文本。

3. 学校用的重要课本中的描述和摘录。

4. “新秩序”代表人物在学校、教堂、专门会议或其他集会、无线电广播中所发表的重要演说的摘要或摘录。

5. 宣传影片或戏剧摘要。

6. 新闻标题、社论题目及其摘要或引语（时间跨度要尽可能长）。

可以通过对1939年逐月强调的事情进行观察，来获得有价值的研究。这项研究可以这样进行：对尽可能长的一个时期内每隔两三天的报纸做抽样调查，留心标题、题目和口号。

7. 做个实验，看普通人对日本人试图让人接受的那些思想理解得如何：

设法从诸如人力车夫、农民、店主、工人、店员等各种类型的人中获得10份关于下列每个问题的答案。注意：如有可能，记下他们所用的原话。（我们并非试图编造一张“可笑错误”一览表，但也不排除可能送来的这方面的“好作品”。）

a. “东亚新秩序”是什么？

b. 谁是中国的“好邻邦”？

c. 与日本“合作”是什么意思？

d. 日本在中国所要求的是什么？

我们坦率地要求你们提供许多这方面的情报，因为我们相信这些情报是有用的，是值得费一切气力去获取的。

是否可能用对一位你所认识的贫困的知识分子提供一两周“劳动救济”的办法（由你或你的朋友亲临现场提供救济）获得这种情报？

语言方面请注意：对于那些重要的、简短的引语，理想的是要有两种语言——原文和英语译文。如果这样做不切实际，则请寄送可能获得的最方便的形式的资料，不论译文还是原文。

（以上部分是美国情报委员会布置的调查问卷——引者）

关于对日本在华政策的理解的报告

专论宣传中反复讲述的思想

M.S.贝德士

方法：

在一些可靠的中国朋友的帮助下，在华东一个大城市的市区或附近，对80个不同职业、不同年龄和不同教育程度的人提出下列问题：

1.“东亚新秩序”是什么？

2.谁是中国的“好邻邦”？（日本人公布了这个名词，有时在提到他们自己时要求用这个名词）

3.“与日本合作”是什么意思？（有些询问者用“经济合作”这一普通说法作为关键术语）

4.日本在中国所要求的是什么？

Ⅰ.“东亚新秩序”是什么？

有19人说不知道，包括3个受过一些教育的人，有许多模糊或混乱的答案由于不可能分类或报道也被舍弃了。

人们也许预料，从许多人那儿得到的答案会是日本官方人员在表述这个新奇名词时的小心翼翼或鹦鹉学舌似的重复。可是实际的答案却令人惊讶：第一，许多人的实际感受在忿恨和痛苦中一股脑儿地涌上心头，于是他们就把在日军统治下已经遭受和正在遭受的一切都倾吐出来，而完全不去考虑词语和合法思想什么。第二，因为许多人，特别是那些受过教育的人，他们懂得所谓“新秩序”，并不是一种政治局面，而是用刺刀强加给他们的各种陌生的行为规范和风俗习惯——向哨兵鞠躬和脱帽致敬；为了经过城门，要出示通行证和各种各样的证件；在各方面都顺从日本人。这两种类型的答案往往是结合在一起的，因为详细讲述杀人、放火、奸淫、抢劫、没收财物、不让做正常工作等等，就包括了作为新形势一部分的所谓必具“礼节”和强加的卑鄙管制等那样一些永远遭人痛恨的侮辱人的东西。有34人提供了这一段所提到的那些类型的答案。

有24人明白地说，“新秩序”就是日本人的统治。

有5人说，“新秩序”就是把白人从东亚排除出去；有2人说，“新秩序”就是反对共产主义；有2人说，“新秩序”就是反对蒋介石。

评注：

鉴于这一主要名词在每个出版物上，在无线电广播中，在每篇演说里，重复使用已有一年多的时间，而被询问的人中有25%以上没有弄清它的意义，这是出乎意外的。只有9份，即11%的答案包含了日本业已大费气力试图让人理解的思想（当然，这些答案并不含同意或赞成的意识——仅仅是理解而已）。十分之四以上的人只记得他们被日本人掌握的艰难命运；而另外的将近十分之三的人也理解“新秩序”是什么，并且说（但不那么具体、不那么鲜明）“新秩序”就是由日本人统治。

注意，关于这个问题和其他一些问题，有些答案是混合编排的，使它们在两个题目下得到最公正的报道。因此，答案的表面总数略微超过答题的人数。

实例：

（农夫）“日本人来了，那就是‘新秩序’。”

（农业工人）“现在没有秩序，只有专制压迫和对日常生活的任意干涉。”

（从前的鞋匠，现在的小贩）“我不懂它的意思，我只晓得我现在无法谋生。”

（园丁）“去年这个时候米是7.20元，现在是22.15元。”

（有文化的地主）“这就是‘新秩序’！物价贵到极点，没有自由，待遇有损尊严，我们的生命不属于我们自己。”

（拥有资产的教师）“‘新秩序’就是我们从前不必忍受的那些情况：昂贵的物价，受限制的旅行，过多的、任意的搜查，卖淫、乞讨和鸦片等的激增，对我们货币的操纵，对中国社会上最坏分子的提升。”

（有教养的地主、绅士阶层）“它意味着中国人民不再是一个自由的民族。我们处于完全被征服的状态。”

（有文化的农夫）“这就是他们的‘新秩序’：我们必须成为其中的奴隶。”

（受过教育的失业店员）“它是日本的秩序，不是中国的秩序。”

（农夫）“或许是什么大人物。”

（农夫）“我刚刚才听到人们谈论它，它的意思大概就是他们将要命令我们服从他们。”

（商人）“‘新秩序’就是亚洲人不要白种人。”

（学者）“他们的想法是不要有白种人留在中国。‘新秩序’是日本人的事情。”

（零售商）“黄种人必须联合起来把白种人的势力赶出去。日本自己出来当黄种人的老大哥，当我们的主人。所以中国要做它的奴仆。”

（学童）“它不过是用来掩盖日本人的野蛮征服的烟幕。”

（知识青年）“‘东亚新秩序’是吞没全中国的绰号。”

（裁缝）“那是日本人用来哄骗中国人民的谎言。你不要理睬它！”

Ⅱ.谁是中国的“好邻邦”?

21个受过一定程度教育的人断言中国没有“好邻邦”，经常痛苦地谈论那些应该是好邻邦的人们的侵略行径和冷漠态度。

2人说“好邻邦”这个名词是指日本，而另外2人则说了一些关于“同种、同文”这个大家熟悉的陈词滥调的情况来暗示它的意义。11人对日本进行了猛烈的批评，指控它恰恰是好邻邦的反面。

5人说中国在西方国家有许多朋友，23人列举了美国，9人列举了俄国，8人列举了英国，4人列举了法国。2人赞成那些帮助中国反对日本的人。

10人不知道这个问题的答案（他们都是没有受过教育的人），而14个受过教育的人则提供了一般化或抽象的答案，简要地说明了好邻邦的品质（有一两个询问者用了一个中国术语，从而招来了一个定义而不是一个具体的答案）。

评注：

很明显，“好邻邦”这个概念在大众心中留下的印象不如“新秩序”和“中日合作”那么清楚，事实上，它在印刷品和其他宣传中也较不普遍。再说，人们的体验极深，不可名状。甚至没有一个人明白地把日本看作一个可以接受的邻邦，更不用说把它看作“好邻邦”了。只有4个人知道这个名词是指日本。有51人清楚地提到西方国家、个人或集体。有25%以上的人看不出有什么好邻邦（即友好国家），14%的人无法容忍日本人使用这一词语的含义，这些也都值得注意。

实例：

（园丁的妻子）“这是什么样的友谊？我们的青年男子遭杀戮，我们的青年妇女遭毁灭，我们靠谁帮助、靠谁保护？只有那些汉奸和流氓才欢迎他们。”

（人力车夫）“中国的‘好邻邦’——那是指的日本。别的国家没有把它们自己叫做‘好邻邦’。”

（绅士阶层）“纯粹的空话。全是谎言。根据他们的行动你就可以看到他们究竟是什么样的朋友。”

（有文化的农夫）“在世界各国中，中国有很多好朋友，但日本不是其中之一。”

（食品商）“除了日本之外，他们都是中国的朋友。”

（从前的教师，其兄弟被兵抓走了）“没有一个国家是中国的好邻邦，就连美国也一点都不好。”

（餐馆里的聪明厨师）“没有一个国家对中国好。美国是文化帝国主义国家；英国是经济帝国主义国家；俄国是一个强盗国家；日本更坏，毫无人性。”

（农业工人）“我两次无缘无故地遭到日本兵毒打，我不要这种朋友。”

（鞋匠）“我看不到日本方面有什么友好或改善关系的表示。好像他们试图在争取儿童，他们到附近的学校去分发糖果、水果和口哨。”

（裁缝）“所有那些没有向我们开战的国家都是我们的朋友。”

（学童）“我恨他们。我哥哥是个大学毕业生，在日本人进城的屠杀中失踪了。我妈妈的眼睛几乎哭瞎了。”

Ⅲ.“与日本合作”是什么意思？

有40人以不同形式明确地说，所谓合作完全是单方面的，一般总是要伤害中国的；而另外6人宣称，事实恰恰与合作相反。所有受过各种程度教育的人持这种看法的比率大致相等。20位其他人说，“合作”就是给予日本经济利益。

11人认为“合作”是日军作为第二战术提出的一个方略，因为军事征服没有成功。

有6人完全不理解向他们提出的这个名词。

评注：

80％以上的被询问者迅速而清楚地理解到，不论它是否叫做“合作”，它的目的就是剥削。这些答案表明大量的直接体验和观察是这种异常一致的基础。无论有文化的还是没文化的，无论男人、妇女还是儿童，没有一个人持有与日本宣传机构企图散布的观念相一致的看法。

实例：

（受过良好教育的店员）“他们的合作方法是强盗的方法。”

（人力车夫）“‘合作’就是要求中国人帮助日本打仗或做工。”

（有文化的农夫）“‘合作’就是为他们服务，把所有的利益都给他们。他们现在垄断了一切买卖。”

（裁缝）“中国的政治和军事事务都必须由日本人来控制。”

（没有受过教育的三个儿子的母亲）“他们要我们欢迎他们，为他们工作。他们很可怕。我的儿子给他们做工时，他们打他、踢他。”

（制革工人）“中国的生意都必须让给日本人来做。别的国家的人都不准在这里做生意。”

（有文化的地主）“‘合作’就是为他们工作，成为他们的奴隶、他们的走狗。只有汉奸才能那样。”

（人力车夫）“这就是‘合作’：中国人不能出售自己的货物，必须给日本人去出售。”

（食品商贩）“如果我们有鱼卖，我们必须到日本的市场上去卖。只有从他们那里得到了许可证才可以卖。否则，我们就是违犯中日合作的法律，他们就要罚我们的款，或者把我们的货物拿走。”

（勤劳的园丁）“他们劫掠了我们的国家。合作的基础是什么呢?”

（教师）“名义上合作，实际上攫取利益。”

（地主）“‘合作’就是服从他们。我们是下等人。他们在我们的头上称王称霸。”

（卖燃料的人）“日本人不愿意和我们合作。要是他们真的和我们合作，情况就会很好。”

（拥有资产的学者）“是的，他们合作，但全是和我们的流氓恶棍合作。现在那些无赖游民的地位正在渐渐提高。”

（园丁，其土地被日军征用了）“只有日本，没有中国。”

（农业工人）“日本人不可能帮助中国。他们不可能合作。”

（卖燃料的人）“日本人准备把我家附近山上的树木拿走。他们不让我们砍树，可他们把树全都砍下来了。直到今天他们一分钱也没有给。”

（农夫）“他们带来钞票给我们换取那些值钱的东西。”

Ⅳ.日本在中国所要求的是什么？

29人明确地（常常是唯一地）回答“土地”。这种人在农民和劳工中比较多，在受过教育的人中也相当多。这反映了征用土地的普遍性和控制资产及生活资料的普遍性，而土地则是资产和生活资料的共同象征。有些答案说，“我们的土地”，不论是考虑到国家还是邻邦。另外一些人则回答：“中国的土地。”

36人回答说：“他们要夺走一切。”有时还指明许多利益、资源、资产种类、权力工具等，在一个短篇的报告中不可能将它们一一列举或分类。在这些答案中，许多都以对劫掠和没收的观察所得为依据；另外一些答案则是对日本政策的一般看法；有些用以上两种方法来回答。

20人说，“他们要支配一切”。还有12人稍稍强调了某种形式的经济利益，另外2人则强调日本人要进行经济垄断。

4人的回答是：破坏和奴役。

在那些可能使日本宣传者满意的答案中，1个提到是以摧毁蒋介石为目的，1个提到是要把日本和中国合并成一个国家，还有1个提到是要在这两个国家之间建立一种家庭关系。

评注：

切身的体验再一次摧毁了空话。作为实际计划的获取和统治已经被彻底揭露出来了，普通的口号没有进入人们的思想之中。25人中甚至没有一个近乎接受与日本人广为宣传的在华活动目的相一致的观点。

实例：

（食品商贩）“他们控制中国。他们要什么就拿什么。”

（农夫）“他们要我们的粮食。”

（农夫）“他们什么东西都要，他们甚至来要鸡。他们一天不走，便多一天的麻烦。”

（鞋匠）“它要我们的土地。它已经得到了归我所有的一小块土地，毫无补偿。”

（有文化的地主）“他们要奴役我们。”

（人力车夫）“他们要把我们的国家置于他们的管理之下。”

（农夫）“他们要我们的城市和铁路。他们要毁灭我们这个种族。”

（食品商贩）“他们要把我们中国人全部消灭，以便他们能够来这里居住。”

（人力车夫）“他们要我们中国。如果不是这样的话，他们为什么要来向我们开战？”

（有文化的农夫）“它对中国人民没有真正的爱，它巴不得我们快些死绝。它要我们所有的一切。”

（卖蔬菜的人）“他们要我们的土地。我家种了一大块地，日本人把它全部夺走了。他们不给我们一个钱，现在也不让我们种地。”

（人力车夫）“他们在中国已经杀死了许许多多的普通老百姓。这表明他们要我们的命。”

（卖燃料的人）“他们不要中国的泥土，因为他们不能把它搬到日本去。但是别的东西都已经被他们抢走了。”

（理发师）“他们要我们的土地，我们的主权，他们更要我们的经济命脉。他们口里说不要，可他们实际上要。”

（商人）“他们要中国人民，这就是他们所以要‘和中国亲善’的原因。他们要中国的工商业，这就是他们所以要‘经济合作’的原因。他们要中国的领土，这就是他们所以要‘合作反共’，以便他们的军队想驻在哪里就能驻在哪里的原因。”

结论：

正如根据对四个最普遍推行的口号或概念的接受或理解进行的测验所表明的那样，日本人在华东占领区的宣传显然不能克服它在行为上的自我否定。人们的切身体验，包括许多的军队暴行、没收财产、剥削榨取和对正常生活的令人苦恼的干涉。这就大大遏止了对一种有几分模糊的“新秩序”和一种实际上是掠夺式“合作”的大肆宣传。的确，只有当你远离地球（现实），飘游于幻想的云雾之中的时候，才能使“新秩序”和“中日合作”具有一点口头上的迷惑力。中国人一般是现实主义的，是讲求实际的。有一个中国人说过：“日本的宣传没有丝毫效果。实际上，在未来的50年中这个地区的人民决不会相信任何有利于日本的词语。日军的所作所为对每个家庭——包括那些为了不致饿死而在傀儡政府工作的人——的生活伤害得太深了。”

机密：

东京当局经过精心挑选，已经决定派遣一个由6个日本人组成的重要小组到中国来，从事对美国驻中国传教团工作人员的精密细致的宣传。这是从可靠的日本人方面得来的消息。

日本官员认识到美国对日本的舆论之所以激烈，主要是由于支持中国的传教士的努力。他们也相信传教士对华盛顿政府有重大的影响。

由于这个原因，东京当局已经决定把努力培养在华美国传教士的“理解”作为一项“基本措施”，去影响美国关于日本侵略的舆论。

最近有许多日本在华官方工作人员已经奉命研究这种努力的“各个实际方面”。据说他们给东京的报告已使日本政府相信这一任务是很艰巨的。

依照东京当局的看法，唯一实际可行的办法是挑选一批“特别合格的人”去和美国传教士建立联系，作为向他们表达日本观点的途径，并通过暗中的、微妙的宣传去争取他们的亲善和理解。

这个问题据说已经在最近召开的东京官员和日本基督教徒及有长期西方生活经验的基督教青年会工作人员之间的一些会议上进行了讨论，作为这些会议的结果，已有6个日本人被挑选担任这项工作。其中2人已经动身去华南，其余4人不久将动身去华北和华中。

日本占领下的所有主要中国城市的日本当局都已接到东京的指示与这些人合作，并推荐其他适合这项工作的人员。

同时，东京亚洲开发董事会、日本陆军省、日本驻美国的外交人员都已接到了关于这个问题的通知。

被委派担任这项工作的日本人，将就地与日本军事和民政当局保持密切而又秘密的联系。可是，他们又被警告不要暴露他们与日本政府的联系，也不要表示与华中宗教联合会的任何联系，因为外国传教士都知道这个联合会是处于日军的直接监督之下。

这些日本人的主要工作将是培养在中国的外国传教士的“理解”，但是，他们还奉命对被占领地的中国基督徒予以密切注意。[①]

美国情报委员会关于日本文化侵略的问卷涉及范围甚广，而且显然出

① Bates' Papers，RG10，B103，F876. 此处译文由李亚丹教授提供。

于与日本争霸亚洲、太平洋地区的需要。贝德士所作的调查则限于中国民众对日本在华政策的理解，并且集中于日伪宣传中经常运用的若干口号，如“东亚新秩序”、“好邻邦”、“与日本合作”等。他在南京市及其附近地区，经由可靠的中国友人帮助，对80个不同职业、不同年龄和不同教育程度的人进行询问，所得答案大多是质朴而真实的。诸如农夫答，“日本人来了，那就是‘新秩序’”；失业店员答，“它是日本的秩序，不是中国的秩序”；人力车夫答，“中国的‘好邻邦’——那是指的日本。别的国家没有把它们自己叫作‘好邻邦’”；餐馆厨师答，“没有一个国家对中国好。美国是文化帝国主义国家，英国是经济帝国主义国家，俄国是一个强盗国家，日本人更坏，毫无人性”；地主答，“‘合作’就是为他们工作，成为他们的奴隶、他们的走狗，只有汉奸才能那样”；学者答，“是的，他们合作，但全是和我们的流氓恶棍合作。现在那些无赖游民的地位正在渐渐提高”；……普普通通的沦陷区民众，分别从自己的角度与认识水平出发，对日本侵略者的伪善宣传作出适当的评价。这是一个美国学者利用社会学方法在日伪统治下进行问卷调查留下的珍贵原始资料，它记录了沦陷区各阶层民众对日本侵略者的真实观感，也说明了日本的伪善谎言无法掩盖其残暴统治的现实。正如贝德士所说的：“在未来的50年中，这个地区的人民决不会相信任何有利于日本的词语。日军的所作所为，对每个家庭——包括那些为了不致饿死而在傀儡政府工作的人——的生活伤害得太深了。”

贝德士利用一切机会揭露日伪宣传的虚伪和日军的残酷罪行。在他遗存的文献中还有一份1941年6月在美国所作的演讲记录，也很有助于我们了解南京沦陷后的实际状况。全文如下：

国外布道全国联合会会议（Foreign Missions Conference of N. A.）纽约市5大道156号

绝密　　不得出版

东亚委员会，1941年7月10日

给曾在中国工作的各差会董事会的秘书们——

亲爱的朋友们：

下面是贝德士博士1941年6月25日为纽约市一个社团所作的演说词。请注意已注明“绝密”和“不得出版”。只要读一遍此份文件，就会明白这个资料何以不能刊布，而贝德士何以不能署名。贝德士是在华传教士中最富有才能的观察家之一。1937年12月日军占领南京时，他正好在这个城市，而且一直居留到今年5月。在此期间他曾访问日本数次，至少访问华西一次。他是基督教传教士联合会（The United Christian Missionary Society）的一个传教士，也是金陵大学的一个教师。

您的忠诚的，

约翰·H.芮斯勒（John H. Reisner），代理秘书

东亚委员会

中国沦陷区基督徒的工作方向

（The Setting for the Christian Task in Penetrated China）

Ⅰ.经济形势

交通完全被日本人垄断，并用以维持对于货物运输与出售的控制。实际上所有大规模企业都掌握在日本人手中。所有公用事业都被日本人垄断，建筑材料、棉花、棉纱、羊毛和机械亦复如此。

普通民众陷于水深火热之中。不仅缺乏粮食，而且缺乏各类贸易。由于军事行动和敌对的经济封锁，整个国家被分割成许多块。城市与乡村分离，工业与农业分离。

情况由于货币不统一而更加恶化。现时有三种货币在南京流通：1.原有中国法币；2.中国储备银行（傀儡政府中央银行——引者）钞票；3.日本军用券（用于所有交通和公用事业以及各种大规模贸易）。

华北地方傀儡政府另有单独发行的货币，以后在内蒙亦然。华南也有自己的特别货币。

南京和扬子江流域大部分地区的物价指数，如果以1937年头6个月为100，则（今年）3月底为825，大米已超过1 000。

非熟练工人的工资（指数）约为250，相对于1937年的100。熟

练工人只能养活自己而无力赡养家庭。如果他不吃饭，第二天就难以工作；如果他吃饭，妻子和儿女就得挨饿。

Ⅱ.汪精卫傀儡政权

在傀儡政权的代表人物中，我们不可能看出性格与智慧。他们很可怜……他们之中许多人从南京或从沿海地区来寻找工作。有些人曾经坚持两三年拒绝为汉奸政府工作，但由于找不到其他职业，只有就伪职以谋生。他们内心有愧，却无力自拔。他们聊以自慰的是，当正义到来时他们乃是处于怠工状态。此种工作网罗了一大批人，其品格与见识均较低下。现任社会安全部长是中国最著名的杀手。他的朋友告诉我，已知道有138个政治刺客为他效劳。他们有一个专家注册局，乃是出售日伪政府职务的机关。他们自身的道德素养极差。

去年12月伪教育部部长曾有意帮助南京金陵大学复课，据说其用意是利用我们的校舍办他们的公立大学（指其后设立的伪中央大学——引者）。他请我到他的公馆讨论此事，那儿在公家俱乐部有两个宴会，然后在我家里回请，并且必须请两个汪精卫的枪手共餐。我们利用他的癖好加以推诿：古代哲学研究和急欲通过我们了解国际新闻。他不愿由于在学校问题上的压力过大而失去新闻来源。这位部长在我家里发表两小时45分钟的演说，其间曾为南京伪政权表示歉意，结束语指出："无论我们在南京如何没有希望，重庆那帮人也没有希望。对于中国人民来说，唯一的机会是英国在美国帮助下打败德国，那时日本人将不得不离开中国。"

汪精卫自己并没有从南京溜走；事实上，最近访问东京乃是他一年之中的首次旅行。普遍认为，在伪政府任职多少带有暂时性。很少中国人认为（南京政府）任何举办之事可以维持很久。最近不少伪职人员向我们这群人送相片，目的是在自由中国政府返回时，可以证明他们与美国人的社会服务有联系，其中包括一些声名狼藉的人。有两个人私下到我家访问，详细打听我何时回来，如果在我回来以前重庆军队就来了，其中什么人可以庇护他们。

Ⅲ.教会工作

一般来说，日本人和伪政府没有像我们所担心的那样，在各方面严重干扰教会工作。我们有许多比预期要好的机会。我们常常可以预期与等待到日本人在其进程中的某种松弛。

同样，在华中与华南，日本人并非十分自信能够长留，他们投资不多。以短暂停留的心理处理许多事情，他们不能把这些事情引向日本人认为是自然的结论。这就给予我们机遇。我们大多数人没有把伪政府审订与提供的教科书推荐给我们的小学，我们曾经为此担心，但终于得以推脱。

当然，你们已经听到山西省伯利恒（Brethren）教会的严重事件。去年秋天或初冬，那里有13个基督徒，包括若干负责人，在日本人极力威胁基督徒割断与外国传教士的联系时被杀死了。这就造成一种道义压力，迫使（外国）传教士撤离。这是一个绝无仅有的极端事例。还有其他相当恶劣的案件，但很少有后继者或波及较大地区。

如何推进传教士工作，与过去相比较而言，教会能做些什么？当然，答案将因不同地区和各地人员而异。不过医疗有所进展，从接受医疗的病人数字方面看，取得了一如往昔的成就，而在反应方面则胜于往昔，因为这里很少有别的什么（医疗）可以提供给民众，也因为民众非常钦佩医生和护士在处境艰难的条件下所作的贡献。大多数医院失去一大部分他们的中国医生和受过训练的护士，并且非常缺乏职员。有少数德籍犹太医生和（外地）逃难的医生补充进来，他们大多能提供切实的帮助。虽然所有医院都为房屋、人员、设备的损失所苦，但他们能够以极不寻常的方式坚持其服务。我们担心药品难以为继的情况趋于严峻，因为日本人对此类商品日益加强控制。来自美国的货物也受到更多的限制。

Ⅳ.学校（指教会学校——引者）

学校现时情况复杂。你们当然了解学院与大学的局势。中学总数与战前相等，约为250个。许多学校质量下降，因为他们失去了最好的老师，加上他们的房屋和人员损失严重，大多数学校现在不能付给教师适当的生活费用，不过他们的服务质量普遍得到好评。公立学校更加衰落，他们的质量比教会学校最次者还要差，非基督学校的精神及宗旨与家长的期望相距甚远。

至于小学，未能得到适当的信息。教会通常愿意在少年儿童中恢复工作，但这些工作往往与宗教活动或类似课余圣经学校等项目相联系，而不怎么努力遵循政府的规定。不过也有若干办出成效的常规小学。

V. 紧急工作

在沦陷区提供的紧急服务是大量的，大多数传教士都参与了各种形式的救济工作。他们也在某些学校工作，比往常更为加强职业的训练与指导。他们也参与全国儿童基金会领导下的儿童保育事业工作，由全国基督教委员会从行政上为此提供经费。还有许多直接救济方式。这类工作使传教士与外国牧师负担甚重，但除少数人外，他们都认为这是一种必要的负担。你不能向一大群饥饿民众简单地说："将给以温饱。"当你进入一个教堂，那里有三分之二的人衣服褴褛，除非你尽自己之所能去满足他们的需要，否则你将难以心安理得。救济任务确实繁重，但他们（指参与救济工作的中外人士——引者）并未被压倒。许多教会的报告说，他们通过救济工作在精神上受益甚多，而常常更多的抱怨则是那些"吃教者"们（rice Christians）的陈旧包袱。

VI. 结论

我的结束语很简单：沦陷区的传教士决心在向他们开放的道路上继续走下去，他们必须面对那儿伟大的人类的需要。精神与其他方面的回应是非常显著的，我们感到，当急需把人员与事业转移到自由区立即开展有益的工作时，如果把一大批曾经将紧急服务工作做得意外出色的人们完全弃之不顾，那将是一个错误。即令外国传教士明天被撤出，这些地区的教会也不会消亡，它将重新在严酷的条件下成长。教会的故事即令美好到极点，也将有一个艰苦的经历，我们期待于它。我们执着寻求，无论日本人在这儿停留多久，我们预期政权的转移将带走破坏与暴力。日本人的撤走不会有预期的愉快，政府继续留在边陲（指重庆——引者），也不会有预期的愉快，没有人知道谁将接管这些地区。即使日本人走了，仍将有大量的麻烦事在前头。

无论如何，我们还是特别高兴地看到，自战争初期以来曾受到严酷打击的基督徒与教会已经归来。

（以下为演说后自由讨论的记录——引者）

问：我们的救济工作是否会加固傀儡政权？

答（贝德士，下同）：对问题的答复是，日本人从中受益甚微；而对于中国人的道德与品格的裨益，远远超过我们为日本人做的任何事情。日本人不欢喜我们的工作，他们在我们的道路上设置重重障碍。

在重庆，我发现大部分领导人对这一时期沦陷区教会的工作甚为满意。他们没有把政治因素置于显然是善良的人性之上，他们同情在沦陷区被隔绝的亲友。蒋介石将军知道我留在南京并曾给我写信，其目的在于表示对基督教传教士在长江下游一带工作的称赞，他常常通过各种渠道这样做。他提出两个问题：1. 一般民众情况如何？2. 鸦片问题如何？

问：你们怎样得到药品供应？

答：没有通过药品商转运进入内地，不过我们可以作为私人财产加以转移。

问：你估计现在的状况将维持多久？

答：你们是在与非理性的人（指日本侵略者——引者）在不负责任的情况下打交道。我们敢于前进，但没有人能对未来作任何恰当的预言。

问：鸦片情况如何？

答：主要趋向是鼓励在整个沦陷区种植鸦片，甚至在城市边缘。

问：日本人（自己）是否开始利用毒品？

答：日本人自己吸食并不太多，虽然这对他们来说也是一个经常出现的问题。他们控制严密，检查审慎。他们要求烟馆老板举报有哪些日本人曾来光顾。

在朝鲜，官员已要求某些农民开始种植鸦片。

问；中国人的伤亡总数如何？

答：比较公认的数字是300万人死亡与重伤，而日本人所说的数字是100万人。在这类战争中，100万人的伤亡可能从来没有记载。

问：日本的态度有无变化？

答：日本态度的变化，据说表现在对其中国事业的精神沮丧，他们对此很伤脑筋。我有第一手证据，因为（他们）努力谋求利用米尔斯先生（Mr. Mills）和我的影响去推动美国出面调停。我们曾与一位日本将军有过不寻常的会晤。我在与一位无党派日本人士的交往中，获悉一个十分完整的和谈故事，或许可以说是从去年8月到现在的和平企望，在此期间他们断断续续地进行。日本人准备提出极为慷慨的条款作为（议和）代价，但这些许诺与他们的所作所为是否完全一致，这才是问题的核心。他们最后说，愿意从中国撤军。不过在同一时间，军方则希望维持在华北与（内）蒙古的驻扎。他们说：“我们希望这能被理解为日军既有的合法调动，同时将与中国人达成协议，认可我们留下以抗御苏联。”他们未曾离开（日、苏）双方水火不容的立场。他们最近谈到的无非是一年以前（日、苏）相互交战，这是日本将军们付出可怕代价的发端①。

问：目前苏联状况对日本的影响如何？

答：（苏）俄日协定没有任何意义，日本将军们的声明早已澄清。我认为目前局势的影响，将会使日本军队“继续暂停以应变”（remain poised for an emergency），这意味着在他们决定用什么方式跳跃之前先登高上墙。将进行的一次重要的冲突是配合德军的攻势而进攻西伯利亚。

问：日本如何南进？

---

① 指日本关东军于1939年5月至8月入侵中苏边境之诺门坎地区，入侵日军被苏、蒙联军全歼。

答：南洋方向的进展并非成功。在东京，内阁长期在一个问题上权衡得失，即是继续与德国联盟，还是在未受严重打击的情况下开溜？

问：在日本以及日本占领的中国地区有多少德国人？

答：在中国不多，在日本约有 10 000 人。他们获得各种优越职务，占有很多新闻、企业部门的位置。他们正在努力推进（战争），而他们的言论充满诉求。他们说："假如你们等待而英国赢了，你们将一无所获；假如我们摧毁英国而你们现在不帮助我们，你们亦将一无所获。"这种机会主义在日本方面得到积极反应：此乃千载难逢的时机。

问：德国与日本之间有无摩擦？

答：有，诸如日本人放纵型的案例，实施暴行的日本人毫不在意。

问：在沦陷区，是否有些地方，由于外国传教士的出现而增加了中国人的困难？

答：是的，不过他们为数甚少。除有一个我曾告知你们以姓名者之外，就没有其他的出现。不如用另外一种方式回答，只要美国不与日本开战，美国传教士即使在一个邻近地区出现，也可以为当地中国人提供多方面的极大帮助。

问：如果日本人战胜，美国公民是否会被监禁，而美国财产将被没收？

答：我们可以预见，所有外国人，包括传教士，将被监禁，大量属于美国或与美国有关联的财产，将被日本人或傀儡政府接管。我不大相信会有许多对教会的直接干扰，但医院与学校或许会受害较多。另一方面，中国就是中国。在中国基督徒与傀儡政府的中国人之间，通过不同渠道形成复杂的关系。许多地区由于这种关系，至少形势有所缓和。在更大范围内将发生什么事情，我无从预言。日本人，还有傀儡（政府）都在打（教会）学校财产的坏主意。在许多城市，有一半的公共建筑被严重毁坏、洗劫与废弃。我知道许多地方，汉奸，间或还有日本人占有重要位置，他们说："你们不要担心没收，你们尽管照常做你们现在做的与政治无关的事情。"这是某些机关表示的态度，然而对于判断来说是过于含糊。

这篇演说及随后的讨论涉及的范围很广，已经远远超过南京地区与日军暴行的范围，诸如日苏关系、日德关系、傀儡政府人员心态、日本战争决策动向等等。但它毕竟为我们勾画了抗战前 4 年沦陷区（主要是南京地区）状况的基本轮廓，可以帮助我们了解贝德士和国际委员会各项活动的更为广阔的国际与中国内部的背景。当然，可以看出，作为一个善良的基督教和平主义者，贝德士对于日本军国主义的残酷本性与两面手法仍然认识不足，对胜利的预期与沦陷区传教士活动空间的估计也未免过于乐观。事实上，贝德士演说之后还不到半年，日本正是在"议和"烟幕的掩盖下，突然袭击珍珠港并发动太平洋战争，日美正式成为敌对国，贝德士等美国传教士也就随之失去在沦陷区从事救济工作的空间。但无论如何，这篇演说记录毕竟能够帮助远在太平洋彼岸的美国人民如实了解南京和其他中国沦陷区的情况，了解口口声声"维护东亚和平"的日本军国主义者在广阔的中国国土上究竟干了些什么勾当。

为了让读者进一步识破当时日方宣传的伪善丑恶面貌，下面节录日本学者洞富雄《南京大屠杀》一书的片断：

关于市民生活的新闻报道全是谎言

占领南京后不久发生的日本军的军纪败坏情况，持续了两个月以上，对此，未能从日本的新闻报道中了解一鳞半爪。在占领地区出版的英文报纸也同样如此，因为当时报道受到了严格管制。总之可以说，几乎看不到关于南京市民情况的报道。有时难得发表的消息，也是与事实大相径庭。

估计是马吉牧师（应为费吴生——引者）——那个留在南京的外侨，在信中对 1 月 11 日那天的情况这样说："我们看了二三份上海的日文报纸和两份《东京日日新闻》。据这些报纸报道，自 12 月 28 日以来，商店正在迅速开门营业，业务正在恢复正常，日本军同我们合作，向可怜的难民供应粮食。'中国匪贼'已从南京一扫而光，现在所控制的是和平和秩序！如果事情果真这样，就不会出现悲剧性的结局，这真使人忍不住要发出苦笑。"（洞富雄编前引资料集2，第43页）

在上述同一封信中，在谈到12月30日那天的情况时，他说：这一天，在日本大使馆里集中了收容所干部等约60个中国人，分别制作了五色旗和太阳旗各1 000面。元旦那天，在有1 000名以上难民的收容所里推出代表20名，在难民较少的收容所里推出代表10名，他们被唤去鼓楼集合。据说当天的计划预定是日本军在难民们于鼓楼前高举五色旗的同时发表演说，奏乐，还对这些挥舞旗帜前来欢迎新体制的幸福的人们拍摄新闻纪录影片（前引书2，第42页）。因而我们也能够通过报纸照片和电影看到那种煞有介事的情景。可是这封信在写了上述事实后说："然而有报告说，在市区内日本军继续采取火攻办法，强奸和诱拐12岁、13岁少女的事件发生了三起。斯珀林（Edward Sperling）忙于把士兵赶出总部附近的屋子，日本士兵抓人时，曾在蚕桑系（金陵大学的一部分，美国人的资产）附近设有步哨线。"

马吉牧师（应为费吴生——引者）在信中所说的"新体制"，那是指年底成立的"治安维持会"，该会于1月1日举行了成立仪式。

第十六师团参谋长中泽三夫在远东国际军事审判时提出的宣誓供词（辩证2667）中，对那天的"盛况"，是这样供述的：

"翌年1月1日，在举行治安维持会成立仪式时，有数万中国民众集合在举行仪式的地方——鼓楼宫前的广场上大声欢呼。"（《远速》，309号，载前引书1，第245页）据说，当时准备的旗帜仅两千面，但集合起来的民众却达"数万"。好大的动员力。其他证人也一样，他们对与己不利的，一概采取视而不见、听而不闻的态度，明哲保身，但唯有对这一"盛况"，却想夸大其词地把它写出来。

另外，上海发行的《新申报》这份中文报纸，在1月8日出版的那天刊登了下列消息，看起来好像实有其事。《新申报》是由日本人主办的，它所刊登的关于南京的消息，当然是对中国人进行宣传。

日本军亲切关怀难民
南京充满和睦气氛

南京街道极为平静。深情厚谊的太阳之光尤为和煦地照射在西北部的难民区。九死一生地逃出来的难民们，受到了日本军的亲切抚慰。他们喜气洋洋，十分感激，恭恭敬敬地跪在路边。在日本军入城前，他们苦于受到怀有反日情绪的中国军的压制。事实上，他们手中没有一粒米，病人得不到治疗，饥饿的人得不到食物。善良的市民痛苦万分，处于无比悲惨的境地。

幸亏皇军在南京入城后收兵，伸出了深表同情之手．对病人进行诊疗，对善良的市民来说，他们来得正及时。在日本大使馆的西侧地区，多数难民放弃他们过去所采取的愚蠢的反日态度，为获得生活的保证而感到欣喜，跪拜在地。男女老少彬彬有礼地向皇军致意。这表示了中国人的特别礼仪，如果他们没有诚意，那是不可能看到这种情况的。在难民区内，他们（日本兵）不问性别、年龄，给难民分送面包干、点心、香烟等，大家感到非常高兴，表示感谢。（日本兵）在井边和他们的兵营附近向穷人和难民赠送物品。

卫生班也开始进行医疗工作。因患严重眼疾而失明的人，也全被日本医生医治好了。母亲带来了患百日咳的孩子们，得到了医生的治疗；患有足疾而肿得厉害的老妇们，同样得到了医治。大批难民尝到了药品的特有滋味，尝到了美味的食品，他们露出了笑脸，频频致谢。诊疗结束后，不计其数的群众高呼“万岁”，聚集在太阳旗和红十字的旗帜下，围着士兵们表示谢意。在马路对面，宪兵笑着同忙于准备开始营业的商人谈话。在日本大使馆附近的鼓楼，有块高地，可以瞭望到周围情况。在大使馆附近，挂有美国国旗；在西北面挂有英国国旗；在南面挂有法国国旗；在东面挂有苏联的红色国旗，都倒映在荷花池翡翠色的水面上。在这些国旗当中，日本大使馆的铁塔高高耸起，太阳旗在微风中迎风招展。往下看，在南京的儿童游乐园里，日本兵和中国的孩子们好像愉快地在滑梯上玩耍。现在，南京是引起各国注意的最好的地方。因为在这里，谁都能呼吸到和平生活和愉快工作的空气。

如上所述，1月8日那天《新申报》的报道，似乎说南京已恢复秩序，和平的阳光普照于市民生活。但是，南京市民的生活这一天到底处于什么样的情况呢？我想介绍一下反映当时实际情况的二三份材料。

安全区是比较安全的地区，而且日本军的主力也已调防到别处，所以自新年以来，区内情况有时也稍有缓和。但就连这样的安全区，在安全区国际委员会每天向日本大使馆就日本军暴行所提出的报告中，对七、八日两天所发生的暴行事件记录如下：

第180件　1月8日，五六个日本兵在沈举人巷22号强奸妇女后，开枪射击居民，有个姓李（音译）的妇女负伤。

第181件　1月8日，四个日本兵在昨晚闯进了高家酒楼附近49号袁（译音）氏家里，企图强奸3名妇女（21岁、25岁、29岁）。由于她们行动迟缓，没有听任日本兵摆布，日本兵便向她们开枪射击。

第183件　1月8日下午六时，三个日本空军飞行员强奸了华侨路四号姓高（译音）的姑娘（18岁），事后任意开枪射击。

第184件　1月9日，一位老人离开安全区回到大沽巷（译音），想看看自己家里的情况，以便决定是否能够住下来。他一到家，三个日本兵站在门前，一言不发，其中一个开枪，打穿了他的两条腿。现在，老人正在鼓楼医院治疗（威尔逊）（前引书2，第114页）。

新的岁月到来了，但同过去一样，女难民好像仍然感到惶惶不安。后来，日本军的暴行不断发生，从未停止。仅就安全区国际委员会提出的报告中可以知道，到一个月后的2月7日为止，共发生暴行事件260起以上（前引书2，第114、119、182至183、187至194、196至207页）。当时，安全区还处于这种情况，整个南京（包括安全区）的市民生活陷入了混乱局面，几乎看不出有什么改善的迹象（前引书，第153—157页）。

六　战争损失调查

日本侵略战争究竟给中国造成多么严重的损害，这是中国数亿民众乃至全世界进步人士都非常关切的一个重大问题。1938 年 10 月 28 日至 11 月 6 日，在重庆举行的第一届国民参政会第二次大会上，参政员黄炎培等建议政府速设抗战公私损失调查委员会，展开抗战损失调查工作。提案指出："抗战已及 16 个月，公私损失，不可以数计。到战争结束时，一、必须向敌方提出赔偿问题；一、未来之国史，必将此空前惨痛之事迹，翔实记载，昭告天下及后世。凡此皆须有正确之数字为根据。爰建议办法如下：一、中央政府从速设立抗战公私损失调查委员会。一、由该会从速进行调查前方、后方，直接、间接公私损失，填具表式，报告政府。一、该会组织及其施行办法，由政府制定之。"提案经大会决议通过并得到政府同意，最初交由行政院主计处具体经办。自 1940 年起，每隔半年即就所收到的报告，及以前所已获得的数字，累积汇编一次。至于作为专管机构的"抗战损失调查委员会"，迟至 1944 年 2 月才正式成立①。

实际上，南京国际救济委员会早在 1938 年 3 月即已着手此项工作。当时，南京地区仍然笼罩在恐怖气氛之中，难民救济工作依旧繁重之至，但贝德士、史迈士等已把战争损失调查作为重要工作，这表现出高度的前瞻性与国际正义感。委员会委托金陵大学社会学系教授史迈士主持此事，调查从 1938 年 3 月 8 日开始，至 6 月 15 日截止，前后花费三个多月的时间。

① 迟景德：《中国对日抗战损失调查史述》，台湾"国史馆"印行，1987 年，第 8—11 页。

史迈士综合各项调查结果，编成《南京地区战争损失，1937 年 12 月—1938 年 3 月》（*War Damage in the Nanking Area, December, 1937 to March, 1938, Urban and Rural Surveys*）一书[①]。这是关于南京地区战争损失状况最早公布的调查报告。

贝德士为此书撰写序言，全文如下：

在努力援助南京及其毗邻地区贫困民众的同时，南京国际救济委员会早就感到有客观准确地了解其真实经济状况之必要。他们的损失的数量与性质如何？他们谋生的机会与能力被损害到何等程度？可以预料从这些地区的农村得到什么样的粮食供应？主要妨碍恢复城乡经济生活的因素是什么？对于任何救济政策与方法的考虑，这些问题都是带有根本性质的。回答这些问题的最好方法是走出去寻找事实。

南京国际救济委员会此处公布的调查结果，首先乃是与本地和其他地区救济工作相关连的信息，其次则是牵涉或将要牵涉任何国家公民的战争损害。我们自己的立场是人道主义，不考虑战争受害者的国籍。在这个报告中我们很少使用“中国人”和“日本人”字眼，把人们单纯看作农民、家庭主妇或儿童。

但是，国际委员会注意到，中国人已经发表的有关南京地区人民损害的报道，对日本人往往有排外的夸大的谴责；而那些由日本人发表的报道，则把焚烧与抢劫说成是中国人干的，是他们自己大发慈悲加以阻止。为预防对于现今这个报告可能引起争议的滥用，我们认为有必要对列举的损害的原因作详细而具体的陈述。

在紧靠南京城墙的市区，还有南京东南面的某些乡镇被焚烧，是中国军队作为军事（防御）手段造成的——其是否恰当不应该由我们

---

① Bates' Papers, RG10, B102, F869. 此书过去有中文译本，书名《南京战祸写真》。南京大屠杀史料编辑委员会将其收入《侵华日军南京大屠杀史料》，江苏古籍出版社，1990 年。本书所用译文，是我根据原著重新翻译的。

判定。少量民众生命财产的损害，是由东南方向沿路军事行动造成的，还有连续4天的猛烈攻城。事实上，所有城内和大部分乡村的焚烧，都是日本军队逐次干的（12月19日，进城一周以后，南京一直燃烧到次年2月初）。在调查设限的时期内，整个地区的绝大部分抢劫和所有施诸民众的暴行，也都是日本军队干的——至于政策名义上的合理或不合理，也不是我们所能裁定。从1月初开始，逐渐有中国平民进行抢劫；稍后，特别是在3月以后，燃料的争夺造成未住人房屋严重的结构性损害。还有，乡下终于出现严重匪患。在我们报告的某些部分，业已说明这些造成损害的因素。

从人道主义观点出发，我们敢于指出，调查显示的生命财产损失，由于实际作战造成的仅只是总数的百分之一二。如果双方曾愿意充分考虑民众的利益，包括军事和平民方面的合理保护，其余部分（损失）将有可能避免。

国际委员会将调查授权于其成员中一位训练有素的社会学家，史迈士博士，金陵大学社会学教授，他不仅具有调查方法的全面经验，并曾参与这一地区早先两次灾害的调查。这些调查是：金陵大学农林学院农业经济系代表全国水灾救济委员会（the National Flood Relief Commission）所作的经济调查（报告由顾问J. L. 卜凯教授以《中国1931年水灾》为题出版）。还有关于1932年淞沪战争对农业地区影响的调查，这是农经系应财政部长的要求而进行的（未出版）。两项调查的目的都是探寻实际的需要，以相比较于地方官员有倾向性的模糊报告。这个报告的完成，主要归功于史迈士博士非凡的才能与精力，虽然他作为国际委员会的秘书与司库，不可能全力投入调查。大量的知识来自以前的调查，这是既有方法观点，又对结果进行过核实或比较的调查。如在卜凯教授指导下最近完成的大型调查，其成果是出了《中国的土地利用》（*Land Utilization in China*）一书，并附有地图和大量统计。

贝德士在序言的结尾似乎有点跑题，但其用意则是说明，此书有科学的方法与严谨的学风，并可以与卜凯的名著相媲美。在极为残酷的战争时期，面对着每时每刻发生的日军疯狂暴行，却一丝不苟地按照社会学的科学训练规范来进行调查，并且对调查结果反复进行核对与比较，这或许会使人感到过于迂腐，至少是太"学院派"。但正是这些纯真的学者，不顾个人的安危得失，在中国最为艰难的岁月里，与沦陷区人民患难与共，不仅竭尽一切努力救援无依无靠的20多万难民，而且还凭借自己的学者良知与专业训练，对日本侵华战争给中国人民造成的巨大损害作严密而认真的调查，以期让外在世界了解南京地区的事实真相，并为后世留下经得起时间考验的历史实录。对于这样庄严的工作与心态，我们只能表示由衷的敬意。虽然贝德士在序言中一再强调不对非军事行为所造成的损害进行价值判断，但那只是为了表白他们自己的"中立"身份，实际上其爱憎非常分明，这可以从前面引述的贝德士言论中看出来。

作为此项调查的主持人和调查报告的编者，史迈士为该书写的导言别具一格。导言的副题是"组织与方法"（Organization and Method），并且在页尾的注解中说："这篇导言是为一般读者说明调查是怎样进行的。那些对技术考虑感兴趣的人，可以参看附录 A，'组织与方法的进一步注解'。"可见，他确实是把这个调查报告当作学术性著作来编撰的，并非仅限于揭露事实真相而已。学者之所以为学者，就是在任何境况下都能保持真诚，尽管世人对此并非都能给以恰如其分的理解。

导言全文如下：

国际委员会的调查其实是两个部分，虽然它们已被综合在一起。城市调查基本上是在居住南京的家庭中进行的询访，并以对有人居住与无人居住的所有建筑物调查作为补充，还分别对诸如分布在市内三或四个区的熟食业者和菜贩给以特别注意。农村调查基本上是在居住农村的家庭中进行的，并且以附录 B 描述的乡村调查和市集主要物价表格作为补充。

1. 实地调查程序（原文是田野工作程序——引者）

南京城市调查的家庭调查员，根据指示每 50 个居住房屋调查一家并填写其家庭表格。“房屋（house）”界定为“门牌号（house number)”，但也有几个套间（apartment）或建筑物属于一个门牌号的情况。3月份许多通道受阻，难以判断哪些房屋有人居住，结果有些房屋被忽略了。一张控制地图（control map）用以核对遗漏的地区。每个人（调查员——引者）被指定负责图上的一个专门地区，清点门牌号以选择他的50个居住房屋（inhabited house)。调查员应征踊跃，因为委员会信誉良好。我们向他们作细致的解释，他们前来只限于调查事实，并非如同为委员会正规服务的家庭救济调查员(the family relief investigators)。同时参加两项活动的人思想非常明确，家庭调查（family survey）较诸救济调查更不应该有意夸大损失(exaggeration of losses)。

城市调查的建筑调查员承担两项任务：（1）清点城中每个建筑物，说明其损害是由于军事行动、焚烧或抢劫；(2）估量每10处建筑物的损失。为着这个目的，一个门牌号（house number）视为一处建筑物（building)，虽然在某些事例中它包括几处建筑物。一位训练有素的建筑工程师为每种普通建筑类型制订单位的成本（unit cost）数字，非常有助于这些估计的准确。此外，每两个调查员中必有一人是承造商（contractor)。对于无人居住建筑物中的财产损失的估计，只有以建筑质量为依据，并且向邻居打听。如果控制地图（control map）标列的地区被看漏了，一定要认真复查。

家庭与建筑调查两者都覆盖全部城墙以内市区和若干城门外的地区。但他们未能涉足以前属于南京市（Nanking Municipality）的全部地域，包括浦口和许多郊区小镇。某些小区和分散的私人房屋，由于被日本军队和平民居住而无法探究。

派出两个农业调查的调查员，带着3个机构的通行证走遍6个县。指示他们先循一条主要干道前进，然后再循这一干道作锯齿状(zigzagging）曲折返回，如“8”字形以求覆盖归途较大地区。在这个循环中，沿路每三个乡村中调查一个乡村，每10个返回农村的家庭中调查一个家庭。对于经过的每个市镇，都要填一份市镇物价表。

2. 资料时间

农村的实地调查工作从3月8日至23日，城市的家庭调查从3月9日至4月2日，补充工作从4月19日至23日，建筑调查从3月15日至6月15日。在建筑调查这一较长时间内，损失的内容甚少变化，但也有若干取走部分建筑材料的事例发生。在此期间的修复工作实际上等于零。

3. 统计程序

很幸运地找到一位富有经验的农业经济专业人员，充当训练调查员和指导制表工作的总管；还有若干以前曾在卜凯教授的制图部门工作过的人员来协助此项工作。在撰写报告与分析调查结果方面，主持人（史迈士自称——引者）得到金陵大学贝德士博士的可贵合作，他在经济史和中国国情方面的渊博知识极其有助于统计的判定。

农村和家庭调查两者都以抽样为基础，并未企图作完整的计算。结果，总计和主要的平均数是以个案调查所取得的结果为基础计算的。但是，除在适当地方说明六合的谷种是例外，其余表格中作为计算依据的资料，都是以调查员所报告者为基础。

在农村调查中，每项农村家庭研究的平均数是按县计算的，然后再乘以卜凯教授《中国的土地利用》一书提供的每个县的农村家庭总数。总计是把各县总和相加取得的，然后根据这些总和取得主要平均数，可见主要平均数是根据各县农村家庭总数取得的。虽然利用一张乡村表格是为了获得总体情况这种更为广阔的印象，但所有的计算都是以农村（家庭）的表格为基础的（参看附录B)。

在城市调查中，家庭的调查总计，是按每50家调查一家的平均数再乘以50。此外，建筑调查的损失总计，也是按每10家调查一家的损失平均数再乘以10计算的。为了读者的方便，本书表格尽可能略去许多小数，所有总数都以成百的整数表列。

4. 重量单位、面积和币制

谷物和蔬菜的量度为市担，重100市斤，为100公斤（metric quintal公担）的一半，也就是50千克或110.23磅，很近似英制衡量的 hundredweight（112 磅），亦即 1 picul（东方各地之担）的 0.83。亩用以计算面积，农民报的是当地通用的亩（local mow）；但在计算中采用过江宁的亩，因为它覆盖调查的 2/5 地区，它等于 0.060 67 公顷（hectare＝1 万平方公尺——引者）。市亩（标准亩）间或稍大一些，为 0.066 67 公顷或 1/6 英亩（acre）。报告中所有货币价值都属中国币制。调查期间，货币的比价实际上稳定在大约 3.40 元换 1 美元或 17 元换 1 英镑。

我之所以要全文译述史迈士的序言，目的是要让读者更为直接地理解这几位学者型外国人士的工作风格。他们对受苦受难的中国民众充满爱心，但作为揭示战争损失的调查，却力求冷静、客观与准确，尽可能排除调查资料与分析结果中的任何感情与主观因素。由于战争环境的限制，他们的调查所能施展的空间是很有限的，日本军方和傀儡政府又不让他们使用任何现存资料与调查结果核对。但他们仍然用学术规范要求自己的工作，兢兢业业，一丝不苟。所有这一切，都增强了贝德士文献中所保存的有关南京大屠杀资料的可信度。

报告主体为三部分，一是市区调查，包括人口、战争伤亡、就业与收入、留居南京家庭之损失，房屋与财产损失总计。二是农村调查，包括农业损失、冬粮与春种（子）、战争与人、战争影响、城乡比较等。三是救济需要与救济项目产生的效果。此外，第四部分是附录，包括：A. 组织与方法的进一步注释；B. 全家迁移；C. 已利用之调查表格。第五部分是图表，共 32 种，条分缕析，极为细致。第六部分为地图，包括南京市和宁属地区两种。南京市区调查之家庭调查，共计调查 949 家，实际覆盖应为 949×50＝47 450 家。农村调查范围较广，包括江宁、句容、溧水、江浦、六合等 5 县，但六合因受治安、交通方面的限制，只调查了一半地区。每 3 村调查 1 村，每 10 家调查1 家，共调查 905 家。另外还对向国际委员会申请救济的 13 530 家进行了调查，也有若干统计资料可供参考。

在贪婪凶残的日军恐怖统治下，我们很难期望国际委员会以极有限的人力、物力和时间，能够全面如实地调查出南京地区的损失。他们的工作无非是一种抽样调查或个案研究，而这样局部的调查，其结果是有局限的。正如史迈士在调查报告中所指出的："我们有理由认为，由于害怕占领军的报复，关于日军造成的死亡与暴行的报告偏低。实际的报告偏低(under-reporting) 已由于没有任何记录幼童被残杀而非常凸显，然而人们都知道（此类事件）发生甚多。"同时，由于该会职能限于平民赈济，并未充分考虑战后向日本侵略者全面索赔，所以房屋、财产调查也只限于民众损失，并未包括国家、社会的一般损失，因此很难说是全面的调查研究。而由于南京陷落前后，居民大量外迁，全家被杀者亦甚多，以致大量损失无从上报，也影响了调查的完整性。

但这毕竟是比较全面系统，且合乎学术规范的有关南京地区的第一个正式调查报告，它虽然限于局部与抽样，然而由于严谨求实，可举一反三。相比较而言，其主要贡献不在于对战争损失总和的统计或估计，而在于对造成损失原因的反复分析，这对于揭露日本军国主义掩盖其滔天罪行的各种谎言极为有力。

下面，以这个调查报告的第 4 表为例：

伤亡数字与原因（在此期间）

时间(1937—1938)	死亡原因			受伤原因			抓走**	伤亡总数	士兵暴行造成伤亡的百分比
	战争行动*	士兵暴行	不详	战争行动	士兵暴行	不详			
12 月 12 日以前	600	—	—	50	—	—	—	650	—
12 月 12 日、13 日	50	250	—	—	250	—	200	550	91
12 月 14 日—1 月 13 日	—	2 000	150	—	2 200	200	3 700	4 550	92

续表

时间(1937—1938)	死亡原因			受伤原因			抓走**	伤亡总数	士兵暴行造成伤亡的百分比
	战争行动*	士兵暴行	不详	战争行动	士兵暴行	不详			
1月14日—3月15日	—	—	—	—	—	—	250	—	—
时间不详	250	150	—	—	600	50	50	1 050	71
总计	900	2 400	150	50	3 050	250	4 200	6 800	80
12月13日以后发生的暴行百分比		89			90				

* “战争行动”意为作战时之轰炸、炮击或枪击。

** 多数“抓走”者不知下落。

此表所列伤亡总数6 800人，并非整个南京地区的伤亡总数，而只是抽样调查经过核实的伤亡数字。虽然这个数字只是日军在南京地区实施暴行造成伤亡总数的很小一部分，但是却清晰地说明了造成伤亡的主要原因。根据表列死亡数字，绝大部分（90%以上）的伤亡均由日军暴行造成，实际上所谓原因不详者也有很大一部分起因于日军暴行，只是由于受害者害怕报复不敢明言而已。此外，同一时间被抓走的4 200人，其结局大多是被杀害或虐待致死，而且实际数字远远不止这些。正如史迈士所指出的：“到6月为止只有极少数人尚有信息。有理由认为其余大多数人在此期间早已被杀死。被抓走的人数无疑是不完整的。其实在原始的调查表格上，他们被冠以‘意外’标题，列入伤亡项目，但不列入调查计划。因此从他们表列的简单数字而言，具有不寻常的意义。因此这4 200人对于日军残杀人数，必然是一个重要的增补。”①

史迈士等对向国际委员会申请救济的13 530个家庭的调查结果，也有

① War Damage in the Nanking Area, pp. 6-7.

助于对战争损失的了解，现将有关附表转录如下：

对三月份申请救济的13 530个家庭调查的结果

项目	总计	每个家庭平均数或百分比
调查家庭数	13 530	
赈济家庭数	9 256	3.7人/每家，68.4%
房屋焚毁数：自有	405	3.0%
租赁	2 487	18.4%
总数	2 892	21.4%
焚毁房屋价值	$1 418 476	$104.8/每家
金钱损失总数	$221 663	$16.4/每家
卧具损失件数	12 321	0.9件/每家
衣服损失件数	72 345	5.3件/每家
男人被抓走数	1 553	占16—50岁男性之19.75%
妇女被奸污数	762	占16—50岁女性之7.84%
寡妇（属赈济家庭者）	1 524	占16岁以上女性之14.1%

注："损失"（lost）意为被日军抢走。

从此表可以看出，在这13 530个家庭中，几乎每5家就有1家房屋被焚毁，每5个16岁以上有劳动力之男子就有1个被抓走，每7个16岁以上女性就有1人失去丈夫，每14个16—50岁妇女就有1人被强奸。当然，正如前面所指出，这种调查结果也不可能是完整的，因为全家迁走或全家死亡者都不可能申请救济，而其各种损失也不可能表列其中。再如表列被强奸妇女数，考虑到中国传统的贞节观与怕丢面子，必定大大低于实际被奸污数。但无论如何，国际委员会的调查结果还是为我们保存了一批可信的有关日军暴行危害的实录。

读者可以看到，贝德士、史迈士等对日军南京大屠杀的总数估计始终持谨慎态度，因为他们非常强调（也许是过于强调）原始报告的反复核实。但战时环境与某些特殊情况（如全家死亡）又不容许作必要的反复核实，而他们的调查与亲自了解的范围主要还是局限在难民区以内。不过我们也可以看出，他们并未把自己的调查结果绝对化，因为毕竟是局部的抽样调查，不可能代替全面的总体调查核实。因为这是日本军国主义及其追随者一贯企图掩饰的重大问题，所以我们有必要对贝德士文献中的相关记载作一回顾，并加以必要的比较分析。

贝德士最早提出日军在南京实施屠杀与强奸的数字，见于他在1938年1月10日设法送出的密信。具体估计是："一万多手无寸铁的民众被残酷地杀害。大多数我所信赖的朋友认为远远不止这个数字。""能干的德国同事（指拉贝等）估计强奸案例有20 000起。我想不会少于8 000起，也许还要更多。"写信时距日军进城还不到一个月，贝德士等难民救济工作极端繁忙，活动范围与通讯工作颇受限制，基本上与南京城以外隔绝，所以上述数字的偏低是可以理解的，但他们都不排除"远远不止这个数字"、"也许还有更多"的可能性。

两个多月以后，即1938年4月2日，马吉在给美国麦金牧士与伍德博士的信中，所提的数字已明显增多，这显然与他积累的资讯渐增有关。信中举出两个重要例证：一是曾从事大部分掩埋工作的中国慈善协会（应为崇善堂与红卍字会——引者）的负责人曾告诉马吉，"他们从1月23日到3月19日，已掩埋尸体32 104具，他们估计尚待掩埋的尸体数字与此相近"。这是当时当地当事人（最有权威的当事人）的报告，比抗战胜利后政府与民间的事后调查更为准确可靠。仅据这一主要掩埋尸体的团体提供的数字，32 104×2＝64 208，即已掩埋与尚待掩埋的被杀害民众尸体即在6万以上。这里还应加上"其他一些团体也在从事掩埋工作"，这些团体即令各自掩埋的尸体数字远远少于中国慈善协会，但加在一起的数字必定也相当可观。同时，还应注意到，中国慈善协会从事掩埋工作始于1月23日，其时距日军进城已1个月零10天，在这么长的时间里必然也有相当数量的尸体被亲友与其他民众主动掩埋或搬移。另一事例是城门外一处教会公墓的守墓人告诉马吉："在城外被杀的2 000至3 000平民，是由当地老百姓自行掩埋的。"在城外被杀的中国民众，根据现有文献资料已可判断，远远不止数千人，而是数万人乃至更多。但这个守墓人毕竟又提供了一个有关日军屠杀中国民众数字的重要线索，即各慈善团体掩埋的尸体数字的总和，绝不能视为日军屠杀中国民众的实际总和。

需要推敲的是1938年11月29日贝德士出国开会途经香港时给友人的一封信，其中提到，“我们对南京平民被杀数字的最后统计是12 000人”，这个数字比马吉的信中列举的数字显然大为缩小。所谓“12 000人”绝不是旅途匆忙写错或记错，因为信中紧接着便说，“这个数字意味着现时尚在城内的每4个家庭就有1人被杀”，大体上与史迈士等所作调查的结果相近。因此，我们只能理解为，这个极为保守的数字是以此前数月国际委员会提出的报告为依据，贝德士作为该会主要负责人之一，不便对调查统计数字提出歧异资料，以免影响外界对于该会的信任。但正如前面已曾指出的，史迈士主持的乃是抽样调查，不仅在地区、对象和调查人手方面各有限制，而且由于过分强调取证、核实，在战争环境中实在难以完全办到，其统计数字只能偏低，而如果根据调查报告提出的百分比去推算屠杀总数，则未免过于学究气，而只能离事实更远。所以对信中所说的“我们对南京平民被杀数字的最后统计是12 000人”，只能理解为是对于国际委员会市内调查结果的客观陈述，并非当作唯一的最后结论。我们可以看到，贝德士已经认识到战时抽样调查的局限。他在信中说：“我们有来自居民家庭的报告，由于害怕报复而有应付与隐瞒。”以这种报告为依据而形成的平均数必然低于实际状况。同时，信中还提到，“3万以上业已抛弃武器的军事俘虏被残杀，大多是捆缚在江边被机枪扫射而死”，由此更可以看出“12 000”绝非是一个完整的总计数字①。

还应该指出一点，贝德士在这封信中肯定，“田伯烈的书——《战争意味什么？日军在华暴行》（*What War Means, the Japanese Terror in China*）是一本很直率的书”，而恰好正是田伯烈此书最先成为日军在南京

① 根据史迈士的调查报告，如果把城外邻近地区包括在内，则“在调查涉及的100天里，死亡者（指日军暴行所造成的死亡——引者）总数为31 000人”。可见，上述12 000人乃是南京城内抽样调查核实的结果。远远不足以表明日军屠杀的全貌。

屠杀 30 万人的原始依据。如 1938 年 1 月 31 日张季鸾在《大公报》社论中即提到，“英记者田伯烈氏报告，敌军在京沪线杀戮的平民至少 30 万人”[①]。田伯烈此书除利用安全区档案外，还引用了国际救济委员会有关南京暴行报告自 1937 年 12 月 13 日至 1938 年 2 月 7 日期间的 444 件案例。当然，只凭这些案例所作的总体估计很难完全精确，无非是提供世人作为案例参考。所以，贝德士只能称之为“直率”，不涉及数字评价；但他的信中谈到妇女被奸污情况时，自认“早先提出 8 000 人是很谨慎的数字，也是所有目击者中最保守的说法”。可见，他从来不讳言自己提供的数字大多偏低，细心的读者不难看出，贝德士、史迈士等颇有自知之明，他们无此意愿也无此能力为南京大屠杀的死亡人数总数作出权威结论，而无非是力所能及地为这桩历史公案留下若干实录与分析而已。

因此，他在一篇驳斥日本伪善宣传的评论中明确指出：“自从日本人无缘无故地发动侵略以来，已经过去 7 个月了（由此推算，此文当写于1938 年二三月间——引者）。他们军队所到之处，都留下彻底破坏和一派混乱的迹象。为蓄意制造恐怖，日本军队对平民百姓进行残酷无情的屠杀和空中轰炸。而由于严密的新闻封锁，那些更为令人发指的行径永远也不会为世人知晓。最有可靠根据的事实是，在日本部队前进时，估计在上海—南京地区至少有30万平民已被杀害。”这是迄今为止，我在贝德士文献中发现的他所提到的最高数字，尽管是包括宁、沪两地，但由于大规模屠杀平民是在南京地区进行，而且还不含“经允许予以保护而自动放下武器的士兵”被杀害者，所以对于“保守”的贝德士而言，这个数字已经是够大的了。当然，他也没有以这个数字为最后结论，因为只是说“至少已有30 万平民已被杀害”，可见贝德士一贯保持承认自己认识不足的谦虚美德与求实作风。他与浮夸的宣传无缘，更厌恶掩盖事实真相。

三年以后，即 1941 年 6 月，贝德士在美国的一次演讲中，有人问到战争期间中国人的伤亡总数有多少。他回答说：“比较公认的数字是 300 万人

① 转引自迟景德：《中国对日抗战损失调查史述》，台湾“国史馆”印行，1987 年，第 164 页。

死亡与重伤，相对于日本人所说的 100 万人。在这类战争中，100 万伤亡可能从来没有记载。”贝德士没有说明这一数字的来源与依据，甚至也没有说明所谓“中国人”是仅指平民还是包括军队。但仍有两点值得注意，即 1. 日本为掩盖其战争罪行，所公布的中国伤亡总数常不及三分之一；2. 由于战争的残酷与局势多变，伤亡人数不易作比较精确的统计，百万人以上的遗漏都是可能的。这里谈的是截至 1941 年 6 月以前的伤亡总数，所以数字相对较小而且偏低。1947 年 5 月 20 日第 4 届国民参政会第 3 次大会期间，国民党政府行政院赔偿委员会工作报告正式公开发表八年抗战人口伤亡总数为 12 784 974 人，其中军人作战伤亡 3 227 926 人，军人因病死亡 422 479 人，平民伤亡 9 134 569 人①。其实这些数字乃是一种大概的估计，其方法为设定日本军人伤亡为中国军人伤亡之比率为 1∶3，而中国军人伤亡与平民伤亡之比率亦为 1∶3。而作为根据者则为纽约大都会人寿保险公司所发表的第二次世界大战中全世界军人死伤为一千万人，其中日本军人死亡为 150 万人。据行政院赔偿委员会分析，日本对华作战部队最多不能超过其整个作战部队的 2/3，因此其在华死亡人数最多不会超过 100 万；该会即以 100 万为基数，乘以 3 倍则为中国军队伤亡 300 万左右之结果，再乘以 3 倍则可估计中国平民伤亡总数为 900 万左右。这种估计，虽然尚须参照军令部所统计的会战、重要战斗和小战斗次数，以及军政部所统计的军人伤亡总数，但由于两部所报数字亦不能一致，当然会影响到最后统计的中国平民伤亡总数。我之所以如此不厌其烦地说明上述情况，绝不是随心所欲地苛求于前人，我的用意在于说明战争损失调查统计之困难，特别是如同抗日战争这样大规模而又极端残酷的战争，很难要求每一种统计都十分精确，只能求其近乎反映事实真相而已。贝德士等专注于局部抽样调查，而较少断言伤亡与财产损失总数，其原因或即在于此。

当然，对于南京大屠杀人数的权威认定，应属战后远东国际军事法庭

---

① 行政院赔偿委员会档：赔偿委员会民国三十六年 3 月 3 日京（36）2 字第 00257 号公函。转引自迟景德：《中国对日抗战损失调查史述》，台湾“国史馆”印行，1987 年，第 273—274 页。

与南京军事法庭对日本战犯的两次判决。据曾参加东京审判的中国法官梅汝璈回忆："远东国际法庭的判决书上写道：在日军占领后最初6个星期内，南京及其附近被屠杀的平民和俘虏，总数达20万以上。这种估计并不夸张，这由掩埋队及其他团体所埋尸体达15万5千人的事实就可以证明了(精确地说来，由红卍字会掩埋的是43 071人，由崇善堂收埋的是112 266人，这些数字是由这两个团体的负责人根据各该团体当时的记录和档案向远东法庭郑重提出的)。"① 这里所说的"总数达20万以上"，指的是日军进入南京最初6个星期以内，并未包括6个星期以后之杀戮。同时，判决书还指出："这个数字还没有将日军所烧毁了的尸体，以及投入到长江或以其他方法处死的人们计算在内。"因此，这个数字低于南京审判的认定是可以理解的，而且仍然是可以作为死亡人数总和计算的重要基础与可靠依据。南京军事法庭对南京大屠杀主凶、前日军第6师团长谷寿夫的判决书更为详尽，明确指出："由谷寿夫所率的第6师团任前卫，于二十六年12月12日（即农历11月10日）傍晚，攻陷中华门，先头部队用绳梯攀垣而入，即开始屠杀。翌晨复率大军进城，与中岛、牛岛、末松等部队，分窜京市各区，展开大规模屠杀，继以焚烧奸掠。查屠杀最惨厉之时间，厥为二十六年12月12日至同月21日，亦即在谷寿夫部队驻京之期间内。计于中华门外花神庙、宝塔桥、石观音、下关草鞋峡等处，我被俘军民遭日军用机枪集体射杀者并焚尸灭迹者，有单耀亭等19万余人。此外零星屠杀，其尸体经慈善机关收埋者15万余具，被害总数达30万人以上。"②

日本学者洞富雄1982年所著《南京大屠杀》一书，引用大量证据确凿的材料，确认日军杀害中国军民近30万人，其中一半为普通老百姓，大部分军人不是死于战斗之中，而是在被掳后惨遭杀害的。

侵华日军在南京屠杀我30万同胞，这是铁与血的事实。

---

① 梅汝璈：《远东国际军事法庭审理南京大屠杀事件之经过》，全国政协文史资料研究委员会编：《文史资料选辑》，第22期，中国文史出版社，1960年。

② 何应钦：《八年抗战与台湾光复》，台北，"国防部史政编译局"，1982年，附录5：《"国防部"审判战犯军事法庭判决书》，三十六年度审字第1号。亦可参见李云汉：《有关南京大屠杀中外史料的评述》一文。

七　东京审判与贝德士证词

日军暴行，世人公愤。早在 1942 年 1 月 13 日，比利时等国流亡政府在伦敦开会，发表惩治战争罪犯宣言，中国政府即曾致函声明，日本帝国主义在华所犯滔天罪行，亦应受到惩罚。此后，1944 年 1 月 19 日在伦敦开会，正式成立联合国战争罪犯审查委员会，中国政府亦派员参加该会。同年 11 月 29 日，联合国战争罪犯审查委员会远东及太平洋分会在中国重庆成立。1945 年 7 月波茨坦公告之第 10 项，明确规定对于战犯，包括虐待俘虏者在内，将处以严厉的法律制裁。

日本投降以后，审判与严惩战犯正式提上议事日程。1945 年 9 月 2 日签订的日本投降书，也公开表示接受包括惩治战犯在内的波茨坦公告各项条文。

1945 年 12 月，莫斯科盟国外交部长会议，决定授权盟军驻日最高统帅严惩日本战犯。1946 年 1 月 19 日，盟军驻日最高统帅麦克阿瑟即据以颁布了关于设置远东国际军事法庭的特别宣言和命令、条例。稍后，任命中、美、英、苏、法等 11 国代表分别为审判官和检察官，正式组成远东国际军事法庭，审判长由澳大利亚昆士州最高法院院长韦勃（Webb）担任，首席检察官由美国大律师约瑟夫·季南（Keenan）担任。中国立法院外交委员会主席梅汝璈出任审判官，中国上海高等法院首席检察官向哲濬出任陪席检察官，都参加了举世瞩目的东京审判[①]。

① 以上参见胡菊蓉：《中外军事法庭审判日本战犯——关于南京大屠杀》，南开大学出版社，1988 年，第 98—102 页。余先予、何勤华：《东京审判始末》，浙江人民出版社，1986 年，第 12—15 页。中国检察官的顾问倪征晪、助理裘劭恒也参加了东京审判工作。

远东军事法庭于1946年5月3日开始审讯日本首要的28名甲级战犯，即荒木贞夫、土肥原贤二、桥木欣五郎、畑俊六、平治骐一郎、广田弘毅、星野直树、坂垣征四郎、贺屋兴宜、木户幸一、木村兵太郎、小矶国昭、松井石根、松冈洋右、南次郎、武藤章、永野修身、冈敬纯、大川周明、大岛浩、佐藤贤了、重光葵、岛田繁太郎、白鸟幸夫、铃木贞一、东乡茂德、东条英机、梅津美次郎。审判庭设于前日本陆军士官学校大礼堂，距离关押战犯的巢鸭监狱只有五六公里。审判公开进行，设有新闻记者席、日本听众席和美国听众席，每名被告有两名辩护律师，一为美国籍，一为日本籍。

有关南京大屠杀案件的审理，分别于1946年7月26日、29日、30日、31日及8月1日、2日、6日、7日进行。据参与审理此案的梅汝璈回忆："我们花了差不多三个星期的功夫专事听取来自中国、亲历目睹的中外证人（人数在10名以上）的口头证言及检察和被告辩护律师双方的对质辩难，接受了一百件以上的书面证词和有关文件，并且鞫迅了松井石根本人。"①

贝德士应邀出席7月29日之审判作证。在此以前，法庭已经传讯了证人，原南京红十字会副会长许傅音与受害者伍长德、陈福宝等。在南京中国第二历史档案馆中，至今还保存着贝德士当年的陈述词。全文如下：

> 余为当时南京国际安全地带委员会之创立委员，此会系于1937年11月下旬成立，其主要任务为在南京陷落后救护难民。入城日军对人民态度极坏，数周间发生事件900起。其残虐行为，极为广泛。据金陵大学教授斯密士（即史迈士——引者）调查，有1.2万非战斗人员被杀。华军于武装解除后，均被押送至长江畔用机关枪扫射，在72小时内，委员会埋葬军民死尸达三万具。此外杀死者尚不计其数。妇女亦多被强奸，余所知之妇女三人，曾被带去强奸，其中一人且为大学

① 梅汝璈：《远东国际军事法庭审理南京大屠杀事件之经过》，《南京保卫战》，中国文史出版社，1987年，第310页。

教授夫人。余曾五次目睹强奸事件。在金陵大学校舍内收容难民3万人，曾发生强奸事件数百次。日军入城后曾连日在市内各街巷及安全地带巡行搜索妇女，其中且有将校参加。南京占领后一月，计有妇女2万人被强奸。日军对市民家具食粮任意掠取。日军曾任意没收私人财产，限此等财产所有人于12小时内将房屋让出，市民无地容身，多露宿街头。上述残暴事件，余曾频向日本外务省驻京官吏报告，当时田中领事、福田副领事等，均以畏惧军部，仅向东京报告而已。此种行为，直至占领六七周之久，仍旧继续发生。高级军官亦有亲至发生地点参观者。当时驻京日宪兵仅17人。

贝德士自己也保存着当年出席作证的法庭记录副本，为了让读者更为直接地了解当时的审理情况，全文译述如下：

1946年7月29日，星期一

日本、东京、陆军省大厦

远东国际军事法庭审判庭

M. S. 贝德士作为检方证人被传讯，首先及时宣誓，作证如后：

主审讯问

由索登（Sutton）[1] 讯问：

问：贝德士博士，你能陈述全名吗？

答：Miner Searle Bates.

问：你出生于何时何地？

答：1897年5月28日生于俄亥俄州，纽瓦克。

问：你在何处接受教育？

答：哈莱姆学院，哈莱姆，俄亥阿；英国牛津大学；若干年以后在耶鲁和哈佛大学攻读历史学研究生课程。

问：你住于何处？

答：中国，南京。

---

① David Sutton是美籍助理检察官。

问：你居住中国有多久？

答：从1920年开始。

问：你在中国从事何种职业？

答：金陵大学历史学教授。

问：你与1937年秋末在南京组织的一些委员会有无联系？

答：有的。我是南京安全区国际委员会的成员，是一个创建成员。

问：你能说明该委员会何时成立，以及该委员会的功能吗？

答：这个委员会成立于1937年11月底，预料日军将要进攻南京。仿效上海一位法国传教士饶神父（Father Jacquinct）组织国际委员会的先例，认为它有助于那里的大批中国平民，我们企望在南京极不相同的条件下做某些类似的事情。

开始，委员会由一位丹麦主席与若干德国、英国和美国成员组成。但由于外国政府要从这座城市撤走他们的国民，所以当日本人进攻时这里只有少数德国人和美国人留下。

主席是著名德国商人约翰·拉贝（John Rabe）。委员会通过美、德、英使馆的好心官员，得以与中日双方的司令官接触。目的是划出一块小小的无冲突地区作为难民区，民众在这里可以逃避战斗与进攻的危险。

问：谁是委员会的秘书？

答：史迈士教授（Lewis Smythe），金陵大学社会学教授。

问：委员会时常提出报告吗？

答：委员会预期其主要职责是提供住宿，必要时提供若干食物，在几天或许很少几周期间，其时城市被包围，中国市政当局消失而日本军事当局尚未建立。

实际情况全非如此，因为日本人很快攻占这个城市。于是麻烦开始了。日军对待民众如此暴虐，所以委员会的主席与秘书定期拜访他们所能找到的任何日本官员，并且随即开始准备发生于安全区的严重伤害平民事件的每日报表。经过几周时间，总计几百个案例，许多是综合案例，包括群体和大量个人的，用文字和口头的方式报告给日本官员。这些文件稍后由金陵大学徐淑希[①]教授编辑，于1939年或1940年在上海由英国吉利和华尔希公司出版。

问：大多数报告是谁写的……换个提法，请问，南京安全区国际委员会写给日本当局的报告大多由准签署？

答：大多由史迈士教授作为秘书签署，但也有一部分由拉贝先生作为主席签署。

问：1937年12月13日以后，对于南京城内的日本军队，是否有任何来自中国军队方面的反抗或任何来自中国民众方面的反抗？

答：非常令中国民众失望，使小小的外国人团体惊讶，城内没有任何形式的反抗。拉贝先生、史迈士教授和我同日本官员就暴行事件多次会谈时，我们发现日本官员从未以任何形式声称这里有抵抗，或就攻击问题向民众提出此类指控。只有一起案例，大约在（日军）进城10天以后，涉及江面一名水手。

问：你是否已结束回答？

答：是对这个问题的回答吗？

麦克曼纳先生（Mcmanus）[②]：庭长先生，审判成员们，请允许我此刻指出，并非对这个审讯的反对，——无非提醒法庭注意，仍未足以认定共谋（conspiracy）。没有一件指控在任何层面与共谋如此有联系。所以，从这一观点出发，如果阁下同意的话，这些暴行故事如何影响此次指控？我请求阁下，我认为不应允许这样的传讯，除非这些人（指战犯——引者）中的一个，能够被认定一件证据确凿或接近确凿的案例。

庭长：我们一致认为，联系（link）可以在审判的任何阶段被认定。当然，如果它未经认定，就不能构成共谋罪。但作证的程序并非

① 这是贝德士记错了，徐淑希是燕京大学教授。

② 麦克曼纳是甲级战犯荒木贞夫的美国籍辩护律师。荒木于1931年任陆军大臣期间发动对中国东北的侵略战争，并制造伪满洲国。1938年—1939年任文部大臣，极力配合与鼓吹侵华战争。1940年—1945年任内阁参议，始终参与侵华战争的决策。

你必须首先提出共谋的证据。

如果我的记忆不错，我们已按这种观点作出决定。

麦克曼纳先生：谢谢你，阁下。

庭长：异议无效（The objection is overruled）。

问：日本人占领南京以后，日本士兵的行为如何？

答：问题是如此大，我不知如何说起。我只能说，我自己亲眼看到枪杀平民的完整过程，没有任何激怒原因或其他明显的理由。从我的房屋中抓走一个中国人并且枪杀了。从隔一道门的邻居房屋中抓走两个男人，当时（日本）士兵们抓住并强奸他们的妻子，他们在惊吓中起来，被带走并在靠近我家的塘边枪杀，尸首丢在塘里。日军进城后，平民的尸体好多天被弃置在我家附近的大街小巷。整个屠杀分布如此之广，没有人能够给以完整的描述。我们只能说，我们尽最大努力在安全区及其附近一带发现并仔细核实。

作为我们调查、观察、核实尸体的结果，史迈士教授和我推断(concluded)，有12 000平民，男人、女人和儿童，根据我们的可靠资讯，在城内被杀死。还有其他许多不为我们所了解的人在城内被杀死，其数字我们无法查核，另有大量平民在城外就地处决。这不包括对数以万计的中国士兵和曾是中国士兵的屠杀。

问：以前的士兵或被指认的士兵（former soldiers or alleged soldiers）是在什么样的情况下被杀？

答：大批中国士兵在交出武器投降后，于最初72小时内，迅即在城外被机枪扫射处决，大多数在扬子江边。

我们国际委员会雇佣工人搬走3万多这些士兵的尸体，这是我们作为救济计划巡视和指导的工作。我们无法统计投入江中或以其他方式埋葬的尸体数目。由于日本官员企图在城内找出大量中国士兵，这件事在安全区造成非常严重的问题。当他们找不到士兵时，他们就硬说这些士兵一定是藏在安全区内，而我们应对藏匿士兵负责。根据这种观点，有三个星期的时间，日军逐日派来军官和军士（non-commissioned officers），企图在安全区难民中发现并抓走以前的士兵。这是他们的例行公事，他们要求安全区某一部分，或某个难民营的身体健全的男人，列队接受检查，如果他们手上有老茧，或额头皮肤显示帽印，则立即被抓走。

我曾经历几次此类检查，亲眼看到整个过程。这里确实有若干士兵——夹杂在难民中间的以前士兵，他们早已丢掉武器和军服并换上平民便装。但这里被指认和逮捕的男人中，也确实有大多数是普通的搬运夫与劳工，他们有充分的理由手上长茧。凡被指控为以前的士兵者，就被抓走，大多立即成群被枪毙在城边。

有某些欺骗性的特殊案例，用以诱使人们承认曾经当过兵。他们用飞机广泛散发松井将军在日军进城以前颁发的布告，布告宣称日军对中国和平居民充满善意，只要不反抗皇军就不会被伤害，日本官员期望大量中国男人作为志愿人员参加军事劳工团。有几次，日本官员敦促中国人站出来，“如果你们以前当过兵，或者在中国军队中干过夫役或劳工，只要你们参加劳工团，现在都可以不咎既往”。在这种情况下，一天下午，从金陵大学校园抓走200个难民，迅速带走，(他们）当晚与安全区其他部分的难民一并被处决。

问：日本人士在南京市对妇女举止如何?

答：这是整个画面中最粗暴与最悲惨的部分。重复一句，在我三个最近的邻居家里，妇女被强奸，包括大学教师的妻子。如果你有此意愿，我可以详细叙述，在5次不同场合，我亲自把正在强奸的日本兵从妇女身边拉开。

我们先前已曾提供安全区的案例报告，我自己有关金陵大学校园各处总共三万难民中发生的案件记录，总计有几百起强奸案例，其详情当时已报告日本当局。南京被占领一个月以后，国际委员会主席拉贝先生向德国政府报告，他和他的同事们认为，已发生的强奸案件不会少于两万。稍为早些时候，我仅根据安全区的报告，更为谨慎的估计是8 000例。

无论白天黑夜都有为数众多的不同士兵帮伙，通常15人至20人一群，全城乱窜，主要是到安全区（因为这里拥有几乎全部幸存居民），闯进房屋搜寻妇女。有两个案例，我记得太清楚了，因为每次我都几乎丢掉性命。日军官员也参与在校舍中搜寻并强奸妇女。强奸通常不分昼夜，有许多案例就发生在街道旁边。

在南京神学院校园内，我有一个朋友亲眼看见17个日本兵快速连续强奸一个中国妇女。我无意重复与强奸有关的偶尔发生的性虐待狂与不正常的案例，只想陈述在金陵大学校园内有一个9岁女孩与一个76岁祖母被奸污。

问：日本士兵对南京城市中国平民财产的举止如何？

答：从一进城，（日本）士兵就随时随地拿走任何财物。

庭长：证人应不保留地告诉我们他认为是过于可怕的事。

证人：我不知道如何回应这个建议，但除非是被询问，我认为我将略去它，因为我个人所知不包括大量性虐待狂的案例。

在日军占领的最初日子里，估计约50 000日本士兵，从难民那里抢走大量卧具、炊具和食物。实际上，在占领的头六七周，城内每所房屋都被成群的游荡士兵进入许多许多次。有若干案例，抢劫是有组织的和成系列的，在官员指挥下利用成队军车。银行的保险柜，包括德国官员和侨民私人寄存的保险箱，都被乙炔喷火器切割打开。有次我看见一个军需供应队伍，有2/3英里长，满载规格很高的红木与黑木家具。

几个月以后，少数外侨获准收回从他们自己家中拿走的钢琴，他们被领到一个地方，那里有两百多台钢琴存放在一个储藏大厅。

外国使馆也被闯入并遭到严重抢劫，包括大使馆和大使的私人财物。实际上所有值钱的可以出售的东西都被拿走了。

问：在他们完全控制南京以后，日本士兵对房地产有何行动？

答：在进城的那天晚上，日军在中山陵和党政机关布置适当而有效的警卫。除了一两处小的火灾，显然是由醉酒士兵引起的，直到日军进城5或6天，没有进行大的焚烧。我认为，从12月19日或20日开始，火灾频繁达6周之久。有若干案例，焚烧紧接在抢劫一系列商店以后，但对于大多数案例，我们却看不出其中的任何原因。未曾有通城的大火，但每天都确实有某一群建筑被烧掉。有时利用汽油，但更多是用化学药剂，我曾取得样品。关于不动产的另一主要问题是，强占私人房产以便提供给新进入的日本居民。在1938年和1939年的一部分时间，除了为军事目的和官员本身强占的房屋以外，任何进入南京的日本商人都可以得到一处由宪兵或特务从中国人那里抢来的商业住房。我经常看到街道上，在平民住宅的外面，贴有限令中国家庭24小时内迁出的布告。我有几十位友人，也被限令迁出。

问：俄国大使馆的房屋是日本兵焚烧的吗？

答：是的，在1938年初被烧掉。此外，只是为了说明焚烧的范围，男青年会的房屋，两处重要教堂的房屋，两处主要的德国商业房产，上面还飘扬着卐字旗，都在焚烧之列。

问：你是否曾以私人名义向日本当局报告士兵在南京城内的行为？

答：是的。我曾有4或5次陪同拉贝先生和史迈士博士与日本使馆官员晤谈，他们是由外务省派来，为缓解外侨小团体与日本军方之间的关系而作努力的。此外，因为金陵大学紧靠日本使馆，同时也由于是一次对于悬挂美国国旗的美国财产和大批难民的重大考验，拉贝先生与我达成协议，应该由我代表金陵大学起草一份补充报告。在最初3周，我几乎每天都带一份有关前一天（情况）的打印报告前往（日本）使馆，通常还要与（使馆）官员就此讨论。这些官员是具有领事官阶的福井先生，一位田中先生，副领事福田笃泰先生。后者现在是吉田首相的秘书。这些人在恶劣情势下，真诚地想贡献自己微薄的力量，但他们自己也受到军方恐吓，除通过上海与东京联络以外一事无成。

庭长：现在我们休息15分钟。

（从10点45分休息到11点12分，然后诉讼程序继续进行。）

索登先生主持（继续）：

问：我认为你没有结束对最后问题的答复。

答：我想读递交给日本使馆官员的报告中的若干词句。我将依据上个月我自己就原件副本所作的笔记。这些副本是南京美国大使馆的档案。原件在我的行李中，我想它现时正在美国与中国航线的客轮上。

麦克曼纳先生：庭长先生，我认为证人能够自己证实而无须提交任何笔记，特别是复印件。他说他有原件，不在这里，他很有能力自己证实。我看不出为什么要向法庭提出任何笔记。

庭长：很好，如果按照取证的严格规则，假若他需要这样做，他必须靠现时所作笔记恢复记忆。但是他们（指辩方——引者）没有提出要求，你的立场未受实质性影响。这是不合道理的，为什么他需要恢复记忆，却不应利用从原件制作的副本。反对无效。

麦克曼纳先生：庭长先生，如果证人利用这些笔记，我们能否验看它们?

庭长：审判允许你们详细审阅这些笔记，如果你们对它有任何疑问。

证人：如果法庭许可，我的用意只是要把我对日本使馆官员的报告说明得更为确切一些。

答（继续）：在12月16日信中，我揭露日军从校园抓走妇女和前晚在大学房屋中强奸30个妇女的案件。

在12月17日信中，除照例陈述特别案例外，恐怖统治与暴行继续在贵馆（日本使馆——引者）视线范围内和他们自己的邻居（家）中进行。

在12月18日信中，我报告前一天晚上在金陵大学6处不同房屋内发生的强奸事件。我们校园内数以千计的妇女有三天三夜难以入睡，歇斯底里的恐惧正在发展，暴动可能出现。我报告了在中国人中间通常说的话，哪里有日本军队，哪里的房屋与人员就没有安全。

在12月21日信中，我指责数百难民被日军抓走充当劳工。我自己的房屋刚刚被日本士兵第4次抢劫，实际上金陵大学每所房屋都被经常闯入。我还通报美国国旗再次从美国学校扯下撕毁并被日军士兵践踏，他们威胁说，如果谁重新悬挂（美国）国旗，就打死谁。顺便说说，并非是这封信的内容，金陵大学的美国国旗被扯下6次，我们又重新升起6次。

庭长：这并非任何战争罪行证据。

答（继续）：在圣诞节，我报告在金陵大学校园一处房屋内平均每天约发生10起强奸案件，抓走（妇女）的事继续发生。

在12月27日，于表列一连串单个案例之后，我写道："可耻的无秩序在继续，而我们看不到任何严加制止的努力。士兵每天严重伤害数以百计的民众。难道日本军队不考虑它的名声？"

庭长：他（指贝德士——引者）利用笔记恢复记忆。他只是在读它们。

证人：这已经足够显示报告的性质和它们明确乃至强烈陈述的方式。

庭长：此类事件只能引起辩护，我正预见于此并保留时间。

问：你所陈述的1937年12月13日南京沦陷后，日本士兵的这些行动为时多久？

答：这些暴行集中于两周半至三周，总计有六至七周都很严重。

问：日本军事当局用何种方法约束部队？

答：日本使馆文职官员告诉我们，东京曾几度严令恢复南京秩序。我们看不出这些命令有任何实质性效果，一直到2月5日或6日某个高级军事代表团的前来。当时，报纸简略报道，而通过外国外交官和陪同代表团的日本友人的详述，我了解到有一个高级军官，召集一大批低级军官和军士，非常严厉地告诫他们必须为了军队名誉而改善自己的行为。

在此以前，我们看不到也听不到任何有效惩治士兵的纪律与处罚，他们屠杀与奸淫的行动为高级官员所知悉。有3至4次，拉贝先生和委员会其他成员，且有高级官员在场，亲眼看到枪击或刺杀平民，或一起强奸暴行。对于每起犯罪，（肇事）士兵只需要向高级官员致特别的敬礼，并受到口头训斥，但士兵的名字不会被记下，也不会受到任何其他纪律处分。我们中立国的观察者不可能报告各个罪犯的姓名，因为（他们的）军服外面没有记载姓名或编号，在占领的第一周甚至连士兵所属单位的番号都没有。

（日本）大使馆个别官员说，出现困难的一个重大原因是宪兵或军事警察为数太少，在占领时期他们宣称只有 17 人。进城 3 天以后，市政官员从宪兵队高级军官那里拿到经确认的小幅海报或布告，贴在外国人房屋的进口处，命令所有（日本）士兵不得入内。但是每天都有士兵无视宪兵司令部的布告，他们还常常把布告撕掉。我曾把几张撕破的布告送日本大使馆转交宪兵队。2 月 6 日或 7 日以后，情况有明显改善，虽然此后直至夏季仍有许多严重案件发生，但它们不再具有成群和大批活动的特点。

问：1937 年 12 月剩下的时间和 1938 年 1 月，日军占领南京时期，谁是司令官？

答：我们不知道任何一个在南京的地方司令官，因为每一个部队似乎都是独立的，但官方布告和报纸的一般报道，包括日本报纸，说明松井石根（Iwane Matsui）将军是上海—南京地区的司令官。

伺：南京沦陷后日军允许中国人经营私人商业吗？

答：没有一般禁止中国人私营商业，虽然事实上许多商人由于遭抢劫和被焚烧，或他们的商店被日本商人占用，已经失去其商业资产，所以在初期曾受严重打击。随即建立专卖与排外的控制，包括交通运输、银行、米棉、金属的批发贸易，以及为日本人所关注的建筑材料等。

麦克曼纳先生：庭长先生，请允许我此刻对这种特殊的传讯方式提出反对，同时也反对传讯现正变成令人厌烦的复述，我要求法庭允许我提出反对。

庭长：我根据《海牙公约》的条款取证，作战状态下需要尊重私人财产。它原本属于程序，自然，在指控与取证的行为之间具有联系。我看不出这里有任何重复的证明。反对无效。

证人：进一步的麻烦是逼迫许多中国商人接受日本合伙者，有许多案例是在宪兵队或特务处直接指示下进行的；其他一些案例是通过威吓中国商人，不给中国商人以许可证而进行的；或是中国人经营的商业必须用一个日本人的名字方可获得通过。我的朋友中有许多这样的生意人，他们被要求与日本人合伙，这些合伙者根本没有资本，却拥有控制的影响，这些人由于谋取主管军事当局的许可而得以分享利润作为回报。这种控制采取令人失望的有害方式，不仅对于中国商人，对于生产者和消费者亦复如此。例如，作为国际救济委员会的代表，我曾在3个月期间试图从南京城外购买大米供委员会使用。那时，城内米价被专卖操纵，每石是18至22元。在扬子江以西40英里的产米地区，专卖价格是每石8或9元。在同一时间，大米转运至上海的专卖价格是每石35元，而至山东济南卖到每石45元。我们委员会向市政府大米管理机构申请许可到产粮区采购，以便节省救济工作粮食费用之一半。我们得到的标准答复是“此类事务只能通过特务处上校进行”，于是我们试图经由日本大使馆与他接触。市政当局同意我们的努力，并试图支持此项救济事业，但他们不能说服军事专卖机构放弃其利益。我曾经提供这个案例，仅仅是因为根据我自己的经验，它显示出控制工作的典型情况。

问：你曾否有机会向日本当局报告这些事实？

答：在为时3个月的会谈与通信以求获准到城外买米的过程中，我向他们作了完整的报告。有关垄断的其他更为普遍的事实，我先前曾表列货品与企业的名称，已写入我代表国际委员会所作的一次经济调查报告中。我已把这个报告送交日本总领事馆，并随后在沦陷区出版。

问：贝德士博士，你曾否有机会，就沦陷区鸦片与麻醉剂问题作过专门研究？

答：是的。吸食鸦片与麻醉剂的骇人听闻的蔓延吸引了我的注意，当时正继续从事1938年夏、秋两季的救济工作。我们发现许多贫困的难民正被小贩纠缠，劝说吸食鸦片，说是“如果你吸这个，你的肚子就不再使你受苦”。稍后海洛因的推销也使用类似语言，“如果你吸一点儿这个，你就不会如此倦乏，你就感觉好像能跳越大山”。在一个短的时期，迅速发展的麻醉剂贸易成为公开的企业，傀儡政府毫无顾忌地设立。当国营商店，即政府商店开张鸦片生意，当鸦片烟馆的广告出现于南京的报纸，一家官营报纸时，我决定必须调查此事。

问：你进行的调查是代表你本人，还是代表美国政府？

答：美国政府与此事无任何关联，直至这个报告出版以后，我也不了解它们的情况。

问：在1937年12月日军占领以前，南京有关贩卖鸦片的情况如何？

答：在1937年事变前10年，这里没有公开的麻醉剂出售与吸食鸦片。鸦片只能在后室吸食，主要是绅商类型的老年人，但决不会当着年轻人的面公开炫耀。实际上，在我从1920年至1937年居住此地期间，从未看到鸦片或学会辨认它的香味与形状。

庭长：我们现在休息，1点半开庭。

（12点复会。）

下午开庭

法庭副警长：远东国际军事审判现在重新开庭。传M.S.贝德士作为代表检方的证人，复位并作证如下：

初度诘问（direct examination）（继续）

庭长：布鲁克上尉（Captain Brooks）[①]。

布鲁克先生：如果法庭允许，我认为他（指检察官——引者）正在

① 布鲁克是甲级战犯小矶国昭的辩护律师。小矶曾任关东军参谋长，炮制伪满傀儡政权，1944年出任内阁首相。

扩展的关于鸦片的讯问，仅仅是证人提供证据的累积（cumulative），因此有可能在这个基础上被反对。而且我认为，完全有可能删减大量有关此类鸦片情况的事实，我还感到法庭可以进行公正评价，鸦片在中国是一个古老而又巨大的邪恶，中国民众比任何其他群体更易于沾染吸食鸦片的嗜好。

庭长：很好，可你却没有建议我们可以进行公正的评价。日本人大量推进了鸦片的销售，而且是完全公开地出售鸦片！我不是说这就是事实，但它是证词（evidence）。

布鲁克先生：我认为法庭可以走得更远，我所说的是指这里谈鸦片贸易太多，而在过去几百年间，多种私人的和官方的、中国的和外国的因素，都及时地提供和发展了麻醉剂贸易。如果法庭持有这种看法，而且证人循着那种路线作证，那么我认为任何进一步讯问都是可以反对的，因为这无非是堆砌。

庭长：证词只有在那种情况下成为堆砌，即大量证人对同一事情作证。反对无效。

索登先生主持：

问：贝德士博士，你可以继续你的答复。

答：调查毒品贸易并非易事——尽管它是公开出售，但他们的经营与财务的情报却严格保密，这里自然没有清楚的或诚实的官方报告。

在 1938 年秋天(11 月)，靠几位老朋友帮忙，我访问了少数鸦片商店和大量的烟馆。我们还拿到官方专卖局用以约束交易者的规则的复印件，还有他们上报专卖局的税单和税务报告。当时合法的体系提供 175 家有证烟馆，以及遍布于这些烟馆（之间）的 30 家（鸦片）商店。官方限定每天出售 6 000 盎司，交易者报告的数字已经超过，因为南京以外农业县的需求是如此巨大。出售价格是 11 中国元 1 盎司，他们的出售额每天达 6 000 盎司，所以每个月约值 200 万元。

特务处一个中国工作人员向我们透露，特务处控制下的海洛因销售，在同一时期每月高达 300 万元。虽然市政府警察局有关麻醉剂部分的数字更高，我的调查结论却是保守的，有5万人使用海洛因，相当于当时人口的八分之一。吸食海洛因的人口迅猛发展，对每个人都构成严重问题，也包括金陵大学。

我把全部报告转交日本总领事，要求对此类事实给以评价或纠正；10天以后我在上海将它出版，当时或稍后都没有受到来自当局的反对或抗议。

到下一个秋天，（贩毒）体系更为发展与确立。我们再次调查，这次我们能够看到175家有证烟馆（licensed dens）的检查员有具体时间、具体时期（period似为地点之误——引者）的簿册，我们还能够得到一个姑娘的记载，她把当时南京城内（鸦片）销售额分解（sliced in portions）为每天3 000两。通过这种方式取得的消费与税收数字，与傀儡政府（当时称为“维新政府”）财政部报告中的数字非常相近。这个政府未出版的油印的财政报告表明，1939年秋季每月收入300万元，其来源是对100万盎司鸦片每盎司征收3元所谓税款。财政官员不断抱怨，还有许多销售为官僚系统鞭长莫及。这100万盎司使用于当时维新政府所能控制的三个省的部分地区。

在1939年夏季，我访问东京，朋友带我去与外务省的鸦片专家交谈。羽贺先生其人，刚对华中地区作两个月的调查旅行归来。他告诉我，他深深为这种可怕的毒瘾忧虑，因为他在汉口和长江流域其他城市亲眼看到。当我问他有无任何希望改善时，他沮丧地摇摇头说：“不，将军们告诉我，只要战争继续下去，就没有希望作任何改进，因为未能替傀儡政府找到其他较好的税源。”

我在给日本官员的报告中说：“从鸦片取得的300万元税收，是对维新政府的主要支持，日本和中国官员宣称，在目前的管理与条件下的这个地区，（烟税）是对任何政府不可缺少的支持。”当时鸦片的零售价是每盎司22元，其中包括付8元给大连（Dairen，拼音似有误——引者）货源基地，2元给其他日本人运输的酬劳，3元所谓税款，还剩下9元节余作为利润，由特务处与宪兵队分享。

宪兵队不满于这种指控，并试图迫使我收回它，同时要我说出提供资讯的人的姓名。当我回答，我愿意核对并公布任何有实证的事实更正，但不能作任何其他变更时，他们放下了这件事。

在中国的传教士，曾经花费数十年时间，通过教育活动，必要时甚至介入政治工作，去反对鸦片。在日本战争以前的十年，这种努力曾经变得不大必须与很不重要。但在1940年夏季，情况的急剧恶化促使《中国基督教年鉴》（*China Christian Year Book*）的编辑要求我对整个中国的毒品问题准备一个报告，这个年鉴是由中华全国基督教委员会（the National Christian Council of China）出版的。我把在南京准备的报告副本分别送给中国各地大约40位朋友，并且提出一组问题希望他们通过在当地就毒品问题进行调查，尽管有（日方）检查与随之而来的担心，这些人有一大半还是非常认真地作了回答。

例如，塞勒尔（Sailer）教授，燕京大学社会学系主任，在报告北京情况时说，在1940年春季有600多有证烟馆，还有比吸食鸦片更多的服用海洛因的人。汉口孟良佐（Gilman）主教[①]发现该市有340家有证烟馆，并有120家旅馆合法供应鸦片，而当地人口只有40万人。

布鲁克先生：基于证人只读证词，我要提出反对——坐在这里，听他继续读这些证词。他并非恢复他的记忆，而无非是诵读记录的词句。我们不知道他是怎样得到这些资料的。但是，如果他想回答这个问题作证，就应直截了当地回答这个问题；如果他必须恢复记忆，那么，请他恢复记忆以后再作证。

庭长：无须反对他诵读他的笔记中仅限于陈述确定事实的部分。今天上午他正在读那些未陈述过的事实材料，此类材料正属于对他本人所提出的问题。

反对无效。

答（继续）：简单地说，我不是读任何事先准备好的课本，而是

① 中文名为孟良佐，英文为 Alfred A. Gilman，美籍，曾担任中华圣公会鄂湘教区副主教、主教，先后担任文华大学、华中大学校长。抗战胜利后，国民政府赠予其“金钥匙”、“荣誉公民”称号。

澄清事实。我有记录这些数字的笔记，愿意向法庭公开展示。如果这也要反对的话，那我只有执行法庭的规定。

孟良佐主教特别强调战前严禁贩卖鸦片的那些岁月，与现时（1940年）公开的、大肆宣传、极力推销鸦片贸易有惊人的反差。我不想用来自若干省会和其他重要城市的类似数字来麻烦你们，只简单地谈谈具有城市特色的广州情况。当时广州只有50万人口，据广州医院监督汤普孙博士（Dr. Thompson）调查，共有852家注册烟馆（registered dens，与licensed dens有证烟馆是一个意思——引者），此外还有300家未经注册的烟馆。

整个被占领地区的情况都一样，鸦片在公家商店或有证商店公开出售，还有更为嚣张的海洛因零售小贩。在某些案例中还有诱人的鸦片广告。还有某些案例，日本士兵用鸦片作为娼妓和在临时军需供应站服役的劳工酬劳。官员与交易者普遍证实，鸦片几乎全部来自大连，但1939年有几大船的鸦片是从伊朗运来的。

据海洛因经营者说，他们的货源大部分是来自天津，其次是来自大连。整个被占领地区没有认真努力地加以禁止。仅有的一些限制或控制，只是把不规范的购买强行纳入可以产生税收的渠道。

1940年的总报告刊登于1938年—1939年的《中国基督教年鉴》。它还在上海出版的《中国综录》（*The Chinese Recorder*）月刊①上重新发表。

问：日本军队占领以后，你何时离开中国？

答：我在1941年5月离开。

问：你何时回到中国？

答：我于1945年10月回到南京，早些时先到华西成都，金陵大学在那里继续开办。

① *The Chinese Recorder* 的中译名又称《教务杂志》，由中国基督教教育会（China Christian Educational Association Association）主编。

索登先生：辩方可以诘问（cross-examine）证人。

诘问对方证人（cross-examination）

洛根[①]先生主持：

问：贝德士先生，今天上午你的作证，实质上是向南京日本领事馆3位官员提出报告与指责，但他们受到恐吓，他们除把报告转送东京以外，不能为报告做任何事情。现在，请你就这些问题回答是或不是：你确实知道你提供的资讯被日本总领事馆送到东京吗？

答：是的。

问：南京日本领事馆由谁送交这些报告？

答：我不知道在3个人当中哪一个是实际负责递送报告的人。福井先生是负责的领事。

问：你看过这些报告吗？（指日本大使馆报送东京的材料——引者）

答：我没有看过这些报告。如果你需要知道我的理由……

问：不，我不需要。

答：很好。

索登先生：如果法庭许可，我谨提议，证人有权讲完他的答复。辩护律师不想听取这一事实，不能否定证人的权利。

洛根先生：我知道，如果法庭允许，如果任何事情留下来无可反驳，那么只要他们（指检方——引者）认为恰当，可以在检方反诘问（redirect）中说出实情。

庭长：我们同意，洛根先生。继续进行。

问：那么，贝德士先生，你没有看过那些报告，我认为，你不知

① 洛根（William Logan），美籍，是甲级战犯木户幸一的辩护律师。木户幸一在侵华战争期间先后任文部大臣、厚生大臣、内务大臣、枢密顾问等要职。

道你的资讯是谁送往东京的，对吗？

答：我曾看到驻东京大使格雷（Grew）先生致南京美国大使馆的信，它非常详细地谈到这些报告，并且提到格雷先生与外务省官员，包括广田先生[1]，在会谈中曾讨论这些报告。

问：我要求充分回答，报告应直接解答我的问题。

答：我很愿意为你提供更多来自日本方面的有关此事的证据。

洛根先生：如蒙阁下同意，我要求证人接受指示，无须作自动的陈述。

庭长：他的回答有效。当然，他必须把他的回答限定于这个问题。但他可以增加任何解释。

洛根先生：我要求回答前面的问题，我不认为他已回答那个问题，阁下。他对这个问题是给以另外的解释。

庭长：我们要代劳以节省时间。

（于是官方的法庭访员宣读这个最后的问题如下。）

问：那么，贝德士先生，你没有看过那些报告，我假定你不知道你的资讯是谁送往东京，对吗？

答：我知道它们被送到东京外务省，除了我刚才讲的来自格雷先生的说明以外，我不知道另外还有什么人。但我还有其他证据说明它们被送到外务省。

问：贝德士先生，你看我是否已听明白。你没有看到这些报告，你的有关这方面的证词是来自传闻（hear-say），来自别的某个人，是不是这样？

答：是的。

洛根先生：这就够了。

---

① 指广田弘毅，几度出任外相，1940年转任内阁顾问。1937年6月至1938年5月曾任近卫内阁外相，南京大屠杀正好发生在其任期之内，而且他很快就收到这类暴行的报告。

诘问证人（继续）

克内曼上尉主持：

问：博士，关于你所说你曾看到的那些报告，其中你曾提到格雷先生，是不是在枢密院（Privy Council）曾经叙述过。

答：我看到的报告，严格限定在有关1938年1月和2月南京所发生事件的问题，里面提到格雷先生与广田先生的谈话，我认为芳泽先生在外务省。我不记得还有另外的人被提到。

问：博士，你听见我的问题吗？

答：我想是的。

庭长：他怎么知道枢密院曾讨论过？

问：你在中国有多久，博士？

答：我在中国有多久？除了休假——一般休假在美国，我从1920年到1941年在中国，以及从1945年到若干星期以前。

问：在中国的大学里，你教历史吗？

答：是的。

问：你熟悉日本的政治部门吗，博士？

庭长：你必须把你的诘讯限定在所提出的主要事项。仅仅叙述他是一个历史学家，不会引导到你所提到的那类事情。

克内曼上尉：如果法庭同意，我要提一个问题，以说明证人不愿提供全部事实。我们需要弄清这些全部事实。无论它是否会有伤害，我们需要发掘所有事实。

庭长：不要用这种方式与我争辩。我说他实际上没有为任何日本政治部门作证。他是一位历史学教授，我称他为历史学家，或许这是一个错误名称，但你所提的问题没有引发主要的讯问。

克内曼上尉：主席先生，我不知道是否有可能再次提出那个问题，以求把我们限定于主要的取证。我知道，这个证人在这儿曾有一段时间等待作证。现在，他可能已掌握某些将有助于辩方的资讯。为了让我掌握这个证人，我必须到中国，花一大笔钱把他带去，然后……

庭长：你作出解释，请翻译。

我已告诉你法庭的决定是什么，我也指出你正在触犯它，而你未曾说明你的提问没有违反决定。

你必须接受法庭的决定，我们不会改变决定以适应这个特别的情况。

克内曼上尉：我们愿遵守法庭的决定。阁下，我提出的要求仅仅是，当辩护已经列入传讯，我们要有可能节约时间。现在有两个问题可以引导两个答复，这可以为我们节省二三天时间，值此辩护已列入传讯之时。

庭长：我已经告诉你法庭的决定是什么，我已经告诉你，它不包括这些问题，以及其原因何在。但你没有给我回答，（你）认为法庭排除这些问题是错误的。你必须遵守法庭的决定。

克内曼上尉：法庭的决定，是不是除了主要传讯提出者以外，我们不能为了抨击证人的可靠性而提出任何问题？我并没有说我企图如此对待证人，我只是想了解规则，以便我们遵守规则，或许法庭可以同意。

庭长：你似乎是误解法庭决定的唯一一位律师。这个决定禁止你在主要传讯范围以外，提出另外的诘讯以验证（证人的）可靠性。

克内曼上尉：我很抱歉，阁下。这样的诉讼程序与我们在美国所有的（程序）差别太大，我非常难以理解这个规定。我很抱歉，先生。

庭长：这恰好就是美国的诉讼程序，它的最高法庭的诉讼程序。

克内曼：如果法庭同意，我们在美国可以获准对证人提出若干初度诘问（direct examination）[①]，而我们（现在）受他（指贝德士——引者）的回答束缚，他变成我们的证人（he becomes our witness，发泄对法庭不满的俏皮话——引者）。我们不能指责他。这就是我想对证人所做的事情。

庭长：法庭的忍耐是有限度的。

① 法律用语，意为当事人或辩护人对证人所作的初度诘问。

克内曼上尉：很好。没有进一步的问题。

三文字先生：我是三文字正平，被告小矶的律师。如果您宽宏地允许，我想提几个问题。

诘问证人（继续）

三文字先生主持：

问：证人似乎对中国经济情况非常熟悉。你是否知道在1930年至1939年期间……的物价如何？

答：很抱歉，我没有听清那个词。我知道什么？

问：我的问题是这样：哪个时期的物价更高，1937年12月以前的物价，或者1937年以后，1938年和1939年南京的物价？

答：我不知道该怎样回答这个问题。我没有宣称（自己）是一个经济学专家。我报告我所发现与民众生活有关的情况，因为从1937年到1941年我做南京国际救济委员会的工作。

问：如果你曾调查生活标准——一般公众的生活条件，我认为你应该对价格问题有浓厚兴趣。

答：问题是什么？

庭长：这不是问题，这只是说明。

问：你似乎是一位鸦片专家。你曾否调查过世界上生产鸦片的地区？

答：很抱歉，我没有如此广泛的旅行特权。我曾就这个问题做过某些普通的研究。

庭长：这个问题超越主要传讯范围。

问：你曾否调查过，是1937年12月以前南京消费鸦片和海洛因较多，还是1937年12月以后南京（消费鸦片和海洛因）更多？

答：1937年以前，对这种消费的估量与调查较难。但总的看来为数甚少，而且正如我曾说过，这种消费仅限于后室（back room），没有开放的、公开的出售。

问：再就是，你有没有调查完整的——中国各部分的人在1937年以前吸食鸦片和海洛因的总和？还有它的价格如何？

答：没有。因为那时它还不是本地引人注目的问题，直至1938年春季和夏季，鸦片还没有成为严重的状况引起我的注意。

问：但在你的证词中，你曾说过，1937年12月以前，鸦片从大连和天津进口，而吸鸦片是秘密的；所以你似乎把你的调查延伸得很广泛。再就是你是否明白——如果你知道鸦片从什么地方来的——它是什么地方生产的？

答：我弄不清这个问题。

庭长：他（指三文字——引者）说鸦片来自何方。

证人：是指1937年以前，还是1937年以后？

问：我要求回答的是，在1937年和1937年以后鸦片来自什么地方，以及它生产于什么地方？

答：关于1937年以后，我在诘询证词中已有所说明。我的调查——来自经营者的报告——通常指出鸦片来自大连，唯一的例外是1939年从伊朗公开以船运进口。对于1937年以前的情况我缺乏具体了解，因为我没有进行调查。我只知道当时一般的记载——鸦片由不同的来源地进口，也有一部分鸦片产于中国，特别是靠近西藏边界的偏远西部省区。从华东不同地区的教会朋友那里，我获悉以前生产鸦片的地区停止种鸦片了。应该补充说明，在日本占领下的许多省区，例如皖北、河南、山西，鸦片生产重新开始本地化，这些地方已有好多年被禁绝。这些本地生产的鸦片，通常是在官营体系以外销售。

问：你是否知道中国是这样一个国家，这儿鸦片与海洛因的消费量为世界之冠？

答：我想可能这是真的，但我宁愿特别注意时间，我自己不具备作如此比较的知识。

问：从鸦片战争直到现今。

答：从鸦片战争直到现今？

问：正是。

答：是的，我想这可能是真的。

问：好，这儿有大量鸦片——正如你所说的，在全国有大量鸦片被消费。你是否知道——有许多鸦片就是在中国生产的，而关于来自外国货源的鸦片，你是否知道最大的货源来自哪个国家？从哪个国家进口鸦片？哪个国家生产鸦片？还有哪个国家进口鸦片最多？

答：在什么时间？

问：从鸦片战争到现今。

答：这必须分解为几个不同的时期，这只能是一个大专家的研究题目。我只能提供一般说明，这些并非专门知识。

庭长：我们现在休息 15 分钟。

（休息）。

法庭警长：远东军事法庭现在继续传讯。

问：证人先生，关于最后这个问题，我要求你回答，即令是用一般说法。

证人：庭长先生，我不理解是在什么方面纠缠着我们。我未曾为全世界不同国家的情况作证，也没有为鸦片战争以来的情况作证。我只想从我所知道的一小部分有关情况开始，我从来没有以世界范围的鸦片史专家自命。

庭长：证人仅仅为南京城内或与南京相关的情况作证。没有授权对方诘问（cross-examination）世界其他地区有关鸦片的情况，我也不认为把鸦片贸易一直追溯到鸦片战争是一个公正的问题。

三文字先生：这样我将进入另一个问题。

问：证人先生，你早些时候说过，1937 年日军进入南京以后，日本人公开出售鸦片。公开出售鸦片是否为了约束非法鸦片贸易，同时也是为了治疗鸦片瘾患者？

监听员（monitor）：更正：改换“日本人出售鸦片”（Japanese sold opium），应读为“鸦片在公开市场出售”（Opium was sold in open market）。“日本人”（Japanese）应予以消除。

答：在日军进城以后，我从未在南京公开系统部分，看到医院有任何种类的治疗行动，或对鸦片瘾患者的戒除。不仅是 1937 年前几年的一般情况，就连日军进城后的最初数周、数月，也没有明显的鸦片贸易和广泛蔓延的消费。然后，在几个月期间，我所叙述的公开供销体系建立起来了。

问：证人先生，就所知非法购买鸦片已受到注意，还有公开市场的鸦片销售，你是否认为鸦片的非法买卖表明对于那些鸦片瘾者更具有吸引力。

答：我不知道应如何回答这个问题。我认为这是一个很大的价格问题。如果鸦片可以以低于合法体系的价格私下买到，人们，鸦片瘾者将很乐于以这种方式谋求。就我所能对情况的解释，就我所看到的情况，合法出售大于非法出售，但非法销售从未消失。如报告所述的合法贸易的巨大规模没有给较大的非法贸易让出空间。

问：你不知道所有中国中等阶级以上的家庭都有药房提供鸦片饮用吗？你不知道所有中国中等以上家庭都有一间房适用于饮用鸦片——吸食鸦片？

监听员：提供吸食鸦片①。

答：我不知道这个情况。这与我在南京 25 年的经验与熟悉的情况正好相反。

---

① 这位辩方日籍律师英语不佳，常有用词及文法错误，所以贝德士有时听不懂，而法庭录音监听员则需要及时纠正。例如，他在这个提问中，两次把吸鸦片说成是饮鸦片（opium drinking 或 drinking opium）；所以监听员提出纠正，说应改为“provided for smoking opium”。

问：接下来我要问另外一个问题。你不知道当一个人初次吸食鸦片时，他不会立刻上瘾，在吸鸦片成瘾以前需要若干时间，譬如说，需要大约一年时间？起初，当一个人第一次吸鸦片时，他会产生生理上的不适（physiological discomfort）。

答：很好，这是一个有趣的研究。但你提出的问题是什么（what is the question）？

庭长：这样方式的诘问（cross-examination）无效。

布鲁克先生：没有另外的问题。

庭长：很好，教授，除非你们希望复讯（re-examine）证人，你呢，索登先生？

索登先生：没有另外的诘问（no further examination）。

（于是证人退庭。）

索登先生：检方要求传讯下一个证人，彼得·J. 劳勒斯先生。

法庭警长：庭长先生，证人已出庭，现在宣誓。

…… ……

有关贝德士此次出席远东国际军事法庭作证的情况，中外报刊均有报道。例如，1946 年 7 月 30 日的《新新新闻》曾有如下叙述：

前金陵大学史学教授（按：原文如此，实际上贝德士此时仍在金大历史系任教——引者）贝德士（美籍）今日在国际战罪法庭详述日军在南京所犯各种奸淫屠杀及掠夺罪行时，法庭又充满恐怖惊诧之空气。贝氏前为国际安全委员会委员，渠估计日军在南京所犯奸淫案约 2 万件，平民被杀者至少有 1.2 万人（按：此数限于城内，且为贝氏等亲自查证落实者，不包括城外地区，亦不包括已放下武器之军人，贝氏以后亦认为这一估计过于保守——引者）……贝氏称：日军奸淫妇女不分昼夜，有时竟在街上为之。有一妇女在公墓内，遭日兵 17 人轮奸。有一女孩仅 9 岁及女孩 76 岁之祖母，竟在城内同被奸淫。日兵以 15—20 人为一队，常不分昼夜进安全区搜捕妇女，甚至大学教授的夫人亦不免遭受日兵荼毒失身。贝氏回忆南京大屠杀之情形曰：最奸诈毒辣者，厥为日军引诱中国人丧命之诡计。当时日军总司令松井石根，曾出一布告谓，日本以善意对中国人，日兵告以前之中国兵谓，如彼等参加劳动队，则一切可以不计。但俟若干之中国兵，承认其过去之身份时，即被日本兵排成行列，以机枪扫射。另有中国平民210人，于离开金陵大学校舍后，当晚即被日兵枪杀，贝氏叙述日军之劫掠为有组织及一贯之行为，并证明日兵在军官指挥下，将搜劫之物，用卡车送走……贝氏并述及日兵焚烧暴行，谓于南京沦陷一星期后，长时间之焚烧，继续达6星期之久。

读者只要将这则新闻与证词稍加对照，即可发现该报记者大体上已把握了贝德士作证内容的基本要点。但更为详尽生动的记述，则是阿诺德·C.伯拉克曼所写的《另一个纽伦堡——东京战犯审判未曾说过的故事》(*The Other Nuremberg—the Untold Story of the Tokyo War Crimes Trials*)。其有关部分如下：

检方最重要的战争损害证人是贝德士，一位瘦削的戴眼镜的金陵大学美籍历史学教授，他有牛津、耶鲁、哈佛的学位。"我亲眼看到在没有任何冒犯或明显理由的情况下枪杀平民的完整系列（a whole series)。"他们从自己的房屋中被抓走并处死一个中国男人。"从我隔壁邻居抓走两个男人，当时（日本）士兵捉住并强奸他们的妻子，他们在惊骇中爬起来，随后在我屋旁塘边被处决并丢入塘中，"贝德士说，"日军进城后好多天，民众的尸体遍布我住处附近的大街小巷。屠杀范围如此之广，以致没有人能够给以一个完整的描述。"

贝德士和一个同事估计12 000平民在南京城内被杀死，"根据我们千真万确的材料"，数以千计的平民在城外被杀，但无人能获知其数字。"还不包括数以万计的中国士兵和以前曾当过兵的中国人。"

贝德士还指控日本人"欺骗"，例如张贴布告并敦促中国人出来作为志愿者参加日军劳工队。"如果你以前曾是中国士兵，或曾在中国军队中充当夫役，"本地中国人被告知，"只要你参加劳工队，则一切均可既往不咎。"贝德士说。有天下午，日本人从金陵大学校园带走200人，"整队前进并在当晚被处决"。

他继续压低声音说，“整个画面中最凶残和最悲惨的部分”，是日本人对待妇女的暴行。三个邻居家中的妇女被奸污，他还说，“在5个不同场合，如有需要我可以详细告诉你，我亲自追及正在强奸的（日本）士兵。”他说，日本士兵15—20人一群，满城游荡并搜寻妇女。他有个朋友亲眼看见一个中国妇女被17个（日本）士兵很快地连续强奸。“我不想重复与强奸相关的经常发生的悲惨案件和越轨行为，我只想单独谈谈校园内的情况，一个9岁小女孩和一个76岁老祖母被强奸。”（原话是“a little girl of nine and a grand-mother of seventy-six were raped”，上述《新新新闻》的报道译文有小的差错，两个被害者不一定是祖孙关系——引者）国际委员会估计，日军占领6周以内，20 000妇女被强奸，其中许多人随即被杀死或受残害（mutilated）。

屠杀与强奸以外还有大规模的抢劫，他作证说：“有次我看到一支供应车队，长达2/3英里，满载高档红木和黑木家具。进城一周以后，日本士兵，其中有些人喝醉了，向房屋扔火把，晚上在城内到处纵火。”贝德士说：“我们看不出其中有任何原因。”商店和门市部，外国教堂、大使馆、大小房屋、各类建筑也都付诸一炬。挂有纳粹卐字旗的德国公司也被焚烧。

贝德士作证说，12月15日，在他的校园内仅一座房屋内就有30个女大学生（college girls，此处Brackman似乎理解有误，因贝德士指的是金大校园内的难民妇女——引者）被奸污。3天以后，在校园6个不同地区又有18个女孩被奸污。留在金陵大学的妇女陷于歇斯底里境地。谈到这里，法庭一度异常静寂，旁听者和其他的人们都压抑着喘息，这时贝德士直截了当地说，他的大学，即金陵大学，就在日本大使馆的隔壁。其含意很明显，不仅日军在南京的最高司令官，而且连同大使馆的日本官员，都已经知悉这种悲惨的情况。恐怖笼罩了整整6个星期。

自从南京事变公开审判以来，检方第一次提出理应回答的问题（logically cried out to be answered），南京的日本军队究竟由谁指挥？

是被告松井石根将军，贝德士说。法庭上所有的目光都不由自主地转向被告席，苍老而憔悴的松井看来似乎想逃遁。他的苍白的脸紧绷着，汗流满面①。坐在松井前面右边的是广田宏毅，他在南京大屠杀时期任内阁外相。广田僵直地坐着，木户侯爵也是如此，他曾在战时内阁担任过两个职务，文部省与厚生省。曾在1937年底至1938年任大藏大臣的贺屋兴宜，在法庭上3人围成一组，都曾在南京恐怖时期担任内阁大臣。前首相近卫公爵业已在面对远东国际军事法庭（IMTFE）之前的12月自杀；他的陆军大臣杉山将军也在日本投降后自杀了。

在对贝德士进行诘询（cross-examination）时，辩方谬误丛生。证人作证说，他曾经把这些罪案报告送交日本大使馆。（日本）大使馆是否曾经把这些报告送交东京？“是的”，证人回答。他（指证人——引者）曾经亲自看到这些信件（指日本大使馆给东京政府的信件——引者）吗？（“没有”，证人承认。惯于狡诈的威廉·洛根现在违反了战犯审判的首要规则（cardinal rule）——不要问你不知道答案的问题（never ask a question unless you know the answer）。“那么，贝德士先生，没有看过这些信件，”洛根得意洋洋，“我确信你根本不知道他们在东京把信送给谁人，是吗？”

但是，贝德士的回答使洛根目瞪口呆，法庭也为之一惊。他说，南京的美国大使馆曾给他看过美国驻东京大使约塞夫·格雷的来信，格雷在信中说明：“格雷曾与包括广田先生在内的外务省官员讨论过这些非常详细的报告及有关会谈。”

广田宏毅在法庭上好像有一根通着电流的电线落在他的身上，肌肉痉挛，直挺挺地坐在他的座位上。接着便是律师（辩方）、证人、法官三者之间的急速对话：

洛根：我要求限制这种回答……

贝德士：我很乐意为你提供来自日本方面有关这个问题的更多证据。

① 梅汝璈回忆：“松井石根在两年多的受审过程中一直装出一副懊丧、忏悔、可怜相。在最后一庭，宣布对他判处绞刑时，他吓得面无人色，魂不附体，两足瘫软，不能自支，后由两名壮健宪兵用力挟持，始得拖步走出法庭。”见《远东国际军事法庭审理南京大屠杀事件之经过》，《南京保卫战》，中国文史出版社，1987年，第310页。

洛根：如果阁下（指法官——引者）同意，我要求指令证人不得作主动的陈述。

韦柏（Webb，法官）：他的回答有效。当然，他必须把回答限定于针对问题，但可以增加任何解释。

一位美国监督派牧师，约翰·G.马吉，证实一个日本副领事曾请马吉陪他到南京北部地区考察，指明哪些是外国人拥有的财产，因为他想张贴日文布告禁止日军入内以保护它们。“我们转入一个小巷以抄近路，”马吉说，“但越驶进去，尸体越多，汽车只得折回驶出巷外，因为我们没有可能不在如此众多的尸体上通过。”他们在有个地点看见，斜坡底下死尸堆在三处，总共有300—500具。“这些尸体的衣服都烧掉了，许多尸首被烧成焦炭似的，”马吉继续说，“显然，他们曾被置于火中。”在行程中他们折向一条通往火车站的主要马路，路上也是尸体杂陈。他作证说，12月22日，他拍摄了电影胶片，约60个男人走在路上，妇女们跪在街上日本兵面前，（意图）索回她们的男人。

在肃静的法庭上，盟国检方提出公布一些住在南京城内的外国人写的日记。他们叙述的故事是真实可怕的。一个出生在中国的美国人费吴生写道：“几百无辜平民在你眼前被抓去枪毙，或作为劈刺练习之用，你还得聆听击毙他们的枪声。这似乎已经成为此地的规则，任何逃跑者必定被枪决或用刺刀捅死。”詹姆士·M.麦卡伦（James M. McCallum）在1937年12月19日的日记中写道：“我要叙述的是一个可怕的故事，我不知道该从哪里开始，也不知道在何处结束。我从来未曾听过或读过如此残暴的行为。暴行、暴行、暴行……”

当4月20日武藤章在巢鸭被审讯时，他承认从1937年12月14日到25日曾经有大约10天在南京任参谋长的副手，但他却说：“我没有听说过日本士兵的捣蛋行为（acting up）。”不过他承认，曾看见一个关于日本军队抢劫与强奸的报告。根据武藤所言，“只有10至20起案件被呈报”，有没有数千件？“我不能想象会有这么多案件。”他说。

那么，他（指武藤章——引者）读过这个时期的报纸吗？“我没有读过这些报纸。”作为副参谋长，什么是他的职责？“协助参谋长。”

松井与武藤的假装糊涂，被检方提供的证据，即由国际救济委员会在6周多时间内送交南京日本大使馆的70个报告所拆穿。这些报告记载着数千日本人恶行的案件，实实在在地记录了受害人的姓名、地址和日期。在一个又一个的报告中，（国际）委员会责问：对于日本武士们来说究竟发生了什么？在12月27日给日本大使馆的一封信中是这样结尾的：“可耻的混乱仍在继续，我们看不出求得制止的认真努力。难道日本军队毫不顾及它的名誉？”另外一封信的回顾具有历史的兴味，因为它使用了一个早已缠绕着这些法庭上的人们（指被告——引者）的词语。这封信吁求日本人“以人道的名义”停止在南京的屠杀。自然，盟国的起诉即指控被告等人以“罪行对抗人道”。

除不断递送信件以外，（国际）委员会还几乎是逐日派遣外国人代表到日本大使馆抗议屠杀。证据显示，在他们与之谈话的日本官员中有现任吉田首相秘书长的福田笃泰。但是这些外国人排除了福田和其他外交人员在暴行中的串通共谋。例如，当贝德士作证时，他也曾被问有关日本文职官员的行为。“这些人在非常恶劣的形势下，确实曾经努力想做一点他们力所能及的事情，”贝德士说，“但是他们本身受到军方威胁，他们除了把这些信件经由上海送交东京以外，其他则无能为力。”

从前面业已译述的贝德士证词可以看出，除南京大屠杀外，毒品贸易亦为远东国际军事法庭审判的重点问题之一。伯拉克曼的著作对此也有所评述，这一部分的标题是：“非常规战争：毒品与疾病”（Unconventional Warfare：Drugs and Disease）。摘译如下：

日本军队不仅在中国建立残暴统治，它还把买卖毒品作为占领区的财政来源。正如盟国起诉书所曾指出，几任日本内阁，通过他们在华陆海军司令官与文职官员，推行一种蓄意削弱中国人民抵抗意志的政策，不仅依靠系统的暴行，而且“依靠直接或间接地鼓励鸦片和其他麻醉剂的生产与进口，以及在这些民众中推进此类毒品的销售与消费”。

部分有关毒品的起诉案件出现较早。日本在中国的毒品政策好像一个潜望镜（periscope），在南京暴行的罪证（海洋）中时隐时现。在（东京）审判过程中，最早提出毒品问题的是美国医生罗伯特·O. 威尔逊（Robert O. Wilson）[①] 的证词。他顺便注意到，在日本人到达以前，南京与其他国民党政府曾把贩卖毒品定为死刑（capital offence）。但在日本人占领的一年内，鸦片烟馆沿着扬子江岸如同芦苇一般到处萌生起来。另一位目击者回忆，随同日本人的到来，在南京海洛因很容易买到，被称为苦力的中国劳工，年龄从 10 岁到 30 岁，常被付给海洛因纸烟作为工钱。

有关毒品情况最有力的证据是由贝德士提供的，他曾独自对占领区鸦片贸易多次加以研究。他作证说，南京沦陷的一年之内，鸦片在这个前首都肆无忌惮地销售，日军特务支队生意兴隆，平均每月销售价值 300 万元的鸦片、海洛因和吗啡。贝德士保守地估计，有 5 万人，即全市人口的 1/8，在日军占领初期即大量吸食毒品。作为一种自然的结果（corollary），他发现毒品与犯罪之间有密切关系。他注意到南京的瘾者抢劫非常流行，“对每个人都是严重的问题”。不过证词最重要之处，还是关联到他于 1939 年到东京的访问。他曾在外务省与日本鸦片交易专家会谈，后者刚对华中地区作历时两个月的考察旅行归来。“他告诉我，他在汉口和长江流域其他城市看到烟毒泛滥而极感忧虑，”贝德士作证说，当我问他有无任何希望加以改善时，他颓丧

---

① 这位证人的名字在本书中早已出现。我行文至此时，正好看到 1995 年 2 月 23 日的香港《星岛日报》，据《扬子江晚报》报道，罗伯特·威尔逊当时的日记已在南京鼓楼医院被发现。这份日记用打字机打在 University Hospital，Nanking，China 的信纸上。日记基本上是按日记录，有时隔天，只是在日军侵入初期，间断了 5 天，但随后补记了空缺几天发生的事，文字整齐清晰，很少涂改，是一份长达 20 页的真实可信的日记原稿复印件。

据同一报道，威尔逊日记的内容主要记录了当时在鼓楼医院工作的几个外国医生在极其危险和困难的条件下，坚持人道主义，开展救死扶伤的工作，同时也记录了他们所见所闻的侵华日军在南京轰炸、杀人、抢劫、强奸等种种暴行。威尔逊是在国际救济委员会领导下努力工作的少数外国人之一，与贝德士等关系极为亲密，其记述自然有很高的参考价值。但可惜出版社催稿甚急，来不及前往南京阅读这份日记，不过我已从美国电影导演汤美如女士处得到这部分日记的主要部分。

地摇摇头说，"不行，将军告诉我，只要战争延续就没有任何改进的希望，因为未能为傀儡政府找到其他好的税源。"①

只要把伯拉克曼的报道与《新新新闻》的短讯稍作比较，便可发现前者不仅更为准确地把握了贝德士证词的内容，而且还画龙点睛地勾画出法庭的气氛与检、辩双方的较力斗智。伯拉克曼已经注意到，辩方主要是在下面两个问题上耍花招：

一、他们知道南京大屠杀铁证如山，无法掩盖，于是便极力把它说成是士兵们的自发行动，或下级指挥官约束不力，与列为甲级战犯的被告无涉。所以，辩方律师洛根借 cross-examination（诘问对方证人）的机会，企图诱使贝德士承认不知道自己的关于日军暴行的报告是谁送交东京，至少是让他承认业已送交东京的报告是得自传闻（hear-say），这样便可以为日本政府及有关被告以不知情为借口而推脱罪责，其所以反反复复提出同一问题用意即在于此。当洛根问贝德士是否看过日本大使馆转送东京的那些报告，而后者又老老实实地承认没有看过时，洛根这个讼棍型的辩方律师真是欣喜若狂，满以为胜利在望。为了让贝德士完全陷入他预设的陷阱而无从逃遁，洛根再一次咄咄逼人地追问："那么，贝德士先生，你没有看过那些报告，我认为你不知道你自己的资讯是谁送往东京的，对吗？"却不料贝德士脱口而出，说他亲眼看过美国驻日大使格雷给南京美国使馆的信，这封信不仅详细谈到国际委员会的那些报告，而且还明确地指出格雷曾与包括广田在内的外务省官员已经讨论过这些报告。深谋熟虑的洛根掉进自己设计的陷阱中，不禁目瞪口呆，而坐在被告席上的广田也像触电一样肌肉为之痉挛。

根据 1946 年 4 月 29 日向远东国际军事法庭提出的起诉书，对 28 名被告自 1928 年 1 月 1 日至 1945 年 9 月 2 日期间犯罪的控告，包括三大类，即破坏和平罪、违反战争法规及惯例罪和违反人道罪。起诉书很长，共列举 55 项罪状，与贝德士作证有关的主要是第 45 项罪状，即日军在南京非

---

① Arnold C. Brackman, *The Other Nuremberg—the Untold Story of the Tokyo War Crimes Trials*, N.Y., 1987.

法杀害已解除武装的军人和平民。同时，第 53 至 54 项罪状，控告全体被告参与共同计划或阴谋、命令、授权和准许各战地日军司令官、陆军省官员、各地集中营和劳务班职员，对起诉国的军队、战俘和被拘留的平民，频繁地、惯常地从事违反战争法规和惯例的行为；未使日本政府采取适当步骤确实遵守及防止违反战争的法规与行为①。这些罪状也有待贝德士等人的证词予以坐实认定。由于东京国际军事法庭只负责审判甲级战犯，列为乙级或丙级战犯的谷寿夫等战地日军司令官以下相关人员没有出庭，所以辩方律师便在否定松井、广田等人的“共谋”罪方面大做文章。从作证记录来看，贝德士已经察觉辩方律师的策略，他在提出格雷致南京美国使馆信件之后，进一步表示：“我很愿意为你（指辩方律师——引者）提供更多来自日本方面有关此事的证据。”而洛根则赶紧要求法官阻止贝德士“作自动的陈述”，因为贝德士提出的更多证据将更有力地说明广田、松井等被告对南京大屠杀确实是知情而未切实制止（姑且不说是纵容乃至指使），难以逃脱“共谋”罪责。当庭长答称贝德士“回答有效”，并且“可以增加任何解释”时，他们便节外生枝，硬说“证人不愿提供全部事实”，乃至法庭诉讼程序与美国不同，等等，但这种以攻为守徒然表明他们已经理屈词穷②。

二、关于毒品贸易问题，他们也知道日占区烟毒之泛滥乃是不争之事实，所以便极力想把鸦片流毒说成乃是中国传之已久的痼疾，并非日军侵华以后推波助澜的结果。这次诘问对方证人（即贝德士），辩方出马的是日籍律师三文字正平。由于日本已是战败国，他为之辩护的又是本国的甲级战犯，自然不敢如同美籍辩方律师那样咄咄逼人、信口雌黄。但是他在虚伪的谦恭中隐藏着深沉的狡诈，在诘问中设下的陷阱比洛根更多。譬

① 以上译文引自张效林译：《远东国际军事法庭判决书》，群众出版社，1984 年，第 5—6 页。

② 梅汝璈在前引同一回忆录中曾说：“由于法庭采用的是所谓‘国家律师制’，这些辩护律师在法庭上的权利义务和代表盟国（原告）的检察官是完全平等的。为了开脱被告的罪责和拖延审判的进行，这些被告律师对于盘问、攻击检方提供的证人证件，以及驳辩、非难检方的论证主张等等，都是无孔不入，无隙不乘，无所不用其极的。美国律师的气焰尤为嚣张，时常信口雌黄，节外生枝。远东法庭审讯之所以长夜漫漫，拖延至两载半之久，原因固多……而被告律师们的‘延宕战略’实亦重要原因之一。”梅汝璈：《远东国际军事法庭审理南京大屠杀事件之经过》，《南京保卫战》，中国文史出版社，1987 年，第 305 页。

如，他首先恭维贝德士对中国经济情况非常熟悉，而同时又刁钻古怪地要求后者回答1937年以前和以后，乃至1938年、1939年的物价如何。其用心很险恶，如果贝德士接受他的恭维，而在回答历年物价情况时出现差错，他便可以乘机贬低贝德士调查报告的可信程度。幸好贝德士老老实实说自己并非经济学专家，调查报告只限于陈述与民众生活有关的情况，因此也就没有必要回答难以记忆的历年物价数字。三文字此计不成又生一计，转而恭维贝德士是鸦片专家，但同时又诘问“你曾否调查过世界上生产鸦片的地区”，其用心也是想利用贝德士回答中可能出现的知识差错来贬低其报告的真实性。此次贝德士的回答倒显得颇为机智，他一方面谦虚地说自己无非是曾就鸦片问题做过某些“普通的研究”，一方面则不无讽刺意味地回敬：“我没有如此广泛的旅行特权。”

当庭长提示，辩方律师所询问题已“超越主要范围”时，三文字又舍空间而就时间，一则要求贝德士回答是1937年12月以前南京消费的鸦片和海洛因多，还是1937年12月以后消费的更多；再则进而要求贝德士回答“从鸦片战争到现今”中国的鸦片销售与消费问题。三文字狡猾地想诱使贝德士承认自1840年以来，中国的鸦片消费量始终“为世界之冠”，借以否定日军侵入南京后的毒化政策。贝德士至此已洞烛其奸，所以强调“我宁愿特别注意时间”，指出1937年以前南京政府的禁烟是卓有成效的，中外人士一般已不再作为社会问题看待，只是在1937年12月日军占领南京以后，烟毒的空前泛滥才给中国民众带来极其严重的损害。由于贝德士早已提供了大量确凿的罪证，庭长又裁定辩方不应把诘问延伸到世界其他地区与追溯到鸦片战争，加以三文字的蹩脚英语又常出差错，他才被迫草草收场。

历史表明，南京审判并不是公理与强权之战的结束，甚至也不是世界和平力量与日本军国主义之间斗争的结束。远东国际军事法庭似乎是公正严明、程序井然，但是由于有不同政治力量与意图介入其间，法庭内外始终是机谋迭出、暗潮时起。贝德士、马吉、费吴生、史迈士等美国传教士、教授的证词，虽然对第一批甲级战犯的裁判提供了重要的根据，但他们的思想与行为并非代表当时美国政府的远东政策。第二次世界大战结束以后，美国为了与苏联争霸世界，同时也为了遏制共产主义运动在中国和其他亚洲地区的崛起，转而采取了扶植并重新武装日本的反动政策。所以第一批甲级战犯的审判拖延了两年半之久才作最后裁决，而剩下的40多名甲级战犯都以“罪证不足，免予起诉”为借口，分别于1947年、1948年分两批释放，其中如曾任首相的岸信介就是在1947年首批释放的[①]。随着中华人民共和国的成立与美国对华政策的彻底失败，麦克阿瑟更于1950年3月7日颁布了所谓“宣誓出狱”的“第5号指令”，更为公开与大量地释放日本战犯。也正因为如此，贝德士等虽然以高度的历史责任感参加东京审判作证，但对整个审判过程及其最后裁决却并非完全满意，多年以后他们在与友人通信谈及往事时仍不无微词。

东京归来以后，贝德士紧接着又积极参加了南京审判并作证。

根据同盟国之间的协议，所有日本战犯分三级。甲级为整个侵略战争的罪魁祸首，乙级为违反战争法规的现地责任者，丙级为违反战争法规的直接执行者。甲级战犯归东京远东国际军事法庭审判，乙级、丙级战犯为罪行发生所在国家的军事法庭审判。为此，1946年2月15日南京国民政府国防部审判战犯军事法庭正式成立，在此前后中国战争罪犯处理委员会也做了大量罪证资料的调查、搜集、整理与相应的宣传等工作。预定在中国审讯的乙级战犯谷寿夫，丙级战犯田中军吉、向井敏明、野田毅等，均经先后引渡来华。经过一系列准备工作以后，国防部审判战犯军事法庭于1947年2月6日至8日在励志社大礼堂对谷寿夫进行为期三天的公审。在此以前，军事法庭于1月30日致函金陵大学，略称：“查本庭受理谷寿夫战犯一案，经定2月6日起，在励志社连续公审，对于在贵校任教之贝德士、史迈士两先生实有讯问之必要。相应奉传票及送达证各两纸，函请查照，赐予转请贝德士、史迈士两先生准时莅庭作证。”

贝德士、史迈士准时莅庭作证，并分别发表如下声明书：

---

① 参见梅汝璈：《远东国际军事法庭审理南京大屠杀事件之经过》，《南京保卫战》，中国文史出版社，1987年，第309页。

南京金陵大学历史学教授贝德士博士声明书

(1947年2月6日)

本人为美国俄亥俄州人，生于1897年5月28日，为美国公民，现住南京汉口路21号，自1920年即任南京金陵大学历史学教授，1937年至1941年，该校迁至华西后，即任该校紧急事件处理委员会主席。

当日军进城时及其后，本人曾任南京国际安全区委员会委员并于1937年12月实际参加工作，本人与该会秘书史迈士同住，因能得悉并可证实该会送交日本当局之报告及案件所述各种屠杀、奸淫及抢劫确为实情，其副件今尚存于南京之美国大使馆档案之内，其后徐淑希教授并曾编纂成册，名之为《安全区档案》，于1939年香港之克列瓦西公司（Kelly Hash Co.）出版，其中大部分并曾由田伯烈先生在英国与美国出版，名为《日人在中国之恐怖》，其另一书名则为《战争之意义为何》。关于安全区报告内之各部凡提及本人或曾用本人之签字者，本人特别声明本人确能证实，如其中第77报告，即为一例。凡关于日人危害安全区内难民3万人及毁坏金大产业之每日暴行，本人在田伯烈先生所著之书中曾有三篇文字记载，1946年7月29日本人在东京之东方国际法庭出庭作证之报告，并未发生问题或被提出辩护。

自1937年12月13日日兵进入南京城后，在广大范围内放火与抢劫、杀死、刺伤与强奸平民，并枪杀彼等认为曾充中国军人之非武装人民，情势万分严重，达三星期至七星期之久，前三星期内，尤其前7—10天内，对损害生命所犯之罪恶无可指数，本人曾亲见日兵枪毙中国平民，满城各街尽是死尸，有着军衣者，有为平民者，余曾见被日军杀伤之平民，余并曾亲眼看见日兵强奸多数妇女。余对日兵任意枪杀及损害平民一再抗议——包括强奸、刺死与枪毙，12月15日日兵由司法院趋（驱）逐平民四百人前往斩杀，余虽交涉三小时之久，希望能救活此等无辜之性命。但终归无效。

日兵进城后余未闻亦未见有任何抵抗，日本官长亦未曾声述有任何抵抗，惟一所强调者，十日后下关曾有一海军兵士被伤。日军官非但不作实际控制其兵士之措置，且其本身亦同样犯罪。

检查安全区报告及红卍字会埋葬死尸之报告，男女小孩死数甚不完全，且较实数为少，盖平民死伤决不止1.2万人，无武器之军人被杀者亦决不止3.5万人。以上所述为确知之情形，其不知者，定较此数为大，亦无法计算矣。

1947年2月6日于南京

贝德士（签字）

南京金陵大学社会学教授史迈士博士声明书

（1947年2月6日）

本人证明本人自1937年春至1938年7月20日曾在南京，南京安全区成立时（1937年11月底），本人即为该区委员会之秘书。

日兵进城后，安全区之人民曾受非常之虐待，本人不得不向日本大使馆每日抗议。日人曾要求以事实证明，乃开始作报告，并将每件事实附诸抗议书中。

其后此等抗议书即分送至南京之英国、德国及美国大使馆，上海全国基督教会并有一全份留存于其图书馆内，1938年春田伯烈氏曾将此等报告编入其所著之《日人在中国之恐怖》一书内，徐淑希教授亦曾编纂一《安全区档案》。

当时之安全区委员会主席德人锐比先生（西门子洋行经理）与本人日常向日本当局抗议，因得有见日本当局之机会，1938年1月美国大使馆开馆办公，曾索此等文件，以便明了当时情况，向日本当局抗议，而德国与英国两大使馆亦曾索阅，以便寄回本国政府。

1938年，南京国际救济委员会（安全区委员会已改此名）决定作建设性之救济计划，因欲获知南京区及其附近各县之实际状况，嘱余作调查，其结果本人曾编就《南京区战时损害》一书（1937年12月至1938年3月止），今谨将该书呈交贵庭作证。本人并为人道而望得伸正义云。

1947年2月6日

史迈士（签名）[①]

在审判过程中，谷寿夫极力推脱、抵赖，但由于罪恶累累、铁证如山，南京大屠杀的现地责任无所逃遁，终于在1947年3月10日被军事法庭判以死刑，并于4月26日被执行枪决。在此以后，曾砍杀中国俘虏及非战斗人员300余人的日军大尉中队长田中军吉，在紫金山下举行杀人比赛的炮兵小队长向井敏明与大队副官野田毅，也均经军事法庭判处死刑并随即被枪决[②]。

远东国际军事法庭的审判工作拖延甚久，但到1948年11月4日对东条英机等28名甲级战犯宣判，分别处以死刑、无期徒刑、有期徒刑不等。其中，就包括南京大屠杀的主犯，前侵华日军华中派遣军司令官松井石根，及其共犯武藤章（前华中派遣军副参谋长）、广田弘毅（1937年6月至1938年5月任近卫内阁外相）、桥本欣五郎（前华中派遣军炮兵联队长）等。为说明远东国际军事法庭及南京军事法庭经多方传讯查证认定的南京大屠杀罪行、罪责基本情况，下面仅列举东京判决书中有关南京大屠杀部分，以及对松井石根、谷寿夫两人的判决书作为例证：

1937年12月初，当松井所指挥的华中派遣军接近了南京市的时候，百万居民的半数以上及全体中立国的国民——其中除少数留下来以便组织国际安全地区以外——都逃出了南京。中国军队除留下五万左右以便保卫南京外，其余都撤退了。1937年12月12日夜，当日军猛袭南门时，留下的五万军队中的大部分，就从南京市的北门和西门撤退了。因为中国军队差不多已全部从南京市撤退，或已弃去武器和军服到国际安全地区中避难，所以1937年12月13日早晨，当日军进

① 据《侵华日军南京大屠杀档案》，南京古籍出版社，1987年，第259—262页。原件存第二历史档案馆。

② 据判决书指陈，1937年12月入侵南京后，向井敏明与野田毅曾在紫金山麓作“斩杀百人”比赛，前者以杀106人取胜。东京《朝日新闻》曾刊登两人举刀合照及相关报道，并标载“百人斩竞争之两将校”等字样。此两人为民愤最大的丙级战犯。

入市内时，完全没有遭遇抵抗。日本兵云集在市内并且犯下了种种暴行。据目睹者之一说，日本兵完全像一群被放纵的野蛮人似地来污辱这个城市。据目睹者们说：南京市像被捕获的饵食似地落到了日本人的手中；该市不像只是由有组织的战斗所占领的；战胜的日军捕捉他的饵食犯下了无数的暴行。日军单独的或者以二三人为一个小集团在全市游荡，实行杀人、强奸、抢劫、放火。当时是任何纪律也没有的。许多日军喝得酩酊大醉。日军在街上漫步，一点也未被开罪并且毫无缘由、不分青红皂白地屠杀中国的男女和小孩，终至在大街小巷都横陈着被害者的尸体。据另外一个证人说：中国人像兔子似的被猎取着，只要被看见那个人一动就被枪击。由于这种不分青红皂白地屠杀，在日方占领南京市的最初两三天内的期间，至少有1.2万人的非战斗员的中国男女和儿童被害了。

强奸事件很多。不管是被害人或者是为了保护她的家族，只要稍微有一点抗拒，经常就得到被杀害的处罚。全城中无论是幼年的少女或老年的妇人，多数都被奸污了。并且在这类强奸中，还有许多变态的和淫虐狂行为的事例。许多妇女在强奸后被杀，（他们）还将她们的躯体加以斩断。

在占领后的一个月中，在南京市内发生了2万左右的强奸事件。

日本兵向老百姓抢劫他们所想要的任何东西，据目睹者说：日本兵在街道上唤住没有携带武器的平民，搜查他们的身体，如果搜不出任何值钱的东西，就将其枪杀。无数的住宅和商店被侵入和被抢劫。被抢去的物资用卡车运走。在日本兵抢劫了店铺和仓库以后，经常是放一把火烧掉它。最重要的商店街的太平路被火烧掉，并且市内的商业区一块一块的、一个接着一个的被烧掉了。日本兵竟毫无一点理由的就把平民的住宅也烧掉。这类的放火在数天以后，就像按照着预定的计划似的继续了六个礼拜之久。因此，全市约三分之一都被毁了。

对于一般男子的有组织的大量屠杀，显然是得到了指挥官的许可而实行的。它的借口是中国兵脱下了军服混在平民之中。中国平民被集成一群一群的，反绑着手，押运到城外，用机关枪和刺刀集体地被屠杀。据现在所知道的，达到兵役年龄的中国男人，这样被害的达2万人。

德国政府从它的代表者得到报告说："这不是个人的而是整个陆军，即日军本身的残暴和犯罪行为。"在这个报告的后段中，曾形容"日军"就是"兽类的集团"。

在城外的人们比在城内的人稍稍好一点。在南京四周200华里（约66英里）以内的所有村庄，大体上都处于同样的状态。居民为了躲日本兵，逃到了乡间。在各处他们都组织了难民村。日本人占领了许多这样的村落，对于这些难民也施以像对待南京居民一样的办法。从南京逃出的平民中，有57 000人被拘禁。在拘禁中他们遭受了饥饿和拷问，以致许多人都死掉了。许多未死的人，又被机关枪和刺刀杀死了。

好些中国兵在城外放下武器投降了。在他们投降后72小时内，在长江岸被机关枪扫射而集体地被屠杀了。这样被屠杀的俘虏达三万人以上。对于这样被屠杀的俘虏，连虚饰的审判都没有实行过。

据后来估计，在日军占领后最初六个星期内，南京及其附近被屠杀的平民和俘虏，总数达20万人以上。这种估计并不夸张，这由掩埋队及其他团体所埋尸体达15.5万人的事实就可以证明了。根据这些团体的报告说，尸体大多是被反绑着两手的。这个数字还没有将被日军所烧弃了的尸体，投入到长江，或以其他方法处决的人们计算在内。

日本大使馆的馆员是随着陆军的前锋部队一齐进入南京城的。12月14日，日本大使馆的某一馆员通知南京国际安全地区委员会说："陆军决心给南京以沉痛的打击，但大使馆正试行缓和其行动。"大使馆员又通知上述委员会的委员说：当占领南京市时，为维持市内秩序由陆军指挥官所配置的宪兵仅有17名。这些大使馆员当知道了他们对日军当局的劝告毫不生效时，他们就向外国传教士说：传教士可以试向日本内地泄露出实际情形，并借此引起舆论的注意，使日本政府会迫于舆论不得不约束一下日本陆军。

据巴兹博士（Dr. Bates，即贝德士——引者）作证说：南京失陷后在两礼拜半到三礼拜的期间恐怖达于极点，从第六礼拜到第七礼拜的期间恐怖是严重的。

据国际安全地区委员会干事斯麦士（Smythe，即史迈士）说：在最初的六个礼拜中，曾每天提出两次抗议。

松井在12月17日以前是留在后方地区的，17日那天举行了入城式，12月18日举行了战死者的慰灵祭。之后，他发表了一个声明。声明中（假惺惺地）说："本人对于遭受战祸的数百万江浙地方无辜民众的损失，实不胜其同情之念。在这样的时候，特别期望中国4亿人民加以反省。"松井在南京市内约停留了一个礼拜左右。

当时是大佐的武藤，在1937年11月10日被任为松井的幕僚。他在进攻南京的时期中随同着松井，并参加了占领南京市的入城式。无论是武藤和松井都曾承认，南京失陷后，当他们在后方地区的司令部中的时候，已听到过在南京所犯的暴行。松井承认曾听说过，许多外国政府已对这类暴行提出了抗议。但是并没有采取任何有效方法来改善这类情形。一位目睹者向本法庭提出了12月19日市内商业区燃烧时松井当时是在南京的证据。这个证人亲自看见在这一天内，仅仅主要的商业街道就发生了14件火灾。在松井和武藤进城以后，好几个礼拜中情形也依然没有改变。

在南京的外交团的人们，新闻记者和日本大使馆馆员，都曾报告过南京及其附近所犯暴行的详情。日本派到中国的无任所公使伊藤述史，从1937年9月至1938年2月是留在上海的。关于日军的行为，他从南京的日本大使馆、外交团人员及新闻记者方面得到了报告，并将报告的大要送给了日本外务大臣广田。广田将这些提供着关于南京所犯暴行的情报、报告及其他许多报告，都转送给陆军省。当时陆军省的次官是梅津。这些报告曾在联络会议中加以讨论。这种会议，总理大臣、陆海军大臣、外务大臣广田、大藏大臣贺屋、参谋总长及军令部总长是照例出席的。

关于暴行的新闻报道曾散布到各地。当时担任朝鲜总督的南（次郎）也承认曾在报纸上看到过这类报道。这类不利的报道以及在世界各国所引起的舆论的压迫，结果使日本政府召回了松井及其部下将校约80名，但是对于他们没有采取任何处罚的措置。松井在1938年3月5日回到日本后，被任命为内阁参议员，1940年4月29日，由于中日战争中的“功劳”，日本政府还给他授勋。松井解释他之所以被召还说：他之所以由畑（俊六）接替并不是因为他的军队在南京犯了暴行，而是他认为他的工作到了南京业已终结，于是希望从陆军中隐退。他至终都没有受到处罚。

日本陆军的野蛮行为是无可原宥的。这并不是最后攻入了一个顽强坚守的阵地因一时照顾不及的军队所为。强奸、放火及杀人，在占领南京后至少有六个礼拜中，在松井和武藤入城后至少有四个礼拜中，一直不断地在大规模进行着。

1938年2月5日，新任南京守备队司令官的天谷少将，在南京日本大使馆中曾对外国的外交团发表声明，对于将南京日人暴行的报告及送各国的外人态度加以斥责，并非难这些外国人是煽动中国人的反日感情。这一天谷少将的声明反映了日本军部对于某些在华外人的态度：“这些外国人对于日本不受任何约束对中国人民实行‘膺惩’战的政策是具有敌意的。”①

远东国际军事法庭判决书中对松井石根指控的有关部分

被告松井根据第1项、第27项、第29项、第31项、第32项、第35项、第36项、第54项及第55项罪状被起诉。

松井是日本陆军的高级军官，1933年进级为大将。他在陆军中具有丰富的经验，其中包括在关东军及参谋本部的服务在内。虽然他与设计和实行阴谋者有密切的联系，因此应认为他是知道阴谋者的目的和政策的；但是就提出于本法庭的证据来看，认定他是阴谋者是不合理的。

1937年和1938年时他在中国的军事职务，就其本身论，不能认

① 《远东国际军事法庭判决书》，群众出版社，1984年，第484—488页。

为与实行侵略战争有关。为了要使根据罪状第27项判决他为有罪是合理的，那么作为检察方面的义务，就必须提出证据来证明松井知道其战争犯罪性质的推论是合理的，但是检察方面并未曾如此做。

松井在1935年退役，在1937年因指挥上海派遣军而复返现役。接着，被任命为包括上海派遣军和第十军的华中方面军司令官。他率领这些军队，在1937年12月13日占领了南京市。

中国军队在南京陷落前就撤退了，因此所占领的是无抵抗的都市。接着发生的是日本陆军对无力的市民，长期间继续着最恐怖的暴行。日本军人进行了大批屠杀、杀害个人、强奸、劫掠及放火。尽管日本籍的证人否认曾大规模进行残虐行为，但是各种国籍的、无可置疑的、可以凭信的中立证人的相反的证言是压倒有力的。这种暗无天日的犯罪是从1937年12月13日占领南京市开始的，至1938年2月初还没有停止。在这六七个星期中，数以千计的妇女被强奸，10万以上的人被屠杀，无数的财产被盗劫与焚毁。当这些恐怖的突发事件达到最高潮时，即12月17日，松井进南京城并曾停留5—7天左右。根据他本身的观察和幕僚的报告，他理应知道发生了什么事情。他自己承认曾从宪兵队和领事馆人员听说过他的军队有某种程度的非法行为。在南京的日本外交代表曾每天收到关于此类暴行的报告，他们并将这些事报告给东京。本法庭认为有充分证据证明松井知道发生了什么样的事情。对于这些恐怖行为，他置若罔闻，或没有采取任何有效办法来缓和它。在占领南京市以前，他确曾对他的军队下令要他们严肃行动，后来又曾发出同样的命令。正像现在所知道的，这些命令并未生效，并且这在他也像是理所应知的。在为他的行为辩护时说，这是由于他生病的缘故。他的疾病既没有阻碍他指挥在他指导下的作战行动，又没有阻碍他在发生这类暴行时访问该市达数日之久。而对于这类暴行具有责任的军队又是属他指挥的。他是知道这类暴行的。他既有义务也有权力统制他自己的军队和保护南京的不幸市民。由于他怠忽这些义务的履行，不能不认为他负有犯罪责任。

本法庭根据罪状第55项判决被告松井为有罪，关于罪状第1项，第 27 项，第 29 项，第 31 项，第 32 项，第 35 项，第 36 项及第 54 项，判决为无罪。①

1948 年 11 月 12 日，远东国际军事法庭根据法庭宪章第 15 条第 4 款宣判："松井石根：根据判决为有罪的罪状，远东军事法庭处你以绞刑。"同时，与南京大屠杀有关的共犯武藤章、广田宏毅亦被判处绞刑，桥本欣五郎被判处无期徒刑②。同年 11 月 22 日深夜③，松井、广田、武藤等，在东京巢鸭监狱院内被执行绞刑，受到了应有的历史惩罚。

南京国防部审判战犯军事法庭关于谷寿夫战犯案件判决书

（1947 年 3 月 10 日）

国防部审判战犯军事法庭判决（民国）36 年度审字第一号

公诉人：本庭检察官

被告：谷寿夫，男，年 66 岁，日本人，住东京都中野区富士见町 53 号，日本陆军中将师团长

指定辩护人：梅祖芳律师，张仁德律师

右被告因战犯案件，经本庭检察官起诉，本庭判决如左：

主文：谷寿夫在作战期间，共同纵兵屠杀俘虏及非战斗人员，并强奸、抢劫、破坏财产，处死刑。

事实：谷寿夫系日本军阀慓悍善战之将领，远在日俄战役，即已从军，并著战绩。迨民国 26 年中日战起，充任第六师团长，于是年 8 月，率部来华，参预侵略战争。先转战于河北永定河及保定、石家庄等处。同年 11 月杪，我京沪沿线战事频告失利，移转阵地，扼守南京。日本军阀以我首都为抗战中心，遂纠集其精锐而凶残之第六师团谷寿夫部队、第十六师团中岛部队、第十八师团牛岛部队、第一一四

① 《远东国际军事法庭判决书》，群众出版社，1984 年，第 588—589 页。

② 《远东国际军事法庭判决书》，群众出版社，1984 年，第 608—610 页。

③ 梅汝璈回忆，应是 23 日凌晨，可能是处绞刑者较多，从 22 日深夜开始，直至 23 日凌晨始得以结束。梅汝璈：《远东国际军事法庭审理南京大屠杀事件之经过》，中国文史出版社，1987 年，第 310 页。

师团末松部队等，在松井石根大将指挥之下，合力会攻，并以遭遇我军坚强抵抗，忿恨之余，乃于陷城后，作有计划之屠杀，以示报复。由谷寿夫所率之第六师团任前锋，于26年12月12日（即农历11月10日）傍晚，攻陷中华门，先头部队用绳梯攀垣而入，即开始屠杀。翌晨复率大军进城，与中岛、牛岛、末松等部队，分窜京市各区，展开大规模屠杀，继以焚烧奸掠。查屠杀最惨厉之时期，厥为26年12月12日至同月21日，亦即在谷寿夫部队驻京之期间内。计于中华门外花神庙、宝塔桥、石观音、下关草鞋峡等处，我被俘军民遭日军用机枪集体射杀并焚尸灭迹者，有单耀亭等19万余人。此外零星屠杀，其尸体经慈善机关收埋者15万余具。被害总数达30万人以上。尸横遍地，惨绝人寰。其残酷之情形，尤非笔楮所忍形容。如12月15日下午一时，我军警2 000余名，为日军俘获后，解赴汉中门外，用机枪密集扫射，饮弹齐殒，其负伤未死者，悉遭活焚。同月16日下午六时，麇集华侨招待所之难民5 000余人，被日兵押往中山码头，用机枪扫射后，弃尸江中，仅白增荣、梁廷芳二人，中弹受伤，投身波中，与漂尸同流，得以幸免。同月18日夜间，复将我被囚幕府山之军民57 418人，以铅丝扎捆，驱集下关草鞋峡，亦用机枪射杀，其倒卧血泊中尚能挣扎者，均遭乱刀戳毙，并将全部尸骸，浇以煤油焚化。又如12月12日，乡妇王徐氏，在中华门外下码头，遭日军枭首焚尸。同月13日，乡民魏小山，因谷寿夫部队在中华门堆草巷纵火，驰往施救，致被砍死。同日，僧隆敬、隆慧，及尼真行、灯高、灯元等，亦于中华门外庙、庵内、悉遭屠戮。14日，市民姚加隆携眷避难于中华门斩龙桥，又遭日军将其妻奸杀，八岁幼儿、三岁幼女，因在旁哀泣，被用枪尖挑入火中，活焚而毙。同月13日至17日，时值严寒，驻中华门外日军，勒令乡民30余人，入水捞鱼，从则冻死，违亦遭戮。并将一老叟，绑悬树梢，以枪瞄准，作打靶练习，终至命中，绳断跌毙。又日军官2人，以杀人为竞赛，其一杀达105人，一则以杀106人获胜。同月19日，乡妇谢善真，年逾六旬，被日军在中华门外东岳庙用刀刺杀，并以竹竿插入阴户，均属惨无人道。计自12月

12日至同月21日，我首都无辜军民，被日军残杀而有案可稽者，达886起（见附件甲1—28号，乙1—858号）。其在中华门一带被害者，除以上列举外，尚有王福和、柯大方、卓吕同、沈有功、刘广松、曹文党、余必福、陈肖氏等378案（详见附件甲9、13、18、19、20、24、26、28号，乙1—370号）。日军陷城后，更四处强奸，一逞淫欲。据外侨所组国际委员会统计，在26年12月16、17两日，我妇女遭日军蹂躏者，已越千人。且方式之离奇惨虐，实史乘所未前闻。如12月13日，民妇陶汤氏，在中华门东仁厚里五号，被日军轮奸后，剖腹焚尸。怀胎九月之孕妇肖余氏，16岁少女黄桂英、陈二姑娘，及63岁之乡妇，亦同在中华门地区，惨遭奸污。乡女丁小姑娘，在中华门堆草巷，经日军13人轮奸后，因不胜狂虐，厉声呼救，当被刀刺小腹致死。同月13日至17日间，日军在中华门外，于轮奸少女后，复迫令过路僧侣续与行奸，僧拒不从，竟被处宫刑致死。又在中华门外土城头，有少女三人，因遭日军强奸，羞愤投江自尽。凡我留京妇女，莫不岌岌自危，乃相率奔避于国际委员会所划定之安全区。讵日军罔顾国际正义，竟亦逞其兽欲，每乘黑夜，越垣入内，不择老幼，摸索强奸。虽经外侨以国际团体名义，迭向日军当局严重抗议，而日将谷寿夫等均置若罔闻，任使部属肆虐如故。再日军锋镝所至，焚烧与屠杀常同时并施，我首都为其实行恐怖政策之对象，故焚烧之惨烈，亦无伦比。陷城之初，沿中华门迄下关江边，遍处大火，烈焰烛天，半城几成灰烬。我公私财产之损失殆不可以数字计。中华门循相里房屋数十幢，均遭烧毁，居民何庆森、夏鸿贵、毕张氏等数百人，庐舍成墟，栖息无所。中华门钓鱼巷、湖北路、长乐路、双闸镇各处居民曾有年、常许氏、冯兆英等房屋数百幢，亦俱焚烧，荡然无存。至12月20日，复从事全城有计划之纵火暴行，市中心区之太平路，火焰遍布，至夜未熄，且所有消防设备，悉遭劫掠，市民有敢营救者，尽杀无赦。日军更贪婪成性，举凡粮食、牲畜、器皿、古玩，莫不劫取。如在石坝街50号，抢劫国医石筱轩名贵书籍四大箱，字画、古玩2 000余件，木器400件，衣服30余箱。又在集庆路任管巷等处，掠劫民间牲畜、粮食、钱财，不可胜计。即国际红十字会医院内，护士财物，病人被褥，难民食粮，亦遭洗劫一空。美大使馆职员陶格拉斯晋钦（Douglas Jenkine），美籍女教士格蕾丝芭尔（Miss Grace Bauer），德人拉比、巴赤德、波濮罗、蒸姆生（Rabe，Barchaid，Poblo，Jeimssen）等住宅，并经先后搜劫，损失綦重。种种暴行，更仆难数。日本投降后，谷寿夫在东京被捕，经我驻日代表团解送来京，由本庭检察官侦查起诉。

理由：查本案被告谷寿夫，于民国26年，由日本率军来华，参预侵略战争，与中岛、牛岛、末松各部队，会攻南京。因遭我军坚强抵抗，血战四昼夜，始于是年12月12日傍晚，由中华门用绳梯攀垣而入。翌晨率大队进城，留驻一旬，于同月21日，移师进攻芜湖各情，已据供认不讳（见侦查卷66页，审判卷71宗16、23页）。至其陷城后，与各会攻部队，分窜京市各区，展开大规模屠杀，计我被俘军民，在中华门花神庙、石观音、小心桥、扫帚巷、正觉寺、方家山、宝塔桥、下关草鞋峡等处，惨遭集体杀戮及焚尸灭迹者，达19万人以上。在中华门下码头、东岳庙、堆草巷、斩龙桥等处，被零星残杀，尸骸经慈善团体掩埋者，达15万人以上，被害总数达30余万人。此项事实，匪特已据身历其境之证人殷有余、梁廷芳、白增荣、单张氏、鲁苏、殷南冈、芮方缘、毕正清、张玉发、柯荣福、潘大贵、毛吴氏、郭岐、范实甫、姚加隆、万刘氏、徐承铸，僧隆海、莲华，尼慧定等1 250余人，及当时主持掩埋尸体之许传音、周一渔、刘德才、盛世征等，具结证明（详见附件甲1—28号，附件乙1—858号、京字9—12号各证，暨本庭侦查及审判笔录），且有红卍字会掩埋尸体43 071具，崇善堂收埋尸体112 266具之统计表，及伪南京督办高冠吾为丛葬于灵谷寺无主孤魂3 000余具所立之碑文为凭（见京字3、16、17号各证）。复经本庭按丛葬地点，在中华门外雨花台、万人坑等地，发掘坟冢五处，起出被害人尸骸头颅数千具，由法医潘英才、检验官宋世豪等，验明尸骨多有刀砍、中弹，或钝器击损伤痕，填具鉴定书在卷可稽（见本庭勘验笔录，及京字14号证）。并有当时日军为炫耀武功，自行拍摄之屠杀照片15帧，及实地摄制之屠城电影，经我军于胜利后扣获，可资印证（见京字2、15号各证）。至陷城后，日军各部队分窜各区，奸淫肆虐，如乡妇陶汤氏被奸后剖腹焚尸，丁小姑娘轮奸后刺死，即妊妇、老妪亦同遭奸污。又放火烧毁民房，掠劫财物，以及闯入安全区内强奸妇女，劫取外人财产等情，亦据各生存之被害人及目睹之证人肖余氏、陈二姑娘、柯荣福、方鹤年、张孙氏、范实甫、张万氏、周一渔、何庆森、夏鸿贵、毕张氏、倪春富、曾有年、常许氏、冯兆英、石筱轩、徐兆彬等百余人，分别结证是实。核与国际委员会所组南京安全区内档案列举之日军暴行，及外籍记者田伯烈（H. J. Timperley）所著《日军暴行纪实》，史迈士所作《南京战祸写真》暨当时参加南京战役之我军营长郭岐所编《陷都血泪录》胪载各节，悉相吻合（详见附件丙、丁、戊、己，及京字9—12号各证，暨本庭侦查及审判笔录）。又经当时留京之美籍教授贝德士（M. S. Bates）、史迈士，本于目击实情，到庭宣誓并且具结证明无异。是会攻南京之日军各将领，共同纵兵，分头实施屠杀、强奸、抢劫、破坏财产之事实，已属众证确凿，无可掩饰。虽据辩称：（一）被告部队入城后，系驻扎中华门，于12月21日全部开赴芜湖，当时中华门一带，正值激战，居民迁徙一空，并无屠杀对象，且被害人均未能指出日兵番号，故屠杀事件，应由中岛、末松，及其他部队负责，即罪行调查表亦多载有“中岛”字样，可见与被告无涉；（二）被告所属部队，军纪严肃，可保证未曾杀害一人，除已经证人小笠原清到庭证明外，应请传讯被告所属之参谋长下野一霍，旅团长坂井德太郎、柳川参谋长田边盛武、高级参谋藤本铁熊等，即可明了；（三）本案证据全系伪造，不足为论罪根据等语，以为免责之辩解。但关于第一点，按共同实施犯罪行为之人，在合同意思范围以内，各自分担犯罪行为之一部，相互利用他人之行为以达其犯罪之目的者，即应对于全部发生之结果，共同负责（参照最高法院28年上字第3110号、26年渝上字第1744号各判例）。被告既系会攻南京之高级将领，因遭守军猛烈抵抗（见审判卷7宗16页），乃于陷城后，会合中岛、牛岛、末松等部队，分窜各区，实施大屠杀及奸掠焚烧等暴行，我被俘军民惨遭杀戮者达30多万人之众，已与监督不严之偶发事件，显有不同。况经当时驻京外侨，以国际团体名义，于26年12月14日至21日，即在被告部队驻京之期间内，前后十二次，分向日军当局及日大使馆提出严重抗议。并在照会内，附录日军烧、杀、淫、掠暴行，计113案，促请日军注意管束部属，防止暴行扩大（见南京安全区档案原文1—49页，及附件已、京字10、11号各证）。而被告等各将领，又均置若无睹，纵兵肆虐如故。且反将此种惨烈屠城情状，摄成电影及照片，借以表彰战绩。其系与各会攻将领，基于合同意思，共同纵兵，分头窜扰，而作有计划之大规模屠杀及焚烧奸掠，至为明显。纵令被告部队，仅在旬日间，分担京市一隅之屠杀等暴行，然既与各会攻将领，本于联络之犯意，互相利用，以达其报复之目的。依照上开说明，即应就全部所发生之结果，与松井、中岛、牛岛、末松、柳川各将领共同负责。奚容以罪行调查表载有“中岛”字样，以及被害人未能指出日兵番号等词为借口，希图诿卸。矧查京市各区，屠杀奸掠等事件，泰半发生于被告部队驻京之期间内（即12月12日至同月21日）。即在被告自承为其防区之中华门一带而遭烧、杀、淫、掠之居民有案可稽者，已达到459起（详见附件甲9、13、18、19、20、24、26、28，乙1—370号，丙1—21号，丁1—57号，戊1—3号各证暨本庭侦查及审判笔录）。其中被害人家属及证人，且多能切实指明被告部队之罪行。如据范文卿之子范实甫供称：“谷寿夫部下杀人、放火、强奸，无所不为，最残忍的，要算是谷寿夫部队，杀人最多约有10多万人。我家对门丁道召的孙女，被谷寿夫部下13人强奸，这小姑娘因受不了，惨叫，被日军一刀刺小腹而死。我还见邻人魏小山，因谷寿夫部队放火，他去救火，被日军一刀砍死。”丁长荣供称：“我儿子丁连宝，被谷部（指被告）士兵用枪打，又戳一刀死了。当时一共打死7个人。又在中华门赛虹桥，见两个妇人被日兵强奸后，用刺刀从阴户刺入腹部，致腹破肠流而死。”徐承铸供称：“我胞兄徐承耀，被谷寿夫部队拉夫，经母亲哀求，不肯释放，当被拉到雨花台下，用枪打死。”又据证人欧阳都麟供称："日军谷寿夫部队，攻陷南京，由中华门首先进城，先行屠杀，就此两天内（12、13两日），中华门内外，遍地尸首，惨不忍睹。有的用刺刀刺孕妇腹部，致腹破胎坠而死。有的用刺刀从妇女阴户刺入，刀尖透出臀部致死。亦有80岁老妇，被强奸致死。"证人张鸿如供称："日军于26年农历11月初十晚进城，杀人放火奸淫最厉害的，是谷寿夫部队。"各等语（见本庭审判卷1宗30页，3宗35、39、43页，7宗60、61页）。尤足见被告部队分担实施暴行之事实，昭然若揭，尚何有狡赖之余地。关于第二点，查被告部队，远在保定、石家庄一带作战时，即曾抢劫居民陈嗣哲所有之衣服、古玩28箱及红木家具等物多件。又在浙江德清县境，残杀平民卜顺金、卜玉山等人（见附件乙846号，戊4号各证）。是其军纪之败坏，已可概见。迨会攻南京陷城后，更暴行累累，凶残无匹，乃反谓军纪严肃，未曾杀害一人，显属遁词。至证人小笠原清，于被告部队会攻南京之时，尚在日本求学，徒以臆测之词，漫谓被告部队在南京并无暴行，自属无可采信。又查被告所属参谋长下野一霍，旅团长坂井德太郎，及柳川参谋长田边盛武、高级参谋藤本铁熊等，均系参与会攻南京之高级军官及参谋长官，对于实施有计划之南京大屠杀事件，本有共犯嫌疑，纵使该嫌疑犯等到庭为被告所预期之陈述，亦不外瞻徇袒庇，自难据为被告有利之判决。兹被告犹斤斤请传该嫌疑犯等到庭作证，无非借端希图延宕。关于第三点，查本案证人千余人，均系身历其境，将当时目击日军暴行痛陈如绘。被害人尸骸颅头数千具，并经本庭在丛葬地点掘出。灵谷寺无主孤魂3 000余具之墓碑，至今犹存。郭歧所编《陷都血泪录》，远在民国27年即在西安写成，并于同年八月披露于西京平报（见京字12号证第1页）。国际委员会所组南京安全区之档案，外籍记者田伯烈所著《日军暴行纪实》及美籍教授史迈士所作《南京战祸写真》，皆为当时未曾参加作战之英、美、德人士，本其目睹情形，所作之日军暴行实录。日军以杀人为竞赛娱乐，且系在被告本国《东京日日新闻》登载（见京字10号证第284及285页）。屠杀照片及屠城电影，俱为当时日军所摄制，借以夸耀武功。均系被告及会攻南京各将领共同实施暴行之铁证。被告竟以空言抹杀，妄指为伪造，可谓毫无理由。综上各点抗辩，均属狡展图卸，殊无可采。查被告在作战期间，以凶残手段，纵兵屠杀俘虏及非战斗人员，并肆施强奸、抢劫、破坏财产等暴行，系违反海牙陆战规例及战时俘虏待遇公约各规定，应构成战争罪及违反人道罪。其间有方法结果关系，应从一重处断。又其接连肆虐之行为，系基于概括之犯意，应依连续犯之例论处。按被告与各会攻将领，率部陷我首都后，共同纵兵肆虐，遭戮者达数十万众。更以剖腹、枭首、轮奸、活焚之残酷行为，加诸徒手民众与夫无辜妇孺，穷凶极恶，无与伦比。不仅为人类文明之重大污点，即揆其心术之险恶，手段之毒辣，贻害之惨烈，亦属无可矜全。应予科处极刑，以昭炯戒。

据上论结，应依刑事诉讼法第 291 条前段；海牙陆战规例第 4 条第 2 项，第 23 条第 3 款、第 7 款，第 28 条，第 46 条，第 47 条；战时俘虏待遇公约第 2 条，第 3 条；战争犯罪审判条例第 1 条，第 2 条第 2 款，第 3 条第 1 款、第 4 款、第 24 款、第 27 款，第 11 条；刑法第 28 条，第 55 条，第 56 条前段，第 57 条。判决如主文。

本案经本庭检察官陈光虞莅庭执行职务。

中华民国 36 年 3 月 10 日

国防部审判战犯军事法庭

审判长　石美瑜　印

审判官　宋书同　印

审判官　李元庆　印

审判官　葛召棠　印

审判官　叶在增　印

右正本证明与原本无异

书记官　张体坤

中华民国 36 年 3 月 10 日[①]

---

① 据胡菊蓉：《中外军事法庭审判日本战犯——关于南京大屠杀》，南开大学出版社，1987 年，第 207—217 页。原件存于中国第二历史档案馆。

除上述诸判决书内容与南京大屠杀有关外，远东国际军事法庭判决书对日本毒化政策亦有所指控，摘录如下：

在华贩卖毒品

关于在满洲贩卖毒品的事，前面已经说过了。

随着在中国北部、中部及南部军事行动的发展，日本随时采用了与在满洲所行的类似方针。毒品的买卖是与军事行动和政治发展相关联的东西。由于毒品买卖，为日本所设立的种种地方政权取得了大部分的资金。否则，这些资金就要由日本供给或由增加地方税来筹措。至于吸鸦片者的大量增加对于中国民众道德上的影响那是容易想象得到的。

1937 年后与在中国的鸦片买卖有关的是日本的陆军、外务省和兴亚院。三菱商事公司和三井物产公司为日本、伪满洲国和中国采购了大量的伊朗鸦片。由于外务省的安排，这两家公司在 1938 年 3 月缔结了关于鸦片输入地和划分鸦片贩卖区的协定。由三菱办理对日本及伪满洲国的鸦片供给，由三井物产办理对华中华南的鸦片供给。对华北的供给由两家公司平分。每年的鸦片购入额由日本、伪满洲国和中国的“官厅”决定后通知这两家公司。根据兴亚院的请求修改了这项协定，于是规定设立伊朗鸦片购买组合，这组合的鸦片营业，由三菱、三井两公司平均分担。

关于贩卖鸦片，是委托给中国派遣军在各城镇所设立的特务机关去办理的。兴亚院经济部指定华北、华中及华南的鸦片需要量，并管理其分配。贩卖鸦片的利益交给兴亚院。后来设立了戒烟总局，由伪维新政府管理鸦片买卖，这个“政府”在一定程度上是依靠贩卖鸦片来支持的。但是，就在这时候，兴亚院和华中日军司令部依然具有决定关于鸦片买卖方针的责任。

1937 年 6 月在国际联盟“鸦片买卖顾问委员会”上，该委员会公开说，在华的非法买卖随着日本的侵入而日益增加了。

内蒙古　在已经谈过的 1935 年“土肥原·秦德纯协定”后，中国军队撤出了北察哈尔，日本势力侵入察哈尔省及绥远省。于是奖励农民种植更多的鸦片。结果，鸦片产量有了相当的增加。

华北 在华北，尤其是在河北省、山东省，自1933年的“塘沽停战协定”和规定非武装地区以后，中国人就不能取缔鸦片的买卖了。于是鸦片中毒者的数目有惊人的增加。关于鸦片供给，是由日方所管理的各公司和组合来办理的。

1937年天津被占领后，毒品吸食者有显著的增加。天津日本租界以海洛因制造中心地而闻名。设立在日本租界的海洛因工厂至少有两百家。1937年5月，国际联盟“鸦片买卖顾问委员会”说：世界上所禁止的毒品“白丸”（使用海洛因的丸药），几乎90%是在天津、大连及在其他满洲和华北城市所制造的日本货，这是大众都知道的事实。

华中 在华中也实行了实质上和以上各地一样的行为。在1937年前，南京差不多已经肃清了鸦片吸食者。自被日军占领后，公开进行毒品买卖，甚至在报纸上登载广告。在1939年秋以前，在南京每月贩卖鸦片的收入估计为300万美元。因此，从满洲、华北、华中、华南鸦片买卖的规模来推测，只从收入一点来看，这种事业对于日本政府是如何重要已很显然。我们认为对于毒品买卖已无更详细加以叙述的必要，我们只要说一点就够了，即在1937年后，在上海，在华南的福建省、广东省，在其他地区，在日本所占领的任何省或大都市，一经占领之后，鸦片买卖就与上述中国各地一样的规模而增加起来。①

以上这些已成历史定谳的文件，不仅如实地揭露了日军侵华的各项罪行，而且还坐实了各主要战犯的罪责，真正是把日本军国主义钉牢在历史的耻辱柱上。通过这些文件也可以看出，贝德士、史迈士、费吴生、马吉等外籍人士所提供的证据、证言，对于审理南京大屠杀一案具有何等重要的意义。正如远东军事法庭判决书所提出的：“日本军人进行了大批屠杀、杀害个人、强奸、劫掠及放火。尽管日本籍的证人否认曾大规模进行残虐行为，但是各种国籍的、无可置疑的、可以凭信的中立证人的相反的证言是压倒有力的。”作为传教士的贝德士，他本着基督教和平主义者的爱心，

① 《远东国际军事法庭判决书》，群众出版社，1984年，第368—370页。

殚精竭虑、奋不顾身地投入难民救济工作，尽量减少南京民众因日军暴行而蒙受的严重损害。作为历史学家的贝德士，他又具有专业的特殊训练与习惯，努力调查、搜集、整理、研究各种有关日军暴行的材料，不仅在战争期间向全世界揭露侵华日军南京大屠杀的真相，而且在战后军事审判中充分发挥了关键性历史见证人的重要作用。尽管贝德士未能在有生之年完成其有关基督教在中国的历史巨著，但是他却为世界留下了一个正直的、具有良知的历史学家的崇高风范。

八　未能结束的结束语

全世界爱好和平的人民都希望东京审判能为日本军国主义的罪恶历史画下一个句号，绝大多数直接或间接投入审判工作的各国主持正义人士，也真心诚意地希望尽最大努力来埋葬军国主义乃至最终结束世界大战。应该肯定，东京审判在当时的历史条件下确曾作出了重要贡献，但由于它毕竟只是一个特定的法律程序，我们不能指望经过它来消除错综复杂的战争根源。何况在东京审判中起主导作用的美国，为了争霸与反共的需要而蓄意利用日本作为其从属的战争工具，这就给日本军国主义的迅速复活提供了更多的兴奋剂。

东京审判绝不意味着日本军国主义的终结。

远东国际军事法庭判决甲级战犯东条英机、广田弘毅、松井石根、武藤章、板垣征四郎、土肥原贤二、木村兵太郎等 7 人处以死刑。他们在走上绞刑架时，没有任何忏悔的表示，却一律高呼三声“天皇万岁!”“大本营万岁!”

曾经参加过东京审判的中国法官梅汝璈回忆说：“他们的尸体在火焚成灰以后，是用军舰在海上撒布的，任其随风飘去，使无踪迹可寻。据说这是二次世界大战后对待处死的国际战犯的一般办法，对纽伦堡国际法庭处死的德国战犯的先例也是如此，其目的是避免复仇主义者抓到一点遗骸或骨灰之类的东西便大事铺张，给战犯们隆重安葬，立墓立碑，把他们扮成‘殉国烈士’或‘民族英雄’的模样。”[①]

---

① 梅汝璈：《远东国际军事法庭审理南京大屠杀事件之经过》，《南京保卫战》，中国文史出版社，1987 年，第 310 页。

防范不可谓之不周，但焚尸扬灰也未能阻止军国主义的阴魂不散。曾几何时，也被列为甲级战犯的岸信介便公然当上首相，而耗资 1 500 万日元在名古屋为上述 7 名被处死的甲级战犯树立庞大的纪念碑，主其事者正是当年东条英机的辩护律师，以后曾任日本国会众议院院长的清濑一郎。日本靖国神社至今还供奉着东条英机等 13 个甲级战犯的灵位。

亚洲各国人民是善良而又宽厚的，他们并不愿意长期生活在痛苦的回忆之中，更不愿意生活在复苏的仇恨情绪之中。可能战争的往事在这些国家已被人们，特别是青年一代所逐渐淡忘；但日本军国主义后继的支持者，却矢志要延续其先辈的未竟之业，正是他们一次又一次地为法西斯战争暴行翻案，重新在国家之间挑起猜疑与敌视。一年一度内阁成员对靖国神社的参拜，文部省对历史教科书的多次错误审定，政界要人周而复始地跳出来否认南京大屠杀等侵略暴行……真是树欲静而风不止，这些特殊的日本人逼着我们不能不正视现实与追忆往事。作为受害国人民的我们，不能继续沉默，不能让这些特殊的日本人胡诌历史，我们必须捍卫历史自身的尊严。

人们都说对于战争责任的反省，日本不如德国。我不愿说日本人不如德国人，而宁可说日本政府不如德国政府。不愿承担战争责任的政府毕竟会使自己的民族蒙受羞辱，何况这不是一般的战争责任，这是涉及数千万人死亡与财产损失难以数计的巨大侵略罪行，人们不会原谅那些继续掩盖真相和推托罪责的日本政府。只要这样的政府存在，不管日本多么富有，多么强盛，多么勤奋，多么能干，它在世界人民的心目中也难以受到应有的尊敬，更难以赢得真挚的友情。

在日本知识界，也有极少数上述那样特殊的日本人，其中之一便是自认为是“勇士”的铃木明。他于 1972 年在《诸君》月刊上发表《南京大屠杀的虚妄性》等文章，并于次年 3 月汇集成《南京大屠杀的虚妄性》一书出版。由于这本书正满足了复活军国主义逆流的需要，所以其中有三篇采访报道获《文艺春秋》的大宅壮一报道文学奖，并赢得了“这是令人钦佩的作品”（草柳大藏），具有“极大的勇气”（开高健）等一片喝彩声。此后该书每年重版一次，被“大东亚战争肯定论”者奉为经典之作。

大宅壮一曾任东京《日日新闻》社记者，去过日军占领下的南京，也写过一些渲染“和平与秩序”的谎言报道，战后则一直对发生在南京的日军暴行守口如瓶。但就连这样的日本人，在1966年访问中国期间的一次座谈会上，也不得不吞吞吐吐地承认：“我认为，在入城前后，或到入城为止，曾有过大规模的屠杀，这是事实。杀害了30万人啦，烧毁了1/3的建筑物啦，虽然这些数字有点不可信。但是，我作为一个目击者，也可以绝对有把握地说，曾发生过大规模的屠杀。”而获得大宅壮一报道文学奖的铃木明，却居然把大宅这一有限的承认也一笔勾销了，这真是莫大的讽刺。

仿效铃木明而跟进的是山本七平，他也于1975年底把他自1972年至1974年在《诸君》上发表的长篇连载文章汇编成《我方的日本军》一书，干脆把南京大屠杀说成是“无稽之谈”。1984年6月，原松井石根的随从兼秘书，自称是拓植大学讲师的田中正明也不甘寂寞，撰写了《南京大屠杀之虚构》一书，不仅蓄意抹杀日军暴行，而且还诬蔑性地诿过于中国①。

铃木明等否定南京大屠杀的重要根据，就是在日本以前所出版的关于南京大屠杀的资料，大都是东京审判记录和以后出的东西，缺少“同时代的第一手材料”。据说，日军攻占南京不久，随军记者和作家、评论家等特派记者，共有一百数十名撰稿人进入南京城，但无论是当时或是“什么都可以说”的战后，很少有人将亲眼目睹的日军暴行写出来②。当时之不能写是不言而喻的。从1938年1月到1942年8月，曾任《读卖新闻》随军记者的小俣行男说得很清楚：“战时状态可以说是个疯狂的时代。由日本人记录下自己同胞所犯下的野蛮行径，心情实感抑郁。自己无法制止这

---

① 以上根据洞富雄著，毛良鸿、朱阿根译：《南京大屠杀》，上海译文出版社，1987年，第1—3页，高兴祖的“代译序”；第414—416页，本书正文“撰稿人与南京大屠杀”部分。

② 洞富雄著，毛良鸿、朱阿根译：《南京大屠杀》，上海译文出版社，1987年，第414—415页。

种野蛮行径，然而又不能报道这些残暴行为（即便写了也无法报道，否则要被处分），却还要专门写‘皇军之勇战’的情况。”[①] 至于战后这些撰稿人大多仍讳言历史真相，情况就比较复杂，既因当事人本身认识的转变需要时间，也因大众传播媒介基本上掌握在财阀、政客手中，发表揭露日军暴行的文章并非易事[②]。例如，因为曾经报道“南京百人斩竞赛”而被东京审判作为证人传讯的，前东京《每日新闻》特派记者铃木二郎，直到战败26年以后才鼓起勇气在《丸》1971年11月号发表《我目睹了那次“南京悲剧”》一文。用他自己的话来说：“作为一个现场记者，直至今日我才渐渐有了写下这份‘证词’的勇气。南京大屠杀在后来引起了国际舆论的震惊。当时处于硝烟、尸体和血河中的我，由于一时的‘责任感’，对战争这种行为的错觉，以及对国际战争法的无知，尽管那是件耻辱的事，我却仍没感觉到。”“目击南京大屠杀以前，也就是在上海、南京之间随军的一个月期间，也屡屡目击过屠杀。因经常在残酷的战斗和战场上置身于大批的尸体和血腥中，神经都处于麻木状态了。还不能不承认，每当看见眼前一大批倒下的日军战死者，就会腾起一种一心想对敌报复的复仇心，就会闪出嗜虐心理（中略）。最后，我要对正视事实、真正觉悟了的、有勇气承认‘我屠杀’的人们表示敬意。”[③] 与铃木二郎一样，敢于“将他们所亲眼目睹的、亲身经历过的感受用笔写出来”的还另有其人，那就是前《朝日新闻》社记者今井正则，以及前面已经提到的前《读卖新闻》随军记者小俣行男等。但是在铃木明、山本七平等舞文弄墨者的笔下，这些良心萌现而敢于秉笔直书的信史，统统都不算“同时代的第一手材料”。

我不知道，铃木明等人所谓“同时代的第一手材料”究竟何所指？是

---

① 小俣行男著，周晓萌译：《日本随军记者见闻录——南京大屠杀……》，世界知识出版社，1985年。

② 用洞富雄的话来说，就是“写南京事件依然是撰稿人所忌讳的主题”。洞富雄著，毛良鸿、朱阿根译：《南京大屠杀》，上海译文出版社，1987年，第415页。

③ 转引自小俣行男著，周晓萌译：《日本随军记者见闻录——南京大屠杀……》，世界知识出版社，1985年，第57—58页。

指日本政府和军方当时的有关原始档案吗？那确实在战败不久就被外务省和陆海军当局大量销毁了，但亲眼目睹的随军记者和亲手烧杀的前日军官兵手记乃至部队记录等资料现今却仍在陆续刊布。俗话说，一手不能遮天。就凭铃木明先生们的巧舌如簧，难道能够全部掩盖血淋淋的历史吗？还有日本人战后才能看到而实际上编著于1938年3月的上海，里面收集的全是南京安全区国际委员会成员的实录，并附有历次致日本使领馆的信函、抗议书等，难道这还不能被称为“同时代的第一手材料”？铃木明与山本七平互相吹捧，自诩为具有“多大的勇气”、“毅然决然地”为“百人斩竞赛”翻案；但是，对大量确凿史实视若无睹，千方百计为先定的结论而狡辩，这能够叫作“勇气”吗？如果这也能被称为“勇气”，那么当年参加“百人斩竞赛”的向井敏明与野田毅岂不是具有更大的“勇气”?！向井敏明确有“勇气”挥刀砍劈一百多无辜民众，但却没有勇气在法庭上“毅然决然地”坦承自己的“英雄事迹”，反而诿称是与报社记者串通“虚伪登载，专为被告颂扬武功，以博女界之羡慕，期能获得佳偶”。以杀戮俘虏、民众显示武功而求佳偶，恐怕只有当年日本军国主义者培育出来的“武士”才能编造得出这样荒谬的故事。其实真正有勇气的倒是这则当时新闻的撰稿人铃木二郎，他不仅出席远东国际军事法庭为此作证，而且在事隔34年以后还再一次向世人暴露“南京悲剧”的血腥事实，并真诚地为自己当年的错误认识作出忏悔。

当然，像铃木明这样的日本知识人毕竟是极少数，正如本书前面所已说过，我所认识的和尚未认识的许多学术界朋友乃至一般民众，大都认为日本应当承担发动侵华战争的责任，并且需要向中国和所有亚洲被侵略国家真诚地道歉。他们不仅谴责战争罪犯，而且同为战犯翻案的逆流进行针锋相对的斗争。在这些正直的学者中间，前东京早稻田大学文学部洞富雄教授贡献尤多。他于1973年7月在《历史评论》上发表《南京事件和史料批判》一文，对刚刚冒头的为南京大屠杀翻案的逆流给以迎头痛击。此后他不断撰文著书，以确凿的史实和严密的考订，揭露铃木明等人“虚妄说”之虚妄。1982年日本文部省借审定教科书篡改历史，掩盖侵略战争责任及相关罪行，引起学术界和民间正义人士的强烈抗议。洞富雄汇集多年研究成果，于同年 12 月出版了《南京大屠杀》一书，再次雄辩地驳斥了翻案逆流①。

作为严肃的历史学者，洞富雄是把田伯烈的《外国人目睹中之日军暴行》当作"同时代的第一手资料"来认真看待的，因为书中所叙事实及引用的信件、公函、抗议书和调查记录都是确有其人其事可以查考的。例如，书中非常含蓄地说："善良的日本人曾在非常秘密的机会中，承认那些报告（指有关南京大屠杀的报告——引者）的真实性，深感惭愧。"② 又说："我有许多日本朋友，非常尊敬他们，假使适宜的话，我很想指出他们的大名。其中有一位是重要的官员，还有一位（半官方的），其情操与才智的高超，不易多见。他们都在上海，在人道的事业上，我和他们接触已不止一次，他们在十分艰苦的环境下，仍然给我以同情的合作与友谊，我不能不表示诚挚的感谢。同时，我还应该向一位日本某军官表示敬意。去年 9 月初头，日机轰炸松江附近的难民区，无辜平民惨遭屠杀，当时这一位日本军官曾以私人资格，向我表示遗憾。这些人士实属难能可贵，倍值敬慕，因为像在目前这样非常的时候，万一他们的真情实意被人泄露揭发，就有杀身之祸，并为国人所共弃啊！"③ 这三个被隐姓埋名的日本人在战后都好生生地活着，据当年也曾是随军记者而且到过上海、南京的小俣行男说明，那位"重要的官员"是当时任驻南京的外务省参事官日高信六郎，所谓"半官方的"是当时任同盟通讯社上海分社社长而日后成为国际政治学家的松本重治，至于那位"某军官"则是当时任华中派遣军少佐参谋而日后升为少将的宇都宫直贤④。

也是出于安全的原因，田伯烈把"所有发信人及其他原作者的姓名大

---

① 参见洞富雄著，毛良鸿、朱阿根译：《南京大屠杀》，上海译文出版社，1987 年，第 1—3 页，高兴祖所写的序。

②《侵华日军南京大屠杀史料》，江苏古籍出版社，1985 年，第 203 页。

③《侵华日军南京大屠杀史料》，江苏古籍出版社，1985 年，第 158 页。

④ 小俣行男著，周晓萌译：《日本随军记者见闻录——南京大屠杀……》世界知识出版社，1985 年，第 53 页。

多略去”。这在当时的情况下也是可以理解的，而且有的资讯提供人本身就有此要求。对于现今研究田伯烈这本书的学者自然会带来一点麻烦，但由于大多数信稿或副本都完好地保存在贝德士文献中（即田伯烈所云“均经亲自审阅，妥为保存”），所以也不难查考。例如，田伯烈把他引用的第一封信（1937 年 12 月 15 日）的撰写者称为“这是南京一位最受尊敬最有声望，态度极为公正的外侨”[1]。这“外侨”就是本书主人公贝德士，而且信稿已由其本人妥存。田伯烈还引用了他的另一封信，并介绍说：“提供本书第一章第一部分材料的某君，又于（1938 年）1 月 10 日，即在日军占领南京将近一个月后，写信给他的朋友们。”[2] 这封信的原稿最后有“（Signed）Miner Searle Bates”字样，也由贝德士本人妥善保存。由于这封信把日军占领南京以后的各项暴行叙述得比较全面而又清晰，所以本书特作为附录原文公布于后，这也说明田伯烈书中的内容都是有根有据的。田书的第三章(“甜蜜的欺骗和血腥的行动”）全文刊布了贝德士揭露日军借“登记”大批残杀难民的备忘录（1 月 25 日），把作者也称为“一位外国教授”。为便于读者两相对照以确认其真，本书也全文译述了贝德士自己保存的原稿（12 月 26 日），尽管这份原稿没有田伯烈正式刊布者那么完整。至于田伯烈书中引用的贝德士报告最后一段话：“那些日本军官和士兵到底是怎样（的）人呢？有几个比较我们所接触的暴徒要仁慈得多。谁无妻儿？他们中间一定有许多人爱着自己的妻儿啊！”[3] 这是在原稿中已有的，并非田伯烈的附加。对于这些发自肺腑的血泪文字，我不知铃木明等人看了以后作何感想，难道这也不算“同时代的第一手材料”？

我很钦佩洞富雄的研究成果，他在书中充分而又严谨地利用了田伯烈刊布的可贵第一手资料。但正因为田伯烈有意略去发信人的姓名，所以也给洞富雄带来若干考订上的困难。譬如田伯烈一书中第一章（“南京的活地狱”）引用得最多的一封长信，等于是逐日记事的日记，贝德士保存的

---

① 《侵华日军南京大屠杀史料》，江苏古籍出版社，1985 年，第 166 页。

② 《侵华日军南京大屠杀史料》，江苏古籍出版社，1985 年，第 194 页。

③ 《侵华日军南京大屠杀史料》，江苏古籍出版社，1985 年，第 193 页。

信稿署名是 G. A. Fitch（费吴生）。田伯烈略去其姓名，只说是“另一个外侨”，“他差不多是终身旅居中国的”[①]。因为费吴生是在苏州出生的，而且一直在中国工作，所以田伯烈才说他终身旅居中国。洞富雄不知道这一背景，以致一再误认为是马吉（John Magee）写的这封信[②]。贝德士文献所保存的各项原件，不仅可以帮助我们核实田伯烈此书的许多人和事，而且还有更多更有价值的资料为田伯烈书中所未及收入。因为田书编成于 1938 年 3 月，所收私人信件、记录和南京难民区国际委员会文件限于 1938 年 2 月以前，而 1938 年 3 月以后各有关人士的信件、记录和国际救济委员会的文件等大量宝贵资料则一直保存在耶鲁神学院图书馆收藏的贝德士文献之中。1988 年夏天，我本来仅仅是为了研究教会史去查阅贝德士文献，无意中竟发现了这么丰富的有关南京大屠杀的“同时代的第一手材料”，真可以说得上是“天网恢恢，疏而不漏”！

贝德士从 1920 年开始，长期生活、工作于南京，他爱这个古城，爱这里的人民，更爱他执教于斯的金陵大学。1950 年他终于离开南京，离开中国，回到他已不太熟悉的故土。他随身带走自己珍贵的那些纪念品，诸如出生证、毕业证书、演讲比赛奖状、军队服役证明乃至大学时代英国皇室舞会的请柬等等。同时，他也带走了自 1937 年 11 月下旬以来一直妥善保存着的南京安全区和国际救济委员会的大批相关文件，他保存这些当然并非纯然为着纪念，也不一定是为了研究，而多半是为了如同田伯烈所说的那样“都可复查”。贝德士承认从一开始便与田伯烈的编著工作“联成一体”，“曾经参与商讨计划及其发展，也曾校阅文稿”，因此保存相关原始文件也就是他承担道义责任的表现。贝德士非常强调直率与真实，宣称“为了和平与进步事业的首要工作，是真诚地面对现实”。他批评那些在现今世界邪恶面前畏缩因而不愿承认暴行事实的怯弱者，更尖锐地指责：“某个朋友采取一种立场，于是抹杀或摭取若干事实为其立场辩护，这就使他们都流于虚幻。”[③] 贝德士死于 1978 年，日本从 70 年代初开始的为南

① 《侵华日军南京大屠杀史料》，江苏古籍出版社，1985 年，第 168 页。

② 贝德士 1938 年 4 月 12 日从上海发出的一封信对田伯烈此书有较详尽的说明，其中特别提到“费吴生先生由于其日记被引用，马吉先生由于他的几张照片被刊载，都将严重受牵累”。

③ 1938 年 11 月 29 日给友人的信，收于 Bates' Papers，RG10，B4，F52。

京大屠杀翻案的逆流似乎未曾影响他寂静的晚年生活，我在他遗留的文字材料中没有发现这方面的反映。但我认为，他如果看到《南京大屠杀的虚妄性》这本获奖大著时，一定会起来仗义执言，直指此书及其作者“都流于虚幻”。

但是，贝德士等人以上这些可贵的努力，长期以来在中国并没有得到应有的公正的评价。我曾看过两三本早先直接或间接谈到南京大屠杀的小册子，一般都把贝德士和国际委员会说成是日本军队的合作者，难民营的设立仿佛是为日本兵杀戮与奸淫提供方便。此类书籍一般不甚注意史料的鉴别与考订。他们最重要的依据便是国际委员会给日本使领馆的信件中曾多次使用“合作”一词，但却未能认真探究国际委员会为什么“合作”，以及准备在哪些方面“合作”，好像“合作”就是帮助日军残杀中国民众。

为了说明真相，现将国际委员会各项文件有“合作”一词之处摘录如下：

> 第1号文件（1937年12月14日国际委员会致日军当局公函）：“关于保护本市平民问题，敝委员会愿以任何方法与贵司令合作。”
>
> 第6号文件（1937年12月17日国际委员会致日使馆公函）：“15日早晨，贵使馆参赞福田偕贵军代表关口，访问敝处，当以上述公函（即第1号文件——引者）面交福田君，并向关口君表示，对于修复电厂事，深愿合作。”“敝委员会所请求的，是贵国军队迅速恢复纪律，迅速恢复正常的生活，关于后者，敝委员会颇愿竭力合作。”“倘贵国军事当局不立即勒令部下，严守纪律，要解决20万难民的饥饿问题，就非常困难。关于这一个问题，敝委员会随时准备与贵方合作，使可怜的南京平民能够重过正常的生活。”
>
> 第19号文件（1938年1月14日国际委员会致日本大使馆参赞福田公函）：“对于难民问题，敝处与贵方及自治委员会随时均愿合作。自治委员会嘱敝处收歇米店，敝处即于1月10日使米店停止营业，并于同日协助自治委员会装米，这两点就可以看出敝处合作的诚意。”
>
> 第27号文件（1938年1月28日国际委员会致南京自治委员会公

函)："倘该项食粮（指前南京市长马超俊指拨的粮食——引者）能如数领取，敝处愿与贵方合作，分发于难民区内外。"

第28号文件（1938年1月30日国际委员会致德馆罗森公函）："敝委员会的主要目标，仅为救济，（对）于使难民重返故居一点，深愿具体合作；同时，对于一般安全未能确立以前即强迫难民回家，则不能不表示诚挚的忧虑。"

第29号文件（1938年2月3日国际委员会致日本大使馆参事日高公函)："为强迫难民出收容所事，昨蒙阁下当面允许设法加以阻止，不胜感谢，此种高明手段，定可减除一切危难。关于此点，阁下务须获取贵军当局的彻底合作，避免发生任何误会。按贵国当局已屡次郑重布告，难民必须于2月4日迁出收容所，故获取合作一点，殊属重要。"

第33号文件（1938年2月6日国际委员会致美使馆阿利逊公函)："各方为救济南京难民起见，纷纷捐助款项物料，如何利用此种款项物料，以惠难民，实为敝委员会最重要的责任。故对于米粮的分发，或与自治委员会合作，或以自治委员会的名义进行，均无不可。"

从以上文字可以看出，国际委员会所提出的"合作"，仅限于恢复秩序与救济难民，因为如果日军不加强纪律约束，南京正常秩序就难以恢复，而难民连生命安全都得不到保障，救济工作又如何进行？因此，国际委员会作为一个迄未得到日军当局正式承认的救济团体，在当时特殊的情况下多次提出上述合作要求是可以理解的。同时，合作内容也无非是恢复发电、供应难民粮、煤之类民众生活之所必需。这些事说起来简单，办起来却困难重重。因为日军不仅不给以必要的"合作"，连原南京市政府已拨给难民区的粮食也任意加以占用，并且千方百计阻挠、破坏国际委员会的购运、分配粮、煤工作。所以国际委员会1937年12月18日致日本大使馆的公函，在列举日军各种暴行之后，无可奈何地呼吁："敝处22个外侨，不能养活20万难民，也不能够日夜保护他们啊。这是日本当局的责任。贵方如能保护他们，敝处当协助贵方养活他们。"对于这样的合作要求，我认为是无可非议的，也是无可曲解的。

这22个外侨，从法律和行政角度而言，本来没有责任保护和养活数十万劫后余生的南京民众。相关外国政府曾经极力动员他们撤离，可是他们却不顾个人安危与家庭困难而自愿留在南京。他们最初的计议，仅止于征得交战双方同意而建立安全区，尽量帮助南京人民减少交战期间生命财产的损失。在南京沦陷前夕，他们曾经再三请求中国政府留下少量市政与警务官员，负责难民区的管理与沦陷后的移交事宜，可是南京市政府的高级官员们，除指拨有限的经费与口粮外，全体仓皇出走，连一个警务负责官员也未留下。这就使少数外侨志愿组成的国际委员会陷于进退两难的困境。他们仅仅是一个国际救济团体，必须尊重中国的主权，可是在南京沦陷后很长一段时间却不得不代理市政机构的部分职能。日本当局在法律上从未承认它，而且千方百计想迫使它消亡，但在实际上却又有很长一段时间把它当作难民区的行政管理机构来与之打交道。1937年12月17日国际委员会曾专门就难民区特殊地位问题致函日本使馆："开宗明义，敝委员会所要求者，并非任何政治上的地位。按于12月1日起，南京市市长马超俊，即以市政府所行使的职权，畀予敝委员会，俾应付过渡的紧急时期，其中包括警察、重要公用事业、消防、住宅、食物及卫生各项职权。故贵国军队于12月13日胜利入城时，敝委员会实为唯一行使职权的机关。当然，所谓职权仅限于难民区，而且也不涉及难民区的主权问题。""兹再向贵使馆郑重声明，敝委员会殊无意继续行使半行政机关的职权，深盼贵方迅予接收，使敝委员会成为单纯的救济机关。"[①] 从1938年2月18日起，该会决定改名为南京国际救济委员会，将性质与职能明确定位为救济团体。但由于日军烧、杀、淫、掳连绵不绝，多数难民不敢回家，一部分已回家难民又被迫返回难民营，国际委员会上述含混不清的"身份"仍然维持了一个时期。

在失去人性的日军暴虐统治下，生命财产毫无保障的民众只有向中立国外侨团体求助，这乃是一种无奈。在中国市政当局已经不复存在，而日

① 《侵华日军南京大屠杀史料》，江苏古籍出版社，1985年，第231、233—234页。

军当局放纵残害民众暴行的恐怖时期，以二十几位外侨组成的毫无政府背景的小小救济团体，竟然要承担起照料二十几万民众的食宿、卫生乃至治安等繁重任务，这又是一种无奈，或许是更大的无奈。国际委员会尽管得到南京以外的各国友好人士道义上和财物上的有限支持，特别是中国民众的信赖给他们提供了强大的精神力量，但他们毕竟手无寸铁、无兵无勇，除了中立国侨民身份以外，别无任何其他可以与日本军队对抗的手段。他们大多是基督教和平主义者，从来没有企图组织武装反抗，也没有可能组织武装反抗。谁都知道，在当时的形势下，缺乏足够准备的盲目武装反抗，只能给民众带来更大的苦难。他们是西方国家的公民，但他们国家的政府并不支持他们，却一味纵容日本侵华，向日本提供军火与其他军事物资，继续鼓励日本反对苏联。他们既然站在弱势的中国难民一边，便只有以弱势地位与强横霸道的日本军队打交道。“螳臂当车”是一个很恰当的比喻。“知其不可为而为之”则是一句很深刻的话。他们和他们的众多同事一起，把全部的爱心与精力奉献给了南京二十几万难民，但他们保护难民的努力却常常以失败与屈辱而告终结。他们力所能及的反抗，便是逐日逐事诚实地记录日军的每件暴行，不断地向日本当局提出抗议，并且通过各种渠道向全世界揭露日本军国主义的残虐，伸张正义，谴责邪恶。他们只能做这么多，他们已经做得够多。尽管他们仍未能使大批难民免于烧、杀、淫、掳，但无论在当时还是多少年以后，众多的幸存者能够理解他们并且称赞他们，因为无可避免的巨大灾害并非他们的过错。远在重庆的中国政府也了解他们的辛勤工作，并且及时秘密地向他们授予奖章。但是他们并不在乎这些虚荣，在贝德士保持的遗物中既找不到奖章，也找不到奖状，只有一张不显眼的美国领事的简略相关通知。战乱时代的人们与太平时代的人们的心境大不一样，研究历史的人要学会“设身处地”为历史人物想一想。贝德士这一群人从来没有把自己看作英雄或救星，面对着生活在水深火热之中的难民，亲眼看见成千上万无辜民众被屠杀，他们经常感受到的乃是力不从心的痛苦。正如贝德士当年所说的那样：“我同其他人一样明白整个局势的严峻与黑暗，在这里很难找到公理与正义。个人自身的问题早就得到了回答。基督徒努力履行自己的职责，用不着为自己的生命担忧，只会为自己难以满足巨大的需求而感到愧疚。”在日军借“登记”为名，从金陵大学骗走二三百难民并加以残杀之后。贝德士沉痛地自责为“从犯”，觉得应该向死者家属承担责任。当日军从法学院和最高法院抓走全部难民加以杀害时，李格斯抗议无效，并遭殴辱，悲愤得痛哭流涕。……所有这些，都是既往的事实，不可以任意涂改的。

我不知道前述几本小册子的作者是否都是历史学者，也不知道他们现在是否已经改变了看法。在过去那种“政治挂帅”的年代，由于中美两国处于敌对状态而连累许多历史上的美国人，对此我能够理解。但是，不区别各个时期美国政策的变化，不区别美国政府与美国人民之间的差异，不区别美国各种政客、各种社群之间的分野，毕竟不是正确的历史研究方法。20世纪80年代以来，中国史学状况已经有了明显的变化。我出国数年，对国内史学有所隔绝，但最近我高兴地看到南京大学高兴祖教授撰写的《日军侵华暴行——南京大屠杀》一书（上海，1985）已经较多地利用国际委员会的文献，并且对国际委员会有比较平允、公正的估量。我想现在已经是可以更为客观和超越地研究这段错综复杂的历史的时候了。作为历史学家的贝德士，除了救济难民以外也给我们留下了学者的风范。在揭露日军暴行的同时，他也没有放松对美国政府错误决策的批评。他在1938年11月29日给友人的信中指出：“南京城内的美国和平主义者的生活严峻特色之一，是连续数日目睹成百架（日本）轰炸机群飞过，有些（飞机）带有美国（军事）装备，而且几乎全部（飞机）灌满美国汽油。在江上连绵的（日本）军舰是用美国汽油驱动的；公路上数以百计的（日本）军用卡车也是通用公司和其他美国厂家制造的。加以了解他在美国的和平主义者友人正在谴责，为了害怕法西斯国家不高兴，（美国）断然反对通过国际合作走向世界政府蹒跚的第一步，反对取消与侵略者的经济伙伴关系，从而使世界上的弱国横遭蹂躏。难道善意对于他人还有什么胜于强权的意义？富国应该为大家的公益作经济调节，而不应以武装的贪婪掠夺他们弱势的邻居。”① 我们可以不同意贝德士的世界观和某些政治见解，我们也不

① Bates' Papers, RG10, B4, F52.

认为国际委员会的难民救济工作做得十全十美，但是我们却没有理由怀疑这些美国公民在那些苦难岁月中对中国人民所抱持的真诚的同情。

在反法西斯主义战争取得胜利50年后的今天，冷战时代已经结束，和平与发展已经成为新时代的主旋律。但是战争的根源仍然存在，大大小小的各种各样的战争在世界许多地区仍然连绵不绝，人类仍然免不了自相残杀，有时甚至是以非常残酷的方式自相残杀，而迅速发展的科技正在不断推进这种残酷的程度与规模。“给全球以和平，给人类以慈悲。(Peace on earth，good will to men.)”我们仿佛仍可听见贝德士当年真挚的呼声。但是维护和平不能只靠乞求，杜绝战争更不能消极等待。需要有更多的人起来反对邪恶的战争，特别是反对以强凌弱的侵略战争。用历史来教育人民，唤醒亿万人民为消除战争根源作持久不懈的努力，则是我们历史学家应尽的责任。

参考文献

(一) 档案、史料

[1] Bates' Papers. RG10, B4, F52、59、63、67; B102, F861-871; B126、1137 [B]. New Haven: the Special Collection of Yale Divinity School.

[2] Court record of the International Military Tribunal for the Far East [B]. New Háven: the Special Collection of Yale Divinity School.

[3] China records project, miscellaneous personal papers collections, associated boards consolidated general file, Mr. and Mrs. Fitch G. A. 1937—1944 [B]. New Haven: the Special Collection of Yale Divinity School.

[4] Hsu, Shu—hai ed. Documents of the Nanking Safty Zone [B]. Shanghai, British Kelly and Walsh Firm.

[5] 本书编委会. 侵华日军南京大屠杀史料 [G]. 南京: 江苏古籍出版社, 1985.

[6] 本书编委会. 侵华日军南京大屠杀档案 [G]. 南京: 江苏古籍出版社, 1987.

[7] 德国档案馆中有关侵华日军南京大屠杀的档案资料 [J]. 抗日战争研究, 1991 (2): 150—180.

[8] 洞富雄. 日中战争——南京大残虐事件资料集 [M]. 东京: 青木书店, 1985.

[9] 远东国际军事法庭判决书 [M]. 张效林, 译. 北京: 群众出版

社，1986.

[10] 秦孝仪. 中华民国重要史料初编——对日抗战时期，作战经过（四）[G]. 台北："国民党中央党史会"，1981.

[11] 郑震孙. 日本侵华图片史料集 [G]. 北京：新华出版社，1984.

（二）回忆录

[12] 郭岐. 南京大屠杀 [M]. 台北：中外图书出版社，1981.

[13] 铁蹄底下的亡魂——日本兵自述的侵华暴行实录 [M]. 陈鹏仁，译. 台北：黎明文化事业公司，1982.

[14] 曾根一夫. 南京大屠杀亲历记 [M]. 陆惠堃，译. 台北：黎明文化事业公司，1986.

[15] 小俣行男. 侵略——中国战线从军记者的证言 [M]. 台北："中央日报"出版部，1984.

[16] 自中国归还人员联络会. 日军侵华的自白 [M]. 北京：群众出版社，1985.

[17] 中国归还者联络会. 侵华日军战犯手记 [M]. 北京：中共党史出版社，1991.

（三）论著

[18] Timperley H. J. What war means, the Japanese terror in China [M]. Modern Age Books, Inc. London, New York, 1938.

[19] Smythe Lewis S. C. and Assistants. War damage in the Nanking area, December, 1937 to March, 1938, urban and rural surveys [M]. Nanjing: The Nanking International Relief Committee, Completed June, 1938.

[20] Fishered Galen M. The effects of the Sino—Japanese conflict on American Educational and Philanthropic Enterprises in China, I [M]. General, American Council, Institute of Pacific Relations, New York, 1939.

[21] Garsid B. A. The effects of the Sino—Japanese conflict on American Educational and Philanthropic Enterprises in China, Ⅱ [M].

Higher Education, American Council, Institute of Pacific Relations, New York, 1939.

[22] Maude Taylor Sarvis. Bates of Nanking [J]. The International Committee of YMCA, 1942.

[23] Cynthia Mclean ed. Gleanings—from the manuscripts of M. S. Bates [M]. N. Y. 1984.

[24] Brackman Arnold C. The other Nuremberg, the untold story of the Tokyo war crimes trials [M]. New York: Quill · William Morrow, 1987.

[25] 洞富雄. 南京大屠杀 [M]. 东京：德间书店，1982.

[26] 朝日新闻东京裁判记者团. 东京裁判 [M]. 东京：讲谈社，1983.

[27] 百濑三郎. 东京审判 [M]. 东京：番町书房，1972.

[28] 倪家襄. 东京审判内幕 [M]. 亚洲世纪社，1948.

[29] 拉金斯基. 日本首要战犯的国际审判 [M]. 萨大为，等，译. 北京：世界知识出版社，1955.

[30] 韩启桐. 中国对日战事损失之估计 [M]. 北京：中华书局，1946.

[31] 迟景德. 中国对日抗战损失调查史述 [M]. 台北："国史馆"，1987.

[32] 高兴祖. 日军侵华暴行——南京大屠杀 [M]. 上海：上海人民出版社，1985.

[33] 余先予，何勤华. 东京审判始末 [M]. 杭州：浙江人民出版社，1986.

[34] 何力. 大审判：日本战犯秘录 [M]. 北京：团结出版社，1993.

[35] 李秀平. 十万慰安妇 [M]. 北京：人民中国出版社，1993.

后　记

鉴于1985年以来关于南京大屠杀的论著出版已多，所以本书避免作全面的过多重复的陈述，而侧重于以当时的第一手材料说明真相。为保持文件原貌，一般都不加删节，全文刊布，尽量让读者自己作出判断。国际委员会部分文件已有译文不甚确切者，均按原件重新翻译。但交稿期迫，又值客居香港，疏漏在所难免，敬希读者指正。

衷心感谢所有关心、帮助此书写作的海内外朋友们。

作者
1995年春夜
于沙田吐露港边客舍

从耶鲁到东京：为南京大屠杀取证[1]

① 该书原由广东人民出版社 2003 年出版。

缘起（代序）

从1988年初夏在纽约参与对日索赔会的筹建，我介入有关日军南京大屠杀暴行的论战已有15年了。时间过得真快，然而正义与邪恶的斗争仍未终止。正如章太炎在20世纪初所曾预言："善亦俱进，恶亦俱进。"

很多中外友人都知道，我虽然教中国近现代史，但并未着重研究抗日战争史，特别是侵华日军暴行史。自从1979年首次访问东京大学、京都大学以来，我一直热心从事中日友好与学术交流工作。日本的山川秀丽与人民和善给我留下了深刻的印象，特别是众多学界友人的深情厚谊更使我终生难忘。我像千千万万善良的中国老百姓一样，不愿也不忍重新揭开历史的疮疤，惟恐因此而可能伤害这来之不易的中日友好新局面。然而严酷的现实终于使我们逐渐醒悟过来，因为在美丽的扶桑还存在着另一种日本人。他们始终不甘心于侵华战争失败的结局，并且念念不忘为这段残酷而又丑恶的历史翻案。他们的人数不多然而能量颇大，从20世纪80年代以来年复一年地掀起为日本军国主义侵略罪行翻案的风波，妄图一手掩尽天下人耳目，甚至幻想重温雄踞亚洲并且争霸世界的旧梦。作为受害最为深重的国家的公民，特别是研究近现代史的学者，我不得不挺身而出，回击这种嚣张的挑战，捍卫历史的真实与民族的尊严。

然而历史终究是有偶然性的，也可以说是某种历史机缘把我迅速推向这无止无休的论战的前沿，尽管我一向不喜欢也不善于辩论。

1988年5月，我应邀参加在纽约哥伦比亚大学举办的中国民主运动史学术研讨会，记得是在一次会议休息的时间，唐德刚、邵子平等友人提出筹建对日索赔会问题，并且当场邀集发起人签名。当时从大陆到会的中国学者只我一人，因此便成为义不容辞的祖国大陆当然代表。他们似乎事先已与时任中华书局总编辑的李侃有所联络，所以他也被列为发起人之一。在我提笔签名之际，旅美华裔女作家丛甦还在一旁笑问："你敢签吗？"我也笑着回答："死且不惧，何况签名乎？"立即引起一片欢笑声。根据我的理解，丛甦以为大陆学人在国外一般是谨小慎微，惟恐触犯什么"外事纪律"。我则认为此乃民族大义，签名参与发起对日索赔会应属理直气壮，有何后顾之忧！从此我就义无反顾地投入这场维护历史真实的庄严斗争。

由于国家教委对我这个年迈的大学校长特别关照，会后有一个月的学术休假，可以在国外查阅相关历史文献。坦率地说，当时我还顾不上查阅有关南京大屠杀的历史文献，而是专程到耶鲁神学院图书馆初步检索中国13所教会（新教）大学的档案全宗。但工作开始不久，我就发现馆内保存着贝德士博士（Dr. Miner Searle Bates）的个人专档。贝德士是我就读金陵大学期间的业师，对于他的相关文献我自然怀有浓厚兴趣，所以便集中好几天时间粗略检索这些卷宗的内容。没想到其中竟保留有一大批南京安全区国际委员会的档案，包括该会来往公文及其许多成员的私人信件、日记、文稿、备忘录等等。这些都是研究侵华日军南京大屠杀暴行的最宝贵的原始资料，但当时由于校务的牵挂，除稍做索引外没有可能认真阅读与研究这批文献。

直至1990年8月，我总算摆脱学校行政事务，应邀到美国正式进行中国教会大学史的研究。第一年（1990年8月至1991年6月）在普林斯顿大学从事研究与教学工作，仍然顾不上接触耶鲁神学院这批藏档。1991年7月，我得到耶鲁大学历史系邀请并获鲁斯基金（Luce Foundation）资助，专程前往该校神学院图书馆潜心系统阅读贝德士文献（Bates' Papers）全档。为了便于工作，我与妻子黄怀玉就住在靠近该馆的学生宿舍中，历经酷暑寒冬在特藏室（Special Collection）档案堆中整整泡了8个月，直至1992年3月应聘到加州大学圣地亚哥分校教书。经过逐卷检阅，我发现并复印了1 000多页有关南京大屠杀的宝贵资料，并同时复印一套送给纽约纪念南京大屠杀受难同胞联合会（Alliance in Memory of Victims of the Nanjing Massacre，其前身即对日索赔会），这是我旅美三年极大的收获之一。

但是，在美国大学教书非常花费时间与精力，所以执教加州期间也顾不上整理与研究这批复印资料。1993 年夏天应邀访问日本，随后又在 8 月底应聘前往台北在政治大学讲授“辛亥革命与近代社会”等课程。滞台期间虽然教学任务较轻，但有“会议、讲演、稿约、应酬”四多，所以也没有余暇研究这批资料。直到 1994 年春重返武汉，我才有可能把这批复印资料初步加以清理归类，为进一步研究做必要的准备。同年 10 月，湖北人民出版社编辑刘苏闻讯前来约稿，希望能在次年夏季出书以纪念抗战胜利 50 周年。这正好符合我的心愿，于是便作为“贝德士文献研究系列之一”，写成《南京大屠杀的历史见证》书稿，总算对间断已久的耶鲁期间的工作做出初步小结。

1995 年元月，香港中文大学崇基学院以“黄林秀莲访问学人”名义邀请我去讲学与研究，我直到 7 月底才离港返汉。在此期间，由于《星岛日报》、《南华早报》（英文）等媒体的相继采访报道，贝德士文献对于研究南京大屠杀历史真相的史料价值遂为海外许多学者所逐渐知晓。大约是在 5 月中旬，香港三联书店的年轻编辑李素娥突然来访，建议我与旅美华裔女导演汤美如合作编译一本有关南京大屠杀的书，以纪念抗战胜利 50 周年。此前汤美如为拍摄南京大屠杀电影也曾去过耶鲁神学院图书馆，并且还专程到日本、韩国各地访问过若干幸存的慰安妇，我感到盛情难却，而且手头积累资料又较充裕，便立即接手此项工作。香港三联出书甚快，7 月初香港图书展览开幕式上即已陈列出这本图文并茂的新书——《南京：1937.11—1938.5》，这样就更提高了贝德士文献的知名度。

1995 年 8 月中旬，为纪念抗战胜利 50 周年，台北隆重举办了规模很大的学术研讨会，大陆学者应邀赴会者有 31 人之多。我在开幕式上作主旨讲演（代表大陆，蒋永敬代表台湾），题为“尊重历史，超越历史”，稍后又宣读了论文《让事实说话——贝德士眼中的南京大屠杀》。《“中央”日报》、《联合报》乃至“美国之音”都及时报道，《“中央”日报》且以“尊重历史，超越历史”一语作为通栏标题，而“美国之音”则误以为我是大陆代表团的团长（其实未设团长）。

1997 年是南京大屠杀 60 周年，南京、香港、东京、大阪与北美各地都举办了纪念活动与研讨会。8 月中旬，我参加了南京举办的南京大屠杀国际研讨会，提交论文《贝德士文献的史料价值》，并且参加了中日学生为南京大屠杀取证夏令营的开幕式。12 月中旬又前往日本，在纪念大会上发表题为“一个中国学者对南京大屠杀的认识过程”的主旨演讲，随即在研讨会上又报告了论文《耶鲁神学院藏档有关南京大屠杀文献评述》。这两个会议都开得非常之好，不仅准备周到、内容充实，而且形式多样、气氛热烈，是对日本右翼翻案逆流的有力回击。但正因如此，他们更加恼恨，不仅诬指南京大屠杀是“20 世纪最大的谎言”，而且迁怒于贝德士，辱骂他是“伪证制造者”。

是可忍，孰不可忍！我立即在《历史研究》发表《到底谁是伪证制造者?》，以确凿而且充分的史实予以严正驳斥。同时，又协助原金陵大学老学长吴天威、郭俊钰，与耶鲁大学神学院图书馆的玛莎·斯莱莉（Martha Smalley）合作，并由她出面编辑出版《美国传教士对南京大屠杀的见证，1937—1938》（*American Missionary Eyewitnesses to Nanking Massacre, 1937—1938*）。其用意即在于正式公布一批南京安全区国际委员会原始档案，以充分显示历史真相并揭穿日本右翼的无耻谎言。由于全部刊印英文原档，没有经过任何他种文字翻译或加工，这就更增添了资料的权威性，并且使贝德士文献等珍贵史料直接为西方人士所逐渐了解。

但是，由于财力与篇幅的限制，斯莱莉主编的这本书所收文献数量较少，不足以反映耶鲁相关藏档的全貌。因此，经过与吴天威、郭俊钰两位学长反复磋商，由斯莱莉代表耶鲁神学院图书馆授权我再编辑一本文献数量较大也更为全面的资料汇编。于是，我与妻子在 1998 年 5 月再次前往耶鲁神学院图书馆，对有关南京大屠杀藏档进行“竭泽而渔”式的全面搜索。其结果便是南京大学出版社于 1999 年 9 月出版的《天理难容——美国传教士眼中的南京大屠杀（1937—1938)》，这是目前选辑最为详尽的耶鲁藏档中有关南京大屠杀的文献结集。与此同时，由于邵子平、吴章铨、斯莱莉诸友人的热心帮助，我们与美国 M. E. Sharpe Inc. 又签订了合同，由该公司于 2001 年出英文版，完全以档案原文结集出版，只是为了西方读者的方便，作少量必要的历史背景的说明和注释。这样便更加有利于世界各国更多人士了解耶鲁有关藏档的原貌。日本右翼分子总是诬蔑我们缺少南京大屠杀“同时期的第一手材料”，甚至对在西方流传甚广的张纯如（Iris Chang）的著作（*The Rape of Nanking: The Forgotten Holocaust of World War Ⅱ*）横加攻讦，仿佛她所叙述的大量史事都缺乏可靠依据。我们的书的英文版发行之后，正好可以使众多西方读者了解，她的叙事乃是依据耶鲁藏档中有关南京大屠杀的大量铁证。

这些年，我除做了上述大量文字工作，还曾多次应邀前往日本，与日本主持正义的各界人士一起，揭露南京大屠杀的历史真相，驳斥右翼分子的种种谎言与谬论。我的用意非常明确，正如我在1995年所言：“我们回忆充满恐怖与罪行的往事，决不是为了复仇，而是为了寻求真理与伸张正义，同时也是为了汲取历史经验，教育包括日本在内的全世界人民，反对侵略战争，维护世界和平。”我在任何时候都牢记已故老师贝德士的恳挚语言：“给全球以和平，给人类以慈悲。（Peace On Earth, Good Will to Men.）”生命不息，奋斗不止。我深信，即令我们这一代人不复存在，我们正义的事业也会被一代又一代年轻学者承续下去。

卷一　耶鲁情缘

一、景色街409号

耶鲁神学院图书馆是我研究南京大屠杀的主要栖息地，其英文全称是 Yale Divinity School Library。神学院与耶鲁大学主体校园相距较远，位于美国康州纽黑文（New Haven）市景色街409号。其所以取名景色街（Prospect Street），可能是由于地势较高而且风景幽美，到处都是参天大树与风格各异的老式建筑，成群白鸽在蓝天下飞翔，纤巧的松鼠在草坪上奔跑嬉戏。特别是树叶色彩缤纷的深秋季节，犹如人间仙境。

我所利用的有关南京大屠杀的档案，保存于该馆的特藏室（Special Collection，亦可译为善本室）。该室收藏包括2 500余码长度（Linear feet，文献计量单位）的档案与手稿，350余码长度的出版物，涉及基督教会史不同侧面的个人与机构的文稿、布道词、报告、宣传品等，特别是有关新教海外布道的各种记录。有300多名传教士的私人文献，还有诸如学生志愿海外布道运动（The Student Volunteer Movement for Foreign Missions）、亚洲基督教高等教育联合董事会（The United Board for Christian Higher Education in Asia）等组织的档案。原始手稿阅览室以世俗政治家与教会先驱穆德（John R. Mott）命名，他捐献的私人文献与世界学生基督徒联盟（World Student Christian Federation）的早期档案，乃是神学院图书馆搜集档案手稿的主要推动力。基督教全国委员会（National Council of Churches）从1968年启动的中国文献收藏（The China Records Project），在1972年归属于神学院图书馆，现已收藏始于

19 世纪早期的传教士与团体在华活动的相关手稿与印刷品近 1 000 计量码。该馆还积极收集记述第三世界宗教生活的手稿与印刷品。该馆另有 1 800 卷缩微胶卷、6 万张缩微胶片，也是与教会史相关的档案收藏。

其中与南京大屠杀密切相关的档案有 RG（Record Group）1：Foster Family Papers，RG8：China Records Project Miscellaneous Personal Papers Collection，RG10：Miner Searle Bates' Papers，RG11：Archives of the United Board for Christian Higher Education in Asia，RG20：Albert and Celia Steward Papers。我们已编译出版的有关南京大屠杀的 10 位美国传教士的原始文献，大部分是从这五大卷宗中选录的。

耶鲁神学院图书馆特藏室保存有这么多宝贵的原始文献，正式工作人员却只有两位，即负责人斯茉莉和她的助手琼（Joan）。除经常性的编目、借阅、维护诸项工作外，一些大型的资料整理工作都是临时雇请研究生协助工作，有时亦由研究生临时代班。特藏室的工作人员，无论是正式的还是临时的，都非常敬业乐群，对工作一丝不苟，对来访者彬彬有礼。在这个并非宽敞然而整洁安静的阅览室内检阅古老的原始文献，真是人生一大享受。

1988 年 6 月，我第一次进入该室就受到她们的热情接待。特别是在贝德士文献中发现我们历史系师生在玄武湖边的合影时，她们更加感到惊喜，并且为我精心翻拍留作纪念。虽然此次逗留只有一个月，但琼已开始学习中文，并且经常在给我的信件上加写几个稚拙的中国字。1991 年 7 月，我再次前往耶鲁神学院，并且在该室连续工作到第二年春天，因此我们在工作中建立的友谊更为深厚。记得在这年圣诞夜，琼还热情邀请我们夫妇和其他中国友人到教堂欣赏她参与的唱诗班演出。1998 年 5 月，我与妻子再次前往该馆搜集南京大屠杀资料，7 年之间斯茉莉已经成为颇有知名度的历史档案专家，而琼也经过业余攻读取得硕士学位，但可能是病后显得消瘦，她的脸色失去了原有的红润。大家都为久别重逢感到高兴，斯茉莉慷慨地给予我利用与发表这批档案的全权，琼则一如既往默默地尽一切可能为我提供方便。如果没有她们的大力相助，《天理难容——美国传教士眼中的南京大屠杀（1937—1938)》一书是很难如期出版的。

也许是多余的补充，她们除按规定收取少量复印费以外，没有要我支付其他任何费用，而好些目录、索引与珍贵照片，都是无偿提供或借用的。这些似乎都是国内档案馆应该作为借鉴的。

二、走近贝德士博士

我在金陵大学历史系读书只有两年多，与贝德士的接触前后不到一年，但未曾想到现今他却成为对我影响极大的老师。自1988年以来，他一直是我着重研究的历史人物。

记得1988年金陵大学百年校庆时，王绳祖老师可能是喝多了酒，当众夸奖我是“金陵大学的骄傲”，令我羞愧得无地自容。因为我在金大读书时期很难说是好学生，一则因为我当时的兴趣在文学方面，而且读书甚杂，并没有专心攻读史学典籍；一则因为1946年—1948年正好内战激化、学运高涨，我已被卷入革命潮流。记得贝德士保存的一封当年致友人书中，即曾因为我们经常上街游行与未能专心学业而感到惋惜。不过我们对贝德士倒是心口如一地推重，这是因为：其一，他是王Sir、陈Sir的老师[①]，也可以算是我们的“太老师”。其二，他确实博学多才，开设的课程(特别是新课程）也最多，而且效果也较好。其三，关心学生，除认真教学外，还常在家中安排简单茶叙，与学生亲切交谈。但是，他对学生要求的严格也是很出名的，不仅作业（papers）多，而且审阅特别认真。据说有位学长的作业被退回来，说是表述不清，请改用中文写。这个倒霉学生遵命用中文写好后再送去，不料再次挨批：“我不知道你的中文竟比英文还要差！”贝德士原本是研究中国古代史的，只是由于在中国大学工作才改教外国史，所以他确实具有评判这位学长中文写作水平的能力。但也正因为严格，选修他的课程的学生并非甚多。我选修他的世界通史，那是非

---

① 南京大学生喊老师为先生，口音近似“生儿”，故虚拟为“Sir”，其实并非英语。“王Sir”即王绳祖，“陈Sir”即陈恭禄，都是贝德士在金大创办历史系的早期高足，以后又成为最亲密且共事最久的同事。

读不可的必修课。另外还选了他开的俄国史，纯粹是属于好奇，想了解苏联在历史上是怎么走过来的。同时我还选了贝师母开的美国史，其原因则是自己正热心于印第安人文学，想多了解一些北美早期的社会历史环境。我那时丝毫不理解学问的难易深浅，竟然异想天开研究什么印第安人文学。金大图书馆没有这方面的书，我就求助于贝德士夫妇，经过他们签字认可，办理了美国新闻处和英国文化委员会的图书借阅证，总算走马看花似的读过几本有关印第安人文学的专著。他们大概是保持着西方现代教育理念，不仅没有批评我好高骛远，反而赞赏我独立寻求新知的勇气。可惜不久我就奔向了中原解放区，研究印第安人文学之梦迅速破灭了。

1949 年以后，由于思想改造运动经常要求清除所谓亲美、崇美、恐美思想，贝德士老师在我的脑袋中虽然始终未能“妖魔化”，但毕竟随着岁月的流逝而逐渐淡忘了。直到将近 40 年以后，翻阅耶鲁藏档时才重新发现他的名字，他还留下了 1 000 多卷私人档案。我不禁怦然心动，怀着思念与好奇交织的复杂心理，在逐卷阅读其文献的过程中重新走近了他。这已经是在他病逝 10 年以后，然而我所了解的却是一个非常完整而又清晰的贝德士。贝德士除留下若干简历外，并未写过任何比较详细的自传。但是他深知保存个人文献对于历史研究的重要，耶鲁神学院图书馆收藏着他的论著、手稿、提纲、剪报、信件、日记、备忘录、布道词……乃至出生证、毕业证、服役证、通行证（南京沦陷时期），各种奖状、照片、请柬（包括现今英国女王还是伊莉莎白小公主时期举行舞会的请柬）等等，形形色色，内容繁杂，虽片纸只字，也保存得井井有条，为我们研究其人其事以及他所处的社会与时代，提供了极大的方便。

（此处删去约 7 000 字，文见“南京大屠杀的历史见证”。——编者注）

三、 尘封文献的发现

（此部分删除，文见“南京大屠杀的历史见证”。——编者注）

四、"南京帮" 解析

"南京帮"（Nanking Gang）是20世纪20年代至40年代南京一个美国传教士群体的自称。他们大多在金陵大学、金陵女子文理学院及其他机构服务多年，把一生最宝贵的年华奉献给了中国现代高等教育事业，直至1950年前后才最终离开中国。

"南京帮"的重要成员之一华群临终前曾经说过："如果能再生一次，还是要为中国人服务，中国是我的家。"无论在中国还是在美国，"南京帮"的故事都将永远流传。

"南京帮"一词最早见于1942年11月24日金陵大学农艺教授林查理（C. H. Riggs）的夫人给已经返回美国的米尔士（W. P. Mills）牧师夫人的一封信。当时金大已西迁成都，太平洋战争爆发以后，美国教职员入川者渐多。这些随校西迁的美国教职员或则感慨于"我们丢失了南京"，或则伤情于"离开古老的金陵如此遥远"。所以林夫人的信上说："几天以前，章文新（F. P. Jones）夫人和我邀请'南京帮'茶叙……这是一次愉快的联欢会，没有人谈论高昂的生活费用，我们主要是生活于过去相互伴依之中。"[①] 章文新是金大哲学教育系教授，夫人亦在金大工作。参加这些经常聚会的，还有在金大校长室工作的史迈士（金大社会学系主任）夫人等金大和金女大知名教授的夫人。前些年曾任美国驻华大使的芮效俭的母亲（Mrs. Rowe）也是茶会的常客。她的几个子女都是在流动的金大校园中长大的。她在一封信中把此类聚会称为"南京茶会"（Nanking tea party），并且认为这个小圈子是"未经组织的合作社区的乐队"[②]。她们彼此以"南京朋友"（Nanking friends）相称，经常思念南京，都感到南京的凝聚力非同寻常。

"南京帮"有自己的历史渊源。

---

① Bates' Papers, RG20, B6, F121.

② Bates' Papers, RG20, B6, F121.

据米尔士牧师记述，最早进入南京的新教传教士是内地会的约翰·邓坎（George Duncan），他于太平天国失败后的第3年（1867年）来到尚未从战火损坏中完全恢复过来的南京，前后从事艰苦的宣教工作达5年之久①。

早期南京美国侨民的情况缺乏比较全面翔实的记述。不过在史德蔚藏档中可以看到一份抄录于抗战前的南京外侨公墓的碑石文字，碑石编号已达108，但可辨认并记录的仅81人。其中有职业说明者大多为传教士，亦有商人以及他们的子女。这些死者高龄甚少，大多病故于英年乃至童稚，而且死因又多为肺结核、伤寒之类传染病，说明当年医疗卫生条件很差。

本文所研究的“南京帮”的先驱，是金大和金女大（包括其前身）最早的一批外籍教职员。如汇文书院首任院长福开森（J. C. Feguson），宏育书院院长美在中（F. E. Meigs），金大首任校长包文（A. J. Bowen）、副校长文怀恩（J. E. Williams），农学专业的创始者裴义理（Joseph Bailie）等，金女大首任校长德本康（Mrs. Lawrence Thurston）、化学教授蔡路德（Ruth M. Cheser）、生物学教授黎富恩（Cora Reeves）、宗教学教授芮柏格（Miss Rivenberg）、心理学教授布特勒（Alice Butler）等。文怀恩和他的幼女丽莲（Lilian）都安葬在南京外侨公墓，安葬于此处的还有金大校牧戴籁三夫妇（Mr. & Mrs. Talinem）、汇文书院第二任院长师图尔的幼子亚瑟（Arthur）、福开森的幼女爱丽丝（Alice）以及包文的3岁小女儿。

本文所探讨的“南京帮”，大多是在1920年代来华，作为其背景的便是欧战以后北美学生海外布道运动的蓬勃兴起。人们习惯于把新一代的来华布道者称为传教士教育家。与早期的许多西方传教士有所不同，他们虽然也具有出生于基督教家庭、学校的背景，也有不逊色于先驱的献身精神，但大多在来华以前已经受过高等以上的良好教育，具有某种专业特长，基本上属于学者型传教士群体。

仅以曾在南京沦陷期间留守校园的数人为例：

---

① W. P. Mills, Early Days in Nanking. 此文收于 *The Story of 80 Years of Protestant Missions in Nanking, China, 1867—1947*.（未刊稿）

华群（Minnie Vautrin），1886 年生于伊里诺州司考尔。1912 年毕业于伊里诺大学教育系，并被基督会派往中国。起先在安徽庐州三育女中任校长，1916 年应聘任金女大教育系主任兼教务主任。1940 年因病返美，次年逝世。

贝德士（Miner Searle Bates），1897 年生于俄亥俄州纽瓦克。父亲是一位牧师，曾任哈莱姆学院院长。贝德士 1916 年即毕业于该院，并获罗兹奖学金前往牛津大学深造，1920 年获硕士学位。同年经基督会派往中国，在金大历史系任教，直至 1950 年返美。1978 年病逝于纽约。

史德蔚（Albert N. Steward），1897 年生于加州。1921 年毕业于俄勒冈农学院，并被美以美会派往中国，在金大植物系任教，直至 1950 年返美。1959 年病故于俄勒冈。

麦卡伦（James Henry McCallum），1893 年生于华盛顿州奥林匹亚。1917 年毕业于俄勒冈大学，1921 年在耶鲁神学院获学士学位，并被基督会派往中国，在安徽、江西各地从事布道与社区工作。抗战爆发后，他曾作为金大医院和难民救济工作的管理人员留在南京。1946 年—1951 年作为差会秘书在南京从事教会重建工作。

威尔逊（Robert O. Wilson），1906 年生于南京，父亲是美以美会传教士。他毕业于普林斯顿大学，1926 年在哈佛医学院获博士学位。1936 年应聘到金大医院工作，抗战爆发后留在南京从事繁重得难以置信的救死扶伤工作。

史迈士（Lewis S. C. Smythe），1934 年在芝加哥大学获社会学博士学位，并被基督会派往中国，一直在金大社会学系任教。南京沦陷期间，他作为安全区国际委员会的秘书，以过人的干练与饱满的精力出色地完成了各项难民救援工作。

费吴生（George A. Fitch），1883 年生于中国苏州一个长老会传教士家庭。1906 年在渥斯特学院获学士学位，随后进入纽约协和神学院。1906 年受任牧师并返回中国，在上海青年会工作。南京大屠杀期间，他作为南京青年会总干事，出任安全区主任，为救援难民作出了卓越贡献。

米尔士（Wilson Plumer Mills），1883 年生于南卡罗来纳州。1910 年

在牛津大学获学士学位，两年后在哥伦比亚神学院获神学学士。1912 年—1931 年在中国青年会工作，1933 年—1949 年服务于南京长老会海外布道托事部。南京沦陷期间曾任安全区国际委员会主席。

马吉（John G. Magee），1884 年 10 月生于宾州。1906 年毕业于耶鲁大学，1911 年在麻省剑桥圣公会神学院获硕士学位并被派往中国。南京沦陷期间，他担任国际红十字会南京分会主席和安全区国际委员会委员，努力从事难民救援工作，并曾拍摄有关日军暴行的 12 卷影片，这成为南京大屠杀一案的铁证。

对于这一代美国传教士来说，是南京为他们最先提供稳定而又优裕的职业，甚至为他们提供成家立业生儿育女的环境；而这个城市绵长的历史和旖旎的景色，又深深地吸引了他们。秦淮夜月，玄武春晓，乃至雨花台的彩石，栖霞山的红叶，都已经融入他们永恒的记忆，与他们的整个人生相伴相随。

空前严重的患难来自 1937 年日本发动的侵华战争，人们都认识到这将是一场关系中国生死存亡的长期战争。随着战火的逼近，金大、金女大和其他大多数教会大学一样，决定随国民政府西迁。情况正如金大教授芳威廉（William B. Fenn）回忆所说的那样："两千里难以置信的艰苦跋涉，经过湍急河流，越过高山峻岭，坐船、乘车乃至步行，需要非比寻常的决心与勇气。急速移动，缺少给养，更谈不上营养，持续不断的危险考验着信仰与耐力，他们幸存的事实便是对他们学校精神的诠释。"[①] 教会大学分担了祖国的苦难，参与了维护民族生存的斗争，也投入了推动社会进步的各项有益工作。

当然，面临更为艰危考验的还是自愿留守金陵的那些"南京帮"成员。

贝德士全家当时正在日本度假，并为维护中日和平相处作最后的努力。接到金大陈裕光校长的使命后，贝德士历尽艰难只身返回南京，以副

---

① Fenn, *Christian Higher Education in Changing China, 1880—1950*, Michigan, 1976, pp. 119-120.

校长名义全面负责保护校产，并勉为其难地开办了一所农业专科学校。他与史迈士、林查理等参与组建南京安全区国际委员会，该会成员还有上文已经提到的麦卡伦、威尔逊、费吴生、米尔士、马吉、华群等。他们生死与共，临难不苟，为救援南京 20 多万难民日夜奔忙。

组成安全区国际委员会的 20 多位外侨，从法律和行政的角度而言，本来没有责任保护和养活 20 多万南京难民，相关外国政府也不断动员他们立即撤离，可是他们完全出于道义和感情，不顾个人安危与家庭离散而自愿留在这人间地狱。面临失去人性的日军暴虐统治，生命财产毫无保障的民众在绝望中只有向中立国外侨团体求助，这乃是一种极大的无奈。在中国市政当局已经不复存在而日本当局放纵暴行的恐怖时期，以 20 多位外侨组成的毫无政府背景的小小外侨团体，竟然要承担起 20 多万难民食宿、卫生乃至治安等繁重任务，这也许是一种更大的无奈。在安全区国际委员会尽管有大量中国职工的忠诚奉献，有南京以外的各国友好人士道义上和财物上的某些支持，特别是广大受难民众的信赖给以强大的精神力量，但他们毕竟手无寸铁，无兵无勇，除了中立国侨民身份以外，别无任何其他可以与日本军队对抗的手段。他们诚然是西方国家的公民，但他们国家的政府并不支持他们，却一味纵容日本侵华，向日本提供军火与其他军用物资，继续鼓励日本反对苏联。

因此，他们只有以弱势地位与数万强横霸道的日本军队打交道。对于这些外侨来说，"螳臂挡车"是一个很恰当的比喻；"知其不可为乃为之"，则是一句更为深刻的成语。他们和一批中国同事，把全部爱心与精力奉献给数十万南京难民，常常以恳求、争辩乃至自己的躯体，在刺刀与受害者之间从事救援，尽管这种努力大多以失败与屈辱而告终结。他们力所能及的反抗，便是逐日逐事诚实地记录日军的每件暴行，不断地向日本当局提出抗议，并且通过各种渠道向全世界揭露日本帝国主义的残虐，伸张正义，谴责邪恶。

关于南京大屠杀，有关论著出版已多。在这里我只想追述一下这些当年目击者的心情。在 1937 年 12 月 24 日，也就是日军进城烧杀淫掳 11 天以后，费吴生给朋友写信说："现在是圣诞节前夕。我先从 12 月 10 日讲起。在短短两周里，我们在南京经历了围城、华军败退和日军进城。往日的南京曾是我们引为骄傲的美丽城市，依然有着法律与秩序，今天则是一座废弃的，充满仇杀、洗劫而大部分被焚毁的城市，完全无政府状态已有10天——这是人间地狱……我的生命任何时候都面临严重危险。淫欲疯狂并且喝醉了的士兵，强奸妇女以后走出屋外，谁也不知道自己的命运如何，当你发现刺刀对准自己的胸膛，或是手枪对准自己的头，就明白已被掌握在某个要消灭自己的人手中。日本人不喜欢我们不顾要求外国人离去的劝告而继续留在这里。他们不需要旁观者。但是我们还得留在这里，当他们抢走赤贫者最后一点财物——最后一枚铜板，最后一袭卧具（已是寒冬季节）和黄包车夫的车的时候；当数以千计已解除武装的士兵向你寻求庇护所，连同数百无辜平民从你眼前被拉去枪毙或用以练习刺杀，而你曾听到枪杀他们的枪声的时候；当成千妇女跪在你的面前歇斯底里哭泣，恳求你把她们从野兽蹂躏下解救出来的时候；当你的国旗被多次扯下践踏而你站在一边也无能为力，连你自己的家也被洗劫的时候；然后你眼睁睁看着你定居并热爱的城市，你曾为之奉献青春年华的学校，被有计划地、成片成片地焚毁——这是一座地狱，绝无仅有的地狱。”①

包括“南京帮”在内的安全区国际委员会成员，在南京20多万难民中有口皆碑。米尔士与贝德士是继拉贝以后的第二任、第三任主席，实际上是始终坚持安全区国际委员会的栋梁之材与精神支柱。年轻力壮的社会学家史迈士，在日军大屠杀最为残酷而又频繁的日日夜夜，以过人的干练与充沛的精力，主持安全区国际委员会的日常事务。教育学家华群舍生忘死地努力保护金女大难民营近万名妇女，被当地民众深情地誉为“活菩萨”。农艺学家林查理以高度的勇敢与高超的技术，成为南京数十万民众粮食和燃料的运输队长。威尔逊医生独自承担鼓楼医院的外科手术，日日夜夜地操劳累肿了胳膊。马吉牧师除主持红十字会的繁忙救援工作外，还不忘携带小型摄影机，为一桩又一桩日军屠杀平民的罪行留下活生生的现场记录。而作为安全区主任的费吴生，则冒着极大的风险把这些胶卷秘密带到

---

① Bates' Papers, RG11, B9, F202.

上海，公之于外……

可以说，留在市内的“南京帮”成员，个个都是好样的，每个人都有一连串可歌可泣的动人故事，其英勇不下于奋战疆场的将士。可是，他们从来没有把自己看作英雄或救星，面对生活在水深火热之中的难民，亲眼看见成千上万无辜民众被屠杀，他们经常感受到的乃是力不从心的痛苦。正如贝德士当年所说的那样：“我们同其他人一样明白整个局势的严峻与黑暗，在这里很难找到公理与正义。个人自身的问题早就得到回答。基督徒努力履行自己的职责，用不着为自己的生命担忧，只会为自己难以满足巨大的需要而感到内疚。”① 但是中国人民和中国政府非常尊重他们救死扶伤的崇高精神与多方面的劳绩。据当时曾目睹大屠杀惨况的中国医务人员追述：“综计敌军入城后烧杀淫掠，书不尽记，而吾难民在水深火热之中可以求保护，稍得慰藉者，惟国际委员会是赖。在宁之德、美友邦人士，咸抱大无畏精神，不避艰危，尽粹从事。在金大、金女大收容所服务之外侨，无分昼夜，轮流守护。金陵女子大学内美国人魏小姐（华群）对于敌人之来劫奸难女者，常跪哭求赦；负责纠察组之德人史排林先生，周巡察护，遇敌暴行，力竭声嘶，誓与周旋。此外在京外侨无一不努力救护吾民，与敌人争执，因之受辱被创者时有所闻，而吾二十万难民得以获救，否则恐无孑遗矣。”② 重庆国民政府也曾对华群、贝德士、史迈士、林查理等授勋褒奖。据《金陵大学60周年校庆纪念册》记述：“当（民国）26年本大学西迁后，贝德士、史迈士、林查理三教授等特发起组织国际救济委员会，联合留京中西籍教职员及友邦热心人士，从事救济难民工作，将本大学校舍、宿舍、住宅、农场悉供难民栖止，并设立粥厂及补习学校，以资教养。当时首都难民获免敌军侮辱屠戮，得以全活者至众。国民政府嘉其茂绩，特予明令各授襟绶景星勋章，以示褒奖。本大学校舍，亦赖贝德士教授等努力维护，得免破坏。”

① Maude Taylor Sarvis, Bates of Nanking. 打印本，原刊载于1942年的 *The International Committee of YMCA*.

② 蒋公谷：《陷京三月记》，台北“中央图书馆”馆藏。此外，还可参见侯楷《难民区历劫记》等文。

现今，南京大屠杀纪念馆已经把上述安全区国际委员会主要成员的照片和事迹作为陈列内容，以示对这些国际友人的永远怀念。他们的私人档案是日军南京大屠杀罪行的铁证，全部保存在耶鲁神学院档案馆。贝德士与史德蔚夫妇的档案数量最大，所以都列为专档，编号分别为 RG10 与 RG20。史德蔚虽然是在大屠杀告一段落后才回到南京，但是他调查甚勤，博闻详记，而且文字记录较多，不失为第一手所见所闻史料，所以也列为专档，编号是 RG8，其他几位的档案则收入亚洲基督教高等教育联合董事会（简称 UB）档案全宗，其中又以华群的相关档案数量最多，包括她那感人至深的日记。我们至今仍然可以从这批历史文献中感觉到他们当年的音容笑貌与喜怒哀乐。

五、 对日索赔会的创立

我之所以参与并推动南京大屠杀研究，与北美对日索赔会有密切关系。

首先是 1988 年 5 月，在哥伦比亚大学出席中国民主运动史国际研讨会期间，正好碰上一批美籍华裔热心人士筹划创立对日索赔会。由于我是惟一直接从大陆来的历史学者，所以便理所当然地被视为中国代表，并且忝列为发起人之一。

但是据我记忆所及，似乎并未开过什么正式的发起人会议，也许开过而我则早已到伦敦去了。但是，唐德刚以后成为会长，邵子平始终撑持日常会务，当我在场时已成为共识。哥大的研讨会是 5 月 22 日结束的。德刚夫妇于 23 日下午邀请我们一大批友人到他家做客，似乎主要就是谈有关如何筹建索赔会。记得 TK（德刚简称）曾说他找过中国驻纽约总领事唐树备，介绍索赔会的宗旨不仅是一般性表达爱国热情，而且是以国民外交作为政府外交的后盾，“唐总”表示能够理解云云。此外大家还议论将在《纽约时报》刊登大幅广告，借助主流媒体扩大影响。有人建议我回国后向中央政府反映此事，说明大家热爱中国并反对日本军国主义复活的真诚意愿。我则表示可以经由李侃转请刘大年（全国人民代表大会常务委员会委员）向中央有关部门作必要的说明，以免引起什么误会。

1990年8月我应邀到普林斯顿大学进行合作研究，由于离纽约极近，所以很快就与在联合国任职的邵子平、吴章铨等取得联络。同时，由于在新泽西定居的刘老（廷芳）经常于假日邀我前往叙谈，有时亦请唐德刚作陪，难免也会谈到索赔会的情况，但具体与我商量实际工作的还是邵子平。1990年12月14日我的日记有简略记载："上午正准备发信、寄稿，联合国邵子平打电话来，开口就是'章开沅同志'，很像国内什么熟人。原来谈的是为南京大屠杀向日本军国主义者抗议等事。谈甚久，只有午饭后再到邮局。"这次长谈主要是筹划1991年12月在南京举办一次大规模的纪念活动，日本友好团体除允诺捐赠一笔经费外，还将组织300人前来参加。最后，子平还通知我参加12月28日在纽约附近庄严寺举行的索赔会工作会议。

会议地点之所以选定为庄严寺，是因为该寺建于深山老林之中，可以避开城市烦嚣，而且食宿也特别便宜。但是没想到26日仍是大好晴天，27日夜晚就突然下起大雪。28日下午4时，索赔会司库姜医生开车来接。姜曾在日本获医学博士学位，收入甚丰，但对日本军国主义极为痛恨，对索赔会各项活动颇多经济支持。美国东部冬季天黑得早，路远地滑且又曲折多岔道，几次迷路绕道而行。及至到达庄严寺所在山麓，天色已经漆黑，积雪逾尺，山路甚陡，汽车实在无法前行。我们只有把车停在路边，徒步摸黑爬山。四顾荒野，树林浓密，渺无人烟，惶然不知何往。勉力爬上半山，幸好从树林空隙处发现远处略现昏黄灯光，赶忙在深可没膝的积雪中挣扎前行。不久果然发现一座小木屋，原来就是捐资购地建寺的沈老居士寓所。沈老热情接待，并嘱人领至庄严寺附设招待所进餐。寒冬深夜有素菜热饭果腹，饥寒疲累顿时消失。正吃饭时，又有数友冒雪进山，其中齐协生教授一家三人轮流开车，冒大风雪行驶近10小时，艰难困苦可想而知。饭后，我们应邀与沈老促膝畅谈。他已有70多岁，抗战前毕业于上海交通大学，长期任美国高级工程师。他介绍习佛经验颇具哲理，与之雪夜深山论道，别有一番风情。告别后到预订僧房集合，邵子平夫妇携两幼女早已提前到达，七八岁小女孩亦协同料理会务，天真热情可爱之至。为节省开支，男女分住两大空空洞洞僧房，每人钻进简易卧袋席地而卧。倦极熟眠，不知身在何处。

次日晨起最早者为美国西北大学杨学勇教授与我。杨与齐协生一样原籍亦为东北，所以对日本军国主义侵略罪行更为愤恨。年近古稀的老人孤身驱车，黑夜冒雪进入这座深山老林，具有多么崇高的精神力量！早餐后齐集观音殿，首先聆听显明法师说法，随即由邵子平主持开会，讨论 1991 年 12 月纪念南京大屠杀会议筹备问题。讨论细致而又认真，经常出现争论，但极为注重民主程序与尊重少数，如有坚持不同意见者均记录在案以示保留，决不含糊了之，民间团体能做到如此规范实属不易。会毕进餐，无非粉丝、毛豆、豆腐泡、黄豆芽等僧众大锅菜，每人交 5 美元（含早餐）。至此我才知道索赔会成员都是自愿出钱出力尽义务，即令收到外界大额捐款也都用于处理公务与举办重要活动，绝不轻易作应酬开销。这是值得国内学者借鉴的良好作风。

南京大屠杀纪念活动的筹备事宜，索赔会接受我的建议，在中国委托南京大学历史系张宪文教授代为联络。宪文慷然允诺，并且得到江苏省有关领导的大力支持，据说中宣部已表示同意举办。但是却由于日本海部首相将于 1991 年 8 月访华，中央外事口的主要领导却提出不同意见，此事遂垂成而败。明明是上级没有批准，却又推说南京不具备举行这样大规模国际会议的“接待条件”。这种话语宪文自然说不出口，只有借故到处出差避免与邵子平一行接触，我夹在中间也十分尴尬，因为邵老兄们虽然到处找不到彼“张”，却随时可以找到此“章”。每逢他们问及此事，我也只能含糊应付，惟恐透露内中原委可能牵累宪文。

但是我们 1991 年 12 月 12 日还是在纽约举办了纪念活动，不过主办团体名称已改为“纪念‘南京大屠杀’受难同胞联合会”，而且这个名称一直延续至今，我对这些相关友好团体分合聚散的内情不甚了了，他们从未向我谈及而我也从不打听，因为大家仍然都在世界各地从事共同的正义事业。据我所知，北美索赔会作为一个团体仍然存在，但与香港索赔会并无任何隶属关系。发展得较快的则是第二次世界大战或抗日战争史实维护会（简称史维会），加拿大和美国东西各地都有分会。此外则有吴天威、朱永德等人苦心经营的日本侵华研究学会（Society for Studies of Japanese Aggression Against China），天威还以个人的力量独自支撑着一本杂志《日本侵华研究》。我衷心钦佩并且感激这些热心的海外华人，正是他们的无私奉献与永不动摇的奋斗，才使得揭露日军侵华暴行这一正义事业得以持续蓬勃发展。

六、 纪念南京大屠杀受难同胞联合会

该会英文名称为 Alliance in Memory of Victims of the Nanjing Massacre，基本成员如邵子平、吴章铨等原来都是索赔会的创始者与骨干。1991 年 8 月我曾邀吴章铨来耶鲁神学院图书馆特藏室看南京安全区国际委员会档案（散见于贝德士文献若干卷），并将我已整理复印的有关南京大屠杀资料又复印一份由他带交联合会保存。

1991 年 12 月 12 日，该会在纽约举办纪念活动，我当天的日记曾有简略记载："下午 5 时半，袁清（莱特大学教授）开车同去中美研究所(Chinese-American Institute)，参加纪念南京大屠杀集会。会场较小而到会者甚多，所以十分拥挤。美国许多媒体与日本电视台均来采访。会前与 Fitch（费吴生）的女儿、女婿等安全区国际委员会成员亲属会晤，叙谈往事并互赠资料。费吴生、马吉等均为贝德士当年好友与共患难者。会议首先用幻灯机放映老照片，接着放映马吉当年拍摄的南京大屠杀电影，编辑甚佳。最后由唐德刚、熊玠和我以英语演讲，因到会欧美人士甚多也。讨论颇为热烈，近 8 时始散。与熊玠夫妇等至一中餐馆吃晚饭。"

我的演讲词中译文如下：

当我们沉痛悼念南京大屠杀的牺牲者时，应当记住一个名字——贝德士，他曾在金陵大学任教 30 年（1920 年—1950 年）。1937 年—1941 年期间，他奉命留守南京保护校产。在南京陷入日军烧杀淫掳的大灾难中，他和一小群外国人，以恳求、辩论乃至自己的躯体，在刺刀与受难者之间从事救援工作，尽管他们的努力常以失败

终结。这个小小的外国人团体和他们同样勇敢的中国同事，日以继夜地救死扶伤，把难民聚集于庇护所，借助外国人的援助稍许减轻大屠杀的损害，并且为区内7万难民谋求食物与住处。他们作为一个小小的公共群体生活在一起，没有足够的食品与服务设施。常常一连几个星期得不到深深眷恋的家庭的音讯，丈夫或妻子不知道自己的另一半是死了或是被囚禁，他们与外面的世界几乎完全隔绝。但是他们仍然坚持留下来了，正如贝德士博士所说："我同其他人一样明白整个局势的严峻与黑暗，在这里很难找到公理与正义。个人自身的问题早已得到回答。基督徒努力履行自己的职责，用不着为自己的生命担忧，只会为自己难以满足巨大的需求而感到愧疚。"他们日复一日地前往日本驻南京大使馆，送交他们的抗议、呼吁和逐日逐事记录日军暴行的表报。贝德士保存的此类大量文献已妥善收藏于耶鲁神学院图书馆。这是南京大屠杀的真实记录，血写的历史不可改变！

我们回忆充满恐怖与罪行的往事，决不是为了复仇，而是为了寻求真理与伸张正义，同时也是为了汲取历史经验以教育全世界人民，特别是众多的青年一代。请允许我引用我的已故老师贝德士的一句话作为结束："给全球以和平，给人类以慈悲。（Peace on Earth，Good Will to Men.）"

此次会议开得很好，影响也较大，会后耶鲁等校均曾放映马吉牧师当年拍摄的影片、幻灯片并举办座谈会，但邵子平仍为南京大规模纪念活动的夭折而耿耿于怀。会后他并未向我谈及自己的近期行踪，我也不知道他竟突然飞往南京。但12月18日上午我到纽约JFK机场迎接从中国前来探亲的妻子时，却在人群中发现了子平。他行色匆匆且略显疲惫，令人费解的是居然穿了一身在大陆"隐退"已久的蓝色化纤旧"毛装"，与他平日西装笔挺的联合国资深职员风姿形成极大反差。由于人多且杂，我们未及细谈即匆匆握别，事后我从张宪文处才得知他在南京捅了一个大娄子。原来纽约集会结束后他就飞抵南京，与香港索赔会少数代表会合，并且在南京大屠杀历史遗址附近"游行"并静坐默哀。这些异常举动显然引起了安全部门的注意，据说南京很多热心研究南京大屠杀历史的朋友都被通知不得与邵子平一行接触，连他本人的行动也受到某些监控。子平是个急性子，有些事情往往是想做就做，风风火火，不顾一切。此类活动在美国本来是不值一提的芝麻小事，但却极端不适合于中国的“国情”。子平夫妇都是非常热爱中国（特别是新中国）的海外华人，子平虽然是前南京政府驻日大使的公子，但却对日本侵华罪行深恶痛绝。他为纪念南京大屠杀做的一切都是出于民族大义，而且都是自己出钱出力，既无政治背景又无名利谋求，而无端遭此误解与猜疑，真是天大的误会。

但子平生性豁达，而且精力充沛异常，并未因为这些误解与阻力却步不前。他与少数志同道合的友人一起，聘请著名导演将马吉牧师1937年冬在南京现场拍摄的日军暴行拷贝，精心编制成为正式的历史文献纪录片，并且继续策划揭露日军侵华各种罪行的其他正义活动。这些策划曾在我的日记中留有踪迹。如1992年3月6日：“晚，子平电话，谈甚久：1.设奖学金三个，鼓励南大学生研究南京大屠杀；2.出书（南大或华师）；3.重拍电影；4.今年12月13日各地略作表示。”同年3月11日：“（与子平、禤福辉在联合国餐厅共进午餐），谈南京大屠杀有关诸事，两时许兴辞。”未过一周（3月17日）：“子平电话甚长，念念不忘南京大屠杀事。”不久，我应邀赴加州大学圣地亚哥分校（UCSD）任教，他又特地介绍研究“731部队”罪行多年的该校数学系资深教授程贞一与我结识，目的也是想在当地筹建“联合会”的分支。3月24日，我与妻子迁居风景如画的太平洋边港口城市圣地亚哥，很快就与程先生取得联系。5月17日日记：“5时半程贞一驱车接至其家。宅建山谷边，宽敞雅致。后院俯视山谷，远眺群峰，怪石奇草，颇有情趣。据说华罗庚曾在此作客，1988年第五届中国科技史国际会议代表200多人即在后院进自助餐，可见其面积之大。晚餐时又复畅谈中国科技史以及‘731部队’细菌武器种种。”

他与联合会经常关注我对南京大屠杀的研究。《南京大屠杀的历史见证》（贝德士文献系列研究之一）出版后，他们很快就购买了一批，以满足北美读者的需要。纪录片《奉天皇之命》（香港译为《南京大屠杀》）的制片人汤美如，邀我合作编译《南京：1937.11—1938.5》一书，似乎也是由于他们的介绍。美如非常谦虚，她在此书“编者的话”中说：“我衷心感谢前华中师范大学校长章开沅教授，他在很短的时间里，把从几百页的日记、书信、报告中选录出来的 8 万字准确译成中文。最难得的是，我们竟不约而同在研究同一个题目，而他也在耶鲁大学神学院的同一批藏品中钻研了 9 个月，并以其业师贝德士为主线，出版了一本关于南京大屠杀的专著。由于他丰富的历史学知识，对本书稿件的最后选定给予了许多宝贵意见。”其实，她为搜集相关资料所投入的精力与时间比我更多，因为她不仅查阅了耶鲁藏档的大量文献，还亲自到韩国和日本，“寻找经历过这场灾劫的当事人，包括当时的难民、日本兵及前‘慰安妇’”，整整花了两年多时间。

我与美如此前并未相识，就是在香港吐露港畔伏案编译此书时，两人也远隔重洋从未谋面。当时 E-mail 尚未普及，她主要是通过图文传真把我需要的资料从纽约源源不绝寄来。而作为联络枢纽的则是香港三联书店的年轻责任编辑李安（素娥），在不到两个月的时间里（1995 年 5 月至 7 月），她不断从港岛过海来沙田与我商讨有关内容、编排与插图的各项细节，有时深夜才背着沉重的装满资料的书包孤身走向山下的火车站。她是个很有才华与主见的编辑，此书可以说是主要靠她整合而成，边组稿、边设计、边发排，所以才能在那么短的时间里赶上当年香港书展，并且很快就销售了 1 000 多本。这种敬业精神、工作效率与强烈责任感，给我留下难以磨灭的印象。

也只是在此书出版以后，我才知道美如也是由于南京大屠杀受难同胞联合会的邀请，与另一导演崔明慧共同拍摄制作《奉天皇之命》这部影片的。当然，马吉牧师当年拍摄的影片更为有力地激发了她们的创作热情。正如美如所说：“很多人问我，为什么会对 1937 年南京沦陷以后发生的事情感兴趣。是的，对于一个战后在香港出生，并在北美洲长大的人来说，这场在半个世纪前的战争，到底与我何干？”我想，如果没有“联合会”在 1992 年的诚挚邀请，也许汤美如也就失去拍摄《奉天皇之命》的机遇，当然更无从与我合作编译出版这本书。

七、 AJPAP 的偶然聚合

与邵子平等保持联系的团体甚多，其中之一名为亚太和平与公正联合会(Allies for Justice and Peace in Asia and the Pacific，简称 AJPAP)，我与内人曾应邀参加该会举办的一次活动。

1998 年 5 月，我与怀玉再次到耶鲁神学院搜集有关南京大屠杀的原始档案。子平夫妇于 6 月下旬前来探访，并邀至其乡间住宅与大卫·马吉(David Magee，马吉牧师之子)、Sharpe 出版公司的负责人 M. E. Mervine 等会晤，主要是磋商《天理难容——美国传教士眼中的南京大屠杀》一书在美国以英文出版的问题。麦尔文（Mervine）也是美国来华传教士的后裔，并且出生于上海，大卫则出生于庐山，他俩早已相识。对于日军在南京、上海等地的滔天暴行，他们早已了解甚多，所以很快便取得共同努力刊布耶鲁藏档中这批宝贵英文原始资料的共识。

6 月 28 日，我们又偕同邵子平、吴章铨等参加 AJPAP 在纽约举办的日本证人访美代表团(Japanese Witnessing Delegation to North America)报告会。

会议由 AJPAP 的 Sam Chen 任主席，邵子平代表纪念南京大屠杀受难同胞联合会任协调人，相当于具体操办各项会务的秘书长，连同他的太太和两个女儿全家都参加会务工作，可以说是“倾巢出动”。

参与会议的主要成员有：

1. 日本证人：小川武满博士。

2. 细菌战中国受害者对日索赔诉讼团代表王选。

3. 日本律师和社会活动家，包括著名的土屋公献律师，以及鬼东忠则、池田利子、濑敬一郎、濑三和、山口研一郎、吉田义久、增田博光诸先生，其中大多为法律界人士，也有医生与大学教授。

4. 学者，有《南京大屠杀》作者张纯如，哥伦比亚大学日本史教授

Carol Gluck，加州州立大学北桥（North Bridge）分校名誉教授 Sheldon Harris，连同我一共 4 人。

简短的开幕式后，首先由协调人报告会议宗旨与筹备经过。接着是日本证人详尽揭露日军细菌战的内幕及其滔天罪行，这位证人由于过度激动有几次接近昏厥，最后由多人扶持下台。然后是王选代表受害者控诉，由于长期在各地奔波呼号，嗓音已经嘶哑，形容亦显憔悴，使人备受感动。她除自己作长篇英语发言，还要为日本发言者充当英语翻译，可以说是会中最辛劳者。其后是 3 位日本友人作简短发言，坚决支持受害者控诉索赔。最后是学者发言，张纯如报告她为什么要写《南京大屠杀》以及创作时的心路历程。Harris 作为美国历史学者发表对于这一历史事件的公正评论，我则着重介绍耶鲁藏档的重要史料价值，估定为有关日军侵华暴行的铁证。

此次报告会与新闻发布会结合，到会交流媒体记者甚多，所以邵子平等又说明许多重要日本证人（包括东史郎）之所以未能到会，是由于美国和加拿大政府拒绝给日本前军人发签证，并对此表示严正抗议。然后是记者及听众提问，并由报告人（包括日本人士）解答。整个会议整整进行了两个小时，内容充实而且充满激情，取得了预期的社会效应。

28 日晚，AJPAP 又与中国发展基金、华人纪念与公正联合会、华人老兵协会（曾参加过抗战的旅美人士）、拉沙县犹太人团体（Conference of Jewish Organization of Nassan County）、钓鱼台研究基金、新党俱乐部协会（New Party Member's Club Association）、纽约慰安妇问题联盟（New York Coalition of Comfort Women Issue）、美国退伍军人自助协会、中国革命烈属儿童学校校友会北美分会、美国黄埔军校校友会等团体联合宴请日本证人代表团与到会学者嘉宾。参加宴会者相当踊跃，情绪也极为热烈。张纯如还当场签名售书，购书并索取签名者络绎不绝，她顾不上吃饭也应接不暇。邵子平感叹说："唐德刚、章开沅研究大半辈子南京大屠杀，还赶不上这个小姑娘引起如此轰动。真是叫人跌破眼镜。"他说的是大实话，吾等老朽当然甘拜下风，并且为南京大屠杀真相能通过英文著作为更多西方人士知晓而深感欣慰。原来邵、张两家原本是老邻居，子平可以说是看着纯如长大的，纯如到耶鲁神学院查阅有关南京大屠杀原始档案期间，就住在邵家并且开着子平的车到耶鲁工作。所以纯如每次演讲，都表示对子平的感谢。事实并非如国内个别人所说的那样，张纯如是经他们介绍以后才知道拉贝及其日记。纯如与拉贝外孙女莱思哈特夫人的联络，也经常得到子平的帮助，因为她不懂德语而后者英语又不地道，难以互通电话。子平在德国留学多年，又长期在联合国工作，所以正好成为她们之间的传媒。

会上又请三位学者演讲，内容大体上与白天新闻发布会相同。不过，我在结束演讲时说了一个笑话：如果日军再次偷袭美国，一定不会再选择珍珠港，而是把耶鲁神学院作为首选目标。他们在炸毁相关藏档之后将会神气活现地说："Iris（纯如英文名），我们早就说过你的书是毫无根据的吧！"引起全场哄堂大笑，宴会气氛更为浓烈。

我们三位学者都坐在主宾席，以主人身份出面招待的是崔明慧女士。事情真有这样的巧合，就是她与汤美如共同执导并制作《奉天皇之命》影片。美如曾在我们共同编译的《南京：1937.11—1938.5》编后语中说过："坦白说，最初对这个题目发生这个兴趣，并非我的想法，而是1992年某一天，一位女士打来一个神秘电话，她问：'你想拍南京大屠杀吗?'"正是这个电话把她们与揭露日军南京大屠杀暴行的怒潮联结在一起。美如听说我来纽约，也赶来参加宴会与我会面。崔明慧、汤美如和我都经由邵子平等人的辛勤工作聚合在一起了，大家都感到分外的兴奋与喜悦。两位女士虽然都已在影视圈中事业有成，但穿着、言语、举止都很朴素纯真，与国内某些影视界人士大异其趣。我们这一桌酒席的费用大约是崔明慧支付的（怀玉那桌则是子平支付的，似乎是各主办单位分工包干），所以宴会结束后她还坦然把剩余菜肴打包带走。看到这种情景，我在内心不禁为国内公款请客的铺张浪费感到羞愧。

我在宴会上的发言稿

（1998.6.28　N.Y）

最近，美国正在援救日本，惟恐日元继续猛跌，引起新的世界性灾难。我们也正在援救日本，惟恐日本忘记历史教训，复活军国主义，或许有一天将重演珍珠港悲剧，危害整个世界。

某些日本人力图抹杀南京大屠杀，这正是企图复活军国主义的表现。而耶鲁神学院图书馆特藏室保存的南京安全区国际委员会的原始档案，却是揭露南京大屠杀历史真相的铁证。我在1988年开始发现这批资料，1991年—1992年花了8个月时间认真阅读、整理，以后继续深入研究，其结果便是1995年分别在武汉、香港出版的两本书：《南京大屠杀的历史见证》和《南京：1937.11—1938.5》。去年，为纪念南京大屠杀60周年，耶鲁藏档已经为世人广泛知晓，我为此深感欣慰。

耶鲁藏档的史料价值，首先在于它的真实性，是当事人在当时、当地目睹并及时记录的，除国际委员会正式公文外，大多是私人的日记与家信，丝毫没有政治宣传或其他私利目的，其客观、公正无可置疑。

这批资料的价值还在于它的群体性，它不是某一个人的记载，而是10多个传教士，还有他们的妻子的记述，分别记述而又内容相近，说明历史真相只有一个，因而比《拉贝日记》具有更高的权威性。

这批资料的价值还在于它比《拉贝日记》延续时间更长，记述空间更广，堪称1937年12月至1941年日军在南京各种暴行的全面记录。

我很高兴看到有这么多日本朋友，为了维护人道正义和历史真实前来参加会议。我也很高兴有这么多美国的和中国的朋友，正在共同从事这项工作。我借这个机会，再次向公众介绍YDL收藏的珍贵史料，希望所有关心大屠杀的朋友们都能充分加以了解与研究。

附件 1　《南方周末》2002 年年末特刊：年度人物王选

本案细菌战确实造成了悲惨的结果及特大的损害，不得不说旧日本军实施的该战争行为是不人道的。但是，如果仅仅在法律的框架内对本案进行探讨的话，说被告的国会违反了国家赔偿法 1 条 1 项，有该条规定的立法不作为行为是不正确的。

那么，针对本案细菌战的被害者，就我国的补偿措施进行探讨的话，根据我国的国内法乃至在国内能采取的措施，是否应进行处理，如果进行处理的话，又应怎样进行处理。这些问题，在国会，在以前述的种种情况为前提的情况下，应由更高的层次进行裁量。

——日本东京地方法院细菌战诉讼判决书

2002 年 8 月 27 日，日本东京地方法院宣判：王选和她带领的 180 名日军细菌战受害者中国原告败诉，驳回道歉和赔偿的请求。

我们赢了，我们揭开了一个掩盖了 60 年的黑幕，世界因为这场诉讼知道了细菌战，我们的目的达到了。

——王选

王选是一名真正的爱国的中国人，她用她自己的全部生命为帮助日本占领中国期间的暴行受害者的正义事业而战斗。她是嘹亮的号角。她是一位不同寻常的人，我的妻子和我对她的才智，她的人道主义精神以及她为全体中国人民作出的献身，表示极大的赞赏和尊敬。

——美国已故历史学家、细菌战研究者谢尔顿. H. 哈里斯

记忆不是为了恨

本报驻京记者　南香红

生来的义务

1995年，黑龙江召开首届细菌战研讨会，有三个浙江义乌受害人代表全村要求日本政府赔偿。而背后是日本市民团体（日本民间和平组织）“日军细菌战历史事实揭露会”出资援助在中国进行调查。

是义乌！是自己的家乡！细菌战、鼠疫、父亲、叔叔，“历史一下子回到了我眼前，有时候历史真的伸手就可以摸到的”。王选看到了这条消息，童年的记忆一下子激活了。

“我知道叔叔死于日本人在义乌放的鼠疫。

“日本人放了鼠疫，烧了大半个村子。人还没死就把他们的肢体内脏掏了去，从肿大的淋巴里获得更强大的鼠疫细菌。

“我的姑姑和叔叔逃到邻近村子的亲戚家里，一个中年妇女得了鼠疫，被扔在祠堂里，13岁的叔叔和她感情很好，每天去看她。只有叔叔这么小的孩子才不知道怕。

“有一天叔叔号啕大哭着跑了回来，样子像是受到了极大的惊吓，一句话也说不出来，只是不停地哭号。

“叔叔可能看到了最惨的一幕，据后来村里的人说，那个女人的胳膊已经不知去向，她被日本人肢解了。

“夜里叔叔就发了高烧。村里人明白发生了什么事，就赶叔叔姑姑走。亲戚找了一块门板，把叔叔抬到崇山村的野地里。正是寒冬，下着雪，叔叔身上烫得不敢摸，两个十多岁的孩子呆在野地里，又冷又饿，没有一个人去接近他们。

“姑姑说，叔叔死的时候凄厉地嘶叫了一夜，最后整个人都蜷缩成了一团，变成了黑的。”

王选家族里有 8 口人罹难，义乌崇山村有 396 个村民死于鼠疫，中国除了新疆、西藏、青海三省区外都受过日本细菌战的多次扫荡和攻击。

王选设法联系到了报纸上提到的市民团体成员松井英介和森正孝，打电话说："我要参加你们的调查，我是义乌人，我有义务。"

在这一刹那，王选觉得历史的大规律轮回到了她身上。叔叔的死、父亲的悲伤、自己到日本留学，这一切的一切都找到了意义。"最简单的一点，只有我能够把难懂的义乌方言翻译成日语。"王选在日本读书、工作的平静日子就这样结束了。

我要"抓权"

1996 年调查仍在继续，诉讼就要开始。但一开记者招待会，发言的全是日本律师。"这是中国人的诉讼，应该有中国人自己的声音和地位。"

"给我一个位置。"王选提出了她的要求。

"我是一根红线，只有我能把这些老头老太太串起来，也只有我才能把他们拧成一股绳，只有我能代表他们，我懂得日本语言、法律，我可以方便地穿梭在中国、日本、美国之间，我经济独立，自己的一切往来费用全部自己承担，又不取一分的报酬。"

王选以当仁不让的姿态促使原告团产生，并"抓权"当了团长。王选以个人魅力号召起了 180 名原告。

1998 年日本地方法庭第一次开庭，王选以原告总代表的身份要在法庭上作陈述。

我们为什么要告？我们为什么要赔偿？我们为什么要日本人谢罪？

王选思索万千。

日本是第二次世界大战所有参战国中惟一使用生化、细菌武器的国家，而这一事实竟被整整掩盖了 60 年。日本从来没有公开承认过在中国实施过细菌战计划。

细菌战、活体试验是曾经发生的罪恶，而迄今为止的隐瞒、不认账是一桩正在发生的罪恶。

如果这么大的罪恶都可以一笔轻轻抹掉，这么大的罪恶竟不为世人所知，施恶者得不到惩罚，那要公理良知法律做什么？要人类的文明做什么？

王选想到了那些至今还烂着脚的穷苦的中国农民（炭疽病菌受害者）；想起了那些苦度残疾晚年的幸存者，他们的生命里更多的不是恨而是宽恕。

王选想起了那个看管6个“试验材料”的细菌部队士兵松本博，在挺身为中国原告团作证时，老人也亮出了内心柔软的部分——善良。

他一回到家就告诉了母亲他在中国做了什么，他的母亲说，你是个罪犯。他在结婚之前，告诉他的未婚妻自己是一个罪犯，让她做出选择。

极大的恶与至纯的善，像冰与火一样淬激着王选，使她面对过多的恶而不至于陷于泥淖。“在这么强大的恶面前，善也悄悄潜伏着，再暴虐的恶也无法把它泯灭。而消解恶的途径不是回避，而是善。”

“我明白了我们揭露是为了记忆，而记忆并不是为了恨。我知道当我站在法庭上发言时，王选这个名字已经没有意义，我也不仅仅是一个原告，我代表的是屈死的灵魂。”

和平基金

12月14日我在北京机场再次见到王选时，王选又在细菌战调查的奔波中。

“我们已经向日本高等法院提出了上诉，第二阶段的诉讼马上就要开始。”

“结局怎样很难说，赢的可能性极小。”

困难是显而易见的。29名原告团成员已经撒手人寰，还有一批70多岁的人会在近年相继死去，有的人不想再告了，因为赔偿遥遥无期，连日本人的“谢罪”似乎也等不到。原告们为此付出了大量的时间和金钱，王选也为此付出了100万元之巨。

“我们乘坐的船行驶在冰川里，我们不得不边破冰边前进，8年的调查、取证、开庭、申诉之后，这船并没有把我们带到终点，而是来到了一座更大的冰山脚下。”

仅靠原告团的力量，没有办法把细菌战的真相调查清楚。60年后，很多的证据已经被毁灭，档案被故意封锁，历史见证人在死去，或永远沉默。

“我们需要社会的支持，我们需要法律工作者、流行病工作者、社会学家、历史学家以及方方面面的支持，我们还需要钱。”

但王选说他们目前得到的支持大多是来自个人的，有人给她寄来全月的工资，有人愿意参与调查，她在感动的同时，也深感孤独。社会还远远没有拧成一股力量，她一直在呼吁有一个得到承认和注册的民间团体或者在某大学里常设一个研究机构，以此来募集资金和召集有专业知识的志愿者，开展全国范围的调查。

“还原历史的真实，为了人类的和平”是王选提出的第二阶段的诉讼目标，她希望人们的思想和认识能够统一起来。

她说，她要给中国、日本、美国政府各写一份建议书，希望各方共同努力促成日本政府建立一个和平基金来处理战争和战后遗留问题。

她希望这个基金能够建立一个制度，寻找并给予细菌战受害者、慰安妇、残疾的劳工提供一份医疗补助和生活补助，使他们的晚年免于贫病的困扰；她希望借助这个基金能够进行受害者调查，记录口述历史，收集资料，公开历史档案，资助研究，重新修补出这段历史；她还希望借助这个基金能够重新认识战争和教育后人，能够形成一个和平的事业。

她说，如果这个基金能够成立，她愿意终生为之工作和服务。

■旁证：

1.参加起诉和第1、2、3次开庭陈述意见的来自中国各地原告代表的赴日费用，由日本市民团体“日军细菌战历史事实揭露会”出资援助。

2.参加第2次起诉的来自中国各地原告代表的赴日费用，由原日本神户华侨总会会长林同春出资援助。

3.参加第2次起诉开庭陈述意见的来自中国各地原告代表的赴日

费用，由日本律师辩护团借资援助。

4. 参加第19、21、22次开庭出庭作证的来自中国各地的学者和原告代表的赴日费用，由世界抗日战争史实维护会、义乌民间与企业出资援助。

5. 参加第26次开庭的浙江省原告自费；湖南省受害者家属自费，原告部分自费。

6. 参加第27次开庭的浙江省原告中，义乌市崇山村原告代表费用由义乌地方赞助，衢州市代表旅费由香港史维会赞助，其他自费，湖南省原告部分自费。

附件 2　日军 731 部队细菌战中国受害者诉讼律师团团长土屋公献讲话

历史是永远无法抹杀的

原日本全国律师联合会会长
日军 731 部队细菌战中国受害者诉讼律师团团长
土屋公献

我是东京地方法院正在审理的“731 部队细菌战被害诉讼案”的原告辩护团团长。

日本军在侵华战争和太平洋战争中，置国际条约于不顾，开发制造细菌武器，并拿中国人和其他外国人俘虏进行残虐的人体实验。在这同时，又在中国各地撒播细菌，杀害了成千上万无辜的中国人民。这是不能否定的铁的事实，是当时日本政府犯下的违反基本人道精神的罪行。因此，要求对于细菌战参加者进行处罚，同时追究下达犯罪命令的日本政府的责任是当然的事。日本政府必须对于战争受害者进行公开的谢罪并赔偿损失。

第二次世界大战结束后，远东国际军事法庭在东京开庭，明确了日本发动的侵略战争的责任，同时也处罚了一批战争犯罪者。但是，令人遗憾的是，罪责最重的细菌战战争责任问题，却被排除在审判之外。许多细菌战犯罪者被免予处罚，细菌战的犯罪事实被美日两国共同隐瞒了起来。与此同时，大量的关于细菌战的资料，除一部分被日本军烧毁之外，大部分都交给了美国。这部分珍贵的历史资料有一部分后来交还给了日本。但有消息说，还有相当一部分仍留在美国，并被秘密地隐藏了起来。因此使得日本政府至今仍对 731 部队细菌战犯罪事实拒不承认，作为国家，也拒绝向受害者进行谢罪和赔偿。

针对这种情况，去年（1997 年）8 月，108 名中国细菌战受害者和遗族们组成的原告团向东京地方法院提起诉讼，控告日本政府，要求日本政府谢罪和赔偿。这是一个揭露日本政府隐藏残虐的犯罪事实、追究日本政府战争责任、呼唤正义与良知的诉讼。作为一个证明历史的好手段，我们邀请了原731部队将兵等旧日本军人出庭作证，批驳日本政府的谎言。

现在，我们要求的日本政府以国家名义承认过去的犯罪事实，对受害人进行公开的谢罪与赔偿，其实是日本政府本身早应该做的事。但日本政府既不承认，也不制定相关的法律制度，这不仅仅是对于细菌战一案，对于从军慰安妇问题、对于南京大屠杀问题等，也都采取了同样的卑劣手段。

日本政府认真处理众多的战争犯罪问题，真诚地承担战争责任，这是赢得包括中国在内的亚洲各国人民的信赖，获得世界人民的理解，构筑友好和平关系的必不可少的条件。坚信这样做也将给日本和日本人民带来许多预想不到的利益。

最近，美国总统克林顿针对日美战争爆发后，众多的日侨在美国被剥夺自由，遭隔离关押一事，真诚地作了道歉，并根据立法，作出了符合正义的赔偿和谢罪。6月1日，又对中南美的日侨，以同样的方法与他们达成谅解，在作出超越国境的真诚谢罪的同时，并对他们进行了经济的赔偿。我们在对美国政府的诚实姿态表示深深敬意的同时，对于日本政府愚昧可耻的卑劣行径更感到万分的愤慨。

岁月流逝，但历史的事实不会磨灭。相反，随着时间的推移，相信会有更多的历史资料被发现和挖掘出来，犯罪事实将更加明朗。日本政府逆历史潮流而行的行为，将会使它更加孤立，并陷入愚昧无益的地步而难以自拔。

我们代表团此次访问美国和加拿大，参加这一盛大而有意义的活动，将代表日本人的良知向海外众多的人诉说我们对于那场侵略战争及其责任的认识，以达到跨越国境实现和平友好的目的。

面对着全家惨遭日军杀害，如今连成为原告的子孙都没有的中国受害者的在天之灵，为了夺回这些死去和活着的受害者们的崇高的人格尊严，我们日本人律师有义务有责任与大家一起奋斗，并做出自己最大的努力。

敬请美国和加拿大的正义团体和人士多予以支持。

1998年7月

卷二　东京往事

一、 巧遇东史郎

1981 年 11 月中旬，我随同胡绳一行应邀前往东京参加纪念辛亥革命 70 周年国际学术会议。到达的当晚，日本友人北冈先生邀我到浅草一家小酒店叙旧，因为我们过去都曾经在南京读过大学，尽管并非同校同系，也不同班级。由于时间已晚，客人剩下的为数不多，但有位公司职员模样的中年人却自斟自饮自唱《北国之春》，歌声优美而又略带感伤，引发一片热烈掌声。北冈与其他日本客人大概都经常光顾这家酒店，所以彼此较为熟悉。他突然乘兴站起来，介绍我这个来自中国大陆的历史学者，于是又引发一片热烈掌声。有一位坐在偏僻角落里的老人突然起立，缓缓走过来向我深深鞠躬，面容凝重、语音低沉地说："请先生归国时务必带回一个前日本士兵永恒的忏悔，他在战争中到过南京、开封等地，并且做过许多对不起中国人民的事情。"我们紧紧握手，片刻相视无言，正想进一步细谈，却又见老板娘已是泪流满面，凄怆欲绝。原来，1941 年她还未度完新婚蜜月，太平洋战争即爆发，她丈夫被紧急征召派往东南亚，从此音信渺然，据说是乘船在海上被盟军飞机炸沉而死。17 岁的新娘从此孤身只影，历尽沧桑，艰苦备尝，总算晚年得以在浅草开一小酒店聊以谋生。目睹此情此景，大家都静默无语，侵略战争带来的损害，特别是精神上的痛苦，其延续的时间是何等之长久啊！我与谢罪的前日本士兵匆匆告别，怀着沉重的心情踏上归途，却忘记与他交换名片。

好几年以后，我读过田中正俊《战争·科学·人》一书，该书叙述他们这些“少年兵”应召从海上前往东南亚作战的情况。其中也曾提及途中有许多运兵舰船被炸沉，并且还介绍了葬身于海底的一个“少年兵”的遗诗。他在走向死亡的道路上沉思，以朴素而感伤的语言向世人询问：“为什么日本人的死，只有日本人悲伤？为什么别国人的死，只有别国的人悲伤？为什么人类不能同欢乐、共悲伤?”每逢默诵这首诗，我都回忆起1981年深秋浅草之夜，回忆起那诚挚谢罪的原日本士兵与那泪流满面的老板娘，也许她的丈夫就是与写这首诗的“少年兵”一起在海上结束自己年轻生命的吧！从此，我每到东京必去浅草，并非嗜酒，亦非购物，而是想重温那1981年深秋之夜的情景，但却始终未能寻得那妇人与老者的踪迹。我从小因战争离家远行，有失学失业与到处流浪的悲惨经历，所以很早便产生了“人生聚散无常”的念头。觉得个人是渺小无力的，好像浮萍一样，因风而偶然聚合又因风而迅速离散……我与这妇人与老者的缘分大概就仅限于此吧。

但是没有想到，事隔16年以后，我却与这位老者在南京再次相遇。

1997年8月中旬，我应邀参加南京市为纪念南京大屠杀60周年而举办的“侵华日军南京大屠杀史”国际学术研讨会，并且有幸被安排与东史郎在15日上午同一分组会报告。开会之前，我正坐在会议室靠进口的座位上小憩，忽然进来一位满头银发神清气旺的老人，陪同他的是一位文静俊秀的日本女士，他们循例施礼后便坐在我的旁边。由于语言的限制，而且都在准备自己的发言，所以没有相互交谈。根据节目的安排，我估计这位老人可能就是东史郎。

东史郎的发言安排在分组会的末尾。他徐徐站起，挺胸收腹，腰杆挺直，依然保持军人姿态。讲题是：“与‘虚构派’挑起的南京战争审判作斗争”，他以低沉然而浑厚的声调开始：“南京大屠杀50周年时，我披露了南京之战的个人经历，以《我的小队》为题出版了日记。之后不断受到‘虚构派’的顽固攻击，他们鼓吹南京事件是虚构的。现在我正在为他们挑起的审判斗争而奋起应战。我认为，述说战争事实是建立亲密友好关系的基础；作为战争的经历者，向人们说出加害的真相，以其作为反省的依据，这是参战者的义务。”（讲稿全文附后）老人的声调渐趋激昂，面色转赤，目光炯炯。说到愤激处，振臂高呼，仿佛向全世界声讨邪恶、维护正义……全场静默无声，我则陷于沉思之中。心头猛然一震，那面庞，那眼光，那神态，不就是16年前深秋之夜在浅草小酒店诚挚请罪的日本老兵吗？

会议在持久热烈的掌声中结束，我起立向东史郎握手致敬，随即坐下稍事叙谈。他首先送给我一份讲稿打印本，并且着力签写“东史郎，85岁”。由于翻译已先行离去，我们只有笔谈。首先是交换名片，他没带名片，便在一张纸上留下地址，“京都第十六师团步兵第二〇联队上等兵，日本京都府竹野郡丹后町间人，东史郎，TEL：0072 750070，八五岁”。我问他，在中国哪些地方打过仗？他回答，“战斗历：河北省，南京战，徐州攻击，大别山脉战，汉口攻击，襄阳攻战，败战宁波”。经过反复笔谈，我终于问他是否曾于16年前秋夜在浅草小酒店向一个中国人为侵华罪行悔罪。他对我看了又看，眼睛突然一亮，脸色更加绯红，紧紧握着我的手，确认那个老兵就是他。人生何处不相逢，世界真是太小了啊！在场的人都深深感动了，热烈鼓掌祝贺中日两个老人[①]16年后的重逢，并且摄影留念。我这才知道，陪同他的那位文静的日本女士，就是东史郎诉讼后援会事务局长山内小夜子。当时在座的中国第二档案馆研究人员王晓华事后告诉我，在我离开会场以后，东史郎与小夜子还有另外一位日本友人抱头痛哭。可贵的人间真情啊！晓华随即以纪实文学题材报道了这感人至深的一幕（该节文字全文刊载于1997年8月22日《南京日报》）。

---

① 其实应该说是“中日两个老兵”，因为我1944年初亦曾在四川应征入伍。我与东史郎未在战场相遇，却在和平时期结交，诚属巧遇。

附件 侵华日军南京大屠杀史国际学术讨论会论文

与“虚构派”挑起的南京战争审判作斗争

东史郎

前 言

我是1937年8月应征入伍，参加了日中战争。河北之战、南京攻坚战、徐州攻坚战、汉口攻坚战、襄阳攻坚战等等，我都参加了，打了三年仗，于1939年11月回国。

后来于1944年3月再次应征参加“大东亚战争”，投身侵略中国的战斗直至战败。

进攻南京的最后三天，即12月10日、11日、12日的战斗是生与死的激烈较量，炮弹跳起了地狱之舞，枪声高唱死亡之歌。12日夜晚，我们发起突击占领“四方城”，翌日由中山门进城。这一天是占领南京的日子。

如果我战死沙场，它会和我的躯体一起烧掉，但战争毕竟是人生中的异常经历，所以我在战场上记下了日记。不论善与恶，日记中记下了战场上的真实情况。

我们毫无罪恶感地杀死了很多农民。大叫着：“讨伐支那！山川草木皆敌人，要杀尽宰光!”实在残酷至极。

完全没有粮食补给，采用的战法是让军队在占领之地抢掠自给。在搜索粮食的时候会发现躲藏的女人，而一经发现必定奸淫。为什么丝毫不受良心的谴责坦然干出杀人、强奸、放火、抢劫等不人道行径？为什么在家乡时曾是很善良的人会变得如此野蛮？是什么促使他们干出这样的勾当？

对此必须作出深刻的反省并严加探讨。化脓的伤口通过外科手术把脓排出来是为了不让它继续恶化。为了反省过去的野蛮行径、挖出其根源，就必须弄清侵略的野蛮事实并加以反省。

讲出战争真相是参战者的义务

不应该抹杀过去的事实。我于 1987 年 12 月 13 日南京大屠杀 50 周年纪念日时，在南京大屠杀遇难同胞纪念馆对自己在侵略战争中的加害行为表示了谢罪。当时幸会南京大学教授高兴祖先生，他对我说："东先生，日本军的野蛮行径是20 世纪文明的耻辱。"我对他严厉的批判由衷地惭愧。

我们日本军的野蛮行为应该好好地反省。不是"自虐"而是"自省"。不能采取放任自我的态度，即用刺刀捅中国人的身体可以毫不在乎，而自己的身体哪怕被针尖蹭磨一下也叫痛。

我们日本人对蒙受原子弹的危害大声呼号，而对加害于中国人民身上的痛苦却沉默不语。日本军给中国人民造成的危害是日本蒙受原子弹危害的几十倍。如果日本比美国早生产出原子弹的话，日本定会首先使用。只讲被害闭口不谈加害的自私做法绝不会成为通向和平的出发点。

我认为，作为战争的经历者，讲出加害的真相以其作为反省的基础，这是参战者的义务。

一切始于教育

使我们失去人性的军国主义教育曾是一种什么样的教育呢？它把侵略战争说成是"圣战"。教育我们说："讨伐粗野的中国人是正义的。"并且让我们轻视中国人，灌输民族歧视思想，叫嚷膺惩支那。说："效忠天皇重于山岳，尔等臣民的生命轻于鸿毛。不可生受虏囚之辱，当死为护国之鬼。"

由于对中国人的歧视心理，轻蔑演变成了傲慢。这就是不分青红皂白屠杀无辜暴行的原因所在。军国主义把人当作资源浪费、滥用，视生命如鸿毛。我们士兵被当作消耗品。于是就认为，既然我们的生命不足挂齿，那么敌人的生命就更不值一提了，"那就杀吧!"于是丝毫不受良心的谴责肆虐杀人。当时的日本军全然没有尊重生命、人道主义等等。打仗的目的是胜利，为了胜利人道也可以放到一边，认为只有胜利才是正义。我们受到的教育是：我们是活的武器，为正义而死是忠于天皇，是光荣的战死。

我们没有尊重人类的思想，有的是决死效忠天皇，仅此而已。这是一种放弃自我，是奴隶劣根性，是道德上的无知，是对非正义、丑恶缺乏反抗的思想。

需要的不是“自虐”，而是“自省”

战败50周年那年，日本国会决议时曾有这样的说法：“不是为了侵略他国领土，而是为了从欧美列强的统治下解放出亚洲而进行的自卫战争，所以没有必要谢罪，反对作出不战决议。”我对日本议员的卑鄙不胜惊讶，对愚蠢的国会不禁哑然。如果日本发动的战争是解放战争的话，那么日本首先自己应该“解放”台湾、朝鲜、满洲和桦太（即库页岛）。对日本的殖民地不去解放并继续盘剥，又怎么能称得上是“解放战争”呢？

当时坚持认为“满蒙是日本的生命线”。但是，“满洲和蒙古”不是日本领土。把别国领土当作保护日本的堡垒，只保卫本国，这种本国优先主义在世界上是行不通的。

在日中战争中资源耗尽的日本铤而走险发动了所谓“大东亚战争”的南方侵略战争。这是一场日本为获取资源而发动的战争。1941年11月10日，在大东亚战争开战前的大本营会议上作出这样的决议：“马来、苏门答腊、爪哇、婆罗洲、苏拉威西各群岛占领后划归日本帝国领土”，“菲律宾、缅甸作为独立国家，但是将其置于日本指挥下，成为类似满洲的独立国。”其后，于12月8日宣告开战。

日本能够向亚洲的哪个国家提出“战争赔偿要求”？别国可以向日本提出要求，但日本却不能向任何国家提出，这是因为那是一场侵略战争，而不是解放战争。

不是中国打到了日本，而是日本打到中国去了，是一场侵略。这才是一切问题的根本点。这是应该反省的，不是“自虐”，而是应该“自省”。

最近日本因使用血液制剂出现了很多“HIV”感染者。其生产企业之一的“绿十字社”是731部队余党10名军医创办的企业。这些人曾视中国人生命为草芥，把他们当作“木头”作人体实验。战败50年之际，在日本发生的因血液制剂造成的“HIV”感染问题，也是因为追逐利润不管患者死活、只要“绿十字社”赚钱就行这样一种草菅人命的做法引起的。这和为获取侵略战争的胜利，视中国人生命如草芥如出一辙，为追逐利润而不顾患者生命。这一事件说明，现在有必要重新反省过去军国主义的暴行。

与“虚构派”为“南京战争审判”而战

战时，特高警察和宪兵压制国民的思想言论自由。时至今日那些不醒悟、身着西装但骨子里依然穿着军服的家伙、伪君子还要压制言论自由。

战争期间曾是人类屠杀工业忠诚战士的我对自己的青春追悔莫及。我曾应召走向战争豁出性命地拼杀，但在南京大屠杀60周年的现在，我正在与那些坚持认为南京大屠杀是虚构的人为“南京战争审判”而斗争。

我是站在人生的终点站在东京高等法院与日本“新纳粹”作斗争的。

我东史郎在1987年为战争中的屠杀、不人道行径提供了证言，出版日记。在6年后的1993年，以“有损日军名誉，岂有此理”和“诋毁名誉”罪被起诉。“东史郎的日记是虚构的，必须纠正虚构、恢复日军名誉，载于学校教科书中有关南京大屠杀的记述也必须加以订正。”这才是他们起诉的真正用意。在起诉方的原告代理人事务所里成立了一个叫“纠正南京大屠杀虚构会”的机构，企图抹杀南京大屠杀的“虚构派”拼命想要利用法庭。

由于我在南京大屠杀50周年之际，为侵略战争中日军的不人道行径作了证言，所以其后便受到右翼的威胁和攻击，作为这种迫害的衍生物，受到起诉。但是，事实应该澄清，应该引起人们的反省。即使感到痛楚也不可畏缩而掩盖真相。

颂扬《君之代》、号召为天皇而死的死亡之歌现在依然活在虚伪的爱国者“虚构派”的心中。赞歌中充满草菅人命的思想。

我生命的始点

我是在浙江宁波市迎来战败的。当我们被解除武装、没收武器弹药时，来接收这些东西的军官对我们说：“我在南京战斗中被日军捕获时，在下关码头遭遇到集体屠杀。我被压在了一个个被枪杀的战友的尸体下装死才九死一生。趁着夜晚悄悄逃出并与可恶的日军战斗至今。想到可恨的往事我真想把你们杀掉扔到河里去。但是上司有令，让我们以德报怨。所以饶你们一命。”我没有遭到报复。因为有中国军队的宽宏大量才有我今天的生命。我被中国人的宽容感动得流下了泪水。中国人说：“以德报怨。”但另一方面，日本却以复仇为美德。君主之仇、父母之仇，如果是日本人必报无疑。

之所以有今天的我，是因为当时没有遭到报复。想到这里，我认为日本不仅在战争中败给了中国，从道德上也输了。

日本曾在日清战争中“获胜”，夺取台湾，获得巨额赔款。可是这次中国没有从日本获取一寸土地，而且连一分钱的赔偿都没有提出，而是说：“与其要求赔偿使日本人民受苦，不如让我们修筑永久友好。”我感谢宽容大度的中国人。我们必须反省过去的错误，表示谢罪，建立亲密的友好关系。

日本的文字和文化源泉——汉字，是从中国传入的，是中国教给我们的。中国是日本文化的起点。由于我对老师中国残暴屠杀一事作出反省而受到攻击，说我是玷污“英灵”的人，是伤害日军荣誉的人。我被提起诉讼已经过去 4 年。

在 1996 年 4 月作出的一审判决中，江见裁判长判决为：“关于桥本光治屠杀中国人的记述一事，证据不足”，“东史郎有提供（错误）情况的责任。”

我认为，所谓民主主义，其原则就是情报公开。江见裁判长的目的是不是要复活战时的秘密主义？江见裁判长迎合不顾历史事实、恬不知耻的政治家，正是他自己应该受到审判。我们必须阻止法庭内军国主义的复活。

要求中国人民对“南京战争审判”作出裁定

1995 年 2 月，南京发现了日军丢弃的 200 万发毒气弹。由于 75 毫米弹、90 毫米弹、105 毫米弹等化学炮弹和毒气弹，中国人出现死伤。竟然在战后 60 年的现在还在发生日军侵略战争贻害人们的事情。试想一下，如果在日本国内发现了这样的毒气弹，日本人还不要吵翻了天？

不反省过去，对现在的加害也视而不见，至今受军国主义毒害的职业军人集团——偕行社一伙和“虚构派”叫嚷说“东史郎玷污了皇军的名誉”，对我提起诉讼。侵略中国，干出不人道行径，时至今日连反省都不做的人，有什么名誉可言？

这场审判的幕后人物之一森英夫（原16师团20连队中队长）对我提出反驳说：“战争是使用武力的政治的延续。袖手旁观会关系到自己的生存，是不得已而使用武力。”（京都新闻人权宣言集会上的发言）他是一个主张国际问题不是通过外交谈判而是以武力解决的军国主义分子。他还抗议说：“归根到底，东史郎的目的是否定战争和打破皇国史观。为此，他试图抹杀日本军的真实情况。”所谓日本军的“真实情况”是什么？大叫着“建立王道乐土”、“东洋和平”进军国外，梦想当东亚盟主、统治亚洲。这就是日本军队的真实情况。

并且公言声称：“只要是抗日民众，即使没有上司的命令也应以敌人论处与之战斗（杀死），这是理所当然的。”（见《中日新闻》1993年5月23日）手无寸铁的民众是不会和有武器的日本士兵打仗的。是毫无抵抗的中国人惨遭杀害了。

正是至今有这种思想的审判幕后人物——原中队长森英夫唆使战时的部下桥本光治，把他推上原告席，让其起诉我。

我将与军国主义者的不正当起诉作坚决的斗争。

歪曲历史，不知何为耻辱，缺乏国际感知的政治家们无知愚昧的发言，以及“那是一场民族解放战争”、“南京大屠杀是中国捏造的”等无耻谰言还在继续流传。如果法院和审判官迎合大放厥词、不思悔改的政治家作出不公正判决的话，我将诉诸世界舆论，要求世界审判。

孔子曰：“过，则勿惮改。”

为改正过错必须反省过去。为此，我要为审判而作斗争。

老兵犹存，壮心不已，为正义而战！

1997年8月

二、 难忘田中正俊

田中先生大我 4 岁，1922 年出生于我国台湾省台南市。1943 年就读于东京帝国大学文学部东洋史学科。同年作为“学徒出阵”（学生兵）应征编入福井县敦贺步兵联队，后转入航空兵地勤服役，曾前往菲律宾、台北等地值勤。1946 年回国退伍，次年复学，1950 年毕业。1951 年起长期任东洋文库兼职研究员，1954 年至横滨市立大学文理学部、1967 年至东京大学文学部、1983 年至信州大学人文学部、1988 年至神田外国语大学外国语学部任教。1995 年退休。以后任东洋文库研究员、东京大学名誉教授。他是一位德高望重的日本学者，也是与我相知甚深且终生不渝的外国挚友。

我与田中先生的初次结识是在 1979 年 11 月。当时我在访美归国途中，应东京大学东洋史学科与京都大学人文科学研究所的联合邀请，前往日本作为期两周的学术交流。东大的主要接待人是佐伯有一教授，而参观东洋文库则由田中先生陪同。一见面便惊讶于田中先生的身躯高大，而卷发凹眼则仿佛西方绅士。略作寒暄之后，他便引导我参观文库的丰富藏书，由于在这里已工作 28 年，所以介绍各种珍籍历历如数家珍。但我在一排书架偏僻处随手抽出一本贴相簿，打开一看却是辛亥以前康有为、梁启超等致柏原文太郎的 13 封信的照片。我为之喜出望外，他也惊讶地说以前并未注意到此件，大概是文库收藏的好资料太多之故。柏原文太郎（1869—1936）毕业于东京专门学校英语政治科，以学业优秀得到政治家大隈重信赏识。后加入东亚同文会，曾任东京高等大同学校校长，并成为犬养毅的得力助手。戊戌政变以后，康有为、梁启超避难日本，即由柏原出面照料。犬养毅调和革命、保皇两派，亦曾经由柏原居间说合。因此这批信件对于研究 19 世纪末至 20 世纪初的中国政局极具史料价值。我回国后，田中先生与佐伯教授经过多方努力，在征得信件原收藏者同意后又翻拍一套照片寄赠给我，可见其对人对事的认真负责。

11 月 11 日晚，日本历史学会在东京大学学士会馆举行酒会欢迎刘大年与我，场面颇为盛大而又热烈，田中作为该会理事，招待更为周到。我按照美国惯例，首先便自取杯盘。他赶忙示意放下，并陪我绕场一周，与众多日本学者（还有若干社会知名人士）一一握手并交换名片。幸亏他的指点，我才没有冷落任何一个到会者，给日本史学界留下较好的第一印象。因此，当主席致欢迎词与大年致答谢词以后，许多日本学者纷纷过来与我交谈，根本顾不上饮茶与进食。直到酒会结束后，卫藤沈吉等友人才陪我们到附近餐馆以日式汤饭充饥。我与田中结识不过两天，却已感受到他如兄长一般无微不至的爱护与关照。

1981 年 10 月中旬，田中正俊与岛田虔次、野泽丰等日本著名历史学者一起应邀经北京来到武汉，参加纪念辛亥革命 70 周年国际学术研讨会。胡绳由于即将率团访日，命我利用会议休息时间帮助他与日本学者会晤。我刚把这一信息透露出去，没想到他们竟迅速在会场进口处整整齐齐站成两排，而站在最前面的就是身躯伟岸的田中正俊。于是，我也扮演了田中在东京酒会上的角色，把日本学者景仰已久的胡绳逐个介绍给他们。所以，在 11 月胡绳带领我们前往东京参加纪念辛亥革命 70 周年国际学术会议时，与日本学者相处就像老朋友一般无拘无束了。我想田中、岛田、野泽等前辈学者必定起了重要媒介作用，因为他们在 20 世纪 30 年代就知道胡绳的名字，并且误以为胡绳与鲁迅是同辈人物（其实胡绳那时只有十六七岁）。

此后 10 余年间，我虽然没有再度访问日本，但与田中等日本友人始终保持书信联系，不断交流学术论著，并且关照指导彼此介绍来访的中日年轻学者。1993 年夏季，我应邀从美国到台北讲学，途中在东京滞留两个多月，于是又与田中重逢，他仍然是那么热情而充满活力，给我们夫妇以多方面的关照。记得即将去台北的前一天，天气陡然变坏，并且预告有较大台风降临，他放心不下，冒大雨前来宾馆，不厌其烦地向我们交代应该注意维护安全的诸多细节，并且特地送来他的重要著作《战争·科学·人》的中译本。第二天，果然狂风暴雨，好不容易乘出租车赶到机场，航班还是延误了好几个小时。一到台北政治大学“学苑”客舍，我首先阅读的就是这本书，而通过这本书我才得以进一步了解真正的田中正俊及其内心世界。

这本书是他结合自己亲身经历所作的对于战争的深刻反省。他把“二战”的经验区分为战争体验与战场体验，并且分别从高级将领、前线官兵、一般百姓与被侵略国家人民等不同角度给以深刻的审视。他认为，日本后方和司令部的高级军人们虽然参与并指挥战争，然而却未亲身经历过战争体验中最为残酷的部分——战场体验。战后他们也谈论着“充满粉饰毫无反省”的所谓回忆，而且他们和其他许多日本统治者一样，“在公开的场合常常毫不在乎地重复着‘过去的不幸的历史’等抽掉了主体责任的客观叙述式的欺骗”。田中义正词严地指出：“在这个世界上，没有比干了坏事还装作一副正人君子更为伪善卑劣的了。”

田中的战争反省并非局限于政府和军队的战争责任者，而且追踪到日本民族根深蒂固的劣根性。他说：“近代日本人对亚洲各民族的压迫和摧残，决不仅是加害其他民族的问题；它首先是日本人自身历史的内在人性的污辱问题。成为问题的南京大屠杀，不过是堕落颓废了的日本民族人性污辱的结果而已，问题本来在于日本人本身。”作为历史学家，他强调指出：“历史是人的历史，而不是完全抽象的历史。人作为历史的主体，凭着意志与目的来行动，因而为周围的人们带来惨祸或是幸福，这就是历史，也就在这个过程中产生历史主体的责任和反省。”正因为如此，他对日本部分历史学者对文部省教科书问题的态度是极不满意的，而且其中也包含着深沉的自责。他说：“从另一个角度来看，我们这些原本不应受到科学真理以外的任何东西所支配的人，不也就在检定制度下，违背自己的意志或为教科书执笔，或从事教育，因循以至于今日。如果再屈从于文部省的这种‘历史观’，身为历史教育家或研究者，不但不能负起社会的责任，而且对于亚洲各国人民和未来的日本人民将会不期而然再次扮演加害者的角色。”

因此，田中于1986年12月在信州大学举办的“长野县科学家和平会议”上提交的同名论文（即此书基础），便是自己长期真诚反省的结果，并且也是呼吁整个日本民族真诚反省的宣言书。而且他所要求的反省不仅限于日本，限于亚洲，而是整个人类。正如本书结束语所言：“我认为在今天能够有资格谈战争体验的，只有那些在战后的今天为和平而不懈地努力着的人们。不去做这种努力，而去空谈战争体验，是战争牺牲者们所不允许的。”“重要的并非科学是否进步的问题，因为科学与文学艺术一样，都是以人为主体的。所以应当得出这样的结论：它首先是‘人’的问题。”

读完此书更加感到田中的人格与他的身躯一样异常高大。

1994 年我从台湾回到祖国大陆，与田中又恢复了经常的联络。大约是在这年秋天，我到北京出差，住在北京师范大学校友会小招待所，却在留学生餐厅与田中夫妇不期而遇，原来他正应邀在北师大讲学。久别重逢，自然有谈不完的话，而他又即将回日本，所以便邀定周末共进晚餐。但周末我按约定时间来到餐厅，却未见田中夫妇踪影。我知道田中最重然诺，所以便多次婉辞其他友人的邀约，独自坐在一张僻静的桌边等候。果然，田中夫妇不久便匆匆赶来了，田中先生满头大汗，而且走路还略显不便。他连声抱歉，我则赶忙慰解，并问他的腿怎么了。原来他们下午到王府井购物，回来恰逢交通繁忙高峰，公共汽车到达师大车站时，好不容易挤下车，田中先生却被别人撞倒了。由于身躯高大，所以跌得较重，连腿也扭伤了。他本来应该就医或卧床休息，却因不愿失约宁肯忍受痛楚径直来到餐厅。我为此深感歉疚，但也再一次感受到真诚的“田中精神”的强大辐射。

1997 年 12 月我应邀到东京参加纪念南京大屠杀 60 周年国际研讨会，并且与藤原彰教授分别代表中日双方作大会基调报告。我在演说词的末尾借用了田中在《战争・科学・人》扉页征引过的那位死于海上的学生兵的遗诗：“为什么日本人的死，只有日本人悲伤？为什么别国人的死，只有别国的人悲伤？为什么人类不能同欢乐、共悲伤？”由于我用的是中译文，翻译藤井小姐急于查找日文原文，所以只有临时求助于田中。时间已是开会前夕的半夜，但他还是帮助藤井找出原文，并且作了必要的讲解。第二天大会上，当我演讲结束并由翻译朗诵这诗句时，会场显得异常寂静，我与翻译的眼睛都湿润了，声音也哽咽了，台下好些听众流下了眼泪……然后突然爆发了满场热烈而又持久的掌声，仿佛阵阵的热浪向我扑来。我说不出感谢的话，只有频频鞠躬以回应众多听众的感情。此时此刻，我觉得仿佛又有田中同在。

2002年春天，田中又寄赠他的新著《战中战后》（增订版）。我觉得应该把他在这一领域的可贵劳绩进一步介绍给中国读者，所以便与罗福惠教授商量如何译成中文出版。我写信征求他的意见，承蒙他慨然允诺。回复说："2002年4月18日手书诵悉。章先生的不渝友情，对拙著增订版的高度评价，我将终身铭感。先生在对拙著如此深刻理解的基础上，打算翻译出版借以转达敝人对以中国为主的亚洲人民的深情，这实在是值得庆幸而无比光荣的事情。"我们想以这本书中译本的出版祝贺田中先生的80大寿。自从1979年结交以来，我们不仅始终为促进中日史学交流而共同努力，并且还一同维护历史真实，反对军国主义史观，追求全世界的正义与和平。仅这一点已足以使我聊慰平生了。我在日本史学界的友人中，如同田中先生这样正直真诚的还大有人在。已故的岛田虔次先生战时为拒服兵役而出走青岛读书，野泽丰先生为弥补友人曾参与侵华战争的深沉遗憾而对我校赠送大批书籍并设立奖学金，小岛淑男为抗议文部省教科书问题而接到附有子弹的恐吓信……所以每当我独自伏案写作时，丝毫也没有孤寂之感，而且总是觉得有世界各地的友人与我在一起战斗！

（此文写成以后，不久便接到田中正俊先生病逝的噩耗。据在日本任教的赵军说，亲属检点遗存的文件，发现先生临终前留下的一封信，仍以《战中战后》一书的中译工作为念，并希望译文力求准确严谨，认为至少需要三年时间，可惜他已不能看见此书的问世！）

三、与石田米子——殊途同归

石田米子是我较为推重的日本女性同行学者之一，初识于1979年深秋。这年11月7日，我从美国应邀访问日本。10日下午3时，东京辛亥革命研究会同仁在"江知圣"和式餐馆欢宴并举行例会，到会者有市古宙三、野泽丰、菊池贵晴、藤井升三、久保田文次、小岛淑男等。石田米子亦在座，是惟一的女性学者。因为有共同的研究领域，就成为我最早结交的日本学者之一。

她于1960年毕业于东京大学史学科，先后任神奈川大学、关东学院大学讲师，冈山大学助理教授。曾参与编写《世界历史文化丛书》第20卷《中华帝国的崩溃》。主要论著有《辛亥革命时期的民众运动》（1972年）、《中国的革命——农民的斗争历史》（1974年）。1978年曾作为中国研究所代表团副秘书长访华，是促进日中友好交流的活跃分子之一。

“江知圣”的聚会，包括晚餐在内，一直延续到9时才结束，整整讨论了6小时。其原因是到会的辛亥革命研究者代表三种不同学术观点：市古宙三持“绅士运动”说，与许多欧美学者相呼应；野泽丰、菊池贵晴认为是资产阶级革命，与我们看法类似；石田米子、小岛淑男代表年轻一代的新锐，坚持工农群众乃是辛亥革命的主体（京都的狭间直树观点亦与此相近）。所以，在我演讲（题为“关于辛亥革命研究的若干问题”）以后，争论便很热烈，提问也很踊跃。倒是市古宙三颇具“绅士”风度，虽频遭批评仍微笑不语。经过这番交锋，大家增进了相互间的理解，自此我与东京辛亥革命研究会这个学术群体结下了20多年不解之缘。

但是此后我与石田米子见面机会并不多，在1981年北京、东京两次辛亥革命国际研讨会以后，我们一直未曾见面而只保持书信联系。直至2000年12月我应邀访问关西地区并且安排在冈山作首次演讲，我以为这次一定可以与她重逢，却未料到竟然失之交臂。我一进会场，便有一位日本女士交给我石田米子的传真，全文如下：

章开沅教授：

您好！听到您来我本地冈山作讲义（演），我很高兴，热望与会听您的讲义（演），学习南京大屠杀研究现况。我好久没见您，这次是很难得的机会。可是很遗憾，我今天下午有工作，晚上要坐夜行车离开冈山去东京。您特意到冈山，我不能接待您，实在抱歉，真可惜！

我想去东京参加从明天到12日为止举办的“国际女性战犯法庭”，也不能参加10日在东京预开的“NO MORE南京”集会，不能听您的讲义（演）。

这几年我十几次去山西省，关于日军性暴力进行实地调查，构思从性暴力角度重新研究日中战争的性质。关于辛亥革命，特别是关于您故乡浙江的辛亥革命，这几年我几乎完全没有什么成就，所以我还没决定参加不参加明年秋天在贵国预定举行的纪念辛亥革命90周年国际学术讨论会，对王玉璞秘书长的邀请也还没写回信。您一定负责筹备这次讨论会，工作会很忙吧。

我把这张传真信托我的朋友前田多嘉子转交给您。今天准备开会，参加听课的人都是我的朋友。

祝

身体健康！工作顺利！

冈山大学　石田米子

2000.12.7 早晨

信上所说的“No More 南京”集会，我由于日程太满，也无法赶往东京参加。但7日当晚的演讲果然有石田米子的友人参加。我们几乎同时从辛亥革命研究转入日军侵华暴行研究，并且几乎同步参加捍卫正义抗击邪恶的现实斗争，所以我感到石田米子仿佛也在这个会场上。从这个意义上说，我们竟然是殊途同归，只不过她侧重研究侵华日军性暴力，我则专注于南京大屠杀取证而已。

四、1997年的抗战——会师东京

自从1988年在耶鲁大学神学院图书馆藏档中发现贝德士文献中有关南京安全区国际委员会的大批原始资料以来，我一直努力从事南京大屠杀的历史研究。1995年我的两本著作——《南京：1937.11—1938.5》、《南京大屠杀的历史见证》，相继在香港、武汉出版，引起海外很热烈的反应，许多国家与地区的报刊都曾有所报道与评论，然而在国内却意外地遭受冷遇。《南京大屠杀的历史见证》一书，由于连我自己也几乎说不清的原因，差点被出版社个别领导封杀。后来虽然给我这个“老校长”一点面子，却只印了2 000本，而且纸张、印刷都较差，与香港所出的那本图文并茂的大书形成强烈反差。非常感谢《光明日报》驻汉记者夏斐，只有他热情为我撰写了专门的报道，但也未见其他国内媒体有任何连锁反应。我还感谢华工、武大、华师等校的众多年轻学生，他们或则邀我演讲，或则排队等我签名售书，幸好还有这数以千计的大学生的诚挚关爱，化解了我内心潜在的寂寞与困惑。

我做错了什么？我做得有没有意义？为什么多年来海外有那么多志同道合的朋友，大家共同从事维护历史真相的正义工作，为南京大屠杀的受害者讨回公道并要求赔偿，而回到国内反而往往面对冷漠乃至猜疑？……但我是一个久经磨炼的中国学者，对于任何事情决不轻信，但对于自己既经形成的信念更不会轻易放弃。我仍然或多或少还有几分执著，几分韧性，独自坚持南京大屠杀研究，与日本右翼势力无止无休的挑衅作针锋相对的斗争。不求人之所知，只求心之所安！

但是1997年由于微妙的国际局势变化，南京大屠杀研究却突然时来运转，成为国内外一致的热门话题。至少有一个因素可以理解：这是南京大屠杀60周年！由于我较早公开介绍与利用尘封已久的贝德士文献，为说明南京大屠杀历史真相提供大量英文铁证，并且明确肯定南京安全区国际委员会外籍人士的贡献，所以成为许多新闻媒体争相采访的对象。特别是在新华总社发出1 000多字的专讯以后，100多个国家和地区的报刊都转发了消息或评论，似乎更增添了我的学术成果的新闻价值。但史学研究毕竟是寂寞的文字事业，没有鲜花，没有掌声，安于寂寞，甘守清贫，乃是历代许多真诚历史学者的本色。一旦置身于热闹场合，纷纷扰扰，反而使这些古董人物心烦意乱，不知何以安身立命。特别是国庆以后，各地新闻媒体记者纷至沓来，家中电话机、传真机响声不绝，加以历史研究所又申报重点基地，真是家无宁日，眠食难安，一度血压高到220/110。其时我已接到日方邀请，决定前往参加南京大屠杀60周年纪念大会并发表主题演讲，连应有的出访准备工作都难以理出头绪。

以下是出访前笔记本上的简单记事：

12月1日（星期一）

上午至所，处理杂事，准备湖北电视台采访。下午校阅《实斋笔记》清样。晚，北京电话，访日签证尚未得。急以传真告日方邀请人（田英夫众议员）。

12月2日（星期二）

上午湖北电视台来4人，采访有关南京大屠杀情况，中午始告辞。下午续看《实斋笔记》校样。

12月3日（星期三）

上午去商店购出访衣物。下午北京电话，签证已得。《长江日报》、武汉电视台约周五采访。

12月4日（星期四）

抽空写关西大学（顺访）演讲稿，交打印。

12月5日（星期五）

武汉电视台上午采访。《长江日报》、《武汉晚报》亦来采访。下午续看《实斋笔记》校样。

12月6日（星期六）

王奇生自北京归，带来访日签证，传真给南京（大屠杀纪念馆），因系统一购买赴日机票。《长江日报》、武汉电视台今日均发贝德士文献消息，篇幅虽大但不够确切，“抢”新闻之过也。

12月7日（星期日）

上午清理访日相关资料。下午接待新华社湖北站记者采访，邵子平亦在座并介绍北美南京大屠杀纪念与研究情况。

12月8日（星期一）

上午至所，寄出《实斋笔记》清样。下午《长江日报》小朱来，取走贝德士照片两张。香港《南华早报》电话采访甚久。接新华总社传真，核对外发电讯稿。

12月9日（星期二）

上午与邵子平去省社联参加纪念南京大屠杀60周年座谈。下午日本 TBS、中文时报通讯社相继电话采访。正整理行装，《北京青年报》又来电话采访。

12 月 10 日（星期三）

上午中央国际广播电台电话采访。江苏人民出版社杨副总编电话约书稿，将来汉面谈。10 时 20 分去机场（赴日）。

即此可见，12 月上旬是多么忙碌紧张，连去机场前几分钟都还有电话商谈。

12 月 10 日下午 1 时 30 分准时抵沪，因为是明天早上去东京的航班，故当晚借宿东航招待所。但刚进房间，行李还未放好，便听见有人敲门。开门后看见两个陌生人并肩而立，本以为是敲错门，他们却彬彬有礼地问道："请问您是章开沅先生吗?"我略显惊讶，他们连忙递交名片并自我介绍是 TBS 上海支部的负责人与资深记者，原来又是有关南京大屠杀的采访。他们不无遗憾地说："原来想在机场出口处接你，顺便到 TBS 休息然后访谈，没想到竟然迎面错过。"我想，他们大概认为我既当过大学校长，又逾古稀之年，一定会有秘书之类伴随，却未料到我竟独自拖着旅行箱匆匆走出机场。他们不愧为老练的资深记者，采访颇为顺利地结束，当然也是不想使我旅途过于劳累。晚间，怀玉又从家中打来电话：香港无线电视台也要来汉采访。只有苦笑婉辞。

12 月 11 日（星期四）上午 9 时 10 分乘东航班机起飞，12 时 40 分（日本时间）到成田。会议事务局长上彬聪先生亲自到机场迎接，同机到达的还有国家第二历史档案馆、江苏省社科院的代表以及南京大屠杀的受害者伍正禧。投宿旅社就是我 1993 年暑假住过的后乐宾馆，所以环境比较熟悉。

晚宴接风实际是工作餐。主要是让我们（伍正禧、孙宅巍、胡菊蓉与我）同几位翻译会晤，讨论演讲稿中某些词句的译法。为我作主题讲演翻译的是鹿野裕实子，原姓李，从中国到日本留学，结婚后改从夫姓，据说是水平较高的口语翻译人才。为我作学术报告翻译的则是正在攻读中国史博士学位的藤井小姐，中文也相当流利。由于我在文稿结尾曾引用一位死于海上的少年学生兵（日本老辈学者称之为“海神的一代”）的遗诗：“为什么日本人的死，只有日本人悲伤？为什么别国人的死，只有别国的人悲伤？为什么人类不能同欢乐、共悲伤？”这首短诗写于被盟军炸沉所乘舰船之前。藤井与鹿野都认为此诗感人，但苦于不知道日文原诗，惟恐从中文返译有失原意。我手头无此原诗，只好求教于原诗的提供者，东京大学田中正俊教授，藤井自告奋勇立即回去联络。

回宾馆后，东京中文《时报》记者徐静波赶来采访，他对我的研究工作兴味甚浓，决定作系列介绍并转载《南京大屠杀的历史见证》一书的部分章节。谈甚久，逾子夜始就寝。

12 月 12 日（星期五）上午稍得余闲，我主动担任向导，陪同初次来日本的南京朋友出外散步。有人不无担心地问道：“会不会有安全问题？”我说不会，因为我自 1988 年参与北美对日索赔会以来，不断就南京大屠杀问题公开批判日本军国主义，而且好几次来日本都是独来独往，从未遭到任何人身袭击。伍正禧老人已是望八之年，他第一次出国，又将在国际大会上控诉侵华日军南京大屠杀罪行，其心情的激动可想而知。我们都劝他抓紧时间休息，注意保养精力。

当天下午，上杉开车送我们到日本国会议员会馆，在田英夫众议员的办公室举行新闻发布会。到会记者甚多，会上主要由拉贝的外孙女莱因哈特夫人（Ursula Reinhardt）与伍正禧发言，并由上杉协同回答记者提问。我与 Ursula 是第一次见面，当她获悉我是贝德士教授的学生时感到非常高兴，因为日军占领南京时她与外祖父住在一起，曾多次见过贝德士，而且知道贝德士与拉贝等外籍人士一起从事南京难民救援工作。她把丈夫也介绍与我相识，并且一起照相留念，因为我们都在为南京大屠杀提供历史见证。

当时还有一个小小的插曲。由于新闻发布会上我没有指定的发言任务，上杉悄悄问我，能否接受《赤旗报》的专访。我从 1979 年以来，历次访日都未曾与《赤旗报》有过任何接触，也不了解他们现时的政治态度，但还是爽快地答应了。因为我是一个历史学者，既不代表政府更不代表中国共产党，而且我认为有自行决定是否接受外国记者采访的权利。上杉把此项采访另行安排在国会议员的休息室，《赤旗报》的记者古庄智子属于该报社会部，是一位娇小玲珑的日本年轻女记者。由于她不知道我对《赤旗报》的态度如何，起初多少有点拘谨。我便借用列宁的话说："有《国际歌》的地方就有我们的同志，我们都是为共产主义的理想而奋斗啊!"旁听的人都笑了起来，她的表情也顿时变得轻松愉快，所以采访进行得非常顺利。会后，《赤旗报》发表了她的专访，新华社《参考消息》立即转载，有人以为这是中共与日共两党和解的早期信号。其实我对此类旧时意识形态之争早已厌倦，丝毫也不了解两党关系新的解冻动向，纯粹是为了通过更多的日本媒体让更多的日本人民了解南京大屠杀的历史真相。上杉聪与我也是萍水相逢，只知道他是日本战争资料征集会的事务局长，专门负责接待我们四位中国代表，完全是尽社会义务，他另有自己的本职（好像也是律师）。他的友善、干练、细致，给我们留下了极为深刻的印象。

12 月 13 日（星期六）整天都在新大久保驿附近的劳音会馆开会。上午 10 时，纪念南京大屠杀 60 周年东京国际会议正式召开，参与实行委员会（相当于我们所说的组织委员会）的团体有：南京事件调查研究会，南京大屠杀 60 周年全国联络会，亚细亚、太平洋地区战争牺牲者追思铭心会，中国归还者（即遣返日军战俘）联络会，中国人战争被害者索赔会，中国人强制劳动研究会，历史教育者协议会，日本战争责任资料征集会等。实行委员会代表为藤原彰（南京事件调查研究会），副代表二人为田中宏（中国人强制劳动研究会）、荒井信一（日本战争责任资料征集会）。会议组织工作做得非常充分，劳音会馆（相当于我们的总工会大楼）广阔的会议厅挤满了热情的听众，主要是以市民为主的日本各界人士（也包括少数倾向于右翼观点者），以及来自世界各国的客人。会场情绪始终高昂，议程紧凑而有序。由于预防右翼势力捣乱，会场内外都可以看到带有袖章的志愿保卫人员警惕地巡视着，更为会议增添了若干战斗气氛。

会议由田中宏教授主持，首先是莱因哈特夫人作为嘉宾致词。由于《拉贝日记》的中、英、日文版相继付梓问世，所以她也成为会场内外的耀眼明星。她比较详尽地介绍了其外祖父的日记撰写、保存与公开的经过，以及自己对于南京大屠杀的认识。她充分肯定《拉贝日记》的中文版，却对日文版进行坦率的批评，认为不仅删节过多而且损害了日记的某些原意。她的发言较长，但由于讲述的正是举世瞩目的南京大屠杀历史实录，所以仍然备受关注与欢迎。

第二个议程是基调报告，由我与德高望重的藤原彰教授分别代表中日双方发言。我的报告题目是“一个中国学者对南京大屠杀的认识过程”，没有采取国内人们惯用的慷慨激昂的愤怒声讨方式，而是以比较平静客观的学术态度，讲述自己对于南京大屠杀这段历史如何由缺乏认知，经过查阅南京安全区国际委员会原始档案，终于了解历史真相的心路历程。并且深入分析日本军国主义及其狂虐残暴性格形成的社会历史文化根源。我严正批判了日本右翼分子千方百计推卸侵略战争责任，掩盖乃至歪曲历史真相的无耻行径，并且郑重声明：“严酷的现实教育我们，不能忘记历史，也不容许篡改历史。而作为历史学家，更应捍卫历史的真实，历史的尊严。”

我站在高高的讲台上，面对着密密麻麻的众多日本听众，聚精会神而又寂静无声，我蓦地产生一种感觉，仿佛现在不是自己在说话，而是所有中国历史学者、中国公民和我们伟大而又曾经苦难深重的祖国在说话。尽管没有受到任何授权与委托，然而自觉应该利用这个讲台，把我们民族的正义声音传播到全世界。我从心底深处感激鹿野裕实子，她对我的讲稿内容理解得那么深刻，情绪节奏把握得那么准确，翻译真说得上是珠联璧合、丝丝入扣。我不懂日语，但从听众的眼神与情绪反应可以看出她的翻译功力，及其所促成的讲演者与异国听众之间的流畅沟通。看着她以娴熟的纯正日语不徐不疾、抑扬顿挫地讲述，还有她那安详的神态与秀丽风采，我觉得这可能是会议组织者（主要是上杉聪）精心安排的表征。

最后，我引用了两位死者的话语作为结束。一是贝德士老师在那些苦难岁月说过的一句话：“给全球以和平，给人类以慈悲。”另一则是那个死于少年的日本士兵的俳句：“为什么日本人的死，只有日本人悲伤？为什么别国人的死，只有别国的人悲伤？为什么人类不能同欢乐、共悲伤？”

当鹿野翻译完毕并致谢之后，听众仍然专注地看着我们，仿佛报告尚未结束，但随即全场爆发出长时间的一阵又一阵热烈掌声，直到我多次鞠躬致谢后走下讲台。

接着是藤原彰报告，他可能是想把更多的时间留给外国代表，只是作为东道主简要地阐明了会议宗旨与殷切期望，并且诚恳地点评我的发言是“忠言逆耳，切中要害”（用中文讲）。他那朴实忠厚的长者风度，赢得了众多听众的高度尊敬。

第三个议程是证言汇集，由中国的伍正禧作被害者证言，日本原士兵东史郎作加害者证言。伍正禧是土生土长的南京人，1937年冬天全家被日本侵略军杀害，只有十多岁的他幸免于难，但身心也受到严重伤害。他陈诉着一幕又一幕亲眼目睹的日军烧杀淫掠的残暴情景，讲到悲愤之处不禁痛哭流涕，翻译伴随着哭了，许多听众也哭了。报告结束时，老人瘦长的身躯屹立在高高的讲台上，仿佛一尊象征民族深重灾难历史的雕塑，台下则是如同潮水汹涌般的掌声与充满深情眼神的海洋，人们都沉浸在悲愤的回忆之中。接着是我今年暑假在南京已经熟悉的东史郎的慷慨陈词。他作为当年侵略中国的日本士兵，以亲身经历与所见所闻的确凿事实，揭露了日军在南京的大屠杀与其他各地的暴行，触目惊心，惨绝人寰。他以沉重的心情坦诚地表达了自己的痛悔，并且义正词严地声讨了军国主义的战争罪责，特别是愤怒地驳斥了右翼分子对自己的恶毒攻讦与诬陷。他虽然已是80岁高龄，但身躯依然壮实，鹤发童颜，行动矫捷，声如洪钟。他已经实现了自我超越，不再仅仅只是一个沉痛悔罪的老兵，而已成为一个伸张正义、讨伐邪恶的勇猛战士。看见他那飘动着的银发，挥动着的双臂，怒火中烧的愤怒神情，全场听众都激动起来，掌声与呼号把纪念大会推向新的高潮。我在台下亲眼看到一个也有80多岁的老兵昂首挺胸站立起来，大声用当年军中的粗话痛斥现今日本政府迟迟不肯为侵略战争真正认罪。

下午进行第四个议程，探究南京大屠杀日本的罪责，有三位报告人：一桥大学教授吉田裕，原南京紫金山天文台研究员刘采品，长期旅德的日本新闻工作者梶村太一郎。梶村主要是对《拉贝日记》有关情况作补充介绍，因为他与拉贝亲属很熟悉，此次又是莱因哈特夫妇的旅伴兼翻译。刘采品是台湾人，原来在日本学习与工作，曾有一段时间回到大陆并在紫金山天文台工作。她热心快肠而又极为活跃，为揭露日本侵略罪行与索求赔偿到处奔走呼号，做了许多卓有成效的工作。由于兼通中、日、英三国语言，所以她的发言很容易产生强大的感染力。最后她指挥大家齐声咏唱《松花江》，那苍凉而又低沉的歌声把大家引向山河破碎、满目疮痍的悲惨岁月，因而更加增添了对于日本军国主义及为之招魂的历史伪造者的愤恨。此时此刻，台上台下，各国友好人士的心都紧紧联结在一起，形成一股无坚不摧的浩然正气，弥漫于会场内外、天地之间。

散会以后，与会者迅速在会馆门前集合，手提特地从南京制作送来的灯笼，列成长长的队伍到大街上游行，为当年惨死于日本侵略军制造的人间地狱的众多中国受害者悼念哀思。游行队伍浩浩荡荡经过好几条大街，一直走到熙熙攘攘的闹市新宿才宣布解散，沿途许多行人止步围观并表示热情支持。

12 月 14 日（星期日）会场转移到靠近永乐町的星陵会馆，由于整日都是学术报告与讨论，到会人数显然略有减少，但仍有大批并非研究者的热心市民参加。会议分三组相继进行。第一组有宇都宫大学笠原十九司教授，题为“近京近郊的大屠杀真相”；华中师范大学的章开沅，题为“南京大屠杀与外国人”；南京事件调查研究会的小野贤二，题为“山田支队的南京大屠杀”。第二组有江苏省社会科学院研究员孙宅魏，题为“南京大屠杀的规模与人数”；日本斋藤丰律师，题为“南京事件受害样态与国际法之违反”；中国第二历史档案馆研究员胡菊蓉，题为“南京大屠杀与南京军事法庭”。第三组则有出版劳联的俵义文的题为“南京大屠杀与教科书问题”等报告。

笠原十九司也是著名历史学家野泽丰的学生，多年来一直潜心研究日军侵华暴行，已经成为洞富雄、藤原彰之后的学术中坚，据说每年都有一本有关南京大屠杀等专题研究的新著问世，同时还参加了许多维护历史真实、反击右翼谬论的正义斗争。小野贤二并非史学科班出身，他另有自己的社会职业，主要是出于良知驱使而年复一年地从事南京大屠杀的实证研究，据说他曾走遍南京城墙，可见其调查考订之严谨与勤奋。他与笠原对于南京大屠杀真相的总体把握与一丝不苟的细节陈述，赢得了听众的交口赞誉。孙宅巍是研究南京大屠杀的中国重量级学者之一，胡菊蓉则是在相关档案堆中潜心多年的研究者。尽管有个别日本学者对南京大屠杀死亡总数等问题有所质疑，但他们都能提出充分论据以相回应。由于讨论相当热烈，会议延迟了一个多小时，终于在和谐的气氛中圆满结束。

对于南京大屠杀60周年，右翼分子自然不会无所动作。第一天他们曾出动20多辆宣传车，以高音喇叭鼓噪干扰会议进行，同时组织游行队伍围聚在会场周围，到处都插着充满军国主义色彩的标语旗帜，气势汹汹颇有蠢蠢欲动的姿态。但会议的组织者早已司空见惯，立即设定纠察线阻止他们进入会场，并且配合维持秩序的警察防止他们蓄意挑起冲突。过了一段时间，宣传车不见了，高音喇叭不响了，只剩下为数不多的“群众”，懒洋洋地守护着他们的标语与旗帜。会间休息时，我们好奇地出去观看，会议安排的纠察线早已撤除了，只有右派标语、旗帜与为数不多的“群众”还留在原地。我拿出相机为他们摄影留念，他们也毫无反应。陪同我们出来的会议工作人员笑着说，这些人都是出钱雇来的，真正的右翼骨干早已回去喝茶聊天了。这就是中国人常说的“见怪不怪，其怪自败”，我们都会心地微笑了。

会议期间，正好日本辛亥革命研究会在樱极园举行“忘年会”，我也利用晚上时间应邀参加。新老友人欢乐团聚，野泽丰教授在致欢迎词时充分肯定了我的南京大屠杀研究。但轮到田中正俊讲话时却出现了尴尬，他过于激动地说，人们正在东京沉痛哀悼南京大屠杀，我们却在这里欢度新年，真是不好意思！我惟恐因为自己的到来而使举座为之不欢，幸好大家对田中先生的内心隐痛非常理解，况且南京大屠杀毕竟是60年以前的往事，纪念活动与欢庆新年只是巧合，并非互不相容的对立事物，所以“忘年会”仍然延续到深夜才尽欢而散。

纪念会闭幕以后，伍正禧老人应邀到外地巡回演讲。12 月 15 日（星期一），笠原十九司抽空陪同孙、胡与我参观皇居、NHK（日本广播公司)、海洋公园、靖国神社以及东京国际审判法庭等相关历史遗址。晚上在东京湾海滨花园餐叙，夜景如画，谈兴益浓。回宾馆后“龙影”记者又来采访，《时报》徐静波亦电话送别，并说“美国之音”已播放有关贝德士文献的消息。

次日，我应邀赴关西大学讲学，听说大阪右翼分子在 12 月 13 日举办规模更大的游行示威，气焰甚为嚣张，在学术研讨会上亦多次挑衅云云，可见对日本右翼势力的活动能量未可轻估。

12 月 18 日从大阪回国，此后数周又困扰于海内外媒体过于频繁的采访，忙忙碌碌又结束了一年。

附件1　主题讲演稿（1997.12.13东京）

一个中国学者对南京大屠杀的认识过程

今年是《马关条约》签订100周年，也是世界反法西斯战争胜利50周年，许多人都在为此作深沉的历史反思。

中日两国，一衣带水，在千年以上的古老岁月中，充满着友好交往的甜美回忆。按照一些日本学者的说法，日本文化早期的发展中就曾饱含着中华文化乳汁的滋润。

明治维新以后，日本又曾被几代先进的中国人奉为变法图强的楷模，甚至到现在不少学者仍把日本当作亚洲国家走向现代化的成功范例。但是，他们往往忽略了事物的另外一面。历史的事实昭示，正是现代化的日本给亚洲邻国不断造成灾难，而首当其冲的便是朝鲜与中国。从1894年甲午战争以来，在不到50年的时间里，日本连续向中国发动三次大规模侵略：第一次侵占了中国台湾；第二次占领了中国东三省；第三次从华北打到华东、华南，乃至华中、西南，野心勃勃地企图一举灭亡中国。

我们这一代中国人曾经长期亲身经历日本侵华之苦。我们刚会唱歌，老师教的就是那首："九一八，九一八，在那个悲惨的时候。"我们刚会作文，老师出的题目就是"给华北前线抗日将士的慰问信"。日本侵略者的可怕魔影，时时困扰着我们幼小的心灵。

1937年秋天，我刚刚进入初中，战争的烽火就驱使我汇入西迁的难民潮，离乡背井，远赴四川，开始了整整8年颠沛流离的穷苦生活。可以说，我的童年的黄金色的梦，就是被日本侵华战争粉碎的。当年的日本军国主义者和他们当今的少数衣钵继承者，经常挂在嘴上的所谓"共存共荣"、"互相提携"乃至"大东亚共荣圈"等等美妙口号，对我们这一代人只能引起痛苦的回忆。

但是，说来令人难以置信，过去我一直不大知道南京大屠杀的实际情况。这是因为我长期住在四川贫穷的农村，特别是在1943年以前，看不到报纸，听不到广播，几乎与世隔绝。其后虽然年事渐长，见闻渐增，但又苦于失学失业，为生存而挣扎于社会底层，自然也很难了解数千里以外的南京发生过的事变。及至1946年秋天进入南京金陵大学，这才对南京大屠杀略有所闻。但当时政府的腐败已经达到顶点，通货膨胀与物价飞升使整个国民经济濒于崩溃，我们这些大学生全心全意投入民主运动潮流，自然也顾不上深入了解南京大屠杀的实际情况。

1949年以后，世界和中国的变化都太大，随着日本的战败与和约的签订，人们对南京大屠杀这样的悲惨往事，实际上已经逐渐淡忘了。全世界都知道，中国作为一个战争损失惨重的被侵略国家，以极大的宽容对待发动侵略战争而又失败了的日本。但是，有些日本人却未能真正从失败中吸取教训，他们不甘心于失败并且总是妄想重圆当年称雄亚洲、争霸世界的美梦。正是他们，千方百计推卸侵略战争的责任，美化当年军国主义的罪恶行径，一次又一次重新揭开历史的伤疤，不断挑起国际性的争论。严酷的现实教育我们，不能忘记历史，也不容许篡改历史。而作为历史学家，更应捍卫历史的真实，历史的尊严。

当然，上述这些日本人毕竟是极少数，尽管是具有相当活动能量的少数。据我所知，绝大多数日本人是反对军国主义复活的，因为他们也是军国主义的受害者。我有许多日本学术界的朋友，他们都具有高尚的学术良知。他们当中有些人在战争期间曾经被迫参军侵华，当时还是天真无邪的青年学生，是被征召充当“炮灰”的幸存者。战争责任本来不应由他们承担，但学者的社会责任感却使愧疚像梦魇一般终身缠绕着他们，每遇适当时机总要揭示历史真相，并且公开表明自己对于中国人民的歉意。我还有一批战后成长或出生的日本同行，他们虽然没有战争的亲身经历，但是也同他们的前辈一样英勇地挺身而出，为抵制文部省对历史教科书的误导，为揭露包括南京大屠杀在内的侵华日军各种暴行进行不懈的斗争，有时甚至受到右翼分子附有子弹的信件的威胁。

正是由于这些负面的和正面的因素的影响，我于1988年5月参与了纽约地区对日索赔会的发起与创立，并在旅美3年期间积极参加了该会组织的一系列捍卫日军侵华战争历史真相的学术活动，包括1991年12月12日纪念南京大屠杀受难同胞联合会在纽约举行的大型集会。在此期间，我还在耶鲁大学神学院图书馆特藏室保存的贝德士文献中，发现了一大批原南京安全区国际委员会（后改名南京国际救济委员会）的档案文献，还有贝德士和安全区国际委员会其他成员的许多私人函件，都如实地、详尽地记载了当年日军在南京的各种暴行。可以说，直到此时，我才对南京大屠杀的历史真相有了比较真切的了解。贝德士是我在金陵大学历史系读书时的美籍业师，他在南京大屠杀期间及其以后积极参与安全区国际委员会的各项难民救援工作。由于他是安全区国际委员会的最后一任主席，所以该会大批档案便保存在他家中，并于1950年随身带回美国。据我回忆所及，在我就读金大的两年多期间（1946年—1948年），无论课堂内外，他都未曾向我们谈过这些痛苦的往事，虽然其间他曾先后出席东京远东国际军事法庭和南京中国军事法庭对南京大屠杀一案的审理。我所记得的只是贝德士教授那肃穆而凝重的表情，仿佛在心灵上经常承受着沉重的负担。我想，任何有良知的人，在经过那惨绝人寰的浩劫之后，恐怕都会在内心留下永远不可磨灭的痛苦回忆。

战争本来是残酷的，在非正义的侵略战争中，作为征服者的一方，更易于把平素隐藏着的兽性和各种卑劣情欲表露无遗。但正如梅汝璈这位国际知名的法学家所曾指出，南京大屠杀“狂虐残暴的程度是世界历史上所罕见的”。人们有理由追问：何以如此？

我认为，至少有三个原因。其一是日本的战略方针是以速战速决瓦解中国的持久抗战，侵华日军在南京的疯狂屠杀，其用意就正如当时的日本首相近卫文麿所说的：“把中国人民打得屈膝投降，在于摧毁他们的战斗意志。”其二是日本明治维新以后的长期军国主义教育，业已把日军训练成为忠于天皇和盲从上级的战争机器，而士兵仅有的若干人性在这部机器的飞快运转中已经消磨殆尽。因此，只要出征稍久，疲惫劳损，而纪律又稍有松弛，他们就会尽情宣泄无恶不作的兽性。其三还有社会历史文化方面的根源。明治维新思想教父福泽谕吉率先提出的“脱亚论”，明确主张脱离野蛮落后的亚洲，仿效与追随先进文明的西方，并且用欧、美国家同样的方法来对待亚洲国家。因此，日本的现代化过程，同时也就是侵略、压榨其他亚洲国家的过程，日本的富强之中饱含着亚洲众多邻国人民的屈辱与血汗。为了扩张所谓“生存空间”、“政治舞台”的需要，日本统治者更渲染种种传统神话，把大和民族吹嘘为优秀的神圣族类，承担着“解放”与“主盟”亚洲并进而争霸世界的天职。因此，日本军国主义者长期灌输形形色色轻蔑、敌视中国人民的思想，战争期间甚至公然把中国人民视为动物，可以任意烧、杀、淫、掠。

以上这些原因，不仅说明了当年何以会出现南京大屠杀那样惨绝人寰的暴行，而且还可以说明何以日本至今日仍有少数朝野人士拒不承认战争责任，因此更谈不上认真反省历史教训并向亚洲各受害国家人民道歉，而掩盖历史真相乃至歪曲、捏造历史乃是他们惯用的伎俩。至今，我仍记得贝德士在 1938 年 1 月 10 日的一封信中说过的话：“如果事实说明了一个现代军队（一个欺骗的宣传掩盖其罪行的军队）的种种野蛮行径，那就让事实说话吧！”他是这样说的，也是这样做的。他和国际委员会其他好几位成员在繁忙的难民救援工作之余，逐日逐事诚实地记录日军暴行，不断地向日军提出抗议，并且通过各种渠道向全世界揭露日本侵略者的残虐，伸张正义，谴责邪恶，而这些记录现今便成为本书内容的重要组成部分。

在反法西斯主义战争取得胜利 50 年后的今天，冷战时代已经结束，和平与发展已经成为新时代的主旋律。但是战争的根源仍然存在，大大小小的各种各样的战争在世界许多地区仍然连绵不绝，人类仍然免不了自相残杀，而迅速发展的高科技更不断推进这种残酷的程度与规模。因此，用历史来教育人民，唤醒亿万人民反对侵略战争并努力消除战争根源，乃是我们理应承担的时代使命。

附件 2　东京会议海报（存目）

五、 日记断片·《东京宣言》（1999年）

1999年底，我再次应邀前往东京参加“战争犯罪和战后赔偿问题国际市民研讨会”。以下摘录若干相关日记：

11月22日（星期一）

上午讨论通过野泽丰奖金获得者名单。下午赴日批文下达，赶办相应手续。晚王选电话：东京接待多头联络，需进一步落实。急发邵子平电子信，落实东京旅舍。

11月26日（星期五）

下午历史文化学院在科学会堂开会，颁发野泽丰奖金，并由我担任野泽丰讲座第一讲，题为《南京大屠杀研究的新进展》，着重介绍我与怀玉去年在耶鲁藏档中的新发现，以及《天理难容——美国传教士眼中的南京大屠杀》成书经过。

12月2日（星期四）

从石家庄返校（为教会大学图片集6种出版事）。复子平E-mail，告以航班时间。

12月6日（星期一）

子平电话，嘱带《天理难容》新书赴会，又谈明年纽约开会诸事。

12月7日（星期二）

市统战部邀请参加迎澳门回归座谈。下午准备赴日开会文件。

12月8日（星期三）

上午整理行装。下午飞上海，夜宿华港酒店，安排接送，颇方便。

12月9日（星期四）

今天是雪梅（次女）生日，未及祝贺。上午9时虹桥起飞，12时半到成田机场，曾支农（东京大学博士生）来接，路上费时甚多。宿

“东京之家”旅舍，主人庄村辉雄（台湾人）热情健谈，并在小街附近酒店宴请。归来时又有台湾游客数人寄宿，纵谈至深夜。

12月10日（星期五）

晨7时，子平电话，约中午至会场会见。支农赶来带路，匆匆前往参加开幕式，并经由子平托人代卖《天理难容》。下午5时前往新宿会晤野泽丰，同逛书店，右派歪曲历史的书籍充斥坊间，装帧豪华，形式多样；而主持正义人士的著作反而数量较少，印刷、纸张亦欠佳，反差甚大，不胜感慨。晚在和式酒店餐叙，野泽病后新愈但仍健谈，介绍东京会议背景甚详，颇有微词（笠原十九司亦未参加）。野泽购赠新出版的《国民之历史》，认为是集大成的右派观点代表作。我则以《天理难容》一书回报，并递交野泽丰奖金授予名单。回“东京之家”，中华书局吴广义亦来投宿，他现在已全力参与揭露侵华日军暴行工作，联系面甚宽；颇有活动能力，亦难能可贵之人才也。

12月11日（星期六）

赴会场听专题报告，参加分组讨论，与国内学者张连红、苏智良等晤谈。下午会见徐静波（原日本的中文《时报》编辑，1997年结识，曾连载《南京大屠杀的历史见证》一书部分内容）以及其他东京媒体，介绍近年南京大屠杀研究进展。凯风社、柏书房等出版社看好《天理难容》，愿出日译本。晚至新宿，久保田文次邀至“今半”传统饭馆，菜肴精美，畅谈至10时许始散。回“东京之家”，子平亦来投宿，纵谈逾子夜。

12月12日（星期日）

上午分专题讨论。下午子平约藤原彰、荒井信一等座谈，拟明年在纽约举办纪念会，但无非泛泛交换意见，互通声气而已。晚至支农家品尝生鱼片等日本家常菜肴。赵军亦偕一出版人赶来，谈《天理难容》日译本出版有关诸事。回“东京之家”已逾11时。

12月13日（星期一）

晨起与子平谈《天理难容》英文版事（Sharpe出版社经办）。此人精力充沛，思想活跃，可谓工作狂。10时支农来，同至上野驿，与张连红会合。12时至成田，下午1时55分准时起飞，4时15分抵虹桥。晚8时10分转机返汉，回家已10时许，而台北东吴大学又来传真，邀请参与该校百年校庆。（连同南港“中研院”及“国父纪念馆”邀请，则明年春季将参加台北五次会议，须提交3篇论文，奈何！）

12月24日（星期五）

与怀玉参加南京大学出版社为《天理难容》举办的新闻发布会，并举行座谈会。下午段月萍来访，谈有关南京大屠杀研究事。

这次会议的重要成果，是经过专题讨论最后修订通过的《东京宣言》，其副题为“为和解与和平的21世纪”。记得在闭幕式上宣读宣言中文本的是原中国科学院紫金山天文台研究员刘采品女士，当她最后以激越的声调读道：“我们在此郑重宣布，我们将通过正视二十世纪的历史事实，来追求一个和解与和平的二十一世纪！”全场起立热烈鼓掌庆贺大会圆满结束。

兹将《东京宣言》及其他相关文献选录于下：

东京宣言

——为和解与和平的21世纪

20世纪即将降下帷幕，该是我们回顾这一百年的时候了。

20世纪上半叶，日本不断扩大侵略战争，给亚洲各国人民带来了极大的痛苦和悲哀。正是在63年前的今天，日军在中国南京肆意杀人、放火、强奸、掳抢。日本无条件投降以后的50多年来，不但从来没有认真地反省自己的罪行，反而掀起了一股美化侵略战争的恶浪，乃至以立法程序强行通过以准备战争为目的的“新防卫指针法”、把国家主义强加于日本人民的“国旗、国歌法”。这表明了今天的日本未能与过去诀别，开始倒行逆施，重蹈军国主义的覆辙。

这次我们来自世界各地的战争受害者、关心和支持战后赔偿的社会活动家、律师、学者以及痛感于过去自己的加害责任的人们，汇聚于东京，召开了历时三天的“战争犯罪与战后赔偿国际市民论坛”大会，进行了广泛深入的交流。

与会者阐述了日本的战争罪行的真相以及战后赔偿的现状。特别是针对包括南京大屠杀在内的日本的战争罪行，与会各国的战争受害者痛诉了自己的亲身经历以及耳闻目睹的屠杀、强奸、虐待俘虏等日军的暴行。专家学者们对此进行了论证。半个多世纪过去了，但是，战争受害者的伤口还在流着血。进入20世纪90年代以来，他们接二连三地提起诉讼，要求日本政府和企业道歉、赔偿。对此，日本政府坚持其赔偿问题已经解决的立场；日本国会关于赔偿问题的立法也迟迟没有进展；日本法院在作出一个个驳回诉讼的判决的同时，也敦促通过立法来解决赔偿诉讼。

与会者还介绍了第二次世界大战后犹太人对过去所受到的迫害的赔偿要求以及各国的解决办法。德国在战后的半个世纪中，以“诀别过去”为口号，一直致力于“追究加害事实与加害者的责任”、“对受害者进行支援和赔偿”以及“防止历史悲剧重演”的活动。即使是现在，德国政府和企业还在设法成立“记忆·责任·未来”补偿基金。美国加利福尼亚州议会今年通过了一项法案，把向纳粹及其盟国的受害赔偿请求权的期限延长到2010年，并已出现了向日本的加害企业要求赔偿的诉讼。在亚洲，菲律宾议会人权委员会通过了要求早日解决“慰安妇”问题的决议，韩国国会议员也提出了关于“强制征用受害”的法案。

我们全力支持世界各国战争受害者为争取恢复人的尊严而提出的正当要求。这样的要求是对日本“作为国家的历史”的追究，也是对日本的“人权认识”的追究。日本政府回避战争犯罪的责任，不愿向受害者作出道歉和赔偿，只能是自损国格！

半个世纪的岁月沉重地压在受害者身上，必须早日为受害者伸张正义，恢复受害者作为人的尊严。为此，我们强烈要求日本政府和企业立刻向受害者作出道歉和赔偿。

我们要求日本政府诚心诚意地把历史真相诉诸社会、告诉后代。德国在20世纪上半叶走过了与日本同样的道路，但战后德国通过自身的不断努力实现了与近邻各国的和解。

我们认为，谴责战争犯罪、要求战后赔偿，为受害者伸张正义的斗争已经具备了世界规模，并向纵深发展。我们将加强团结与合作，最终实现我们的愿望和要求。

我们在此郑重宣布，我们将通过正视20世纪的历史事实，来追求一个和解与和平的21世纪！

战争犯罪与战后赔偿国际市民论坛

1999年12月12日

附件 1　战争犯罪和战后赔偿国际市民研讨会

日　程

12 月 10 日（星期五）　研讨会第一天（东京妇女广场）

开幕式

12:30—14:50　上映录像（The Rape of Nanking，A Secret Buried for 50 Years）

15:00—15:30　开幕词

基调讲演（战争犯罪和战后赔偿，现在日本的政治状况）

18:00—20:30　专题讨论会（1）

(日本的战争犯罪和战后赔偿——来自国内外的分析和评价）

12 月 11 日（星期六）　研讨会第二天（社会文化会馆）

9:30—12:00　按题目分:证词和报告

(被害者现在要求的是什么？面临的问题是什么?）

A：南京大屠杀

B：军队性奴隶和对女性的性暴力

C：强制连行和俘虏虐待

D：生物、化学兵器

E：其他

13:00——14:00　各分科会的总结报告

14:00——17:30　专题讨论会（2）

(日本战后赔偿裁判的现状和课题，立法运动等面临的问题）

第一部分：日本方面律师的报告和各国法学家（美、德、中、韩）对此的评论

第二部分：各国议员和活动家的立法运动、改法运动的报告和评论

18:00—20:00　招待会（地下食堂）

12 月 12 日（星期日）　研讨会第三天（社会文化会馆）

10:00——12:30　专题讨论会（3）

A：日本的战争体制的产生和历史认识——新的战争危机与和平运动的课题

B：战争犯罪，被害和加害双方心灵的创伤（对谈）

14:00—16:30 专题讨论会（4）

(追求和解与和平的 21 世纪)

16:30—17:00 总结，发表《东京宣言》

主办：国际市民研讨会实行委员会（代表：土屋公献）

协办：世界抗日战争史实维护联合会（Global Alliance for Preserving the History of World War Ⅱ Asia）

附件 2　战争犯罪和战后赔偿国际市民研讨会

倡 议 人

土屋公献（原日本律师联合会会长，要求为战后处理立法的法律家有识之士会会长）

铃木二郎（东京都立大学名誉教授，朝鲜人强制连行真相调查团日方代表）

荒井信一（骏河台大学教授，日本战争责任资料中心代表）

藤原彰（一桥大学名誉教授，中国人战争被害者支援会代表委员）

石田雄（东京大学名誉教授）

坂本义和（东京大学名誉教授）

小川武满（医师，和平遗族会全国联络会代表）

大岛孝一（实现战后补偿市民基金代表）

李仁夏（牧师，在日战后补偿要求会共同代表）

山口研一郎（医师，现代医疗思考会代表）

林功三（京都大学名誉教授，和平大阪研究员）

松高村夫（庆应大学教授）

田中宏（一桥大学教授）

吉田义久（相模女子大学教授）

司马纯诗（明治学院大学教授）

松井英介（岐阜大学教员，日本军细菌战历史事实澄清会代表委员）

川田文子（纪实作家）

刘采品（NO MORE 南京会，原南京紫金山天文台教授）

王选（731 部队细菌战国家赔偿诉讼原告团团长）

一濑敬一郎（731 部队细菌战国家赔偿诉讼辩护团事务局长）

新美隆（花岗事件辩护团团长，荷兰 POW 和民间扣留者补偿请求诉讼辩护团团长）

石田米子（冈山大学教授，中国山西省性暴力被害者赔偿请求裁判支

援会）

筱冢良雄（中国归还者联络会）

高桥哲郎（中国归还者联络会事务局长）

津田道夫（作家，障碍者教育权实行会）

川村一之（前新宿区议员，军医学校原址上发现的人骨问题澄清会）

殷燕军（国际政治学者）

内山雅敏（律师）

丸山辉久（律师，要求为战后处理立法的法律家，有识之士会事务局长）

岩渊达治（学习院大学名誉教授）

江尻美穗子（津田塾大学教授）

姜尚中（东京大学教授）

前田朗（东京造形大学教授）

渡边健二（法政大学第二中高等学校育友会教育研究所所长）

富永正三（中国归还者联络会会长）

西川重则（和平遗族会全国联络会事务局长）

西里扶甬子（新闻工作者）

木野村照美（在日慰安妇裁判支援会）

金英姬（赔偿国际宣传活动 1999）

增田博光（军医学校原址上发现的人骨问题澄清会）

福田昭典（中国人强制连行调查会事务局长）

有光健（战后赔偿网络联系人）

附件 3　《圣路易新闻》关于南京大屠杀的两则报道

圣路易举行世界首映
《南京大屠杀——History Undercover：The Rape of Nanking》

【圣路易新闻讯】 美国华裔著名历史纪录片制作人陆达路（Lou Reda）所制作的录影带《南京大屠杀——History Undercover：The Rape of Nanking》，八月七日在密苏里州圣路易 Overland 社区中心举行世界首映典礼。

这项由圣路易抗日史实维护会和世界抗日史实维护联合会共同主办的活动，邀请到制片人陆达路先生亲临主持首映及介绍该片，并请到二次大战后纽伦堡大审美方检察官威利·夏利士（Whitney Harris）致词说明该片的意义。主办单位圣路易会长刘人豪及世界联合会会长谭汝谦博士分别在会上致词。前伊利诺伊州美国退伍军人协会总指挥官柯米特侯格林及 Overland 市府官员多位莅会，与中外来宾七十余位一起观看了这部影片。

这部由独立制片人陆达路制作的长达四十五分钟的纪录影片，是世界上第一部由外籍人士拍摄，记述南京大屠杀悲惨实况的纪录影片。该片除了于七日在圣路易首映外，还将于八月二十二日西岸时间晚上七时，在美国有线电视历史频道首次正式播放给全美观众，当晚十一时将再播一次。

这部纪录片之所以会选在圣路易来举行世界首映，是因两年半前圣路易抗日史实维护会会员高华蔼引介陆达路的一部有关日军的纪录片 *Murder under the Sun* 给圣路易及总会的会员观看，之后他与会里另一成员彭滋成博士一起到宾州与陆达路见面，代表总会颁奖给陆达路，并希望陆达路有机会能拍摄一部有关南京大屠杀的纪录片。陆达路对他们所提供的资料非常有兴趣，随即同意筹备开拍该片。所以本片今天能呈献给世人，高华蔼及圣路易抗日史实维护会的热心功不可没。

陆达路说《南京大屠杀》全片以当时在南京的美籍牧师约翰·马吉用

其家庭摄影机拍摄到的真人实事的影片为主要内容，加上他拍了 30 余年 250 多部的历史纪录片，还有自己拥有的各种相关历史新闻影片资料，及访问张纯如、约翰·马吉之子大卫·马吉（当时他也在南京，只有 11 岁）及已觉醒悔悟的屠城时的日本士兵及军医等的证词。陆达路说他是独立制片人，他拍摄历史片从不受相关政府及团体的资助或影响。该片是完全从客观史实的角度来陈述这场发生在南京，自 1937 年 12 月 13 日起，长达两个月的屠城事件。日军的凶暴残狠，杀斩凌虐奸淫超过 35 万南京的军人及老少妇孺百姓，若不是有限的西方商人及传教士成立了一个安全区，保障了一部分难民，当时可能全城的华人都会被灭绝。

威利·夏利士说今天看《南京大屠杀》这部影片，并不是要大家对现在的日本人报复或记恨，但这是历史上违反人道的重大案件，日军在上级的鼓励下，以令人发指的恐怖暴行来屠杀手无寸铁的无辜百姓，这段可怕的历史不但不容遗忘，反而应该要时时提醒大家暴君执政带来的后果，这世上今后绝不能姑息容许任何暴君暴政的兴起。

典礼后，与会人员移师至京园餐厅，接受圣路易抗日史实维护会会长，亦是京园主人刘人豪的餐宴款待。南京大屠杀录影带可以购买，每卷二十元，洽购电话 314-878-4774 醉心花店彭大强。

（《圣路易新闻》1999 年 8 月 12 日）

北京中国人民抗日战争纪念馆
魏永旺副馆长、杨洪萍经理和张丽丹主任访圣路易

【圣路易新闻讯】 7 月 24 日，来自北京卢沟桥之中国人民抗日战争纪念馆之魏永旺副馆长、杨洪萍经理和张丽丹主任，一行三人友好访问圣路易城。圣路易抗日史实维护会刘人豪会长，联委高华蔼负责接待这远道而来之贵客。当天中午特别安排与美华论坛总编辑彭滋成博士会谈，交换意见。

25 日星期天下午，刘会长、高先生带领众客人前往参观本地犹太人之

火劫博物馆。他们对入口处之展览相片镜框印象深刻，因为其全以铁板焊烧而成，为名符其实之铁证。高先生简介各展品文物，从德国有计划将犹太人收押集中营讲起。纳粹德军将犹太人、吉普赛人、同性恋者、耶和华见证信徒等，配以颜色来分类，全时候佩戴，以诸识别。德军杀人手段众多，以枪杀、活埋、毒气等等。当时避难犹太人，逃离魔掌，乘船来美国，但被拒入境，有些原船回欧，有如送羊入虎口而终于被害。有些转到南美洲，亦有一小部分东渡，流落中国上海、汉口一带。魏副馆长参观后，表示将学习犹太人，将幸存者之音容见证，以录音录像保存下来，以教育警惕世人。在中国曾受日军摧残生存者，已经年纪老迈，逝亡者众，当前急务为争取时间，将他们之惨痛经历，做一完整记录，这是一项艰巨之民族历史任务。当晚，刘会长夫妇召集多位成员、彭滋成夫妇、高华蔼夫妇、骆铭九夫妇、彭大强博士、雷戊白女士、何伟麒先生等人举行座谈会，交换意见。魏副馆长对圣路易史实维护会历年举行各种活动，表示钦佩支持。（一九）九四年日皇访美，刘先生为全美抗议日皇行动会主席，日皇来圣市，刘先生组织华裔韩裔前往示威抗议；（一九）九五年日军暴行相片展；（一九）九七年伊省退伍军人年会参展；两届南京祭。去年上书江泽民访日备忘录，今年向各学校及公立图书馆送书及录像带等。魏副馆长述及中共官方现在不禁止民间向日本索赔之行动，如奴工、慰安妇、七三一部队受害者、香港军票持有人等。他诚恳地向大家征集抗日史料，并邀请各成员前往纪念馆参观。史维会送上勒令政府各部门大臣投降的日皇手谕文件，这是盖有日皇玉玺的文件副本，这是收藏美国档案之重要文件，甚为珍重。当他们获知华大学生 11 月举行“南京专案”研讨会时，庆幸后继有人。高先生曾接洽陆达路先生，以速递方式将南京大屠杀录影带送来，以供他们观看。他们感到能将日军暴行传出，教育美国社会大众，这是一项有意义的工作，他们衷心祝贺南京大屠杀录影带全球首映典礼成功。

他们三人 28 日星期一早上前往旧金山、洛杉矶后，才回到中国。另外，有线电视的历史频道，将于 8 月 22 日（周日）晚间首播由 Lou Reda 制作的南京大屠杀影片。

（《圣路易新闻》1999 年 8 月 5 日）

附件 4　抗日战争史实维护会《抗战史实通讯》(1999 年 9 月) 有关日军暴行史实的披露

AJR27 议案加州众议会压倒性通过

由圣荷西地区日裔州众议员麦克本田所提出的“AJR27：追索日军暴行责任案”，8 月 23 日午后于加州众议会以口头投票方式获压倒性通过。24 日将提交州参议会，一般预料将顺利通过。若经州参议会通过，将成为全球第一个对二战日军暴行的谴责条例。

“AJR27 议案”受到相当阻碍且两度遭到搁置，由于赞成与反对的双方在台面下互相较劲，此议案受到主流媒体的强烈关注，被多次大幅报道，但其后更得到全美退伍军人协会，巴丹岛保卫战协会，犹太裔、韩裔、菲律宾裔、印尼裔以及日裔人士的支持，同时，无数华裔草根性组织以个人或团体名义多次透过电子邮件、电话方式向所属州众议员表达立场，其间虽有少数日裔组织及日本官方组织大力游说数位持反对意见的众议员，但在强大的民意支持下，少数反对的声音已经起不了作用。

有关议案的内容主要是谴责日军于第二次世界大战期间所犯的南京大屠杀、731 部队用活人做实验及细菌战、强逼妇女做“慰安妇”及强逼劳工等罪行。此法案并议决加州政府将要求美国总统及联邦政府向日本施加压力，要其向所有暴行受害者正式道歉及作出赔偿。这将是全球第一次由地方政府公告谴责日军二战罪行，该议案由抗日战争史实维护会（以下简称“史维会”）帮忙起草并全程参与，此议案的通过，使史维会立志完成“索赔、立碑”的两大目标向前迈进一大步。

日军二战投蛆虫弹于云南
酿成 21 万人死于霍乱

由尹集钧率领的“日军细菌战罪行调查小组委员会”经两年时间深入

云南当年受虐区作调查研究所得的报告指出，日军在1942年在云南投下生化武器“蛆虫弹”造成至少21万人死于霍乱，日本必须为这种滔天罪行作正式道歉及赔偿。

尹集钧18日在华埠华促会的记者会上向侨胞公布这项惊人报告，他表示自从湾区民间团体罪调会于1997年成立后，即往中国大陆搜集证据揭发日军的“生武”罪行。罪调会与中国云南“滇西抗日战争遗留问题保山民间研究会筹备组”合作于1997年至今在中缅进行证据搜集而得出有关调查报告。

尹集钧表示，今次实地调查范围主要在怒江以西的梁河、腾冲，目标是鼠疫，怒江以东（的调查目标）是霍乱。在调查中发现霍乱的传染面积和死亡人数大大超过鼠疫，于是把调查重点放到霍乱病发中心保山，仅保山一县死于霍乱人数就超过6万人，云南66县的霍乱死亡总人数约21万人。

他表示虽然今次调查十分仓促，但结果已十分惊人。同时在1942年至1943年广州曾发生死亡人数高达百万人的大霍乱，罪调会继续追查真相看是否与日军有关。

（摘自《国际日报》1999年8月19日）

抢救调查“慰安妇”

苏智良

自日本国会女议员伊东秀子于 1992 年 2 月在日本国会提出战时日本慰安妇问题之后，“慰安妇”这个充满凄苦与暴虐的名词，使整个世界为之震惊。

1993 年 6 月，我回到上海后，便着手进行实地调查，前后持续了四年。终于，我找到了曾在慰安所工作达 14 年之久的老人，找到了慰安所的目击者、受难者……于是，日军慰安所的历史秘密在我的眼前逐渐揭开了。

一、什么是慰安妇

慰安妇是指被迫为日本军人提供性服务、充当性奴隶的妇女，是日本军队专属的性奴隶。而“慰安妇”一词是作为加害者一方的日本政府、日本军队、日军官兵所采用的语言，正因为如此，至今亚洲各国的很多受害者，仍坚决反对使用这一名词。

日本军国主义强迫中国大陆、中国台湾、朝鲜、东南亚各地和少数白人妇女充当军队的慰安妇，这与自愿成为军妓显然有本质的不同，前者是在日军的刺刀下被强行逼迫的结果，是日军有组织、有计划强征或骗征的，而后者则主要是出于一种经济利益考虑的自愿行为。

日本军国主义犯下的这一令人发指的战争性奴隶的罪行，至今还被日本的右翼势力可耻地掩盖，未受到彻底的揭露和应有的惩罚。二战时期日本军国主义分子为了达到他们统治亚洲进而称霸世界的狂妄野心，不择手段地采用毒气战、细菌战、“三光”政策，妄图使占领地人民屈服；同时为了发挥军队最强的战斗力，公然采用配置并鼓励使用性奴隶的手段，导致 300 万日军成为兽性的集团，留下了人类战争史上骇人听闻的一页。

二、“中国 P”

日军官兵轻蔑地称慰安妇为“P”。P 是英语妓女（prostitute）的第一个字母。也有日军士兵说“P”来源于中国话中指女性性器官的字眼的读音。侵入中国后，日军高层提出“抢粮于敌”的口号，即军队的给养取自战场，于是烧光、抢光、杀光的“三光”政策愈演愈烈。在“抢粮于敌”的口号下，日军需要的各种物资及补给品均抢自中国，其中当然也包括慰安妇。

中国慰安妇的来源约有以下几种途径：

第一种是掳掠。日军在战场或者在占领城乡时，公开掳掠中国妇女充当慰安妇。

第二种是俘虏。在战争初期，日军将在战场上捕获的女战俘及在扫荡中因躲避不及而被日军抓到的青年妇女充当慰安妇。日军对充作慰安妇的中国女战俘比较警惕。当这些女俘虏作为性工具已无法使用时，通常被日军新兵拖到空地上，作练习胆量用的活人靶子。

第三种是诱骗。常见的是以洗衣妇、女招待等名义诱骗。日军及日侨等经常在占领该地之初，以招工等名义拐骗中国妇女。

第四种是征用妓女。在大城市，日军常常征用现有的妓女来充实其慰安妇的队伍。上海、南京、武汉、广州等地，都有不少妓女被迫加入了日军慰安妇的行列。

三、中国是慰安妇制度的最大受害国

中国妇女沦为慰安妇后，短则数周，长则达七年之久。在中国慰安妇中，除汉族外，还有各少数民族妇女。如海南黎族、云南傣族等少数民族姑娘。日军先后在中国大陆设立的慰安所达数千上万，这些慰安所的存在时间，有的长达14年，个别的仅几周；一个慰安所里的慰安妇，多的达300至500人，少的仅1人。据1939年7月1日，日军华北警务部的部分统计，慰安妇达8 931人。1937年年底，杭州一地一次被掳掠的中国妇女就达两万人；上海的慰安所达77个，中国慰安妇达数万人。

因此最保守的估计，中国慰安妇总人数在20万人以上。这一数字还不包括那些被日军奸淫数日的妇女。

四、中国慰安妇幸存者的现状

近年，在山西、安徽、湖南、海南、东北、内蒙古、云南和上海等地

发现了一批战时日军慰安妇幸存者。山西太原的万爱花是第一个站出来作证的受害妇女。综合目前的资料，中国大陆原日军慰安妇幸存者人数超过100人。

近年来，中国大陆部分遭受日军迫害、被掳掠为慰安妇的老人，勇敢地挺身而出，揭发日本军国主义实施灭绝人性的慰安妇制度的暴行。李秀梅等到东京地方裁判所，控告日本政府实施慰安妇制度的罪行，并要求赔偿。前后已历时三四年，但至今尚在审理之中。

战争已过去五十多年了，原慰安妇幸存者以及亲历者、目击者等多已风烛残年，若再不及时作抢救性调查，这段历史的真实细节将会永远湮没而无人知晓。

（摘自《华声》9月号月刊）

台湾拓植株式会社档案：慰安妇研究报告

朱德兰女士（台湾“中央研究院”副研究员）的《台湾慰安妇档案调查与历史真相研究——以台拓会社档案为中心》一文，从台拓档案所挖掘出慰安妇制度的历史。台湾拓植株式会社档案是全世界惟一一份详细记载慰安所经营的文件。这份从台湾总督府时代保留至今的档案资料，就史料价值而言相当珍贵，从文件中的官印、打字稿、毛笔书写的笔迹、所附的公文及电报，都足以证实史料的可信度。

对于这份从台拓档案中的研究发现，足以证实慰安妇是战时日本军事作战系统中重要的一环，是军队不可缺少的军需品。环绕在慰安妇制度中的兴建慰安所、征集慰安妇、出入境手续的办理、经营与管理慰安妇，每一环节都可看到日本军方、官方、企业界的紧密配合、参与及执行。当日军占领海南岛后，台湾总督府为了支持日本军方的需要，便下令台湾拓殖株式会社来进行慰安所兴建的相关经济活动。而台湾慰安妇，则由台拓的“姊妹公司”“福大公司”招募慰安妇，她们所搭运的轮船“金令号”乃是透过台湾总督府向海军租借的。对于这次慰安妇研究所引发的诸多涟漪，朱德兰认为，除了呈现日本在战争时期对殖民地人力、物力的榨取，以国家机器的力量进行对女性性侵害的历史事实，其实也凸显了政治、社会与经济之间互动的网络关系。

朱德兰严正指出，日军对台湾慰安妇的暴行罪证档案，直到今天才被有系统地整理出来，今天我们要向全世界公布此一历史真相，台湾当局并应正式向日本政府和国际法庭提出控告，要求日本政府向慰安妇及全世界的人正式公开道歉，并对慰安妇给予赔偿。

（摘自《新新闻周报》1999 年 7 月 17 日）

妇女对二次世界大战日军性奴役暴行审判明年在东京举行

日本妇女资源中心国际组组长久保田真纪子（Makiko Kubota）日前在罗格斯大学全球妇女领袖培育中心举办的座谈会中，吁请 20 余国女权领袖，参加西元 2000 年 12 月 8 日至 10 日在东京举行的“妇女对日本军队性奴役暴行的国际战争罪行审判”(Woman's International War Crimes Tribunal on Japan's Military Sexual Slavery)，协助二次大战期间被日军奴役的 20 万名亚洲“慰安妇”寻回公义。

久保田说，在 1931 至 1945 年的太平洋战争期间，日军强迫约 20 万名年轻妇女成为“慰安妇”，放纵士兵兽性，蹂躏妇女的身心。但是战后在审判战犯的东京法庭中，却不曾对这项暴行有任何惩罚。历经数十年的沉默，近十年这些受害妇女终于挺身而出，要求日本有所补偿，可是日本政府始终拒绝承担任何法律责任。

久保田表示，日本“战时妇女暴行联盟”和中国台湾、中国大陆、南北韩、菲律宾、印尼支援“慰安妇”各组织的推动，终于促成 2000 年年底的审判。她说，这些曾慨叹“除非残暴侵犯者受到严惩，我们的尊严和公义永远无法扳回”的妇女们，如今终于有机会平抚心中深烙的伤痛。

久保田说，除了上述亚洲国家的声援外，来自美国、加拿大、澳洲、阿根廷、德国、印度等国的女权人士也针对这项审判成立国际顾问委员会。她呼吁，在座的妇女领袖也能参与，为这项义举增添力量。

（摘自《世界日报》1999 年 6 月 17 日）

《台湾慰安妇报告》出版
十余位阿妈血泪控诉

台籍“慰安妇阿妈”赴日争取人权与尊严之前，商务印书局昨日举行《台湾慰安妇报告》新书发表会，指出，50 年前一场无情的战争，不仅扭曲了台籍慰安妇的人性，也在这些阿妈们的生命中烙下一生难以弥补的伤痕。

此书记录了十余位慰安妇阿妈在战争下如何被欺凌、被虐待的故事，屈辱、自卑、病弱是她们共同的写照。

妇女救援基金会董事长庄国明表示，妇援会自 1992 年开始进行台湾慰安妇调查，调查结果与联合国人权委员会的结果并无差别，依被害人描述的日军征召及慰安所生活经历，均证明日本政府有不可规避的法律责任。其具体的理由包括：一、区公所、警察与公务员涉入征召工作；二、慰安妇都是搭乘日军军舰赴各战区慰安所；三、慰安所的建造与规划由军方管理及制定，费用也由军方支付；四、慰安所是由将校级的军官掌控；五、慰安妇随部队移防；六、慰安妇的健康由军医检查。

律师王清峰表示，《台湾慰安妇报告》是一项历史上集体侵凌女性的见证，目的是将欧、亚洲几十万受害妇女的苦难呈现给社会大众，希望为她们讨回公道、争回尊严，让女性不再是战争下不可避免的受难者。

（摘自《中国时报》1999 年 10 月 7 日）

新书《问心无愧》出版

由前美国海军高阶将领雷蒙·戴维斯（Raymond Davis）和丹·文（Dan Winn）所著的《问心无愧》（*Clear Conscience*），自 8 月出版后，由于详细记载历史、分析政策决定，颇受各界好评。原二战海军陆战队戴维斯及乔治亚州退休法官丹·文详实记录当年美国向日本投掷原子弹的政策决定经过。书摘中强调，“这本书告诉你，为什么向日本投掷原子弹是百分之百正确的决定，日军在中国战场烧、杀、掳、掠超过3 000万的男、女、老、幼、平民，当初的决定完全问心无愧”。

为纪念“九一八”事变68周年，抗日战争史实维护会在南湾华侨文教中心举行座谈会，邀请该书作者丹·文与侨界关心抗日史实人士举行座谈，并发表丹·文的新著《问心无愧——原子弹与大屠杀》(*Clear Conscience—the Atom Bomb vs. the Super Holocaust*)。丹·文曾为乔治亚州亚特兰塔法官，在二次大战期间任美国海军陆战队少校。

读者可向本会索取该书，请寄捐款支票19元（含寄费）。

对日索偿风起云涌

二战罪行不容抵赖　对日索偿官司不断

最近加州通过两项法案，为受日本侵略的亚太国家受害人在美向日索偿带来了可能性。这两项议案分别是：7月22日通过，由南加州众议员海登提出的追诉期延长案，以及8月24日通过，由湾区众议员本田提出的要求日本就二战罪行道歉赔偿案。自从这两个议案在州议会通过后，加州已有三宗因二战受害，而向日本政府提出赔偿的案件提出。

一名二战时在菲律宾被日军俘虏的前美国战俘，日前在加州一法院提出控诉。9月7日，一位韩裔人士在华盛顿州Tacoma市的联邦地区法院提出诉讼，控告日本钢铁公司（Nippon Steel Corp.）和三菱重工业公司(Mitsubishi Heavy Industries)，原告指控这两家公司在二战期间，强迫他做奴工，在精神和身体上虐待他。另一名美国退伍军人决定将在9月11日前往洛杉矶起诉日本战争罪行。9月14日有500多人集体在纽约兴讼，要求日本钢铁公司和三菱重工业公司赔偿二战时的强迫劳工费。

二战期间，仅美国一国，便有5万战俘受到日军折磨，其中三分之一的战俘被折磨至死。而受过折磨的人以及他们的家属从来也没有忘记过仇恨，在日本就有37起相关的诉讼。规模比较大的是3.3万名二战时被日军折磨的美国战俘和平民以及他们的家属，在日本坚持打了7年官司。“日本法院提出了三条狡辩的理由：一、日本的法律起诉有效期为20年。二、在1951年的旧金山和约以及1972年的中日友好条约中，已说明日本不需赔偿。三、日本公司认为他们当时只是被政府雇用管理劳工，负责任的应是政府。”所以大部分在日本法院向日索赔的案件都被判不成立或长期拖在那里。

但在美国向日本控诉索赔，则不受日本的节制，美国对于谋杀和人权问题的起诉，没有有效期规定。8月26日，联合国人权委员会刚刚通过法令，指出国际条约不能超过个人利益，使得日本以从前的条约来赖账的借口也无法成立。

世界抗日战争史实维护会代表丁元及洛杉矶国际人权律师费希尔(Barry Fisher)，月初联袂前往日本东京，就日本战时暴行，与代表诉讼之日本律师及索赔支持者会面，讨论现正在日本各法庭提出诉讼之37宗索偿个案。这些诉讼涉及日本皇军及日本企业强逼亚太国家人民为日本做奴工，或侵吞救济战俘的基金，以及违反国际法及国际公约而犯下的战争罪行。

此次访日主要目的，是与日本法律界人士及人权运动分子探讨，如何透过议会立法或诉讼，在日本及其他国家，为二战日本暴行受害人讨回公道。

世界抗日战争史实维护会现正考虑协助日军侵华的中国受害人在美国法庭提出赔偿诉讼。费希尔律师表示愿意做“史维会”的义务法律顾问，他是一名资深人权诉讼律师，曾负责多项追究战争罪行之法律诉讼，并获胜诉，为受害人取得赔偿款项超过30亿美元，赔款来自瑞士银行、奥国银行及12个德国财团等等。

为支持于日本进行之索偿诉讼及向日本政府施加国际压力，一项国际会议“战争暴行之承担及赔偿——迈向和平新世纪”，将于本年12月在东京举行。主办单位由多个日本正义团体，如索偿诉讼各律师团、学者、悔悟老兵等组成；世界抗日战争史实维护会是该会议的协办单位。

（《抗战史实通讯》1999年9月）

迈向新世纪和平会议将于日本举行
“史维会”全力支持

一项名为“战争暴行之承担及赔偿——迈向新世纪和平”之国际会议，将于今年12月10日至12日在日本东京举行。此会议由一群日本律师、学者、悔悟老兵等主办，世界抗日战争史实维护会协办。

本世纪战争罪行，史有明载，诸如德国纳粹屠杀犹太人，南京大屠杀，琉球惨案，细菌生化战等等罄竹难书。世纪将尽，如何评价及以史为鉴，成为迈向新世纪之重要课题。

作为肇祸者，德国承担罪责，以“今日之我战胜昨日之我”姿态，设立基金，为54年前犯下之罪行进行了赔偿。反观日本，其政府不但将在邻邦——韩国、中国及其他国家所犯之弥天罪行，加以掩饰或美化，最近更通过法案，如新定“美日防卫条款”，放松“防止窃听情报法案”，通过“日之丸”、“君之代”成为国旗、国歌；在反映其死不悔改，反变本加厉，欲将本世纪战争伸展至下世纪之野心。

侵略者文过饰非，受害者永志不忘。现时已有40起索偿诉讼正在日本法庭进行。日本人民中有识之士，对受害者无限同情，咸感赔偿乃赎罪之最佳途径。诉讼包括中、韩、菲、荷、美、英及其他盟邦。而日本地方及高级法院即将审结该等索偿诉讼。日前山口地方裁判所于一宗“慰安妇”索偿诉讼中，建议日本政府应立法安排赔偿。同时联合国人权委员会及国际劳工组织专家委员会等，纷纷敦促日本政府速承战争罪行，通过立法程序，进行赔偿。战争受害人今天已届耄耋，来日无多，日本政府之赔偿行动实在刻不容缓。

基于以上种种因素，一项国际会议“战争暴行之承担及赔偿——迈向新世纪和平”，在日本正义团体，如索偿诉讼各律师团、学者、悔悟老兵等，及北美民间组织，如“世界抗日战争史实维护会”、“纪念南京大屠杀受难同胞联合会”及犹太裔组织 Simon Wiesenthal Center 主催下，将于本年 12 月在东京举行。

“史维会”会长谭汝谦教授表示：“为消弭战争，面向和解及和平的新世纪，是时候理清旧账，抚平历史创伤，还受害者以公道，实行真正的和平友好了。”

日本战时暴行及受害人诉讼情况将于上述会议详细讨论，其他议程包括：

- 非人道暴行之心理个案研究
- 在美国有关日军暴行索偿之诉讼
- 道歉与和解之实质定义
- 维护战争史实之教育的具体条件
- 国际公民对和平运动之支持

为使会议顺利进行，日本筹委会方面特派三名代表于（8 月 22 日）前来洛杉矶，与北美各“史维会”代表会面，商讨会议之细节。会后，“史维会”理事会决定协办此项会议，并委任加拿大副会长列国远为与日方联络的正式代表，另“史维会”发言人丁元及“爱我华会”副会长陈婉秋为会议工作组成员。“史维会”理事会呼吁各属会大力支持是项会议，包括财政上的资助及鼓励会员踊跃参加，有意参加上述于本年 12 月在东京举行之国际会议者，可联络世界抗日战争史实维护联合会秘书长（415）513-8214 citania@aol. com 或列国远（604）439-7738 bcalpha@big-foot. com 查询详情。

（《抗战史实通讯》1999 年 9 月）

六、关西巡回演讲（2000年）

1999年以前，我主要是参加历年在东京举办的有关南京大屠杀的纪念与学术活动，直至2000年12月我才首次参与关西地区的活动，并且对这些活动的组织者与工作人员有所了解。东京的活动多半由学术界、法律界与某些政党人士举办，而关西地区此类活动的主要成员则很多是普普通通的老百姓，因而也使我更受感动。

大阪—冈山

应南京铭心会与旅日华侨中日交流促进会等日本民间团体的联合邀请，我于2000年12月6日中午从上海飞抵大阪。旅日华侨作家徐桂国（笔名墨面）与日本友人黑田等接至新大阪会馆。晚间，促进会、铭心会负责人林伯耀、松冈环等在重庆川菜馆宴请，南京受害人陈文惠（81岁）、彭善荣（80岁）与南京市对外交流协会副秘书长周涛亦在座。

早在1997年12月，为东京举办的纪念南京大屠杀国际学术会议，林伯耀负责与我联络，曾多次通信与电话交谈。但是只闻其声未见其面，因为他当时是大阪地区各项活动的组织者之一，而我却一直滞留在东京。见面之后才发现他颇有传统西方绅士风度，长身玉立，彬彬儒雅，讲究礼仪而无俗套，语言亦简练明快，不愧为旅日华侨杰出领袖人物之一。

松冈环则是我心仪已久的日本女性社会活动家。她是这次关西地区活动的主要策划者与组织者，而我则是经她首先“点名”邀请到关西来的。可能是因为她在1997年12月东京会议曾听过我的主题讲演，认为可以帮助她对付关西地区相当猖狂的右翼势力的挑战吧！

由于照顾多位高龄中国客人的休息，席间并未详谈。

次日（12月7日）上午，林伯耀偕儿子、媳妇与尚在襁褓之中的孙子前来探视。稍稍叙谈之后，就让我们几位来自中国的男士随意逛街，他们一家人却留下来陪同南京暴行受害人陈文惠女士叙谈。事后我们才知道，陈文惠曾遭侵华日军轮奸，由于传统观念束缚尚有若干心理障碍，所以林先生是利用这宝贵的两个小时，为陈女士做细致的思想工作。中午我们回到旅馆，只见陈女士与林伯耀三代人已经亲如一家，而且显得神情颇为开朗。但是，为什么林夫人没有来？我不好意思问，也幸亏没有问，原来夫人患有癌症，因身体虚弱只得在家休息。看到林伯耀那样安详而又专注的神情，我们更加增添了敬佩之情。

此后工作节奏十分急促，匆匆午餐即驱车前往大阪府行政大楼新闻中心举行新闻发布会。到会有 10 余家新闻媒体（包括东京几家大报）的记者，并有电视台现场录像，可见当地政府与社会各界相当重视。林伯耀作简单介绍后，我们作为主要演讲人相继自我介绍并回答提问。记者都非常认真，据说亦有倾向于右翼势力者，但亦恪守新闻业者本分，整个会场气氛尚称和谐热烈。

下午 4 时许兵分两路，黑田陪同我与陈大姐乘新干线前往冈山，周涛与彭善荣则由竹口陪同前往金泽，然后转赴东京。黑田亦为铭心会骨干之一，是个淳朴贤淑的家庭主妇，像做自己日常家务一样默默地参与各项社会公益活动。由于语言不通，车上只能以微笑示意或简单手势沟通，但可以看出她随时都在关注我们旅行的安全与舒适。

车行约 1 小时，下午 5 时许到达冈山，这是我们此次巡回演讲的第一站。刚下车便看见一位青年跑过来迎接，黑田似乎与他比较熟悉，稍作寒暄便让我们与他直接用中文交谈。原来此人是日中友协全国青年委员会事务局长、冈山县日中友协青年委员会委员长横见幸宪，曾多次率团访问中国，并且能说一口流利的普通话。我一接过名片便产生了亲近感，因为“文革”前我也曾参与全国与省、市两级“青联”活动将近 10 年，就业余社会活动而言可以说是同行。但是我们顾不上叙谈，匆匆出站便赶往国际交流中心会议室。有些听众早已进入会场，我们刚进门便有一位女士交来一纸传真，原来是冈山大学石田米子教授发给我的。我们原来期望今冬在冈山或东京再次相晤，不料此次大型纪念活动的组织者却把她安排为东京性暴力国际法庭的审判员，而我却又在同一时间来冈山演讲。她为此感到歉疚，并说会场中许多人都是她的朋友。想到我们虽然分别多年，但此时此刻在东京和冈山两地分别从事的正是同一正义斗争，心中更增添了友谊的温暖。

开会后首先由陈文惠控诉侵华日军性暴力罪行。与一般受害者的控诉不同，她的发言表面上比较舒缓轻柔，没有大声怒斥，也没有涕泪纵横，仿佛是老祖母冬夜对儿孙倾诉遥远的往事。然而她内心郁积的怨恨、悲愤、哀伤，却又是每一个听众都能感受到的。一个无辜的而且已经怀孕的柔弱少妇，惨遭多名日军士兵奸污，在生理和心理上都留下终生难以愈合的严重创伤。这悲痛而又屈辱的往事如同梦魇一样始终伴随着她，而且也使她的家庭蒙受着数十年难以摆脱的惨淡阴影。如今她勇敢地站出来了，就在 60 多年以前发动侵略战争的日本，就在这么多善良的日本老百姓面前，堂堂正正地揭露侵略者在南京的滔天暴行，以血淋淋的亲身经历驳斥日本军国主义及其继承者的谎言……全场寂然无声，然而每一个人又都是心潮汹涌。老人结束了发言，在掌声中徐徐走下讲台，于兴奋中略显疲乏，毕竟是 82 岁高龄，毕竟是首次走出国门，毕竟是第一回在这么多外国人面前倾诉自己数十年埋在心头的悲惨往事啊！突然，一位日本女学生站起来了，跑过去紧紧拥抱着老人。她说自己从小就崇拜周恩来，热爱中国，非常痛恨当年日本侵略战争的侵华罪行。她紧紧搂住中国老祖母哭了，一直强忍住悲痛的陈文惠也哭了，会场突然爆发一阵又一阵深情的掌声，许多人都情不自禁地与我们紧紧握手并且毫无掩饰地流下眼泪。

我由衷地感激为我们翻译的王芳女士，她正在冈山攻读博士学位，学业很忙而且又住在另一个城市，却抽出宝贵时间赶来帮忙。如果没有她的娴熟而又准确的口译，陈文惠老人的控诉是很难取得应有效果的。接着由我作题为《美国传教士眼中的南京大屠杀》的讲演，包括 4 个部分：(1) 耶鲁藏档文献简介；(2) 我怎样发现这批文献；(3) 文献的可信程度；(4) 到底是谁在制造谎言？此时此刻作学术性演讲是颇有难度的，因为到会的有许多普通市民；但会议的准备工作做得很周到，讲演稿已经全部译成日文，加以王芳的翻译又非常流畅而富于感情，所以也获得热烈反应。有些听众说，原来很难相信会出现南京大屠杀这样残暴的行为，现在才认识到这是千真万确的历史。

散会以后，黑田独自回冈山，横见邀了几个朋友陪我们上街品尝日式火锅，边吃边谈，颇为相投。冈山日中友协的骨干多系中青年职工，如公司、邮局职员等，他们都是业余社会活动积极分子，自觉奉献而且相当干练。横见自己也另有职业，并非脱产的社会活动家，只不过他似乎有政党背景，将来很有希望成为新生代的政治家。饭后互相告别，王芳还得深夜独自回尼崎水堂町寓所，我们则借宿当地的皇家旅馆（Royal Hotel）。

12 月 9 日 8 时许，横见与一位邮局职员柴田正人开车接我们到附近一家西餐馆吃正规早餐。横见笑着对我说："我已经拿到你的履历。"原来他也是个网迷，昨晚从河南大学马晓泉个人办的中国近代史网站上看到有关我的资料并且打印出来。他或许认为我在美国工作多年，大概已经习惯于西式食品吧。餐后驱车去儿岛（Kojma）看海景，海上有濑户大桥把本州与四国联结起来。濑户内海风平浪静，从山上远眺可以看见对岸四国的影子，阳光灿烂，枫叶流丹。由于并非假日，游客比较稀少，海边显得特别安静幽美。只有像陈大姐和我这样经历过战乱的人，才真正懂得和平的可贵啊！我的耳边仿佛又传来 60 年前祖父悲愤的话语："乱世人不如太平犬。"当时他也生活在日军占领下的江南地区。

我们尽情享受海洋与山林之美，附近幼稚园的两位女教师带领 20 多个幼童在海边草地上野餐。孩子们三五成群，有滋有味地吃着从家中带来的"便当"。我想为他们照几张童年稚趣的合影，热情的年轻老师马上把孩子们集合起来，坐成三排，并且教他们用中文高呼："欢迎！谢谢！"我举起相机正准备拍摄，不料有个别幼童兴奋地向我扑来，我只有急忙后退，老师好不容易让他们再次排列坐好。但正当我重新举起相机时，又有几个孩子嬉笑着向我扑过来，结果这群欢笑的孩子都奔跑着向我扑近。我带的相机没有广角镜，加以自己技术水平太低，所以只有急速后退，没想到背后草地上崛起一块不太高的岩石，由于后退过急我竟被绊倒。幸好有惯性冲力助我仰身越过岩石，而且是臀部首先落在草地上，否则真有可能当场"光荣"了。最可笑的是在这样危急关头，我还把相机高高举起，唯恐损坏里面的胶卷，因为妻子最喜欢看我在海外拍的儿童生活照片。

等到横见与女教师满脸惊惶飞奔过来，我已经安然站立起来，并且装出若无其事的模样（其实臀部已开始有明显的痛楚感觉）。由于已经时至中午，柴田开车急驶下山，到海边一家古老乡间小店品尝当地渔民家常吃的汤面。下午又至仓敷市美观街（即步行街）参观，古色古香，溪流清澈，恍若我国江南水乡。横见中学时代在此度过，故流露乡情尤浓。

神户—大阪

12 月 9 日上午横见陪同我们乘新干线去神户，车行约一时许。到车站迎接者为当地“小阳春”餐馆老板林太太，横见交接后即兴辞归去。“小阳春”属于小吃店一类，离火车站不远，位于一个十字路口的立交桥下，所以生意比较兴旺。林太来自台湾，在神户已侨居多年，亦为揭露二战期间日军暴行活动的热心支持者。“小阳春”等于是此类活动的一个接待站或联络点，经常为过路相关嘉宾提供食宿。简单午餐后，林太就把我们安排在邻近一家小旅馆稍事休息，并且安排我们自己参观美观街，即通常所说的“南京町”。因为是周末，所以人潮汹涌，我们无非走马观花而已。

晚上 6 时半在神户学生青年会作第二场演讲，会议的主持人（司会）为神户·南京铭心会事务局长飞田雄一，他的社会职业是神户学生青年会（Kobe Student Youth Center）的馆长，相当于我国青年会干事长。飞田身躯瘦长，谦恭文雅，是一个虔诚的基督徒。会馆是一幢简朴的小楼，每间房都充分利用，为青年学生举办各种课余活动，其间也设有小书店与若干展览室。由于圣诞节将近，已经预先布置圣诞树与彩灯，许多学生正在自行排练文娱节目，僻处山林的小楼倒也充满生气。飞田说早已在东京认识我，并且交给另一日本学者阪元女士刚从东京发给我的传真，但因相别甚久一时想不起何时与她相识，内心颇感歉疚。

会议首先由神户·南京铭心会副代表林同春（旅日华人侨领）致开幕词。接着放映南京大屠杀的现场纪录片（马吉牧师制作），由林伯耀亲自讲解。然后是陈文惠的证言与我的讲演，翻译由林伯耀的媳妇担任，儿子则负责开车接送，基本上又是全家动员。最后由神户·南京铭心会副代表佐藤加惠致闭幕词。听众多数为日本中学老师，他们反对日本文部省的错误历史教科书，是为了正确引导青少年而来听讲的，所以态度特别认真，所提问题也比较多。会后有二三十人结伴到“小阳春”与我们餐叙，席间把酒畅谈，坦诚交流。这些人虽然年龄、职业与政治倾向不尽相同，但在维护历史正义、促进中日友好方面却有共同语言，加以又是周末，第二天不用上班，所以酒兴与谈兴俱浓，直至深夜始尽欢而散。

大阪—京都

12 月 10 日上午，林伯耀亲自开车送我们前往大阪，同车者尚有《慰安妇：日军性暴行》大型摄影画册的摄影师张国通。张先生来自平顶山，是平顶山摄影家协会副主席，兼中国慰安妇问题研究中心特约研究员，与我们有许多共同话题，一路交流各地相关信息。途中到神户人工岛参观，张国通陪陈大姐随意游览，我则与林伯耀坐在凭窗眺海的长椅上闲聊。林家祖籍福建，旅居日本已有好几代。伯耀原来攻读高科技专业，毕业后曾想回祖国工作，但因政局变化未能成行，又因专业涉及国防性质难以在日本谋职，于是毅然转行经商，并且利用业余时间（包括许多“业内时间”）从事公益活动，其中最大一项工作就是揭露侵华日军各种暴行，努力为受害同胞讨回公道并索取赔偿。他在 12 月 22 日晚还将在神户学生青年会举办有关“花冈事件”的“紧急讲演会”，对于此前不久日本法院的裁决发表评论。“花冈事件”虽然首次通过诉讼获得部分赔偿，但他对于裁决仍然很不满意，因为日本政府自身并未直接承担责任并表示歉意。他感慨地说：“我为‘花冈事件’参与斗争 20 多年，知道这一裁决来之不易，但毕竟还是原告与被告之间的某种妥协，我们还要继续辨明是非、讨回公道。”他的语气于平和中显示风骨，胸怀坦荡，大义凛然，不愧为中国男子汉。

车进大阪市区，大雨已成倾盆之势，匆匆闯进一家中国饭店吃快餐，随即冒雨前往设于部落解放同盟的会场。大阪是铭心会的主要根据地，因此松冈环与她率领的娘子军（主要是中小学与幼儿园教师，还有一些急公好义的家庭主妇），便成为此次活动——“1937—2000 年世界见证”的骨干。大阪见证会由纪念南京大屠杀 60 周年大阪实行委员会主办，松冈环是这个委员会的事务局长，同时又是日本纪念南京大屠杀 60 周年全国联合会的负责人。她亲自主持此次活动，使大阪成为我们关西之行的重头戏，而听众人数之多也远远超过其他几个城市，整个报告厅挤得满满的，还有若干小会议室（或教室）也坐着许多旁听者。

会议于午后1时开始。首先观看大型《南京大屠杀实录》录像，接着由马吉牧师（当年现场拍摄日军暴行情景者）的儿子大卫·马吉（退休银行家）和我讲演，大卫主要是介绍其父的拍摄经过以及影片拷贝流传情况，我则仍然讲《美国传教士眼中的南京大屠杀》，墨面以地道而又流畅的日语为我翻译，配合默契，声情并茂，为此行几场演讲中效果最好的一次。然后由陈文惠代表受害者、东史郎代表加害者提供证言。陈文惠经过冈山、神户两次锻炼，讲话已有明显进步，在如此众多听众面前慷慨陈词，丝毫也不怯场。东史郎因做心脏手术未能前来，改为播放为他专门制作的录音带，老人声若洪钟，气壮山河，会场鸦雀无声，最后又是突然爆发持续不绝的热烈掌声，会场情绪高涨近于沸腾。

会后松冈环、林伯耀等率队持伞冒雨上街游行。我本来也想参加徒步游行，但松冈环等可能考虑我与陈文惠年老体弱，或者是从安全角度着想，让我们坐一辆小巴随行。大雨虽已渐止，但街上行人仍稀，只有游行队伍缓缓走在倒映着霓虹灯光的宽阔马路上。由于事先已向市政府备案，队伍的首尾与两侧都有警察维持秩序，所以沿途通行无阻，川流不息的来往车辆都得暂时让路。喧闹的市区显得异样平静，只有松冈环不时振臂高呼口号和游行者的应和声在夜空回旋，显得悲壮而又略带寂寞。

其所以有寂寞之感，不仅是由于沿途行人的稀少，而更重要的是没有出现预想的右派猖狂挑衅。大阪是右翼势力比较集中的城市之一，1997年12月我在东京参加纪念南京大屠杀60周年活动，就听说大阪的右翼势力相当嚣张，出动许多宣传车与暴烈分子公然辱骂并阻挠大阪市民的集会与游行，甚至还扬言要松冈环的脑袋。但也正因为如此，铭心会组织的游行队伍群情更加激愤，参加者越来越多，沿途应和者也愈益群集。至今人们还传诵着，当时松冈环如同冲锋陷阵的勇士，昂首挺胸走在队伍最前面，频频振臂带领高呼抗议口号，并以犀利而带有鄙夷的眼光投向猖狂的右翼挑衅者。可是今晚的游行却一直未见对手，不知他们隐藏在何处咬牙切齿窃窃私语，而大雨又减少了沿途围观的群众。游行在寒风微雨中结束，大家热情告别，互慰辛苦，只剩下铭心会的少数骨干陪同我们在一家和式小饭馆吃真正的“晚”餐。

大家辛苦一天，总算得到这片刻的松闲，所以都畅饮欢叙。但我却突然感到腰部疼痛难忍，这是两天前在濑户大桥海边摔跤留下的祸根。前两天由于工作节奏极快，忙碌中竟不觉疼痛，即使偶尔感到隐痛，吃两颗去痛片就对付过去了。今天由于中午淋了大雨，会场又暖气不足而较冷，所以诱发了扭伤的恶性发作，不断吃去痛片也难以缓解。起初我还勉强忍住以免让大家扫兴，后来因害怕影响明天去京都的演讲只得据实相告。时已夜深，附近又无医院，大家都束手无策，我也只有强颜欢笑装出无所谓的样子。但为我们开车的铭心会秘书长，一位幼儿园女老师，却毅然出外为我买伤痛膏药。她很久没有回来，又是孤身一人，大家都不大放心。但过了大约半个小时她终于回来了，买来一大包日本人习用的跌打损伤膏药。她说附近商店都关门了，只得开车到较远的闹市，找了好几家药房才买到。我非常感谢，回住处以后在澡盆热水中泡了很久，然后贴上这冰凉的带有薄荷与松节油香味的膏药，暂时感到轻松多了，居然美美地一觉睡到天亮。

12 月 11 日上午稍得休息，我又乘机在热水中泡了半个小时。下午徐桂国的姐姐翠珍陪同部落解放同盟大阪府联合会浅香支部副支部长山本干夫前来。翠珍没有弟弟那么高大，保留着江南女性的纤秀，衣着朴素而自有韵味。她在山本所在的支部办公室任美工，名片右上角那一丛小花图案显得异常素雅。他俩陪同我们乘新干线前往京都，由于语言隔阂，车上只有翠珍与我们叙谈。通过她的介绍，我才知道部落解放同盟是一个全国性的人权组织，许多地区都有分支机构，其宗旨主要是争取与维护那些历来被视为低贱等级的弱势群体的平等权利，当时他们正在为推动国会通过“部落解放基本法”而举办各种普及人权知识的群众性讲座。相对而言，旅日华侨、华人也是社会中的弱势群体，所以与部落解放同盟有许多共同语言，也有若干共同活动。正因为如此，旅日华侨中日交流促进会与铭心会倡导的有关南京大屠杀的各种纪念活动，历来都得到该同盟的大力支持。

火车很快到达我很熟悉与喜爱的京都，然而此次我却没有惊动那些与我相知甚深的京都学术族群，而把自己的时间与精力全部交付给另一个陌生的草根族群——铭心会与部落解放同盟。京都比大阪更冷，朔风呼号，滴水成冰，幸好京都府部落解放同盟大楼暖气充足，否则我腰部疼痛会更为加剧。

京都的纪念活动由东史郎诉讼后援会主办，部落解放同盟京都府联合会与部落解放京都地方共斗会议协办，而具体张罗一切的则是我 3 年前在南京相识的山内小夜子。小夜子既是东史郎诉讼后援会的事务局长，也是京都地区铭心会的负责人。据我所知，小夜子与松冈环是关西地区两位杰出的女性社会活动家，她们都为同一目标作出无私奉献，然而却又显示出各自不同的风貌与个性。松冈环堪称巾帼不让须眉，身体结实而又精力充沛，快人快语，风风火火，带头冲锋陷阵；小夜子则是东方式的窈窕淑女，娴静斯文，貌似柔弱，然而却蕴含着内在的坚毅与勇气。如果说松冈环是以勇猛的气概使群众倾服，小夜子则常以仁慈的心灵感染着他人。小夜子似乎少言寡语，然而人们却可以从那略带忧郁的眼神中察觉她内心燃烧的纯洁火焰。她在本愿寺工作，所以更带有佛教徒的虔诚与修养。

会议由小夜子亲自主持。首先是加害证言，由于东史郎仍然在病中，所以改为观看录像，他那雄狮一般的勇猛形象与黄钟大吕之声，顿时使会场情绪高涨起来。接着是被害证言，由小夜子与陈文惠以对谈方式进行，主持人的循循善诱引发了老妇人更多的细节回忆与悲愤之情。在舒缓的节奏中，她详尽地叙述当年怀孕 7 个月仍遭 5 个日本士兵轮奸的惨痛遭遇，以及亲眼看见父亲被杀，还有 80 个难民仓皇逃避到长江边时被日军扫射的悲惨情景，整个会场气氛转为压抑与沉重。接着由我就南京大屠杀作总体性的讲演，结束时我把《天理难容——美国传教士眼中的南京大屠杀》这本书送给小夜子，并且相互紧紧握手，会场再次爆发长时间的掌声。在自由发言时，一位日本资深记者站起来说，在研究南京大屠杀的中国学者中，章先生花费这么多精力做实证工作，令我们感到十分钦佩。

关西巡回演讲就这样画下了圆满的句号。散会后在和式饭店畅饮尽欢，然后回新世纪旅馆寄宿。可能是由于佛教界经费比较充裕，住房的豪华令我们惊讶而又不安，因为这毕竟增加了民间接待团体的负担。但是我在如此舒适的环境中却难以成眠，因为晚餐时间大家谈得很高兴，两小时的盘腿而坐再一次诱发腰痛，甚至两腿也难以弯曲，热水浴与去痛片都无济于事。幸好起床早餐后疼痛稍有缓解，赶忙向陪同前来的山本说明原因，取消上午游览日程，匆匆回到大阪。京都是我多次访问过的美丽城市，所以本来无需再次游览，但遗憾的是辜负了小夜子的盛情，未能与她当面告别。因为她上午要去医院体检，只有安排在中午为我们饯行。回国不久，小夜子在寄给我的新年贺卡上以俳句表达了当时惜别之意，书法娟秀，言简意深，风格一如其人。

12 月 12 日上午回大阪，仍住新大阪弥生会馆。热心的周涛为我作颇为熟练的穴位按摩，墨面则急忙到医院向骨科专家请教并带回膏药，经过一番传统治疗居然渐趋好转。下午松冈环陪同南京客人参观大阪城，我因以前已经去过便留在会馆休息。晚间林伯耀、松冈环以日式涮牛肉饯行，关西大学陶德民教授亦赶来探视，盛情感人。饭后，林伯耀还亲自陪我们到附近火车站商业区参观日本各地土特产并购物，尽情享受大阪温馨之夜。

12 月 13 日回国，关西之旅结束。

尾　声

我们这次为期一周的巡回演讲，仅仅是铭心会与旅日华侨中日交流促进会等友好团体纪念活动的一部分。据我所知，在我们回国以后，2000 年 12 月 22 日林伯耀又在神户学生青年会就“花冈事件”举办紧急讲演会。2001 年 2 月 8 日龙谷大学教授田中宏也在神户学生青年会就中国人强制劳工问题对相关外务省报告书进行批判。与此相呼应的是，中国人战争被害者索赔会等团体也在东京开展一系列活动。2000 年 12 月 10 日举办“平顶山事件”诉讼第 12 回口头辩论的裁判报告集会，12 月 17 日举办李秀英名誉毁损诉讼第 1 回裁判报告集会（报告人：笠原十九司、俵义文），12 月 24 日举办强制劳工新潟诉讼第 1 回口头辩论，2001 年 1 月 13 日举行刘连仁第一次诉讼第 16 回口头辩论审判报告集会，1 月 20 日举办遗弃毒品、炮弹被害事件第 2 次诉讼第 6 回口头辩论裁判报告集会，1 月 31 日举行遗弃毒品、炮弹第一次诉讼第 11 回口头辩论裁判报告集会，2 月 22 日举行中国人“慰安妇”第一次诉讼第 16 回口头辩论，2 月 25 日平顶山事件诉讼第 13 回口头辩论，3 月 3 日举行中国人“慰安妇”第二次诉讼第 14 回辩论，3 月 10 日举行强制劳工第二次诉讼第 6 回口头辩论，3 月 16 日举行强制劳工长野诉讼第 6 回口头辩论，3 月 23 日举行遗弃毒品、炮弹被害事件第二次诉讼第 7 回口头辩论……几乎每个月都有几次与军国主义右翼势力抗争的公开活动。这些日本友好人士虽然为数不多，但却年复一年、月复一月、日复一日地为中国受害者讨回公道，向全世界发出正义与和平的呼声，实在令我刻骨铭心（借用铭心会的话语）。

精力充沛的松冈环及其娘子军，刚刚送走我们，又忙于组织第五回神户·南京铭心会访华团，预订于 2001 年 8 月 13 日—18 日进行。如前所述，访华团的成员有许多中小学乃至幼稚园老师，她们本来对南京大屠杀之类日军暴行也不甚了了，但由于曾经到南京参观南京大屠杀纪念馆，馆中那些由实物、图片所展示的血淋淋的历史图景使她们的心灵受到极大震撼。回国以后，她们受良知的驱使，开始在课堂上说明日军侵华暴行的历史真相，却引发一些天真无邪的少年儿童的质疑：“老师讲的历史为什么与课本（指文部省掩盖日军侵华暴行的部分教材）不一样？”老师耐心给以解释，带领学生参加铭心会访华团组织的中日学生联合夏令营；除参观南京大屠杀纪念馆及其他历史遗址外，还参与向受害者或其遗属取证等极有意义的活动。这些活动吸引了越来越多的中小学生，甚至有些家长也连带受到强烈感染，陪同子女一起访华参加纪念活动。1997 年 8 月中旬，我在南京大屠杀纪念馆参加过中日学生夏令营的授旗仪式，与这些日本中小学生亲密交谈，并且为他们拍下若干照片。同年 12 月 13 日，我在东京纪念南京大屠杀 60 周年大会的会场，居然与 4 个月前曾经交谈过的两个中学生重晤，他们这次都是随着父母来参加大会的。此次关西之行，我又看到了年前在南京见过的若干熟悉面孔。他们正处于幸福的童年，理应享有更多的欢乐与生活情趣，但他们却如此专注地关心着中日友好与世界和平，为与他们本无直接关联的 60 多年前的一段历史公案寻求公正的结论，他们稚嫩的心灵能够承受如此的历史沉重吗？看着他们那一张张花朵般灿烂的小脸，还有那清澈如水的眼神，我的内心流泪了，流血了。

松冈环本来是出于良知驱使而采取个人行动，结果却在关西地区引起越来越大的连锁反应。神户、大阪、冈山、京都、名古屋……这些城市的零散正义斗争逐渐聚集起来。如果说这些斗争原本是分散的珍珠，那么铭心会便是把许多珍珠串连起来的丝线，至少是若干串索之一。心事浩莽连广宇，于无声处听惊雷。普通老百姓似乎是沉默的群体，然而觉醒起来的人民却蕴藏着无穷无尽的力量。历史上的最强者是谁？不是帝王将相，不是英雄豪杰，是数以亿万计的广大人民群众。百姓似水，“水能载舟，亦能覆舟”，这层道理连一千多年以前的那位明智的中国皇帝都悟透过。但百姓又不是一般的水，那是无边无际的大海，一旦风起潮涌，潜藏海底的雄伟能量尽情宣泄，任何逆历史潮流而横行霸道的强者都会面临灭顶之灾。希特勒、墨索里尼、东条英机……这些曾经叱咤风云、纵横世界的所谓强人，不是一个一个被牢牢钉死在历史的耻辱柱上吗？他们曾经建立的昙花一现的强权统治不是消弭于俄顷吗？松冈环个人的力量毕竟是有限的，但是她既然是伸张正义，争取和平，便赢得越来越多老百姓的心，这些联结起来的日本人的心，又是与中国人、韩国人、朝鲜人、缅甸人、印度人、巴基斯坦人、孟加拉人、斯里兰卡人、菲律宾人、马来西亚人、新加坡人、印度尼西亚人，乃至世界各国人民的心相连相通，必将形成一股无与伦比的伟力，一股汹涌澎湃的潮流。这也就是林伯耀、松冈环们能够经常满怀信心奋勇前进的原因之所在。

2002 年 8 月中旬，松冈环再次率铭心团来华访问，从她个人来说这是第 17 次访华。如果从 1987 年算起，她几乎每年都要来中国一两次，正如人们所说的那样：“或参与南京大屠杀史研究会，或采访南京大屠杀幸存者，南京城的大街小巷和郊区的农民家庭都留下了她的身影和足迹。”此次访华日程增添了武汉，她很早便来信联络，要我再次为访华团做报告。不巧当时我正好去汉城开会，只有委托与我合作研究南京大屠杀的刘家峰博士与武汉大学历史系博士生朱长义共同接待，同她们一起座谈侵华日军在武汉的各种暴行。她们的真诚与执著使年轻一代的中国历史学者深受教育，同时对于武汉地区的侵华日军暴行研究也是有力的鞭策。离开武汉时，松冈环代表访华团托刘家峰转交我两件礼物：一是她编著的新作《南京战·寻找被封闭的记忆》，一是全团成员在一幅红旗上的签名题词。

《南京战·寻找被封闭的记忆》一书的副标题是“侵华日军原士兵102人的证言”，是铭心会与旅日华侨中日友好促进会等社团自1997年秋开始分别在东京、名古屋、大阪、广岛等6个城市设立“南京大屠杀情报热线”，千辛万苦追寻曾经参加过侵华战争的老兵，追寻曾在他们头脑中封闭半个世纪以上的记忆，此项工作难度之大与用力之勤可想而知。此书由日中和平研究会策划，东京社会评论社于2002年8月15日出版，松冈环带着刚刚问世的心血结晶作为访华珍贵赠礼。此书开头有日本平和学会内海爱子的序言，正文第一部分是松冈环有关士兵调查情况的介绍与分析，第二部分是林伯耀有关南京大屠杀历史背景的论述，第三部分证言乃是本书的主体，内容包括：(1) 南京沦陷后——扬子江一带的集体屠杀；(2) 南京沦陷前后——城内与城门附近的屠杀；(3) 陷落后的继续集体屠杀；(4) 中国女性遭受的性暴力；(5)“征发”、放火、强制劳动。这本书一出版就备受日本各界关注，据朱志凌介绍：“当《南京战·寻找被封闭的记忆》日文版在日本出版后，不到3个月的时间，由于其真实可信，日文版已加印7次，很快在日本销售一空。日本右翼势力气急败坏，赤膊上阵，攻击松冈环和书中作证的原士兵，骂他们是日本的‘卖国贼’。就连播出松冈环提供的采访录像带的朝日电视台，也受到了攻击。而他们的所作所为，并没有削弱该书的影响力，同样，朝日电视台的节目也在日本赢得了高达2 000万人次的收视率。日本右翼势力的猖狂并没有压垮松冈环女士执著的信念，她觉得4年倾注了心血的调查，很忙碌也很充实。因为留下了原士兵们被封闭的记忆的记录，是战胜了‘大山似的困难’。”①

精诚所至，金石为开。松冈环啊，松冈环！你真是一个坚强刚毅的金刚环（两年前在大阪告别时我给她的评语）。

红旗上留下以松冈环为首的铭心会访华团二十几位成员的签名与题词。例如：

---

①《中华读书报》2002年12月11日第5版。

松冈环：历史应该明确无误；

崎山昇：被害者的痛苦铭刻在心，因而发誓反对战争；

高地良由经：珍重生命，珍重历史；

新海智广：为了创造美好的未来，目光也应注视过去；

高口悦子：让历史真相永远流传；

木村司：从正视事实开始；

高实康稔：让历史共识成为日中友好的基础；

森一女：侵略军靴的声响，被高扬的反战呼声淹没，不忘南京；

浅田义信：反对“有事法制”，日本正在再次走上战争之路；

黑田薰：日本市民发誓不再拿起侵略的武器；

桥场典子：所知道的事情，所讨论的事情，不能忘却，不能回避，这是历史引发的沉重感受；

长崎门更月：战争、武力，什么问题也解决不了，和平友好应是我们现在的追求；

森正义：坚决反对战争；

增田实：给世界以和平；

……

锦旗正中集体署名与题词是——日中友好之翼，铭心会南京：“前事不忘，后事之师。”

附件 1　被访问的研究者与幸存者的日程（存目）

附件 2　南京大屠杀幸存者在神户作证的听证会（存目）

附件 3　1937—2000，全世界见证——南京大屠杀（存目）

附件 4　南京大屠杀的口头流传——加害者与被害者的作证集会（存目）

附件 5　裁判日程——向中国的战争受害人谢罪和补偿（存目）

后　　记

承蒙中山大学吴义雄教授与广东人民出版社倪腊松先生的热情鼓励，终于花费大半年时间完成此书的编著。书中记事恰好止于2000年，这就算是我自己对于南京大屠杀研究的20世纪年终盘点吧！

本书取名“从耶鲁到东京：为南京大屠杀取证”，因为我研究南京大屠杀始于1988年夏季在耶鲁大学发现贝德士文献，而主要研究成果则在1997年以后陆续在东京向日本各界人士公开发布。我有一个奇妙的联想：贝德士1946年带着南京安全区国际委员会一批原始档案前往东京国际法庭为南京大屠杀作证，而在1950年又把此项文献全部带到美国，并于逝世后被移交给耶鲁大学神学院图书馆，他的脚步是循着“从东京到耶鲁”的路线行进的。而作为贝德士过去的中国学生，我却又把利用这批宝贵资料研究南京大屠杀所取得的成果从耶鲁带到东京，正好与他当年的路线相反而又相成，前后相距整整半个世纪。

我不是佛教徒，更反对宿命论，但我常常相信缘分。1995年春，香港《星岛日报》一位年轻的特约记者对我进行专访，她以调侃的笔调写道：“革命为章开沅安排职业，他的一生充满偶然。”她所说的偶然，就是我所理解的缘分，或许也可以称之为机缘。

如果不是1988年夏季前往耶鲁大学神学院图书馆，我就不会发现贝德士文献。如果不是耐着性子逐卷检阅这1 000多卷文献，我就不会发现南京安全区国际委员会原始档案。

如果不是1994年倦游归国，而刘苏编辑又没有想到为纪念抗战胜利50周年前来约稿，这批档案的复印件也许会长期（不敢说永远）沉睡在我的书柜里，因为在柜中沉睡十几年的大宗珍贵原始资料早已有数百万字之多。如果按照先来后到论资排队，恐怕怎么也轮不到这批档案重见天日。

如果不是1995年元旦后医生挽救了我这条老命（突发所谓“小中风”），如果不是经过香港中文大学“黄林秀莲访问学人”那样紧张的学术交流而没有累倒，如果不是湖北人民出版社仍然维持承诺并出书，如果不是香港三联善解人意的李素娥编辑又来热心合作……

还有许多如果、如果、如果。

如果这些如果都成为事实，我对南京大屠杀的研究就很难延续10余年之久。当然，如果我没有继续研究南京大屠杀，也必然会有人继续利用耶鲁藏档进行研究，而且必然会比我研究得更好，他们也有各自的缘分。

但是我几乎忘记提及另一个如果，也许是更为重要的如果，那就是如果没有日本右翼势力年复一年跳出来为侵华日军南京大屠杀翻案，甚至胡说什么“南京大屠杀是20世纪最大的谎言”，那么我也许就不会花费这么多时间与精力从事这方面的研究。因为，作为中国公民和历史学者的责任感，不容许我保持沉默。近几年来，由于贝德士文献与南京安全区国际委员会档案的陆续整理出版，利用者日渐增多而其史料价值也愈益彰显，日本右翼势力对于以贝德士为代表的国际委员会外籍人士更为嫉恨，千方百计企图否定他们的公正立场与客观记述。最近又有一位日本所谓学者，宣称自己在耶鲁藏档中找到一件文献，可以说明贝德士是国民党（KMT）中央顾问（advisor），因而此人及其美国同事都是为中国政府作反日宣传云云。我觉得这简直是把无聊当作有趣，因为对耶鲁保存的有关贝德士及其他国际委员会美籍人士的全部档案，我是逐卷逐页认真阅读过的，却没有发现任何一处文字记载足以说明贝德士是国民党中央的顾问。贝德士是经过牛津、耶鲁两所名校良好训练出来的历史学者，他对于自己的文献保存得极为认真，虽片纸散页亦不轻易丢弃（包括草稿、笔记），仅个人履历及简要自传就有好多份。这些资料对贝德士的历年任职都有明确记载，其中可以与南京政府勉强“挂钩”的，是他1937年以前曾在国立中央大学担任过讲师。当时南京几所大学历史系的教师人数都很少，所以必须以互相兼课作为补充，而兼课教师一般称为讲师而非教授（限于专职者）。私立金陵大学贝德士等教授在国立中央大学兼课，同时也有中央大学教授在金陵大学兼课，这是中外大学之间常见的交流与合作，又有什么值得大惊小怪？但愿这位日本的所谓学者是看走了眼，把国立中央大学（National Central University）误认为国民党中央政府（National Central Government），同时又把讲师（Lecturer）误认为是顾问（advisor）。如果不是这样，那么就请他把这件“宝贵”文献公布出来，注明收于哪一宗档案的哪一卷，让关注此事的各国学者共同辨别真伪。

金陵大学确曾有美籍教授兼任国民党政府的顾问之类职务，如农业经济系的卜凯（Buck）等，但贝德士却从来没有担任过什么 KMT 中央顾问。退一步讲，即令他担任过国民党政府顾问，他也没有任何必要去隐瞒，因为这在当时毕竟是颇为风光的事情。难道贝德士料事如神，未卜先知，早就为了防范现今某些日本所谓学者质疑其有关南京大屠杀记述的公正性，因而有意隐瞒了 KMT 中央顾问这个兼职？这是明眼人一看便可作出判断的常识，但日本右翼分子却仿佛又抓住一根救命稻草。其实，把南京大屠杀说成是美国人与中国人合作诬陷日本的一桩冤案，绝不是什么新的发明，早在 1946 年东京审判以后就有些不甘于侵略战争失败的日本人散布过这种论调，而贝德士、马吉等曾在国际法庭作证的美籍人士也就成为这些企图为日本侵略罪行翻案者的眼中钉，不断给以各种诬蔑与攻讦，现今一代右翼分子的造谣中伤无非是故伎重演而已。

我已经是早该退休的年龄，然而自认为还要做的事仍然很多。前人早已说过，有所不为才能有所为；换句话说也是一样，有所为就必须有所不为。当前我最渴望的就是集中力量从事中国基督教会历史的研究，所以前年（2001 年）我曾宣布告别辛亥革命研究，去年（2002 年）又宣布告别张謇研究。然而何时可以宣布告别南京大屠杀研究呢？我却难以作出如此明确的决定，因为这并非自己可以单方面作出的决定。也许如果（又是一个如果）……

请允许我借用孟子那句话作为结束：予岂好辩哉？予不得已也！

2003 年春于白云山麓之实斋

整理后记

本卷收录先生的《南京大屠杀的历史见证》与《从耶鲁到东京：为南京大屠杀取证》两部著作。先生关于南京大屠杀的专书，除这两本之外，尚有《南京：1937.11—1938.5》（香港三联书店1995年版）、《天理难容——美国传教士眼中的南京大屠杀》（南京大学出版社1999年版）。《南京：1937.11—1938.5》系先生应导演汤美如之邀请而作，署名“汤美如主编，章开沅编译”。《天理难容——美国传教士眼中的南京大屠杀》系先生主持编译的10位美国传教士关于南京大屠杀的日记、书信等文献，堪称南京大屠杀的铁证，署名“章开沅编译”。经集体讨论，决定本次编先生文集时不收录这两本，然不论是就先生研究南京大屠杀的经历而言，还是就世界范围的南京大屠杀史研究而言，这两部著作，尤其是《天理难容》一书，实占有非常重要的地位。围绕着南京大屠杀，先生还撰写过若干颇有分量的文章，经集体讨论，已收入文集的其他卷中。

收入本书的《南京大屠杀的历史见证》一书，由湖北人民出版社出版于1995年，《从耶鲁到东京》一书由广东人民出版社出版于2003年，整理时，即以此为底本。

先生在《南京大屠杀的历史见证》之“四、南京大屠杀的实录”一部分，刊登了贝德士的三封书信，其中第一封，收信者是麦金牧师（见原书第105—108页）。后来先生发现，此信的作者不是贝德士，而是马吉。因此，在《天理难容》一书中，先生将此件归入了马吉的名下，并做了如下注释：“由于原件没有署名，又收藏于贝德士文献中，致使编者在1995年出版的《南京大屠杀的历史见证》中误把此信当成贝德士所写，后经马吉牧师长子大卫等人考证，确为马吉所写，特此更正。”鉴于此，整理文集时，整理者将此信删除了。在“八、未能结束的结束语”一部分，先生又论及麦金牧师收到的这封信（见原书第 258 页“贝德士当年就曾认真地批驳过所谓‘南京大屠杀虚构说’”一段），鉴于同样的原因，我将这一段也删除了。

《南京大屠杀的历史见证》附录了一些历史文献。考虑到这些文献在其他专门刊载南京大屠杀资料的书中比较容易找到，本次整理时未予收录。

《从耶鲁到东京》一书分为三卷，其中第三卷为“屠城血证”，收录了贝德士、费吴生、福斯特、马吉、麦卡伦、史迈士、史德蔚、威尔逊八人的证言，这些都是先生在耶鲁神学院图书馆特藏室精心爬梳出来的文献，价值不言自明。但考虑到这些文献都已收入《天理难容》一书中，本次整理时也割爱了。

《南京大屠杀的历史见证》和《从耶鲁到东京》都有一些照片，本次整理时也割舍掉了。根据出版社的要求，整理时对若干注释的信息做了补充。《南京大屠杀的历史见证》中一些外国人的人名，先生自己后来著书时有所改译，因此，为了方便读者理解，整理时也做了一些修改，如“拉比”改作“拉贝”、“马约翰”改作“马吉”，等等。

本卷整理者为彭剑。

文集后记

年届九旬的章开沅先生是国内外著名历史学家和教育家，不仅在中国近现代史多个重要研究领域开拓创新，取得颇受关注与好评的丰硕成果，而且培养了一批又一批博士和硕士，其中不少人现今也已成为海内外知名的近代史学者。章开沅先生还曾出任华中师范大学校长，及至晚年仍不断为当下中国高等教育的发展指陈利弊，建言立说，屡有发人深省之语。

章开沅先生作为华中师范大学中国近现代史学科的开创者和引领者，已经圆满而出色地完成了自己的历史使命，为华中师大中国近代史研究所在海内外近代史学界奠定了显著地位，而这一重点学科在今后的进一步深入拓展，则有待我们后辈一代又一代学人不间断的艰辛努力。学术研究的持续发展依赖于薪火相传，继往开来，编辑出版章开沅先生的文集正是出于这一目的。

从早期对近代重要历史人物张謇的深入探讨，到辛亥革命史研究的蜚声海内外，以及对近代商会研究的倡导与近代资产阶级的开创性研究、思想文化史与近代社会的“历史社会土壤学”研究，再到后期的南京大屠杀研究、近代中国教会大学史研究和近代中国基督教史研究等，章开沅先生曾涉足近代史诸多研究领域，并在许多重要领域都是开拓者或先行者，留下了重要的研究成果，为中国近代史研究的不断发展作出了卓越贡献。除此之外，章开沅先生还曾在海内外举行过无数次学术演讲，接受了许多海内外知名报刊和电视台的访谈，晚年还撰写过一些回忆性文章，所有这些文字也都收录至文集之中。因此，可以说该文集是集中展现章开沅先生学术与人生的皇皇大著。

严昌洪教授曾在2013年江苏人民出版社出版的《史海远航——章开沅传》(作者刘莉)一书中概括描述章开沅先生说：他是史学家，曾将国内辛亥革命史研究推向世界，又曾将国外中国教会大学史研究引进本土；他是教育家，是享誉国际的华中师范大学历史研究所（现更名为中国近代史研究所）和中国教会大学史研究中心的创办人和领导人，后担任华中师范大学校长六年，育人无数；他是思想家，通过历史研究寻求前人智慧，对一系列攸关中国和世界前途的问题进行深沉思考，从而参与历史的创造。严昌洪教授写下的这段文字，称得上是对章开沅先生突出贡献的准确概括。

在庆贺章开沅先生九十华诞之际，我们遵从章先生本人的意愿，不举行任何祝寿活动，只是以这套十余卷的大型文集和另一部正在编辑的纪念文集，表达研究所以及学界同仁的良好祝愿。这部文集能够得以出版，应该感谢具有学术传承使命的华中师范大学出版社。范军社长等出版社领导，主动提出出版章开沅先生文集的意向，并征得章先生同意，随即与近代史研究所多次商议相关具体事宜，最终确定了文集的编辑方案，而且愿意不计成本，制作装帧精美、印刷优良的图书精品，为章开沅先生九十华诞奉献一份厚礼。

《章开沅文集》的顺利编辑出版，再次集中体现了我们研究所在章开沅先生的开创与培育下所形成的优良学术传统。多年来，研究所全体人员除各自拥有自己的专攻研究领域之外，也形成了积极合作、共同从事重大项目研究的传统，由此推出了一部又一部大型学术成果，受到史学界好评。该文集的收集整理与编辑，尤其是增补注释内容，工作量较大，单靠一二人将耗时甚久，只有研究所全体人员共同分担，才能在较短的时间内完成任务。不仅如此，文集如何分卷、各卷内容如何排列，以及相关各方面一系列具体技术问题的处理，研究所全体整理编辑人员曾经多次开会讨论，运用集体智慧一一予以解决。

具体负责文集各卷相关编辑整理工作的人员名单如下：第一卷至第三卷：何卓恩、许小青、付海晏、章博；第四卷和第五卷：田彤；第六卷：周月峰、徐炳三；第七卷：彭剑；第八卷：严鹏；第九卷和第十卷：郑成林、刘莉；第十一卷：魏文享。此外，刘莉承担了与出版社的相关联络事宜，黄丽为各卷文章的收集付出了努力，各卷编辑者所指导的研究生也参与承担了不少具体工作。在此，一并表示衷心感谢。

最后，还有几个具体问题需要略予说明。

第一，收入文集的早期著作与论文，由于当时在注释的完整性要求上与现今相比较并不十分严格。对于这种情况，我们虽尽量进行了补充，力图按照现在的规范要求，使注释达到完整的程度。但由于受客观条件限制，仍有少数注释没有达到这一要求，敬请读者谅解。

第二，文集中涉及的我国历代纪元按要求应该在其后加注相应的公历年，但考虑到公历年与阴历年并非一一对应，为避免错讹，一律不加注。

第三，由于文集所收各著作均在当时特定的历史条件下写就，有些观点不免带有时代的痕迹，为尊重历史，文中均一仍其旧。

“历史是已经划上句号的过去，史学是永无止境的远航。”章开沅先生的这一题词，是勉励我们后辈学人在学术研究的艰难道路上不断前进的持续动力。

朱 英

2015 年 2 月春节写于桂子山